国家级实验教学示范中心·师范生教学能力实训系列教材

通 用 技 术

周晓林 主编

科 学 出 版 社
北 京

内 容 简 介

本书系统介绍了通用技术课程的基础知识和应用。全书共分为12章，包括通用技术课程的基本理念、设计基础、结构设计、流程与设计、系统与设计、控制与设计、电子控制技术、简易机器人制作技术、现代农业技术、服装与家政、汽车驾驶与保养、建筑与设计等。本书重点阐述了通用技术基本理念与基本方法，在高中通用技术课程标准的基础上，扩充了很多相关的专业知识内容。

本书可作为普通本科院校通用技术课程辅修或选修的教材，也可供从事通用技术课程教学的高中老师自学参考。

图书在版编目(CIP)数据

通用技术 / 周晓林主编. —北京：科学出版社，2012.8（2024.1 重印）
国家级实验教学示范中心·师范生教学能力实训系列教材
ISBN 978-7-03-035411-2

Ⅰ. ①通… Ⅱ. ①周… Ⅲ. ①通用技术–师范大学–教材②通用技术–高中–教学参考资料 Ⅳ. ①G634.933

中国版本图书馆 CIP 数据核字（2012）第 200693 号

责任编辑：黄 桥 / 责任校对：彭 映
责任印刷：罗 科 / 封面设计：墨创文化

科学出版社出版
北京东黄城根北街16号
邮政编码：100717
http://www.sciencep.com

成都锦瑞印刷有限责任公司印刷
科学出版社发行 各地新华书店经销

*

2012年8月第 一 版 开本：787*1092 1/16
2024年1月第八次印刷 印张：18
字数：400 000

定价：56.00 元

（如有印装质量问题，我社负责调换）

国家级实验教学示范中心·师范生教学能力实训系列教材

编　委　会

《通用技术》编委会

主　编：周晓林

编　委：（排名按章节编写顺序）

李　玲　刘　莉　廖　磊　梁文海　麦　文

刘　刚　何　兵　梁文婷　邓雪梅　刘　科

王　瑛　许　勇　成　娟　代珍兵

前　言

在2003年教育部颁发的普通高中新课程十五个学科课程标准（实验）中，新增设了通用技术课程。通用技术是指除信息技术之外的、较为宽泛的并与专业技术相区别的技术，是日常生活中广泛应用并对学生发展具有广泛迁移价值的技术。

高中通用技术是一门全新的课程。它立足于九年义务制教育劳动与技术课程的基础之上，其主要目标是进一步提高学生的技术素养。该课程设9个模块，其中必修模块2个，分别为“技术与设计1”和“技术与设计2”，其余均为选修模块，每个模块2个学分，教学时间为36课时。通用技术的课程性质、理念、内容等对通用技术教师的素养结构提出了独特要求。目前，国内只有极少数高校开设了通用技术专业。通用技术专业毕业的专职教师匮乏，高中通用技术课程的师资力量十分薄弱，因此，培养通用技术专业师资是十分必要的。

从2010年秋季起，四川省全面展开了普通高中新课程改革工作，2011年秋季在高二年级首次开设了通用技术课程。为了服务于基础教育课程改革，把我校理科专业的师范生和具有工科背景的学生培养成高中通用技术课程所需的专业教师，我校率先成立了通用技术研究室，组织全校相关专业（包括物理、生物、电子、服装、家政和建筑）的教师开展熟悉了解《普通高中技术课程标准（实验）》（通用技术部分）和普通高中通用技术教科书，建设通用技术课程专用实验室，编写《通用技术》课程大纲等工作。2010年1月我们完成了《通用技术》讲义的编写，并连续3年用于我校通用技术课程教学。本校开设的通用技术课程有六门，包括电子控制技术、简易机器人制作、现代农业技术、服装与家政、汽车驾驶与保养、建筑及其设计，学生可根据自己的爱好与专业基础进行选择。本教材是在《通用技术》讲义的基础上，结合本校现有的实验设备条件、学科专业，经过3年的教学实践后加以改进、补充和完善，并与普通高中一线通用技术教师进行交流，由学校组织通用技术组的教师编写而成。

本教材共分12章，其中第1~6章对应高中通用技术课程中的2个必修模块——“技术与设计1”和“技术与设计2”，第7~12章对应高中通用技术课程中的7个选修模块。同时，该书在高中通用技术课程标准的基础上，扩充了相关的专业知识。通过学习，学生能掌握通用技术的基础知识和基本技能，掌握技术与设计的一般思想和方法，并具备一定的运用技术原理解决实际问题的能力及形成正确的技术观和技术创新意识。

本书在编写过程中，得到了学校教务处、物理与电子工程学院、生命科学学院、服装学院、职业技术学院等单位的大力支持和通力协作。

参加本书编写的有：刘莉（概述，第4~6章），廖磊（第2~3章），梁文海（第7

章），麦文（第8章），刘刚和何兵（第9章），梁文婷和邓雪梅（第10章），刘科（第11章），王瑛、许勇和成娟（第12章），代珍兵（附录）。本书的统稿和整理由成娟老师完成，周晓林和李玲负责全部组织策划工作。

由于是第一次编写《通用技术》教材并且时间仓促，难免有不妥之处，敬请专家同仁们指正！

《通用技术》编写组
四川师范大学成龙校区
2012年7月

目　　录

第1章 概 述

这是一个“技术已经渗透到人类生活的方方面面”的时代，技术改变了人类的生活方式，使人们对时间与空间的观念有了新的诠释。从石器时代、青铜器时代、工业革命直到今日的高科技时代，技术始终充当了社会发展与文明进步的主动力。

1.1 技术的本质与技术素养

1.1.1 技术的本质

技术有着丰富的内涵与多重的特点，知识、行为、方法与文化等都可能是它的存在形态。

在中华书局《辞海》里，技术被定义为：“人类在征服自然力量，争取控制自然力量的斗争中，所积累的全部知识和经验。”的确，技术的本身是由知识构成的，很多时候技术是作为知识存在着，但是技术与知识并不完全等同，知识只是技术的一部分。

日本的村田富二郎认为：技术是“在生产现场中，直接或间接被充分利用的，只有经过特定训练的人所具备的特定的能力”。从此种角度上看，技术体现了作为主体的人的一种熟练应用技术的活动或行为能力，而这种活动或行为可能是操作层面的，也可能是思维层面的。一个人应用技术越娴熟，表明他的技术水平就越高。

欧文·拉兹洛在《多种文化的星球——联合国教科文组织国家专家小组的报告》中曾指出：技术是“人类在与自然彼此相互作用时，用来扩展他们肌肉、感觉和智慧的一切手段和方法”。应用技术的过程或操作方法可用以“扩展肌肉、感觉”，技术内在的思维活动与方法用以“扩展智慧”，展示作为主体的人的思考能力。

技术的主体和技术的成果是文化的重要构成。所以，马林诺斯基认为，技术是一种文化因素；卡普认为，技术是文化进步的手段；德国学者伍鲁利亚·伍德认为，技术的本质是一种精神的活动；埃吕尔、F. 拉普和李克特明确把技术看作“一种文化现象”，特别是审美与情感相互融合的技术，更处处散发着技术文化方面的气息。

1.1.2 技术素养

人应具备的基本素质包括人文素养、科学素养和技术素养三大类，分别对应着世界的三个基本成分，即人文世界、自然世界和技术世界。相对于科学素养，技术素养是一个比较新的概念，它反映的是一个人所具有的一种能够对技术加以理解和思考的综合素养。

在美国《国家技术教育标准》一书中定义技术素养是：“使用、管理、评价和理解技术的能力”。而美国技术素养委员会(Committee on Technological Literacy)、国家工程协会(National Academy of Engineering)和国家研究委员会(National Research Council)所作的报告 *Technically Speaking*: *Why All Americans Need to Know More About Technology* 明确提出技术知识、技术行为能力、技术思考的方式是构成技术素养的三个维度，这三个方面并非简单的叠加，而是相互融合，形成一个完整的素养体系。

技术知识构成了技术素养不可或缺的基础，体现了一个人对技术知识的理解应用能力。在我们日常生活中，技术无处不在，技术知识的积累可以通过学习与实际操作来获取，并在此过程中了解人类技术发展史、一般的技术术语、技术所体现的社会和文化价值等。

技术思考是技术素养的灵魂，体现了对解决技术问题的思路和处理技术问题的方法的迁移运用能力。立足于技术知识、技术行为能力获得的实践过程才能形成技术的思想和方法，而技术思想和方法会倒过来促使技术知识、技术行为能力进一步完善。获得技术知识、技术行为能力的实践过程包括新技术信息的搜索、参与有关技术开发和应用的决策等。

技术行为能力是技术素养的核心，它体现了人们使用技术和运用技术原理解决技术问题的能力。技术行为能力是以技能操作和技术设计为特征的实践能力技术，有别于具体技术领域中所要求的专业技术能力。技术行为能力包括：对主流技术系统达到某种程度的动手操作能力；能够应对生活中简单的机械和技术故障；能够使用有关概率、比例的数学概念等。因此，娴熟的专业技术能力并不等价于完善的技术行为能力，更不意味着拥有完善的技术素养。

技术素养作为个体素养结构的重要组成部分，是任何一个时代的公民所不可缺少的基本素养。这是一个以技术为主导的世界，我们的工作方式和生活方式也因技术而改变，缺乏技术素养将直接影响我们能否从容不迫地应对工作，能否轻松愉快地生活。大多数国家政策都与技术有关，缺乏技术素养会使我们难以正确理解政策，不能有效参与社会技术问题的讨论，更不能在那些复杂与有争议的问题上做出最佳的决策。

1.2 开设技术类课程，提高个体的技术素养

当今世界新技术革命的挑战和对人才的需求，已经使得各国纷纷把竞争的焦点放在教育改革上。而在世界性基础教育课程改革浪潮中，改造传统的技术教育、设置富有时代特征的技术类课程，又成为众多国家基础教育改革中的主流取向。

1.2.1 世界各国技术类课程设置

1. 前苏联与俄罗斯

苏联从 20 世纪 20 年代开始，就在中小学开设以综合技术教育为特征的劳动课程。前苏联解体后，俄罗斯于 1993 年和 1997 年对工艺学教学大纲做了较大的调整，对不同学习阶段的学生规定了不同的教学内容。具体情况如表 1-1 所示。

表 1-1　苏联与俄罗斯的高中技术类课程设置情况

时间	课程设置	学时	
20 世纪 20 年代	以综合技术教育为特征的劳动课程	一般每周 2 节课	
20 世纪 50 年代末期	设立技术制图、劳动教学、公益劳动、社会的生产实习等科目	劳动教学	每周 3 课时
		公益劳动	每周 3 课时
		生产实习	每学年末 2 周
		制图课(7、8 年级)	每周 1 课时
20 世纪 70 年代	在 8 年级、9 年级、10 年级增加了部分综合技术科目的选修课	劳动教学回到每周 2 课时，其他课程未变	
20 世纪 80 年代	在高中阶段设立信息论和计算机技术课	劳动教学和职业教学	每周 4 课时
		公益劳动和生产劳动	每周 4 课时
		劳动实习 10 年级	20 天
1993 年	制图、手工、劳动等综合成为“工艺学”课程、信息课，打字及速记、经济学原理、结构设计及模型制作、家政学、生产劳动或服务性劳动等选修课程	1 ~ 7 年级每周 2 课时的基础课程 8 ~ 9 年级每周 3 课时的基础课程 10 ~ 11 年级每周 2 课时的基础课程 7 年级还设有每周 2 课时的信息课	
1997 年	规定了 10 个必修项目，并要求每一名学生在技术学习过程中完成 10 项设计计划，从小学 2 年级起，每学年 1 项 初中主要是设备材料与机器零部件加工、家政艺术、缝纫、食品、手工艺、维护修理、情报信息技术(计算机应用)。高中阶段是家庭经济学、企业管理基础、生产和环境保护、社会劳动和职业自我选择、情报信息技术、艺术加工等		

2. **英国**

1988 年，英国颁布了《教育改革法》，根据改革法规定，以设计与技术、信息技术为主要内容的技术课成为英国 5 ~ 16 岁儿童必修的基本课程之一。高中阶段的课时比例如表 1-2 所示。英国教育部门还根据具体内容提出了不同的目标，每个目标又设立了十个等级，并提出了不同层次的要求，要求 5 ~ 7 岁的儿童达到 1 ~ 3 级，7 ~ 11 岁的儿童达到 2 ~ 5 级，11 ~ 14 岁儿童达到 3 ~ 7 级，14 ~ 16 岁达到 4 ~ 10 级。

表 1-2　高中阶段课时分配比例

课程	英语	数学	组合科学	技术	历史、地理	现代外语	美术、音乐戏剧、设计	体育	家政商业
比例	10%	10%	10% ~ 20%	10%	10%	10%	10%	5%	10%

1999 年，英国又公布了新的全国统一课程的要点，并决定从 2000 年秋季开始实施。新课程结构中将技术、信息列入 11 门必修课程中的 2 门，还设置了就业指导课程，包括志愿者服务在内的劳动体验也被纳入学校课程体系。信息课程的名称由“信息技术”改为“信息交流与技术”（Information Communication and Technology）。

3. **美国**

美国一直重视技术教育课程。早在 20 世纪 70 年代，美国中学的课程结构就体现了重实用教育、轻学术教育、降低统一要求、提倡自由选择的特征，以适应当时美国国内大多数高中学生不能升读大学、辍学率升高、功能性文盲增加以及追求教育平等的现状。初高中阶段各门课程的课时比例如表 1-3 所示。

表 1-3 初高中阶段课时分配比例

课程	技术(职业)教育	英语	数学	社会研究	科学	体育	艺术	外语
初中	11%	22%	17%	14%	13%	10%	11%	2%
高中	24%	18%	13%	13%	11%	9%	8%	4%

在个别学校，技术(职业)教育的比例甚至超过 40%，涉及的学科有工业艺术、家政、经济学、商业教育、消费教育、驾驶、销售、手工、职业生计教育、实用研究、打字等。

经历了“恢复基础运动”、“高质量教育”运动之后，美国中学技术(职业)类课程设置的比例开始大幅下降，但仍被列入所有学生都必须学习的共同的核心课程(语言类、历史、公民、科学、数学、技术、健康、职业、跨学科)。

表 1-4 是被伊尔所建议的美国高中共同的核心课程中具体的学科及学分要求。其中，建议所有的学生学习 1 学期的技术必修课，以了解人类使用各种工具的历史，科学和技术是怎样结合的，以及技术进步所引起的各种道德的或社会的争端。建议所有的高中学生学习 1 学期的职业课，目的是帮助学生了解各种职业在人们生活中的意义，为学生选择以后的职业做准备。

表 1-4 美国高中共同的核心课程中具体的学科及学分要求

课程	技术	文学	数学	健康	科学	美国史	艺术	外语	职业	演讲	公民
学分	1/2	1	2	1/2	2	1	1/2	2	1/2	1/2	1

20 世纪 90 年代前后，美国各界对技术教育的认识达到了新的高度。在美国“2061 计划”和“科学文化”的标准中制定了包括技术与科学、设计与系统、技术中的问题等方面在内的从幼儿园到 12 年级学生学习的技术教育内容，还规定了 2 年级、5 年级、8 年级和 12 年级末的学生在技术学习方面应当达到的标准。1993 年，克林顿所宣布的《2000 年目标：美国教育法》的国家性教育改革方案中，把“经济”列入国家界定的 8 门核心课程之一，并在 9 ~ 12 年级开设会计学、制图、信息学、打字等技术与经济类选修课程，同时，建立“国家技能标准委员会”，推动技能标准(Skill Standards)、职业标准(Occupational Standards)的编订和实施，并推行“证书制度”。由于美国的教育行政制度属于典型的地方分权制，以至各州在高中课程设置上各不相同，但一般都保持着独立设置的技术、经济、职业类课程。

4. 韩国

1990 年前后，韩国开始使用第五次课程改革后的课程大纲，1996 年，韩国进行了第六次课程改革。其基本的技术类课程设置情况如表 1-5 所示。

表 1-5　韩国的技术类课程设置

时间	课程设置		课时
1990 年前后，韩国第五次课程改革	初中阶段	“实业与技术”系列的课程，主要有技术、家政，学生须在技术与家政中选修一门	初一每周平均 3 课时 初二每周平均 4～6 课时 初三年级在农业、工业、商业、水产业、家事中选修 1 门，每周课时数为 4～6 课时
	高中阶段	文、理科的普通高中学生必须在技术和家政中选修 1 门，同时在农业工业、商业、水产业、家事、信息产业中选修 1 门	
1996 年，韩国六次课程改革	初中阶段	技术与产业、家政列为必修课，计算机列为选修课	每年级的课时都安排为每周 3 课时
	高中阶段	明确了技术类必修科目及所应履行的学时数，增加“出路与职业”科目，实用化、生活化的选修科目	总课时：技术 8 课时，家政 8 课时，农业 6 课时，工业 6 课时，商业 6 课时，水产业 6 课时，家事 6 课时，信息产业 6 课时

5. 荷兰

1993 年，荷兰进行了中等教育的课程改革，技术作为一门必修课被正式纳入荷兰初级中学的课程计划。这样，所有的初级中学学生都必须学习“技术”这门学科，其科目设置及课时数如表 1-6 所示。

表 1-6　荷兰技术类科目设置及课时数

课程	技术	经济学	信息	会计
课时	180	80	20	280
占总课时的比例	6%	26%	0.7%	9.3%

在技术作为必修课被纳入中等教育课程计划之前，荷兰政府投入大量经费，选取特殊试点班，对中学开设技术课进行了试点和训练，并资助有关的研究项目，进行了多方面的调查、比较和论证性的研究，以实现从科学到技术的知识改造，以及在中等教育中引进对技术学习的研究目标。1998 年起，荷兰的高级中学课程计划开始重构，但由于初级中学技术学科教师所积累经验的不足，以及技术教学中的设施、教材和技术学习的社会环境等问题，高级中学技术课程独立设置的争论一直持续着。新课程的架构中，主要有四个方面：社会文化教育，经济教育、自然和健康教育、自然和技术教育。目前荷兰的大多数学校都设有独立的物理、化学、生物和技术部，在国家层面上，也有很多专家在政府和民间的支持下进行技术课程的研究和开发。

6. 日本

日本自 1998 年颁布的中小学课程标准以来，其技术类课程设置的变化情况如表 1-7 所示。

表 1-7 日本技术类课程的设置

时间	课程设置	课时	
1988 年颁布的中小学课程标准	小学设必修课程家政和手工	家政在 5、6 年级开课，课时数分别为 60 和 55	
	初中设必修课“技术与家庭”，学习项目共 11 项：“木工”、“电工”、“金工”、“机械”、“栽培”、“信息基础”、“家庭生活”、“食品”、“服装”、“住所”、“保育”，其中，“木工”、“电工”、“家庭生活”、“食品”为必选	课时数第一学年 70，第二学年 70，第三学年 35	
1994 年的普通高中课程标准	男女必修的家庭课，以及工艺、农、工、商、水等选修科目		
1999 年颁布、2003 年开始实施的高中课程标准	增加信息化方面的内容，将“信息”列为必修基础课	家政基础	2 学分，占的 2. 7%
		生活技术	4 学分，占 54%
		信息	2 学分. 占 2. 7%
		工艺课	2 学分，占 2. 7%

7. 法国

法国的高中划分为普通高中、技术高中和职业高中。普通高中和技术高中为学制三年的长期教育，通过高中毕业会考便可获得文凭，进入高等学校。1975 年法国议会通过《法国学校体制现代化的建议》，此时哈比任教育部部长，所以这次改革也称“哈比改革”。哈比改革后，法国在初中阶段，设置了必修的每周 2 课时的“手工、技术课”，同时，限定选修的 9 门课中有 5 门课是技术类课程。在高中开设了经济、社会、技术学的必修课程，同时设置了产业技术学、实验室里的科学、技术学、经营管理、打字、家政、劳作等选修课程。技术类课程在改革前后的比例情况如表 1-8 所示。

表 1-8 法国改革前后技术类课程的比例

时间		技术类课程的比例
改革前	初中阶段	初中技艺类课程(技术、艺术、体育)占总课时的 20. 4%
	高中阶段	技术类课程占总课时的 8. 2%
改革后	初中阶段	初中技艺类课程(技术、艺术、体育)占总课时的 29. 2%
		在初中所列 9 门选修课中，技术类课程有 5 门，占 55. 5%
	高中阶段	技术类课程占总课时的 12. 5%
		高中所规定选修和自由选修的课程中，技术类课程约占 60%

1999 年，法国在研究高中课程改革问题的基础上，着手新课程框架的建构和新的各学科课程大纲的起草，在未来的高中课程构想中，提出了为全国各类高中学生拟定的“共同文化”，它包括文学、人文科学、艺术、科技、外语、体育领域，体现于高中所授的所有学校课程，同时又意味着把学生未来学习与职业生活所必需的技能和相应的文化知识联系起来。构想中包含“科学技术是所有学生必须学习的”思想，从高中二年级开

始，学生应当接触一些新课程，如“经济与社会科学”、“工业和第三产业技术科学”，经济与社会科学课的目的是使所有学生了解当代世界经济与社会的组织原则及其关键环节，工业和第三产业技术科学课是使学生学习应用先进的信息技术等。

8. **中国**

从20世纪50年代开始，我国强调课堂教学要与现代生产技术相结合，通过实验、实习、参观等方法，使学生理解一般生产过程的基本原理和生产工具的使用方法。当时中小学设置了以生活与生产技能训练为主的劳作课以及制图课，这是适合当时教育和生产力发展水平所开设的与生产劳动和生活实际相结合的课程，这种课程是以对学生进行综合技术教育为目的的。

到20世纪50年代中期，国务院召开全国文化工作会议，正式决定在全国中小学有步骤地实施“基本生产技术教育”，这种技术教育强调不仅要培养学生具有基本的科学文化知识，而且要具有现代生产的基本知识和技能，开设的课程是工农业基础知识课，初高中实习作业课或实习课。之后不久，教育部又下达了《关于1956－1957学年度中小学实施基本生产技术教育的通知》指出在实施基本生产技术教育方面存在的问题，指出中学的实习作业课或实习课暂不开设，小学的手工劳动课，条件不够的学校也可以暂缓开设，农村学校原则上可暂不设手工课。此后，基本生产技术教育便不再提起，但事实上在中小学内还是开设了不少劳动技术方面的课程。

20世纪50年代末，由于“左倾”思想影响，学校教育中出现了片面强调劳动对思想的改造意义，以及体力劳动过多的现象，到“文革”期间，劳动完全取代了教育教学，此时劳动技术教育走上了一个极端。

1981年我国教育部颁发的教学计划中明确提出开设劳动技术教育课，这是我国正式使用“劳动技术教育”概念的开始，有统一的教学大纲，有统一的教材，要求中小学生既参加一定的劳动又要学习某些现代生产和技术的基础知识，通过学习和实践活动使他们树立劳动观点、养成劳动习惯，使理论学习与现实实际相结合，目的是培养学生分析和解决实际问题的能力，了解并掌握现代生产和技术的基础原理以及相应的各种基本能力，为以后从事各种职业打下一定的基础。

20世纪80年代后期，国家教委明确指出，劳动技术教育是全面贯彻教育方针的需要，是中小学教育不可缺少的部分，并将小学劳动课和中学劳动技术课列入课程计划，制定教学大纲，并在全国进行试验。

1992年8月，国家教委颁布《九年义务教育全日制小学、初中课程计划》，再次明确小学劳动课、中学劳动技术课为国家规定的必修课，并且颁布了教学大纲，规定了中小学劳动技术教育目标、内容及要求，使中小学实施劳动技术教育有了遵循依据。这一时期更多强调的是培养学生的劳动观点、劳动态度、劳动习惯的思想道德教育职能，而忽略了其中技术性内容的认识。

1996年，国家教委下发了《关于加强中学劳动技术教育的意见》，重申“在普通中学开设劳动技术课，是改革中学课程的一项重要内容”和“为落实《中国教育改革和发展纲要》中所确定的目标，适应新形势对基础教育提出的要求，必须加强普通中学的劳技教育。”顺应世界教育改革中重视技术教育的趋势，在我国基础教育课程改革中，把技术教育作为素质教育中不可缺少的内容，作为综合实践活动课程中主要的必修内容之一，正是顺应了世界教育发展的潮流。

2003年由教育部正式颁布的《普通高中新课程方案》把技术课程列为高中阶段的必修课程，同年颁布的《普通高中技术课程标准(实验)》指出，“普通高中阶段的技术课程以提高学生的素养、促进学生全面而又富有个性的发展为基本目标，着力发展学生以信息的交流与处理、技术的设计与应用为基础的技术实践能力，努力培养学生的创新精神、创新能力和一定的人生规划能力。”至此，培养和提高学生的技术素养被正式提上技术教育改革的日程。

1.2.2 共同的发展趋势

1. 在课程形态上，越来越多的国家独立设置技术类课程

尽管形态不同，名称也不一样，但几乎每一个国家和地区在课程设置中都有技术类教育的内容，且更多地采用独立形态的课程来实施高中阶段的技术教育，实现其技术教育的目的。如在澳大利亚，中学有8门必修课，技术及应用技术就是其中之一；在英国，技术是5~16岁儿童所必须接受的一门独立的基本必修课程。

2. 在课程外延上，越来越多的国家把技术视为一个科目群

很多国家不仅把技术作为一门独立的课程，而且在其中设置了一组科目，形成了一个科目群。从这一方面可以看出基础教育中的技术教育内容日趋丰富，另一方面也可以看出人们对技术教育的需求越来越广泛。如斯里兰卡1999年后的高中阶段在12~13年级开设了8门技术课，即民用技术、电及电子技术、机械技术、食品技术、生物资源技术、软件技术、社会服务技术等。

3. 在课程的选修特性上，更多的国家采用必修和选修相结合的形式

必修科目一般为基本技术、家政、职业指导以及信息技术等具体科目，而选修科目则是体现本国经济结构和产业特色，并与当地自然条件、教育条件相联系的较为具体的科目。

4. 在课程内容结构上，更多的国家正在探索与现代科学技术发展相适应的体系

越来越多的国家走出了传统的以产业和职业为背景的技术视野，树立了与科学、社会、经济、职业、道德等相联系的大技术观，并着力建构技术与科学、技术与社会、技术与经济、技术与家庭、技术与职业、技术与劳动等系列的大技术观指导下的技术教育内容结构。

5. 在课程具体内容的安排上，越来越具有开放性和可选择性

有些国家列出的选修科目达数十种之多。同时，世界各国普遍注重把当代新技术引入基础教育中的技术课程，使技术教育内容体现出时代特征和良好的开发前景。有些国家开设了独立的信息技术课程，而有些国家则重视信息技术在所有学科中的应用和渗透。

6. 在课程的目标追求上，由技能本位转向技术能力与共通能力的协调发展

在课程目标上，追求专项技能获得与技术意识形成、技术能力培养以及人的情感、态度、价值观、科学精神、创新能力、交往方式等方面一般能力发展的结合，追求工具性价值与发展性价值的统一，这从日本、澳大利亚、英国、美国等国家和地区的技术教育理念中可窥一斑。

1.3　通用技术课程

通用技术是指除信息技术之外的、较为宽泛的、体现基础性和通用性并与专业技术相区别的技术，它是广泛应用于日常生活，对学生发展有广泛迁移价值的技术。就具体技术而言，通用技术具有相对性，它的特点是通用性和通识性。

通用技术课程作为技术领域中的一门课，承载着基础教育课程改革中关于课程目标、课程内容、教学方式和学习方式进行变革的重任，其核心价值就是培养学生的技术素养。

1.3.1　课程体系

高中的课程体系中，技术领域作为一个独立学习领域，通用技术课程包含 9 个模块，其中必修模块有 2 个，分别是“技术与设计 1”和“技术与设计 2”，其余均为选修模块，具体内容包括现代农业技术、电子控制技术、建筑及其设计、简易机器人制作、家政与生活技术、服装及其设计、汽车驾驶与保养，每个模块 2 学分，教学时间总计为 36 课时。通用技术课程的模块结构如图 1-1 所示。

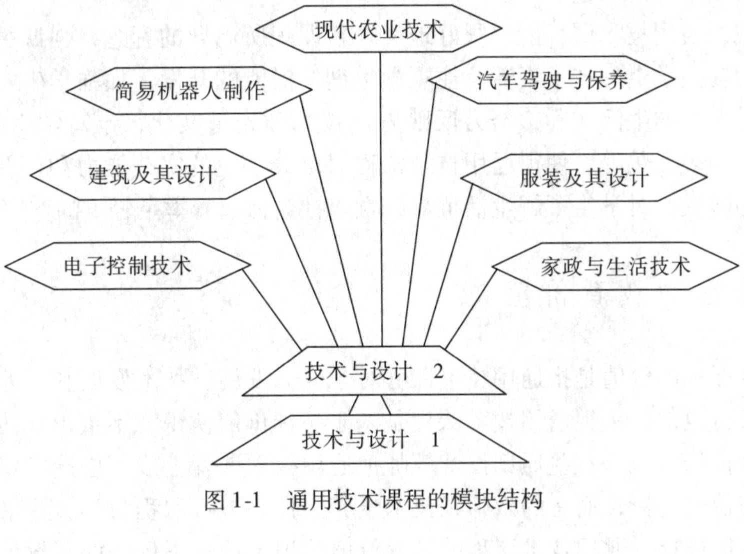

图 1-1　通用技术课程的模块结构

1.3.2 课程目标

在2003年3月31日，教育部颁发了《普通高中技术课程标准(实验)》，在该课程标准里，对通用技术课程的目标作了详细的描述：

通用技术是一门全新的课程，它立足于九年义务教育劳动与技术课程的基础之上，通过对宽泛的、基础的、与学生日常生活联系紧密的技术内容的学习，进一步提高学生的技术素养，促进学生全面而富有个性地发展，着力提高学生以技术设计与应用为基础的技术实践能力，努力培养学生的创新精神、创业意识和一定的人生规划能力。

通过本课程的学习，学生将进一步拓展技术学习的视野，学会或掌握一些通用技术的基本知识和基本技能，掌握技术及其设计的一般思想和方法；具有一定的技术探究、运用技术原理解决实际问题以及终身进行技术学习的能力；形成和保持对技术的兴趣和学习愿望，具有正确的技术观和较强的技术创新意识；养成积极、负责、安全地使用技术的行为习惯，发展初步的技术能力和一定的职业规划能力，为迎接未来社会挑战、提高生活质量、实现终身发展奠定基础。

(1)在知识与技能培养方面，通用技术课程不仅关注对材料、工具的选择和使用，关注技术核心概念的学习，更加注重培养学生的高级认知技能和问题解决能力，特别是在技术设计和技术试验方面，要求学生掌握有关技术设计的一般程序和基本技能，具有初步的技术试验的操作技能等。

(2)在过程和方法方面强调学生对技术学习过程的体验和对技术思想与方法的领悟。

(3)在情感、态度、价值观方面旨在让学生在学习的过程中，积极建构正确的技术观和对真善美等合乎社会正面价值的追求，同时在学生参与学习过程中，激发学习的内在动力和对技术学习的兴趣。

总的来说，通用技术课程能够很好地反映新课程所倡导的理念，强调关注全体学生的发展，着力提高学生的技术素养，注重学生创造潜能的开发，加强学生实践能力的培养，紧密联系学生的生活实际，努力反映先进技术和先进文化，丰富学生的学习过程，倡导学习方式的多元化等，使得通用技术课程对培养学生的实践能力和创新能力，对学生学习方式的转变，对学生了解生活世界，融入社会都起着举足轻重的作用。

1.3.3 课程的教育价值

通用技术课程的价值是指通用技术课程对于社会发展、技术发展和人的发展的作用和意义。教育行政部门重视通用技术课程是基于一种价值认识，不重视、甚至消极观望也是基于一种价值认识。有些通用技术教师把通用技术课程上成了创造发明课，这是一种价值认识与价值选择，而有的教师以技术素养为核心进行课程教学，这也是基于一种价值认识与价值选择。通用技术课程的教育价值认识及选择不仅是课程设计，也是课程实施的重要基点和依据。

1. 通用技术课程的主体价值

现在有很多年轻人看不懂技术产品说明书，进入地铁不会操作无人售票机，有大量人员不懂得、不会使用日常生活中的感应设备，这是从技术角度缺乏社会适应性的表现。通过技术课程学习，学生可以有意识地感受到信息时代技术发展给经济和社会带来的变化，感受到日常生活中技术的存在，可以更好地了解社会、了解生产、了解职业，了解它们与技术的联系，可以更加理性地看待技术，以更为负责、更有远见、更具道德的方式使用技术，可以以亲近技术的情感、积极探究的态度利用所学技术更为广泛地参与社会生活，提高对未来社会的主动适应性。

从课程性质来说，通用技术课程是基础教育阶段的课程领域，具有通识教育性质。因此在教育目标价值取向上与高等工程技术教育和中等专业技术教育有所不同，它不是着眼于培养工程师或某一领域的专门技术人才，而是以培养学生基本的技术素养作为主体教育价值。基于此，通用技术课程设计以技术素养的要素结构为线索，力求通过丰富多彩的教学过程培养学生理解技术、使用技术、管理技术、积极参与技术活动等方面的基本能力，课程内容以技能训练为主转变为以技术设计为主。在这个转变过程中，技术的知识与技能只是教学的载体，其本身的学习不是主要的目的，技术课程要在学生通过学习技术知识与技能的基础上，重视对技术的思想和方法、技术的人文因素以及技术的情感态度与价值观的培养。不仅在技术实践中培养学生们良好的技术知识和技能，形成勇于实践、敢于创新的意识等，学生还需要对技术的本质、技术的运用等关于技术的知识有一种发展的、动态的把握，能够逐渐形成正确的技术观。

2. 通用技术课程的共通价值

任何一门课程都不是为一个孤立的价值目标而存在，通用技术课程在以提高学生技术素养为主要目标的同时，同样应当为学生的实践能力、创新意识等作出贡献，因此通用技术课程还具有以下四个方面的丰富价值。

1）激发学生的创造欲望，培养学生的创新精神

技术本身是人类创造的产物，也是人类进行创造活动的一个平台。学生的技术学习过程，更多地表现为一种创造过程，在这个过程中，学生通过一项项设计任务的完成，通过一个个技术问题的探究，激发创造的欲望，享受创造的乐趣，培养自己的创造性想象能力、批判性思维能力，以及在实践中不断创新的能力，形成积极、果敢、合作、进取等品质。

2）强化学生的手脑并用，发展学生的实践能力

过去，我们一直认为技术课程就是技能训练，就是学技能，这是片面的技术。技术尤其是现代技术中，蕴含着丰富的智力因素、道德因素、审美因素，这些都要学生去领悟，去做出简单设计，去进行简单应用。因此新课程中的通用技术课程强调心智技能与动作技能的结合，强调理论与实践的统一，强调学生由“动手做”走向“动脑做”，由“丰富的感性”走向“深刻的理性”。通过“动手做”，学生的技术设计与制作能力、技术试验与技术探究能力，以及利用所学技术解决实际问题的能力都将得到增强。

3)增进学生的文化理解，提高学生交流和表达的能力

技术是人类文明的重要组成部分，是人类文化的重要载体之一。无论是技术的产品，技术的知识，还是技术的活动都折射着丰富而生动的文化。就技术本身而言，技术不仅包含着材料、工具、程序、工艺、方法等操作性因素，而且涵盖设计、优化、权衡、试验、结构观念和方法，此外还携带着民族性、时代性、政治、经济、法律、道德、伦理、心理、环保、审美等一系列社会文化特征和文化要素。无论是信息技术，还是更为宽泛的通用技术，都具有丰富而深刻的文化内涵，对提高学生的文化品位，开阔学生的文化视野有很重要作用。

4)改善学生的学习方式，促进学生的终身学习

新课程改革非常强调改变学生的学习方式，这是针对以往学生过于单一的学习方式而言的。过去家长们总喜欢说“孩子在学校读书”，学生拿着一本书、一支笔、一本作业本进行学习似乎成为唯一的学习方式。技术课程的学习方式是丰富多样的，有个人的独立操作学习、小组合作学习、观察学习、体验学习、设计学习、网络学习等等。这些学习方式不仅可以使学生的学习生活丰富多彩，而且可以使学生得到更加主动、更加充分、更加生动活泼的发展。

通用技术课是一门全新的课程，它以提高学生的技术素养，促进学生全面而富有个性的发展为目标。通用技术课程不是单纯的技能练习课程，而是一门立足于实践、高度综合、注重创造、教学与人文融合的课程，对个人的发展和民族的复兴有着积极的意义。通用技术课程被认为是普通高中课程改革的亮点和难点之一，它是否得以成功实施，直接关系到我国的新课程改革目标的实现与否。

通用技术具有时代性。通用技术课程的设置，重在让学生养成积极、负责、安全地使用技术的行为习惯，为迎接未来社会挑战、提高生活质量、实现终身发展奠定基础。

参考文献

[1] 曹之友. 技术素养初探 [J]. 东南大学学报(哲学社会科学版)，2006，(S2)：50-52.
[2] 顾建军. 世界各国高中技术类课程设置及其启示 [J]. 职教通讯，2002，(1)：57-60.
[3] 技术课程标准研制组. 普通高中技术课程标准(实验)解读 [M]. 武汉：湖北教育出版社，2004.

第 2 章　设计基础

2.1　技术与设计

阿基米得说过："给我一个支点，我就能撬动地球。"他用这句形象夸张的话来解说杠杆的作用。这个"支点"是什么呢？那就是技术。技术是人类文明的标志，用法国著名学者贝尔纳·斯蒂格勒的话来说"技术史同时也就是人类史"。人类通过技术来标志与其他物种的区别。那么，什么是技术？技术有哪些性质？技术等同于科学吗？技术与设计又有何关系呢？本节将逐步解答这些问题。

2.1.1　技术的概念

技术伴随着人类的诞生而诞生，是人类改造自然的工具与方法。远古时代，人类为了获得食物、有效保护自己，逐渐学会了使用木棒，并开始制作石斧、石刀等工具，开始了技术发展的第一步。随着技术的变革，人类学会了使用石锄、石耙和畜力种植农作物，也学会了驯养牛、羊、猪等动物，开始了农业和畜牧业，基本解决了食物问题。为了满足记录与传递信息的需要，远古人类采用结绳的方法来记事，但结绳的可区别性很低，只能用结的大小来标记大事小事，因此逐渐演变出文字。开始时人类把文字刻在龟甲、兽骨上，后来写在竹片、木片、布片上，但这些都不太理想，造纸术的发明为人类找到了理想的书写材料。为了找到高效的图书复制方法，雕版印刷术就出现了，后来又出现了活字印刷术。随着人类的发展，技术的不断进步，尤其是近现代，人类掌握的技术突飞猛进。为了满足日益强烈的信息交流需求，逐渐发明了电话、传真、电报、电视、对讲机、移动电话、遍布全球的互联网以及号称又一次信息技术革命的物联网等。由此可见，技术源于人类的需求与愿望，是人类实现改善自身生存条件、改造自然的结果。人们也往往以重大技术来标定一个社会发展的不同阶段，比如石器时代、青铜器时代、铁器时代、蒸汽机时代、电气时代以及信息时代等。

我们每天都要与技术打交道，每天都在使用技术，享受技术的便利，同时也在承受着技术对我们的侵害。什么是技术？历史上的哲学家、经济学家、科学家、工程师、技术专家和技术教育工作者，从各个角度，给技术下过各种各样的定义。但直到今天，也没有一个统一的、一致性的定义。美国学者奥格伯恩认为："技术像一座山峰，从不同的侧面观察，它的形象就不同。从一处看到的小部分面貌，当换一个位置观看时，这种面貌就变得模糊起来，但另外一种印象仍然是清晰的。大家从不同的角度去观察，都有可能抓住它的部分本质内容，总还可以得到一幅较小的图画。"因此，虽然我们无法对技术做一个统一的超越历史和现实的定义，但我们可以从不同的角度来观察、探讨技术的概念，从而使我们能大致了解技术的含义。国内著名学者马开建先生在他的博士论文中，从技术发展史的视角，对技术的认识在三种层面上进行了界定。

第一层面，技术指技艺。中国有句古训："家有良田千顷，不如一技在身"，表达了人们对"一技之长"的重视。这里的"技"，就是"技能、技艺"。与当代技术不同，技艺、技能主要体现在具体的职业活动中，属于经验性技术层面。它不可以脱离主体而存在，并使不同主体在同一职业活动中表现出不同特色或水平。将技艺、技能视为技术，是古代技术哲学的基本特征。在汉语中，"技"是指一种基于工匠经验的技艺。在《辞海》中，所谓"技"，其意义解释有，第一种，技艺、本领；第二种，工匠。至于"术"，在与"技"连用的情况下，则主要是策略、方法、技艺之意。可见，"技"和"术"都有技艺的意思。但"技"偏重于"肢体"本领，而"术"则侧重于发挥技艺时"心中"具有的方法和策略。一般而言，一个技术问题的解决，需要肢体操作与心智操作协调合作，方可表现出令人满意的技术水平，这与我们现在对于"technology"的解读一致。从西文词源上看，技术一词可以追溯到希腊文"techne"，它是指手工或技艺(art或craft)和技能(technique)，其基本意思是指生产劳动中的实际技能或技艺。当"技术"一词首次出现在英语中时，它只是被用来意指对各种实用技艺的讨论。今天，英语"technique"一词，一般译为技能，如果将其译作技术，也只能是技能意义上的技术。最早对科学和技术进行区分的是古希腊哲学家亚里士多德，他认为科学是知识，而技术则是人类活动的技能。那时，由于机器还没有出现，人们在生产活动中所发挥的手工操作能力主要是基于直接经验的技能、技艺，人们对技术的认识于是就与物质生产活动建立直接联系。这决定了早期的技术，其实是一种技能或技艺，属于经验性、实用性技术。

第二层面，技术是指物质手段。现在对技术的认识，主要是基于西方工业革命所呈现的技术印象。随着资本主义工业的发展，纺织机、蒸汽机的发明与革新，各种机器在工农业的运用，实现了工业生产从手工工具到机械化的转变。"技术"也由手工技艺发展到机器技术。对于这场深刻的变革，列宁曾指出："从手工工厂向工厂过渡，标志着技术的根本变革，这一变革推翻了几百年积累起来的工匠手艺。"这场变革，使得生产过程变成了机器技术的应用过程，技术过程也变成了制造和使用机器的过程，技术发展水平也以所制造和使用的机器水平为标志，机器成为技术的化身。生产过程与技术过程的机器特征，直接导致了人们对技术认识的变化：一是生产过程不再取决于劳动者的技能，而是取决于技术设备，对从业人员的技能要求也逐渐演变成为制造和使用机器；二是面对这样的巨变，本来由人运用技术制造出来的机器设备，在那些想学想用人的眼里就变成了技术的化身，甚至将机器设备本身视为技术。马克思主义技术理论将技术归结为工具、机器和其他机械性的劳动资料。

第三层面，技术是指系统性行动知识。从当代技术的特点来看，技术早已超越了技艺的概念水平，也不能再简单地将技术看成是机器、设备等东西，更多的是从知识的视角理解技术，将技术的定义与知识联系起来。从知识的视角认识和理解技术，技术包含着知识，技术本身也被看做是一种知识形式。"技术和科学、人类学一样，是研究人类知识的领域。""技术构成了知识，所有的技术都是人类某种知识形式的化身。"科学的特点是基于智力活动的探索，而技术的特点是运用知识、经验、智力和一定的物质手段实现人的功利目的。

在1990年，美国一个技术教育研究小组，出版了一份权威文件：《技术教育的概念框架》（*A Conceptual Framework for Technology Education*）。其中对“技术”做了如下定义：“技术是一种知识体系，是对资源的利用，以产生能满足人类愿望和需要的结果”。这个界定不仅指出技术是一种知识形式，而且是一种利用资源的知识形式。当遇到需要解决的问题时，技术知识可以系统地操控有关知识、工具、设备、规则和概念，最终解决问题。1998年，考恩沃斯(Kormwachs K.)研究指出，“除了社会知识和组织知识以外，我们还经历和积累了如何使用手边物品和如何生产有用物品的知识，以及为了实现我们所期望的功能和获得手段以实现不同目的而设计人造物的知识，我们称这些知识为技术知识”。该定义抓住了技术知识的另一些重要特性，即使用、生成、设计。两个定义都强调了技术知识的实践或行动特征，包括使用、生产、设计、利用等活动。

关于技术的三个层面的认识都带有技术发展史的痕迹，但即使最复杂、最高级的技术也需要看似低级的技艺，故这三种认识至今依然并存。在《美国国家技术教育标准》中，给出了关于技术的定义：“‘技术’这个词包含有很多种意义和内涵。它可以指人类发明的产品和人工制品，比如，盒式磁带录像机是一项技术，杀虫剂也是一项技术。它可以表示创造这种产品所需的知识体系，还可以表示技术知识的产生过程以及技术产品的开发过程。有时，人们非常广义地使用技术这个词，表示的是包括产品、知识、人员、组织、规章制度和社会结构在内的整个系统，比如，谈到电力技术或因特网技术时便是这种广义的含义。”

今天，技术的概念早已经远离了技术一词的初始内涵，几乎所有有关发明、设计、制造、维修等以及解决各种技术问题的方法与策略，都是“行动知识”，均被视为技术。“在当今世界，技术变成了一项复杂的社会事业，它不仅包括研究、设计和技巧，还涉及财政、制造、管理、劳动力、营销和维修等方面”。从广义上讲，技术是人力本质的展现，它扩展了我们改变世界的能力。“technology”一词“更广义地指的是人们用来拓展人类能力以及满足人类需要和欲望的过程和知识的多种多样的集合”。技术在本质上是意识、知识、经验、创造性才智和资源、需求的结合与重组。

2.1.2　技术的性质

1. 技术的目的性

技术是人类为满足自己的欲望而产生的，是人类改造自然的工具与方法。任何技术的产生和发展都是人类有意识、有目的的活动成果。著名德国技术哲学家德绍尔(F. Dessauer，1881－1963)认为：“技术是通过目的性导向，以及对自然物的加工而出现的理念的现实存在”。人类为了解决食物问题，逐渐掌握了农业、畜牧业技术，为了解决书籍批量发行的问题发明了印刷术，为了实现远距离的信息交流发明的电报电话等。马克思也认为，目的性是人类实践的首要特征。人类的劳动是具有目的性的，目的性是人类活动的最基本的属性。在实践中，这种目的性通过技术将其外化，使外界的自然纳入人类自身的范畴，并将这种目的性渗透于其中。

2. **技术的实践性**

实践性也是技术的本质特征之一。一方面，技术源于实践。早期出现的技术是与物质生产活动相联系的生产技术，它所处理的是人和自然的关系。就广义技术而言，其本质也体现为人对自然的认识与改造活动、人对社会的认识与改造活动以及人对自身思维的控制与改进等活动，是把人与作用对象联系起来的媒介与手段。另一方面，各种形态的技术只有在人的实践活动中才能变为现实的技术，发挥其功能。物化形态的技术离开人的实践，它就只是一堆废铜烂铁，而信息形态的技术若不能被应用于具体的实践，那就只是一堆废纸。

技术的实践性是技术与科学的根本差异所在。科学与技术从一诞生就体现了“人对自然界的理论关系和实践关系”。对各种事实和现象进行观察、分类、归纳、演绎、分析、推理、计算和实验，从而发现规律，并予以验证和公式化的知识体系就是科学，科学是人对自然界的理论关系，而技术侧重于利用和改造自然。“是什么”“为什么”是科学要解决的问题，而“怎么办”则是技术的问题，因此离开了实践，技术将失去意义。

3. **技术的综合性**

技术是人类改造自然的工具与方法，它包含着对物质的属性和物质运动规律的认识，包含了自然科学的知识理论。技术以满足人类需求为目的，因此，与人的物质需要和精神需要相联系的包括经济学、政治学、文化学在内的社会科学理论也必然包含于技术的内涵之中。将社会科学所揭示的人的经济、政治、文化和自然科学所反映的客观事物的属性、规律有机地结合起来是技术成功的重要因素。技术是自然科学、社会科学的有机统一体，它要将以上各种理论融入技术课题的决策阶段、技术发明阶段、技术开发应用阶段之中，形成自己的关于如何进行技术课题决策、如何进行发明、如何进行开发应用的一套完整的理论，而不仅仅是各种理论的简单拼凑。因此，可以说技术理论比单纯的自然科学理论更复杂、更丰富。

4. **技术的创新性**

技术是人类为了满足自身的需求和愿望而对大自然和社会进行改造的工具和方法，是伴随着人类的发展而发展的。人类的需求欲望会随着社会的进步，人类认识高度的提升而不断膨胀，因此对新技术的需求也会越高，这是无止境的，这也正是技术不断发展的动力所在，而技术的不断创新则是解决该需求的唯一有效办法。从人类发展的历史不难看出，技术史，就是一部不断创新的历史，每一项新技术的诞生都是一次技术创新，这也成为新技术的固有特征，也是衡量一项技术价值的重要指标。

2.1.3 技术与设计

技术的根本目的是解决实际问题，产生解决问题的主要途径是设计。根据工业设计师 Victor Papanek 的定义，设计是为构建有意义的秩序而付出的有意识的直觉上的努力。一个设计首先需要理解用户的期望、需要、动机，并理解业务、技术和行业上的需求和限制，然后将这些所知道的东西转化为产品或经济和技术上可行的产品规划。在人类生活中，技术与设计缺一不可，它们共同构筑了我们的生存环境，影响着人类的生活方式。

人类为了自身的生存与发展，不能满足于大自然所提供的物质形态，而必须不断地进行创造。设计是创造的第一步，人类在创造社会物质文明的同时，也促进了设计的发展与完善。美国著名科学家诺贝尔奖获得者赫伯特·西蒙认为："设计是为使存在的环境变得美好的一种活动。设计好比是一种工具，通过它能使创意思想、新技术成果、市场需求和企业的经济资源转化成明确的、有用的结果和产品。"和对技术概念的理解一样，对于设计概念的理解也有所差异，但就设计本质的认识是基本相同的，即设计是人类一种创造性的活动，是一种具有强烈目的性的综合性的计划行为。

1. 设计是技术的关键，为技术提供了发展的方向与动力

技术是用来解决实际问题的，设计则是产生解决问题的主要途径。一方面，技术的创新、新产品的开发、新工艺的改进都需要设计；另一方面，设计也是技术成果转化的桥梁和纽带，技术的潜在价值可以通过精心的设计发挥出来，从而使技术具有更广阔和更深层次的应用。设计一般是为现实生活服务，因此设计一般不能脱离现实的可行技术。游离于现实技术之外的设计，也就是概念性设计是着眼于未来，是设计者对未来社会的想象。概念性设计虽然无法在目前实现，但这些设计对功能、材料、技术的新要求却成为新技术发展的方向与动力，引发人们对相关领域思考与探索的热情。达·芬奇的飞行器设计就是一个典型的例子，虽然在当时条件下无法实现，却成为后人努力的方向，推动了飞行器技术的发展。总之，现实的设计离不开现实的技术，而技术的设计却是技术发展的关键，为技术的发展提供了一定的方向和动力。

2. 技术是设计的重要支撑，同时也制约着设计

技术是设计内容的重要支撑，是实现产品物质功能的基础，它直接决定了现实产品功能、形态的可行性。没有技术上的支持，产品在功能、造型等方面都很难突破。技术是设计方法的重要支撑。随着技术的发展，设计方法、设计流程、制作工艺等都发生了相应的改变。比如计算机辅助设计(Computer Aided Design，CAD)、快速成型(Rapid Prototyping，RP)等技术的应用可以使设计人员直观地评价所设计产品的效果、结构的合理性及生产工艺的可行性等，从而优化设计。另外，技术对设计也有制约作用。设计对技术的依赖常常受制于技术的可行性与经济性等因素。是在设计中应用一项技术的前提的可行性，包括技术本身的可行性以及应用于某一设计的可行性。在经济性方面，如果应用一项技术的成本过高，则会限制设计对它的应用。总之，技术是设计的基础与平台，是设计的重要支撑，技术的水平也制约着设计的水平。

3. 设计是技术知识的综合运用

任何一项设计，一般都需要涉及众多的自然科学、社会科学等知识。设计是技术知识的综合运用，从产品功能、结构、材料、程序、工艺等多方面的知识出发，围绕技术目的进行综合应用。即使是设计一张简单的凳子也要利用到结构力学、材料学、化学、人机工程学、美学等知识，还需要考虑工艺、流程、经济、环境保护等知识。如果设计者的知识与技术存在严重缺陷，或缺乏综合运用的能力，必然无法实现一项完美的设计。

2.2 设计的一般知识

2.2.1 设计的内涵与分类

设计随着人类的诞生而诞生，设计的概念几乎囊括人类生产生活的各个方面，是综合科学、技术、经济、心理、文化、社会、艺术等各种因素，为实现某一具体目的而开展的创造性的规划活动。从广义讲，也可以将设计看做是针对某一具体物质目标或精神目标的创造性活动。与动物的本能不同，任何一项设计都是人类特有的行为，是有目的有预期的符合规律的创造性活动。人类改造自然的过程采用的总是先设计，再实践，再改进设计，再实践的模式。设计能力设计水平的高低也直接影响到人类改造自然征服自然的能力，因此设计也是组成人类生产力的最重要的要素之一。设计从古至今都渗透在社会生活的各个领域中，在现代社会中，随着社会经济的发展、社会分工的越来越细化，设计的种类越来越多，比如服装设计、建筑设计、平面设计、影视动画设计、包装设计、电路设计、产品设计、网站设计等数不胜数。对设计的分类方法较多，认可度比较高的主要有以下几种分类。

1. 按照设计对象来分类

1）工业设计

工业设计一般指工业化生产背景下运用科学与技术知识，并融入艺术审美观对工业生产的产品所展开的创造性设计。工业设计不用于个人艺术作品，它以工业化批量生产为前提，更强调设计的实用性和创新性，是现代工业技术与现代艺术相融合的产物。工业设计的对象为各种工业化生产的产品，比如汽车、电子产品、机械产品等。

2）环境设计

环境设计是一个很宽泛的概念，它既可以狭义的理解为室内装饰、室内外设计、装修设计、建筑装饰、装饰装潢、园林和景观设计等，又可以广义的理解为地球表面所有与环境和美化装饰有关的设计，包括全球大气、水土、电磁辐射等环境的设计。目前环境设计的主要类型有：城市规划设计、室内设计、室外设计、公共艺术设计等。

3）建筑设计

建筑设计是为创造某种社会生活环境，为满足一定的建造目的而展开的思维与传达活动，是建筑物在建造之前，对建造过程中可能发生的各种问题的解决办法与方案。包括建筑方案设计、建筑结构设计、建筑外观设计、建筑施工图设计、建筑供排水、供暖、通风、空调、电气等设备的设计等。建筑设计将物质材料、科学技术、经济、社会审美等融合为预期功能的建造产物。

4）网站设计

网站设计是指使用某种相应的开发工具，并按照一定规则，在互联网上建立某种特定内容展示或信息交流平台的工作的总和。网站一般由域名（即网址）、网站源程序以及网站空间三部分构成。网站设计一般包括网站类型的界定、网站功能定位、网站命名、域名申请、网站标识设计、网站结构与栏目设计、声像素材配制等设计工作。

5）服装设计

服装设计以服装为设计对象，对衣服款式进行的设计，是对各种服装知识、剪裁、缝纫技巧、艺术价值、设计师的审美观以及经济成本等元素的综合运用过程。服装设计的目的是设计出实用、美观，能展现穿着者的优美体态、气质等特征，并隐藏不足，同时彰显个性的服装。

6）平面设计

平面设计是指在二维空间进行的设计者创意的视觉表达过程，是将设计意图在平面空间通过图形符号，以视觉感受的方式展示出来的过程。比如图书封面、广告招贴、影视海报等设计都属于平面设计。

7）影视动画设计

影视动画设计是以电影电视和大型游戏的动画、视频、包装片头等为设计对象的一种设计。设计者主要利用不同的专业设计软件（比如 Maya，LightWave，ANIMO 等）实现相应的艺术创作，一般包括二维、三维动画制作、影视动画特效制作与合成、游戏人物制作、影视美工、影视后期合成等设计。

8）化妆设计

常称为美容美发设计，是对人物形象进行的各种设计。包括人物形象设计、化妆造型设计、发型设计等。

2. 按设计方式分类

1）原创性设计

原创性设计又称开发性设计，是设计者独立的根据实际问题或设计灵感实现的初始的设计。

2）改进性设计

在总的方案原理变化不大的情况下，对已有的设计进行局部的变更改进，使其更加合理、完善，或满足某些特定的需要，这样的设计叫改进性设计。

3）综合（组合）性设计

应用现有技术及原理重新进行组合，使其系统化、综合化、产生新的优点、特色、创造出新的功能的设计方法叫做综合（组合）性设计。

3. 按应用领域分类

商贸领域包括商业设计、新产品研发、包装设计、产品设计和服务设计等。

应用领域包括体验设计、游戏设计、交互设计、软件设计、软件研发、软件工程、系统设计、用户体验设计、用户界面设计、网页操作设计、网页设计。

传达设计领域包括书籍设计、色彩设计、传达设计、内容/编排与内容设计、展示设计、图形设计、资讯设计、教学设计、移动图形设计、新闻报刊设计、制作设计、音效设计、舞台设计、字体设计、印刷设计、视觉传达设计。

科学和数学领域包括组合设计、实验设计。

物质领域包括建筑设计、建筑工程、汽车设计、手机设计、陶瓷和玻璃设计、环境设计、服装设计、插花设计、家具设计、园林设计、规划设计、工业设计、室内设计、景观设计、机械工程设计、永续设计、城市设计等。

2.2.2 设计的一般原则

设计是一种把人类愿望变成现实的创造性行为。广义的设计包括了一切人类的造物活动。任何一项设计都是以人的需求为出发点，通过造型、结构、构造、材料、工艺等各方面要素进行综合，以创造出形象而有效的功能载体，从而满足需求行为。从总体上来说，设计需要符合以下几个原则。

1. 科学性原则

任何设计必须符合科学原理，按照科学规律展开设计，违反科学规律的设计是绝对失败的。历史上很多人都热衷于设计一种不需外界输入能源、能量或在仅有一个热源的条件下便能够不断运动并且对外做功的机械，即永动机。但这些设计无论怎么精巧，也无论是何种大师设计，最终都以失败告终。比如著名的学术大师达·芬奇、焦耳、意大利著名机械师斯特尔等都试图设计永动机，但都以失败告终。这些永动机的设计违反了能量守恒定律或热力学定律等科学规律。

有人试图设计这样一台永动机：用发电机发出的电供给电动机，使电动机运转，再由电动机带动发电机发电，这样希望使发电机和电动机经外加力量启动之后，就可以一直运行下去，实现永恒的旋转运动。这个设计显然是无法实现的，因为这违反能量守恒定律。在电动机和发电机旋转过程中，会因摩擦力的存在而不断消耗能量，由于导线电阻的存在，电能还会以热能的形式消耗掉，因此该设计必将以失败告终。焦耳在研制永动机失败后总结出了热功当量定律，并告诫人们："不要永动机，要科学!"，同样达·芬奇也指出永动机是不可能存在的。

2. 创新性原则

创新就是通过引入新概念、新思想、新方法、新技术等，或对已有产品的革新来创造具有相当社会价值的事物或形式。并非所有的设计都具有创新性，但只有具备创新性的设计才能具有更强的生命力，才能更好地推动社会和技术的发展。设计需要创新，创新是设计的核心。创新的设计，可在原理、结构、技术、材料、工艺、安全、可靠性、耐用性、环保、经济性、舒适性、美观等方面展开。

大众公司生产的甲壳虫汽车就是创新性设计的一个典范。1931 年，德国的波尔舍博士画出了甲壳虫汽车的草图，1935 年制造出第一辆样车。虽然有二战影响，但 10 年后已成功生产 100 万辆。波尔舍最大限度地发挥了甲壳虫外形的长处，使其成为同类车中的冠军。甲壳虫汽车作为大众汽车的经典车型，在长达近一个世纪的时间里走遍了世界的每一个角落，成为世界上最畅销的小型车。将经典造型和绚丽色彩融合于一身的新甲壳虫汽车，一问世便成为现代都市人演绎时尚生活的身份标识。由此可见创新性设计所带来的魅力。

3. 需求性和实用性原则

需求是"设计"活动原始的出发点，也是设计的动机和目的。因此设计活动必须以用户的需要作为设计的一个终极目标。在设计之前应该做需求性分析，探讨设计的价值，在设计过程中要在满足需要的条件下，使设计应尽可能实用、高效，不能“华而不实，徒有虚名”，使产品实现其基本功能(包括物理功能、生理功能、心理功能和社会功能)。

4. 经济性原则

设计中的经济性原则是指以最低的费用(成本)取得最佳的效果，也就是要使设计的作品价廉物美。一个设计必须从消费者利益出发，考虑设计产品的经济性。产品的经济性可以用大众普遍接受的性价比来衡量，性价比 = 性能/价格，提高性价比就可以提高经济性。提高性价比的方法有三种：其一，在性能不变的前提下降低成本，进而降低销售价格；其二，在价格不变的前提下竟可能提升性能；其三，在增加性能的同时降低价格。

5. 最优化原则

最优化原则也成为“最佳方案原则”。任何一个设计，都应根据设计需求选择最合理的技术方案来实现，最先进的不一定是最合理的选择。如果片面追求最先进的技术而使产品研发周期过长，也会损失大量市场份额，甚至使设计夭折，这也是华罗庚的统筹方法的一个运用。

6. 易用性原则

根据国际标准化组织(International Organization for Standardization，ISO)的定义，一项产品的易用性被定义为“在特定的环境中，特定的使用者实现特定目标所依赖的产品的效力、效率和满意度”，通俗地说即易用性指衡量产品是否好用或有多好用。设计产品的易用性主要依赖于人机关系的设计。人机关系是指当我们使用物品时，物品与人产生的一种相互关系。设计时若充分考虑良好的人机关系可以使设计产品易用性大大提高，让人感到方便、舒适，同时保证健康和安全。

7. 可靠性原则

在设计过程中应根据可靠性理论与方法来确定设计所采用的零部件、结构方案等。设计遵循可靠性原则是保证产品可靠性的基础。可靠性设计的一项关键内容是可靠性预测，根据资料或技术试验预测设计中所采用的零部件或系统实际可能达到的寿命或在规定的条件下和在规定时间内完成规定功能的概率。这是在设计的初期阶段应该做的一项重要工作。一般而言要提高设计对象的可靠性应尽量采用熟悉的标准化的零部件和成熟技术，尽量简化结构，削减零部件数，适当采用冗余技术和后备技术，考虑失效安全设计、安全寿命设计和防误操作设计，尽可能采用模块化设计提升系统的可维护性等。

8. 安全性原则

安全性原则是指，所设计的产品或项目，在使用时或操作运行时必须是安全的，不允许发生事故，更不允许发生人身伤亡事故。因为这不仅可能造成经济损失，还可能导致人身的伤亡，引来法律诉讼问题。

9. **美观性原则**

爱美之心，人皆有之。设计美观的产品可以满足人追求美的心理，促进产品的销量。产品的外观美可以通过对产品的造型、材料、色彩搭配、装饰图案等的设计组合来表达。内外和谐、积极健康、亲切的产品设计会带给人们更多美的享受，从而增强设计的生命力。

10. **可持续发展原则**

设计的可持续发展原则是指产品的设计既能满足当代发展的需求，又能考虑到未来发展的需要，不以牺牲后人的利益和长远的利益为代价来满足当代人的需求。这既是社会大环境的要求，也是设计一般产品的需要。设计要考虑到人类长远的发展、资源与能源的合理利用、生态的平衡等可持续发展因素。

11. **法律与道德规范原则**

任何设计都必须严格遵守国家法律规定，同时还要符合社会的道德规范。违反专利法、公民权益保护法、环境保护法等相关法律规定的设计必将受到法律的制裁，符合道德规范，具有社会责任感的设计将推动人类文明的发展。任何设计应坚持以人为本，不能出于某种不道德的目的而展开设计活动，比如设计各种刑具、各种假冒伪劣产品、毒品等。

在实际的设计活动中，各种原则之间有着相互联系、相互制约、相互影响，应该要综合考虑，综合运用。

2.2.3 设计的一般流程与方法

设计是人类有目的的一种创造性活动，设计者都会有意或无意的按照一定的流程，采取某种手段或方法展开设计，解决设计中出现的问题，达到设计的目标。符合科学规律和相关设计原则与规范的合理设计流程与方法能有效解决设计中各环节出现的问题，提高设计的效能。现代设计所包含的设计对象、内容与范围都非常宽泛，设计的难易度也相差巨大，因而其设计流程也有所不同。但无论何种设计，其目的都是为实现人类的某一物质或精神目标而展开的创造性规划活动，即设计的最终目标是服务于人类，设计活动的展开必然要受到科学理论、技术水平、社会观念、文化、市场等一些共同因素的影响，因而设计过程中必然包含着共同性。几乎所有的设计都要经过提出问题、分析问题和解决问题三个步骤，具体来说，设计与实现的流程可以大致分成如下几个阶段：设计问题的提出阶段、设计问题的分析与明确阶段、设计构思与确定阶段、设计展开与实施阶段、样品的测试与改进阶段。设计的一般流程如图 2-1 所示。

需要强调的是，设计流程并非一成不变，随着设计对象的不同，设计复杂程度的不同而不同，很多环节是需要反复进行的。

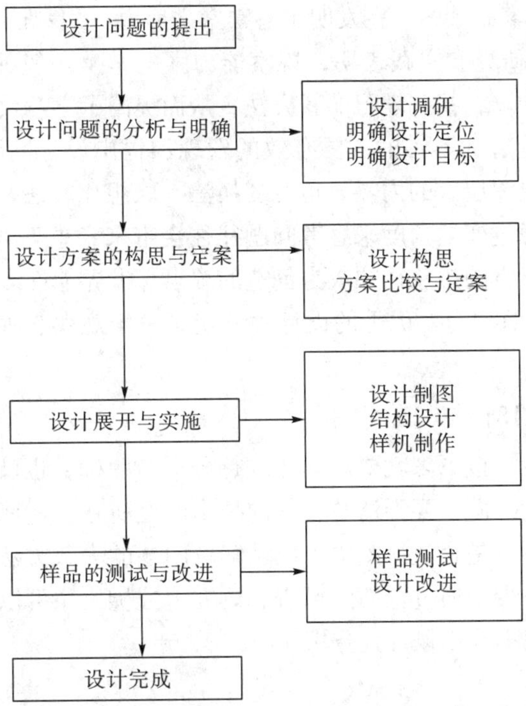

图 2-1　设计的一般流程

1. 设计问题的提出

设计问题的提出往往是通过对生活的仔细观察与体验得来的。人们在日常生活与工作中产生的各种需求与愿望就成为我们设计的源动力，但这些需求与愿望往往并不是一个清晰的设计目标，还需要对问题进一步提炼和定义，以使要解决的问题清晰完整，使设计目标明确。设计问题的提出方式有很多，设计师可以在生活工作中自主发现问题，也可以从公司的决策层、市场、技术等部门的研究中得到设计问题，还可以通过直接接受客户委托而获得。在此重点讨论自主发现问题。在生产生活中问题无处不在，但并非人人都能发现问题，能上升为明确的设计问题的更是少之又少。爱因斯坦曾经说过："提出一个问题比解决一个问题更重要。"因为解决一个问题，也许仅仅是学习或实践技能而已，而提出新的问题则需要创造性的想象力。找不出问题也就无从创新，而善于思考与观察则是发现问题所必须具备的能力。

观察是有目的、有计划、有思维参加的知觉活动。由观察获得的知觉感受比一般知觉感受更鲜明、更细致、更完整。观察在人类实践活动中具有极其重要的意义，是观察者对眼、耳、鼻、舌、手的综合运用，是直接认识事物和获得有价值的第一手资料所必需的。观察是人类重要的认知活动，它既是认知的源泉，又是认识事物、掌握知识的重要途径。现代心理科学的研究表明，在人脑所获得的信息中，有 80% ~90% 是通过观察获取的。观察应是一种习惯，观察是发明创造的前提。伽利略通过对教堂里铜钟摆动的观察，发现了钟摆的等时性；瓦特通过对烧开水时水蒸气外喷现象的观察与思考，发明了瓦特蒸汽机；牛顿通过对太阳光下的肥皂泡的观察，研究了光的干涉现象，通过三棱镜的观察，研究了光的色散。俄国著名生理学家巴甫洛夫教育年轻人要"观察、观察、再观察”。英国细菌学家弗莱明，在发明了青霉素之后说：“我唯一的功劳就是没有忽视观察。”教育心理学的研究和实践表明，观察能力强的学生一般都是优等生。因为他们善于观察，能够发现问题，找到学习的新方法，从而提高了学习效率。

只有表面的观察是远远不够的，要有效的发现和提出设计问题，还需要善于思考，这也是观察所包含的更深层次的内涵。角度变换法、联想比较法与想象法是引导我们思考的三种常用方式。通过变换角度来思考问题往往会带来意想不到的收获，由此及彼的联想比较思维和天马行空的想象往往成为创造的源泉。世界上许多创造都源于“问题”，“问题”是开启创新的源动力。优秀的设计师一定是善于观察、善于思考与善于发现问题的人。

2. 设计问题的分析与明确

设计问题提出之后，接下来就要对问题进行分析与明确，也就是说，要将一个具体问题转换为明确的设计方向，要弄清楚设计的技术问题所在，进而判断问题是否能够解决，是否能在当下解决，是否值得解决，以及解决问题的大致方法。要完成问题的分析与明确设计调研必不可少，通过全面的调查、研究、分析，才可以明确设计的定位与设计的任务，才可以准确书写出设计任务书。

1）设计调研

设计调研是设计流程中的重要一环，设计展开后，设计的目标、依据都建立在设计调研的基础之上，调研质量的高低将直接影响设计的结果。设计调研主要包括市场调查、社会因素调查、设计团队的软硬件能力评估等。通过对市场与社会影响因素的调查分析，有助于设计师加深对设计问题的认识，能使设计目标更明确更具有针对性。对设计团队的软硬件能力评估设计有助于预测设计中可能会遇到的障碍与问题。

市场调查主要包括三方面：一是对包括政策、法令、科技状况等市场大环境的调查，二是对包括需求、购买力、消费习惯等市场需求的调查，三是对类似产品的竞争情况的调查与分析。社会因素调查主要是对消费群体所在的文化环境、个人的和社会价值观以及消费群体的社会潮流、审美情趣的调查。设计团队的软硬件能力评估主要对团队技术水平以及所拥有的硬件条件进行评估，只有确保具备了开发实力才能正式开始设计工作，以防止设计半途而废。

2）明确设计定位与设计目标

根据设计调研，首先应该得到的调研结果就是对设计进行准确定位，找出设计的主要问题和主要目的，从而获得明确清晰的设计方向与目标。准确的设计定位能使设计者在设计过程中将注意力集中到最重要的问题上，使设计的指向性更强。比如可以将设计定位于不同的群体、不同的区域、不同的价格、不同的质量与功能等。设计的定位与目标需要通过具体的设计要求来体现。

3. 设计方案的构思与定案

明确了设计方向和目标，设计工作就可以进入实质的设计阶段。这个阶段大体需要经过设计方案的初步构思、为解决构思中的技术问题而进行的相关技术试验、方案的比较与定案等几个步骤。

1)方案构思

设计方案的构思就是针对设计的定位和目标，对设计的主要问题展开思考，找到解决问题的各种可能方案。在设计构思阶段不要拘泥于各种限制因素，应充分发挥设计师的创造性思维与发散性思维，尽可能多的找出各种实现方案，使设计创意最大化。

初步的设计方案一般通过设计草图表现出来。设计草图也是设计师想法与设计概念的直观展现。常用的设计草图主要有概念草图、外观草图、结构草图等。设计草图的具体形式可以多种多样，只要能表现设计思想即可，一般也不追求草图的设计细节，应侧重于表现设计的创意。

2)设计定案

有了大量初步方案后，就可以根据设计调研的资料对设计方案进行筛选，从中选出最佳设计方案。对方案的比较与评判是设计定案必须做的工作，而且必须以设计调研的结果、设计目标、设计需要解决的主要问题为依据。方案比较一般通过逐项列出每一个方案的设计性能、技术指标、优点、缺点、造价等要素，再逐一分析、比较。设计的科学性、可实现性、功能性、合理性与目的性是比较权衡所必须考虑的原则。

4. 设计展开与实施

在选定方案之后，正式制作定稿，包括绘制细化草图、预想效果图、结构设计、制作模型样机等。

1)绘制细化草图与外观效果图

绘制细化草图与外观效果图的目的是将最终的设计方案以更加形象直观和真实的效果表现出来。传统的绘制方法主要有钢笔淡彩、水粉色块平涂等手工绘制方法，现代设计中更多地采用计算机辅助设计方法来绘制，比如 Pro/Engineer 软件等。

2)结构设计

结构设计是实现设计作品功能的关键之一，这不仅需要与作品外观相协调，更要考虑设计对象功能的实现以及后序的生产装配、喷漆、喷绘、模具设计制造等各个方面。结构设计牵扯的知识范围比较广泛，包括：结构计算、材料选用、结构的构造、表面处理、加工手段、安装、成本及包装等。结构设计需要完成的工作主要有以下几方面：首先，在尊重外观造型设计的基础上审慎评审造型的合理性；其次进行具体的结构设计，确定每个零部件材料选用、几何形状、安装位置、紧固方式、制造工艺等；最后检查判决结构的强度、稳定性是否达标，是否能满足承载功能的要求，是否结构最优化。

3)模型与样机制作

结构设计完成后往往还要进行模型制作。模型是根据设计图纸，按比例制成的与实物相似的一种物体。模型在工业设计中也称之为手板，主要用于检验设计的效果，以及内部结构设计的合理性等。如果条件限制不能直接制造原型时，模型是很好的替代品，通过模型，可以分析设计效果，降低直接开模的风险。

样机主要是指设计的原型机，它是第一个能较全面反映设计功能和性能的对象，它是设计的最终实体结果。相对于模型，样机具有更接近于最终产品，具有更强的真实感、能实际操作和运行的功能。制作样机的目的是进行最后的直观评价、功能检测和试验、推敲设计细节以及参加各种展示活动等，最终对设计方案的实现效果进行科学评估。

5. 样品的测试与改进

1）设计测试

对设计制作的样机进行全方位的测试，以检验设计的科学性，设计功能是否达标，性能是否满足要求、是否适应用户环境等，测试也是评价、优化设计的必要前提。

测试可以检查产品存在的质量问题，也是对产品质量进行客观的评价。对产品进行测试可以检验设计方案的实现效果，找出设计的缺陷，在产品交给用户之前或批量生产之前发现问题并改正，确保最终交给用户的产品的功能与性能能够符合用户的要求。测试的内容包括功能测试、性能测试、机械强度测试、安全测试、适用性测试和寿命测试等。如寿命测试是模拟在正常使用情况下的老化过程，找出设计中的弱点，并在其投入市场前加以改进。索尼笔记本的几种机械强度测试，见图 2-2。

（a）挤压测试　（b）跌落测试　（c）抗冲击测试

图 2-2　几种测试索尼笔记本机械强度的方法

2）设计改进

设计优化改进是设计走向最终完善的必经之路。通过模型与样机的制作，找出设计中存在的结构尺寸、生产工艺、生产成本等问题；通过样机测试找出设计存在的质量问题，也对设计质量进行客观的评价。根据发现的问题，可以对设计进行有针对性的优化与改进。当然，设计的改进不可能一蹴而就，往往需要反复多次，甚至需要在大量推广使用后，根据用户的反馈才能最终走向成熟。

2.2.4　技术试验

技术试验是人们为了某种目的所进行的尝试、检验、优化等探索性实践活动，是人们为寻求技术问题的解决方法或对所创造的技术方案进行检验的技术活动。技术试验是技术创造的重要手段，为技术研究和技术开发提供重要的科学资料和各种数据，也为技术通过设计达到预期的社会和经济效益提供保证。通过技术试验可以验证技术是否成功，为设计的评价提供准确、客观的数据，是发现问题、探究规律、优化技术的关键，也可以使设计得以改进和完善，将设计的风险和失误降到最低。缺乏技术试验支撑的设计是不可靠的设计。

1. 技术试验与科学实验

技术试验与科学实验是有区别的。技术试验是技术活动中必不可少的一项内容，是技术成功与否的关键，更是发现问题、探究规律、优化技术的关键。技术试验与科学实验一样都是人类认识自然、利用自然、改造自然的探索性实践活动。但是技术试验与科学实验又存在本质的区别。

第一，技术试验是以科学理论、技术知识的实际应用为目的的实践性探索活动。技术试验的目标是使科学技术获得实际应用的价值。科学实验则是为了揭示自然现象的本质、认识自然规律。

第二，技术试验通常寻求的是多因素综合的效果。在技术试验中，技术应用涉及材料、动力、工艺、控制等多种因素及其相互关联的综合选择，涉及环境的多种制约条件，一般要寻求综合作用效果的可行性最优方案。而在科学实验中，往往是为了寻找某种因素的作用，设法排除其他因素的干扰或影响。

第三，技术试验对实践经验的直接依赖性强。技术试验设计是在人类创造与积累的技术成果和经验基础上，在科学理论、技术原理和实践经验的指引下进行的。实践经验(包括生产和社会应用的经验知识以及试验主体的体验)在技术试验过程中具有重要的作用，甚至有些技术试验是在没有明确的理论指导下实施成功的。古代的技术发明就说明了仅仅以长期积累的经验知识为指导，也可能有技术上的某些创造。而科学实验远远没有技术试验对实践经验的依赖性。

2. 技术试验的分类

技术试验是多种多样的，从不同的角度看就有不同的技术试验。

(1) 根据试验目的的不同，技术试验有测试材料强度、硬度、承重等方面的功能性能试验、对试验对象进行优化或条件组合的优化试验以及对超载、老化、破坏性测试的预测试验等。

(2) 根据试验阶段分类，可以分为实验室试验、小试、中试、生产测试和用户测试等。

(3) 根据行业范围分类，可以分为农业试验、工业试验、军工试验、医药试验等。

(4) 根据技术专业或学科分类，可以分为物理试验、化学试验或物理专业中的力学试验、热学试验、光学试验等。

(5) 根据试验对象分类，可以分为材料试验、结构试验、元器件试验等。

3. 技术试验方法

根据研究对象的不同，技术试验所采用的方法也不相同。常用的技术试验方法主要有优选试验法、模拟试验法、虚拟试验法、强化试验法、移植试验法等。

1) 优选试验法

优选试验法，就是运用数理统计的知识，合理安排试验以寻求迅速找到最佳点或到达最佳效果的试验方法。比如对不同品种水稻的对比试验、对制作刃具的材料的对比试验等。图2-3(a)和(b)是华罗庚在唐山工具厂了解优选刀具试验和在山西推广应用优选试验法。

(a)华罗庚在唐山工具厂了解优选刀具试验

(b)华罗庚在山西推广应用优选试验法

图 2-3 优选试验法

2)模拟试验法

模拟试验法是通过对现实情况的模拟再现的试验方法。通过模拟试验可以高效率的模拟所设计的现场效果，推测对象的各项指标与性能等。

图 2-4 是一种汽车轮胎轮毂检测设备，该设备是模拟汽车轮胎轮毂运行的试验设备，可模拟对汽车轮胎轮毂旋转运行过程中的各项真实情况，从而完成颠簸测试、各种疲劳测试等，试验结果可以直接检查出汽车轮胎的轮毂性能。

图 2-4 汽车轮胎轮毂道路模拟试验台

3)虚拟试验法

虚拟试验法是近年来随着计算机虚拟现实技术发展而迅速发展起来的一种试验方法，它借助于虚拟现实技术，以虚拟的设计原型为对象，并展开试验研究。虚拟试验法的最大优势在于效率高、成本低。

图 2-5 是利用虚拟产品开发(Virtual Product Development，VPD)进行的车轮力测量。通过利用 ADAMS/Car 和 ADAMS/Chassis 的虚拟样机技术，建立称为“半分析载荷”的 VPD 强化试验，进行车轮力测量。通过虚拟试验，可以加速试验过程，降低对硬件的依赖，实物样机有可能在试验周期结束前损坏的问题也不复存在了。

图 2-6 是利用美国工程技术合作公司(ETA 公司)的虚拟试验场 VPG(Virtual Proving Ground)技术进行的汽车碰撞试验。

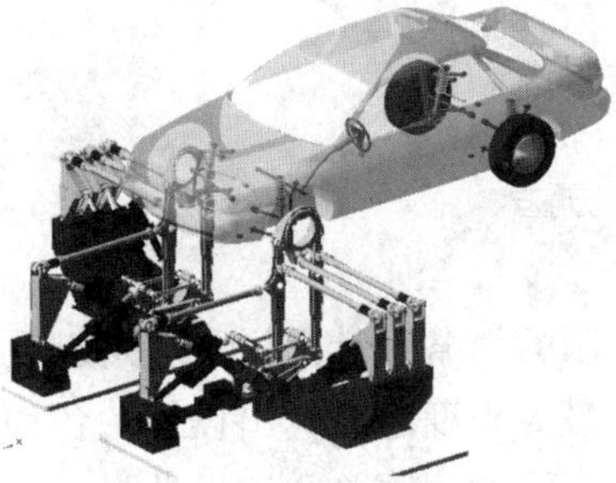

图 2-5　汽车虚拟车轮力测试

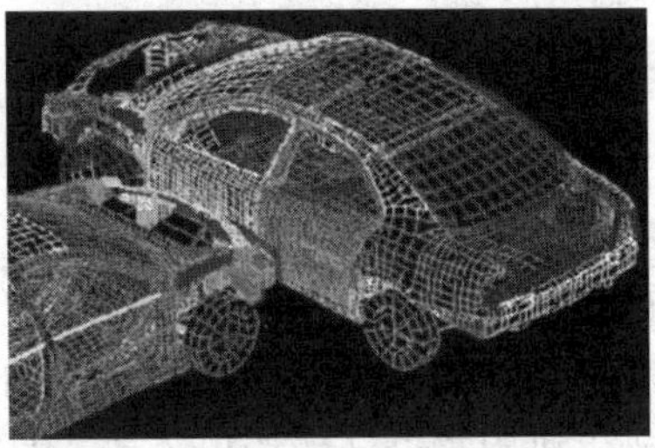

图 2-6　虚拟汽车碰撞试验

4) 强化试验法

强化试验法是通过扩大和强化试验对象的作用，以提高试验效率的方法。图 2-7 与图 2-8 是天津一汽研发的夏利 N5 在经过强化坏路试验中的碟形路和扭曲路试验。图 2-9 强化地板耐磨测试实验，试验将强化地板平铺在耐磨测试设备上，通过设备上的砂轮（用细砂纸，每 500 转换一次）循环反复摩擦，直到将强化地板表面耐磨层磨穿，以测试其耐磨转数。

图 2-7　碟形路试验

图 2-8　扭曲路试验

图 2-9　强化地板耐磨测试试验

5) 移植试验法

移植试验法是在相互具有差异的事物之间，将某些共同相关的因素从一物移植到另一物进行试验的方法，简单地讲也就是将试验对象移植到另一对象中进行观察。比如可以把对小白鼠的基因研究移植到对人体的疾病或者基因的研究上来。

2.2.5　设计表达与图样

在设计过程中，设计师需要将自己的设计创意、设计构思、设计意图等以一定的形式表达出来，这就是设计表达。设计表达是设计过程中研究与分析设计、展示设计构思与意图、完成设计交流所必须掌握的技能。设计表达一般难以使用自然语言与文字来表达，因为自然语言与文字的描述难以做到精准的要求，极易产生歧义，从而使设计思想的表达变得低效，也使设计交流与评价变得困难，因此一般采用更直观形象、高效的图形作为技术交流“语言”，实现设计表达。常用的设计表达方式主要有设计草图、设计效果图、工程图、模型样机等。

1. 设计表达

1）设计表达的方法

设计表达的方法比较多，常用的有以下几种方法。

（1）设计草图

设计草图也称之为设计速写，是一种快速绘制的简略设计图样。它是以最简练的表现技法快速记录和捕捉瞬间即逝的灵感和构思，最大限度地表达出设计的各种方案。设计草图一般主要用于设计的构思阶段，具有快速、灵活、简单和记录性强的特点，是将设计师的设计思想视觉化和形象化的方法。设计草图有利于大量设计方案的产生和设计思路的扩展，它在产品设计构思阶段具有重要意义。设计草图主要表达设计者的设计思想与设计创意，无需精确和拘泥于细节，一般采用徒手绘制的方法完成，也可以使用计算机辅助设计软件完成，比如 Sketchup Pro（草图大师）、Pro/E 等软件。

徒手绘制草图是设计工作的起点，它不借助绘图工具，徒手完成图样的绘制。采用计算机辅助草图设计时，往往也是先徒手画出图形，再输入计算机完成。所以，徒手绘制草图是任何一名设计师都必须掌握的技能，在设计工作中占有重要的地位。徒手绘图要求划线要稳，线条要清晰果断，尺寸、比例要协调，绘图速度要快，标注要准确工整。图 2-10 是某款 Nokia 手机的徒手草图。

采用计算机绘制草图是近年随着 CAD 的发展而发展起来的。绝大多数的设计绘图软件都具有草图绘制功能，比如 Solidworks、Pro/E，Google Sketchup 草图大师、Alias Sketchbook Pro 等。由于采用计算机绘制的草图往往是采用计算机进行后期设计所需要的基础，因此草图绘制的计算机化趋势比较明显。图 2-11 是利用 Google Sketchup 软件绘制的草图。

图 2-10　Nokia 手机徒手草图

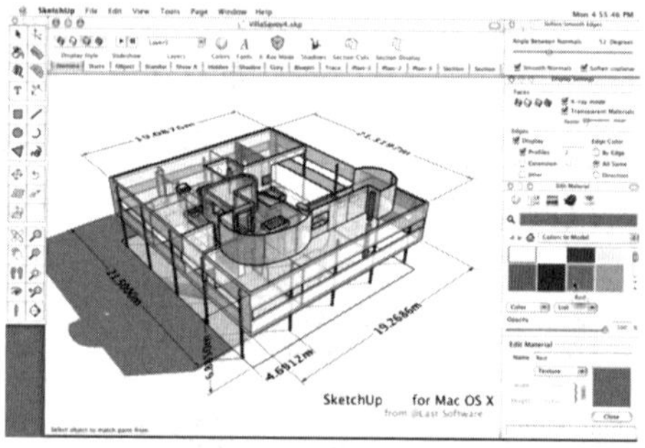

图 2-11　用 Google Sketchup 软件绘制的草图

（2）效果图

效果图一般是经过方案评价与优化选择后，在初步定案的基础上，运用各种不同的表现技法绘制而成的一种能更真实、准确、清晰表达产品形态、色彩、质感等特征的直观图。

传统的设计效果图一般采用徒手手绘完成，其表现技法比较多，常见的有高光画法、淡彩法、色粉法、马克笔法以及融合多种技法的综合画法。近年来，采用计算机辅助设计软件来实现效果图的绘制越来越流行。手绘与计算机绘制效果图各有优缺点，计算机效果图具有模拟逼真、修改、存储方便的优势，而手绘效果图则具有快速、高效、灵活的优势。图 2-12 是国外工业设计大师手绘的奔驰汽车效果图。

(3)工程图

作为工程界的专用语言，工程图是在设计中用来正确合理地表达产品的功能原理、结构关系、装配关系、零部件的形态尺寸、加工工艺及材料等多种技术要求，最终成为产品加工生产的指导性图样。工程图线条明确，尺寸严谨，是设计交流的主要手段。传统的手工绘制工程图的方法因效率低下而逐渐被计算机替代，目前常用的工程图绘制软件主要有 Autocad，Solidworks、Pro/E 等。图 2-13 为某楼梯设计的部分工程图。

图 2-12　奔驰汽车手绘效果图

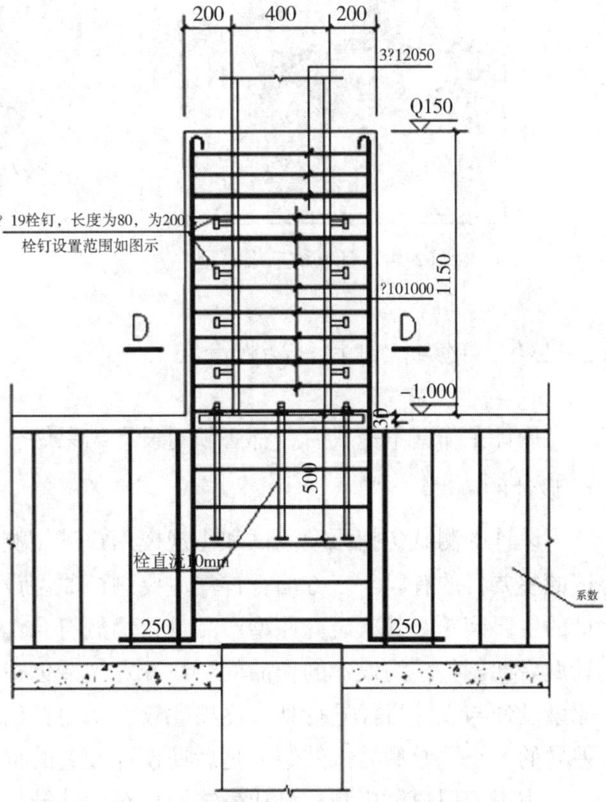

图 2-13　某楼梯设计工程图

(4)模型与样机

模型有计算机三维模型和实物模型两种类型。模型是立体实型，最为接近真实产品，一般在不便于直接制造原型机时，通过制作模型来从各个角度对其进行观察和研究，是最为直观的设计表现形式。实物模型还可通过触觉进行实际的体验和判断。

模型的种类非常多，可以从不同的角度对模型进行分类，比如按照模型的用途可以分为参考模型、结构功能模型和展示模型等；按照模型形式的不同可以分为实用模型、系统模型、局部模型等；按照模型的级别不同可以将模型分为精细模型和概略模型等。

样机是一种更高层次的模型，它更接近于最终产品，且往往承载了设计的部分或全部功能，可以更直观的展开评价、检测、试验等。

设计实践中，对于重要产品必须经过模型和样品的试制来对方案进行最后审查。但模型制作费工耗时，不易修改，通常不用于设计构思等阶段，而主要用在设计方案的最后阶段。

模型的制作方法主要有手工制作和数控制作两种，在早期主要靠手工制作，现在主要靠数控设备制作，比如数控机床或快速成型设备。图 2-14 为制作的汽车计算机三维模型，图 2-15 为油泥实物模型。

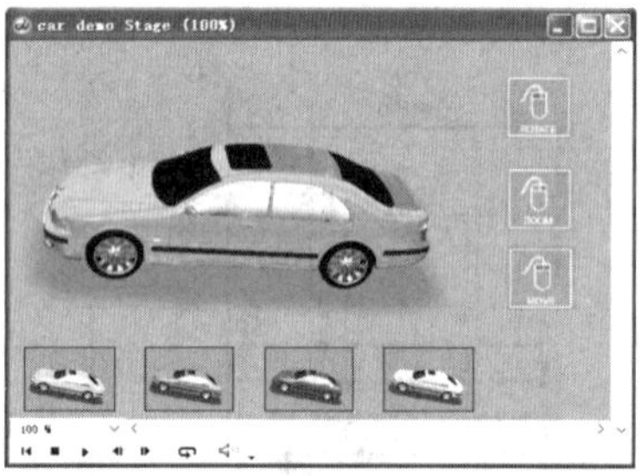

图 2-14　计算机三维模型

图 2-15　油泥实物模型

2.2.6　设计测试与评价

设计工作基本完成后，都必须对设计结果做全面的测试和系统评价。

1. 设计的测试

设计的测试包括原型测试和小规模用户试用测试。原型测试主要针对样机展开，测试的主要目的有以下三方面：首先主要测试原型设计是否符合设计目标，是否解决了设计的主要问题。其次研究原型产品是否仍然符合消费者需求。最后，根据测试结果对设计做后期调整，为设计的作品的最终开发制造创造工作条件。原型测试的一般方法是将原型设计与设计目标进行列表逐项比较，从而找出设计目标与原型设计之间的差异以及差异的大小。原型测试的结果是后期设计改进的重要依据。

小规模用户试用测试是让最终用户对设计结果进行直接试用和评测。通过用户的试用报告或与用户交流可以直接有效地洞察设计产品的用户行为、用户期望、功能契合程度以及人机界面的合理性等，进而掌握产品的弱点与缺陷，获得设计改进的方向。

2. 设计的评价

设计的评价是指在设计过程中，对解决问题的方案进行比较、评定，确定各方案的价值，判断其优劣，以便筛选出最佳的设计方案。设计中解决问题常用“分析→综合→评价→决策”的逻辑步骤，设计评价是建立在分析与综合的基础之上，并直接影响解决问题的决策。事实上，在设计的任何一个决策环节都离不开设计评价，设计评价贯穿于整个设计过程之中。比如设计总体方案的选择、确定产品的工作原理、结构方案、确定加工材料及工艺，确定产品造型形式等都要借助于科学的设计评价，保证设计决策的正确性，使设计始终不脱离设计目标，避免弯路，提高设计效率，降低开发成本。即使在设计测试期间，也需要对测试的产品有一个科学的评价，以便准确的获得设计改进的方向和目标。因此，客观、科学且全面的设计评价是保证设计质量、减少设计的盲目性、提高设计效率的有力保障。

1) 设计评价的标准

准确的设计评价是建立在科学的评价标准之上的。设计的对象形形色色，设计的目的与要求也千差万别，为优秀设计找出永恒的评价标准是不切实际的。不同时代、不同国家和地区、不同文化背景下的不同人，对优秀设计的认识也存在巨大差异。一般而言，对设计评价标准可以从设计的经济性、技术性、社会性和审美性四方面来考虑。其中经济性标准主要包括成本、利润、市场竞争力、市场前景等；技术性标准主要包括设计的功能、质量、适用性、合理性、可靠性、安全性等；社会性标准主要包括设计作品的社会效益、环境效益等；审美性标准主要包括造型风格、美学价值、潮流体现、个性体现等。

在评价标准的制定过程中需要慎重考虑以上四方面所包含的细则，为了提高设计评价的实效一般只根据评价对象与评价目的的不同从中选出 10 项左右最重要的设计要求作为评价标准的具体内容，并赋予恰当的权值，以建立起最科学的评价标准体系。

2) 设计评价的方法

只有科学的评价指标和评价标准是不够的，还需要借助于客观、合理的评价标准和科学、有效的评价方法才能做出正确设计评价。设计评价的方法有很多，比如坐标法、表格法、点评价法、非计量评定法、模糊综合评法、层次化评价法等。其中模糊综合评法和层次化评价法比较复杂，主要用于计算机评价工具软件的算法中，而坐标法和表格法等因为操作简单，比较常用。这里只介绍两种较为常用的坐标法和表格法。

(1) 坐标法。首先根据设计对象的实际情况，从设计的经济性、技术性、社会性和审美性的四个方面中选出 10 项左右最能代表设计对象属性特征的指标，并将各项指标按坐标方式加以评定，将每项评定得分的坐标点连接构成的封闭空间面积越大，则设计评价的得分就越高。如图 2-16 所示为某产品的设计评价坐标图。

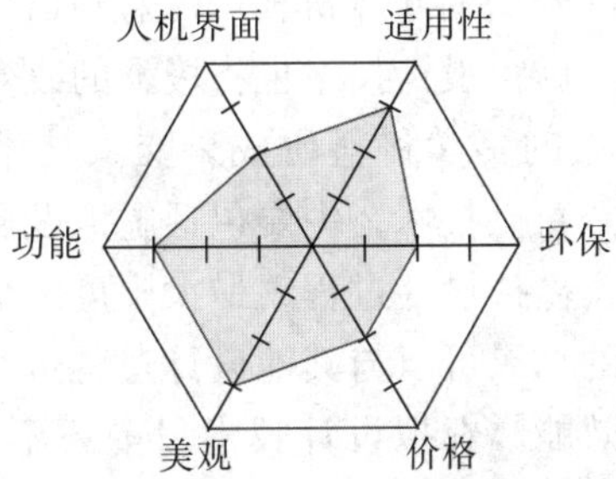

图 2-16　某产品设计评价图

(2) 表格法。表格法也是非常简单常用的设计评价方法。同坐标法一样，首先从设计的经济性、技术性、社会性和审美性的四个方面中选出 10 项左右最能代表设计对象属性特征的指标列出表格，并对每项指标列出 3 ~ 5 项评定等级，并对每项等级赋予一定数值的加权系数，最后即可计算评价的得分。表 2-1 为某产品的设计评价表。

表 2-1 评价表

评测项目＼等级	优 (1分)	良 (0.8)	中 (0.6)	差 (0.4)	不及格 (0.2)
功能					
价格					
人机界面					
适用性					
安全性					
加工装配					
使用维护					
造型美观					
对环境无危害					
时尚感					
总评					

2.3 现代设计技术与发展趋势

现代市场竞争日益激烈，大量科学技术，尤其是计算机技术、自动化技术融入现代制造业中，使现代制造系统涵盖了从设计、制造到生产管理、销售最后到回收再生的全部过程中。根据德国工程师协会的调查，产品设计成本约占产品成本的5% ~7%，但却决定了产品制造成本的75% ~80%。因此现代设计的技术水平直接影响到现代制造水平，现代设计技术也成为现代先进制造系统的核心之一。随着现代科技与人文的发展，现代设计也悄然发生着深刻的变化，其发展趋势概括而言，大致有以下几方面。

首先，数字化设计是现代设计发展的首要趋势。随着设计复杂性、市场竞争的不断加剧，传统设计方法难以满足要求，设计的数字化势在必行。目前CAD工具的广泛应用也只不过标志着数字化设计的开始，计算机辅助工程(CAE)、集成制造技术、并行设计思想等将被普遍接受和运用，虚拟设计技术也将极大的改变现行设计模式。

虚拟设计技术是一种新兴的多学科科研成果交叉技术，它以计算机辅助设计为基础，利用虚拟现实展开设计的新兴技术，主要包括虚拟设计、虚拟模型和虚拟检验等。

虚拟设计是采用虚拟现实模拟设计过程，最大限度降低新产品开发的风险，保证设计目标有效实现，虚拟设计的结果可以与其他设计过程进行无缝连接，可实现设计开发中各环节的集成，提高设计效能。虚拟设计技术目前还不太成熟，但已经具备了雏形，在不久的将来必将被广泛使用。

虚拟模型采用计算机虚拟设计，是通过计算机模拟出的能被感知的视觉效果和操作感受。虚拟模型技术可以一定程度上替代物理模型，例如，在汽车设计中，可以基于全交互性的虚拟环境，利用头盔显示器、具有触觉反馈功能的数据手套、操纵杆、三维位置跟踪器等装置，将视觉、听觉、触觉与虚拟汽车模型相连，产生一种身临其境的感觉，实时地对整个汽车产品设计过程进行检查、评估，解决设计中的决策问题，使设计目标得以完整实现。

虚拟检验技术包括虚拟装配与虚拟人机性检验等。虚拟装配采用计算机仿真与虚拟现实技术模拟虚拟装配环境，并使用各种装配工具对设计的机构进行装配检验，以发现设计中的装配缺陷等问题。虚拟人机性检验是借助虚拟产品模型系统，精确研究产品的人机工程学参数等。

虚拟现实技术将为现代设计注入新的活力，对提高设计效能具有极大的促进作用。目前不少设计软件比如 Pro/Engineer 等已具备了虚拟设计的雏形，随着科技的发展必然日臻完善。

其次，快速原型技术将得到更广泛的应用。快速原型技术是一项可以直接将计算机设计数据快速地转化为三维实体的技术，是 CAD 与 CAM 的合成技术。快速原型技术可以快速直观地验证设计的正确性，向客户提供未来产品的实体模型。快速原型技术目前主要有利用激光固化树脂材料的光造型法、纸张叠层造型法、熔融造型法和热可塑造型法等 4 种类型，未来更为高效的快速原型技术将使原型的制作材料更加多样，速度更快、模型的强度、精确性、精细度更高。

再次，多学科设计优化技术将被广泛应用于设计过程。复杂设计的优化问题可能包括多个优化目标和分属不同学科的约束条件，解决学科间的冲突，寻求系统的全局最优解需要依靠多学科设计优化技术来解决。支持多学科设计优化的设计软件将会在现代设计中广泛应用。

最后，面向生态环境的绿色设计等新理念新方法将层出不穷。如绿色产品的设计、清洁化生产过程的设计、产品的可回收性设计等。

参考文献

[1] 贝尔纳·斯蒂格勒. 技术与时间：爱比米修斯的过失［M］. 裴程，译. 南京：译林出版社，2000.

[2] 林德宏. 科技哲学十五讲［M］. 北京：北京大学出版社，2004.

[3] 马开剑. 普通高中技术教育研究［D］. 上海：华东师范大学，2006.

[4] 列宁. 列宁全集［M］. 中共中央马克思、恩格斯、列宁、斯大林著作编译局，译. 北京：人民出版社，1984.

[5] 陈凡，张明国. 解析技术［M］. 福州：福建人民出版社，2002.

[6] Parayil G，1991. Technological knowledge and technological change［J］. Technology and Society，13(3)：289-304.

[7] Kornwachs K，1998. A formal theory of technology?［J］. Society for Philosophy and Technology，4(1)：28-39.

[8] 美国科学促进协会. 科学素养的基准［M］. 中国科学技术协会，译. 北京：科学普及出版社，2001.

[9] 国际技术教育协会. 美国国家技术教育标准［M］. 黄军英，等译. 北京：科学出版社，2003.

[10] Jordan P W. An introduction to usability［M］. London：Taylor and Francis，1998.

[11] 赵利华. 技术试验及技术试验教学初探［J］. 当代教育论坛，2005，(2)：98-99.

[12] 刘和山，王震亚，范志军. 产品设计［M］. 北京：国防工业出版社，2012.

[13] 刘永翔. 产品设计［M］. 第 2 版. 北京：机械工业出版社，2008.

[14] 刘琼发. 通用技术(必修 1)技术与设计 1［M］. 广州：广东科技出版社，2004.

[15] 顾建军. 技术与设计 1［M］. 南京：江苏教育出版社，2004.

［16］陈玲玲，邓力樵. 技术与设计 1［M］. 北京：地质出版社，2009.
［17］王虹，沈杰，张展. 产品设计［M］. 第 2 版. 上海：上海人民美术出版社，2008.

第 3 章　结构与设计

任何有型的物体都需要具有一定强度、刚度和稳定性的结构来支撑，以维持其特定的形态和功能，结构是系统内部各组成要素之间在空间或时间方面的排列、组合、连接和构造的方式与顺序，是各构件之间的有机联系与纽带。认识结构，分析影响结构的稳定性和强度的主要因素是结构设计所必须要掌握的基本知识。

结构设计指设计活动中，设计师根据设计对象的功能、形态等所进行的结构规划工作，包括根据外观模型和零部件模块确定各个部件的固定方法、排列组合方式以及各运动部件之间的连接方式等。结构设计属于机械设计的基本内容之一，在整个设计活动中有着十分重要的地位，结构设计应当围绕着更好的实现设计目标物的功能与价值展开。

3.1　认识结构

3.1.1　了解结构

从自然界中形形色色的有型物，到动植物本身，再到房屋、桥梁、飞机、船舶等人造物，结构无处不在。

例如，蜂巢是工蜂用自身的蜡腺所分泌的蜂蜡修筑的，由一个个排列整齐的严格的六棱柱形小蜂房组成，它的一端是六角形开口，另一端则是封闭的六角棱锥体的底，由三个相同的菱形组成，经测量，蜂巢底的菱形，所有钝角基本都是 109°28′，所有的锐角基本都是 70°32′，经过法国数学家克尼格和苏格兰数学家马克洛林的理论计算证明这是一种消耗材料最少，获得空间最大的一种菱形容器，如图 3-1 所示。

图 3-1　蜂巢结构

蜂窝的这种六角形所排列而成的结构叫做蜂窝结构，其消耗材料少，内部空间大，且极坚固，人们参照蜂巢结构制作出了各种材料的蜂巢式结构板，这些板材强度大、重量轻、隔热隔音，在建筑、装饰以及航空航天等众多领域广泛应用，这也是结构仿生的一个典范。

结构普遍存在于自然界的物体中，也存在于人类创造的各种设计物中，形式多种多样。

图 3-2 是我国的万里长城，长城是砖筑实体结构，是我国古代劳动人民创造的奇迹，

是中华民族的骄傲与象征，是世界伟大的古代建筑奇迹之一。长城西起甘肃嘉峪关，东至河北山海关，全长6300千米。

图3-3是世界第一高楼——阿联酋的“迪拜塔”。迪拜塔位于阿联酋的迪拜，它是目前世界上最高的建筑，高度达到828米。迪拜塔的外形创意，来自于当地沙漠中的一种花，它常被用于伊斯兰建筑中作为装饰纹样，但它还有一个建筑上的目的：螺旋形的外形使得在楼的顶端，建筑的结构会变得轻巧，这就让整个迪拜塔变得更加稳固。

图3-4是某款计算机机箱的内部结构，它采用了钢结构，相对铝合金机箱它更稳固，可有效防止共振，且降低成本。机箱盖、PCI槽位和光驱槽位等均采用了免工具卡扣设计，可大大方便拆装。电源下置可降低机箱重心，提高稳定性。

图3-2　中国万里长城

图3-3　阿联酋的“迪拜塔”

图3-4　计算机机箱

每个物品都有自己的结构特征，这些结构特征深深影响着物品的形态，并给人带来某种视觉与心理的感受。不过更重要的是，任何物品的结构设计，都应该以科学的态度、精确的计算、严谨的技术试验为基础，以实现设计对象的功能为主要目标。

比如建筑的结构设计必须要考虑坚固、稳定性好，要能够抵御一定的强风、地震等自然力的破坏，同时也要考虑耐久性与适用性等。机箱的结构设计要考虑内部各元器件之间的相互电磁干扰和热影响，要考虑机箱的强度、稳定性以给内部设备提供可靠的保护，同时也要考虑设备操作，安装维护以及装配工艺的便利性等。不科学合理的结构设计可能会导致灾难性的后果。图3-5和3-6所示为加拿大魁北克大桥的坍塌前后的照片。

图3-5　魁北克大桥坍塌前

图3-6　魁北克大桥坍塌后

魁北克大桥兴建于20世纪初期，它是由桥梁学家库帕设计的当时世界上同类大桥中最长的一座。当时桥的建设速度很快，施工组织也很完善，正当投资修建这座大桥的人们开始考虑如何为大桥剪彩时，随着一阵震耳欲聋的巨响，大桥的整个金属结构垮了，19000吨钢材和86名建桥工人落入水中，只有11人生还。

大桥坍塌的原因是设计师在没有对桥梁的关键部位做相应加固的情况下，擅自将原来的500 m的桥长延长到了600 m，造成了大桥南端制动臂上的压力索发生弯曲，从而导致整个上层结构的倾塌。

为了记住这一教训，所有毕业于加拿大各大学的工程师都有一个铁指环，这些铁指环是由那座坍塌的魁北克大桥上的金属制成的(现在的指环由不锈钢制造)，它们时刻提醒人们，进行结构设计要具有高度的责任感。

3.1.2　结构的特点

结构是系统内部保持整体性及其具有一定功能的依据。一个结构新颖的作品不仅能提供优秀的承载功能，往往还能给人以强大的视觉冲击力，给人以美的感受。图 3-7 是某折叠自行车的设计，与传统的折叠自行车不同的是，这款环形折叠自行车并没有采用小轮胎设计，由于采用套环的设计和适中的轮胎，因此在保证便携性的同时也并不会损失自行车的性能，结构简洁巧妙美观，便于随时使用和收藏。

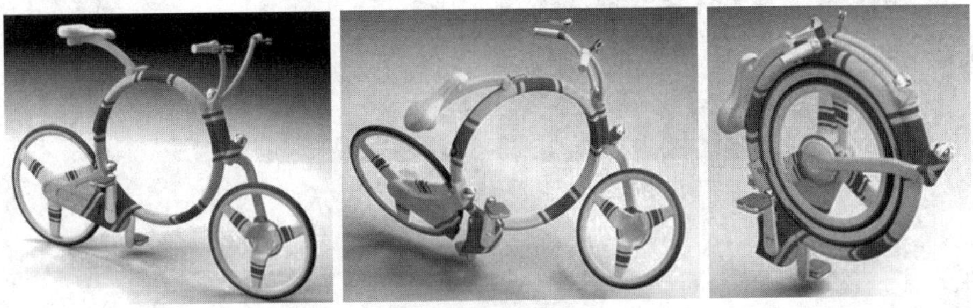

图 3-7　设计新颖的折叠自行车

结构作为设计物的功能载体，一般而言具有层次性、有序性、稳定性的特点。

结构的层次性是由作品的复杂程度所决定的。设计作品的结构层次，是人们对复杂的客观系统，按照系统中各要素联系的方式、运动规律、能量变化的范围以及功能特点来进行划分的。结构的层次性其实也是一种系统性，是不同系统之间组合与排列，任何系统都由不同的层次组成，如汽车由发动机、车身、底盘、操纵装置等组成，发动机又由缸体、缸盖、活塞、连杆等器件组成，从整体到局部都有不同的层次。

结构的有序性是指作品结构都是目的性和规律性的统一，各个部分之间的组合与联系是按一定要求，有目的、有规律地建立起来的，绝不是杂乱无序的凑合。如图 3-7 所示的自行车，其前后轮胎、车架、龙头、脚踏板、传动装置等都非常有序的排列起来，构成了该自行车优秀的折叠功能和舒适的骑行功能。

结构的稳定性是指结构在载荷状态下维持其原有平衡状态的能力。所有的结构都具有稳定性这一特征，只有稳定性得到保障，设计作品才能维持一个有机的整体，才具有牢固性、安全性、可靠性和可操作性等多方面的功能保障。

3.1.3　结构与力

结构设计的最终目标是更好的实现设计目标物的功能与价值，结构设计不仅要考虑漂亮的外观结构，更要重点考虑其可靠承载设计作品的功能，换言之，设计作品的最终结构必须要有足够的稳定度和强度，要能承受足够的力的作用，而又不丧失功能。

从力学的角度看，结构是指可承受一定内外力的作用，而不影响其功能的架构形态。每个物体都有它特定的架构形态，一个较复杂的结构往往由许多不同的部分组成，不同的架构方式对力有不同的承受能力，比如用普通打印纸制作纸桥，如果桥墩、桥面都直接使用平整纸张构成，其能承受的力是非常小的，但如果将纸卷成紧密的纸筒作为桥墩，将纸折叠成瓦楞状结构，则可以承受大得多的力。因此，结构设计时，除了要考虑一定美观形状外，考虑采用何种能满足功能要求的结构则更为重要。

作用在结构或构件上的力是各种各样的。在日常生活中的力可分为拉力、压力、扭曲力、弯曲力、剪切力等。如挎包带要承受拉力，椅子的腿要承受压力，弯曲的杆要承受弯曲力，螺丝刀需要承受扭曲力，剪刀剪纸时要受到剪切力等(图 3-8)。

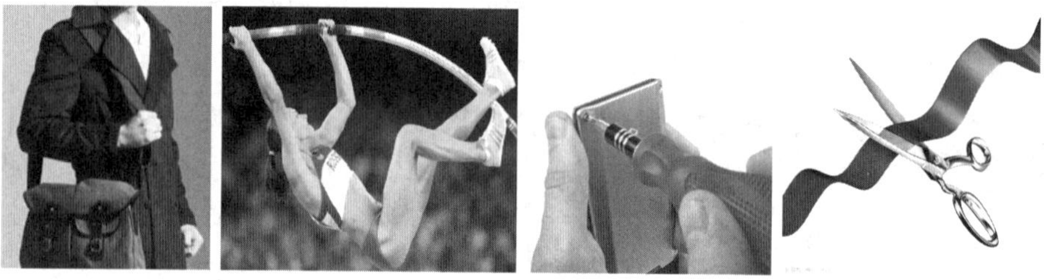

图 3-8　日常生活中的各种力

3.1.4　结构的分类

结构的类型很多，可从不同的角度来分类。

1. 根据结构在设计作品中的位置与作用的不同分类

1) 外观结构

外观结构也可称为外部结构，是通过材料和形式来体现设计物的整体结构。外观结构通常与人发生直接的关系，是产品功能的外在体现，好的外观设计往往带给人们美的享受，是设计作品的精神功能的载体。外观结构不能仅仅理解为与核心功能无关的设计，在某些情况下，外观结构本身就是设计对象的核心功能承载者，比如自行车。在另一些情况下，外观结构主要起装饰美化作用，不承担核心功能，比如电话机、电视机，不论款式与外观结构如何变化，都不会改变其信息传输的基本功能。

2) 核心结构

核心结构是指由某一技术原理形成，具有核心功能的产品结构，也可称为内部结构。核心结构往往涉及复杂的技术问题，其结构的设计往往分别属于不同的技术领域，在设计对象中以各种形式产生功效。

图 3-9 与图 3-10 给出了某款海尔吸尘器的外观结构与内部核心结构。其外观结构主要承载了美化、移动等辅助功能，而吸尘器内的各组成元件构成了它的核心结构，完成其吸尘的核心功能，外观结构与核心结构共同承载吸尘器的完整功能。

图 3-9　吸尘器外观结构

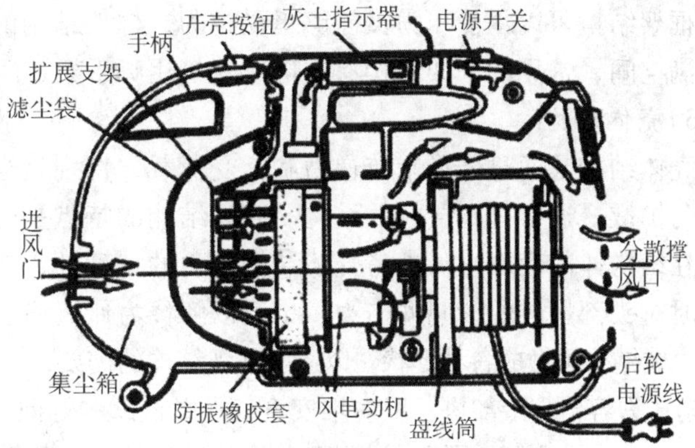

图 3-10　吸尘器核心结构

3) 系统结构

将若干具有相对独立功能的设计作品看作是一个大系统的构成要素，这些独立功能作品之间的相互联系、相互作用的关系就是系统结构，这些物与物的“关系设计”就是系统结构设计。

系统结构设计常有分体结构和整体结构两种类型。

分体结构是指将构成完整功能的各组成单元分离设计的结构；整体结构则是将构成完整功能的各组件复合设计，直接融合为一体的结构设计方案。比如，普通台式计算机就是由主机、显示器、键盘、鼠标以及多媒体音箱等其他外围设备构成的分体式结构，而笔记本电脑则是将所有的这些部件整体设计在一起。图 3-11 是日本 TEAC 推出 iPod/CD 音响 TD-X300i，系统结构采用了分体式结构，而图 3-12 则是一体式整体结构的音响，将 MP3 播放器、功率放大器、扬声器等集成在整个音箱之内。

图 3-11　分体式音响系统

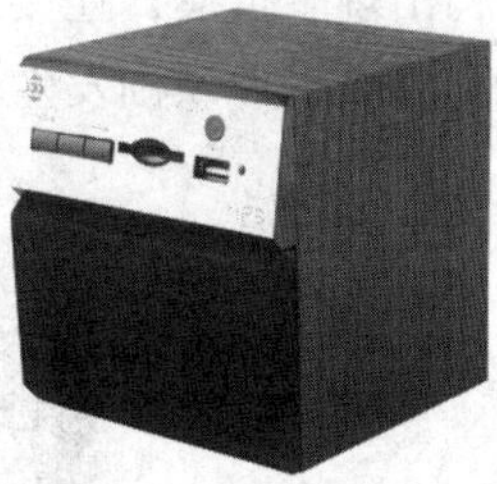

图 3-12　一体式音响系统

2. 根据结构在力学上受力特征的差别分类

1) 实体结构

实体结构也可称为实心结构，通常是指构造物质充满整个结构空间的一种基本结构类型，其特征是几何外形简单，通常有杆(柱)、板、体之分，外力分布在整个体积中，荷载由整个体积承担，主要承受压力，比如长城与金字塔的墙体、水库大坝等。

2) 框架结构

框架结构是指由梁、柱、杆、管之类的细长的构件以刚接或者铰接相连接而构成承重体系的结构，由这些条状物组成框架，共同抵抗使用过程中出现的水平荷载和竖向荷载。框架结构可以承受压力又能够承受拉力，框架结构的几何外形较复杂，支撑空间而不充满空间，常见的框架结构有铁塔、建筑用脚手架、厂房、自行车车架等。

3）壳体结构

壳体结构是通过壳形来传递力和承受荷载，特别是当壳形顶部受到压力时，它能将力均匀扩散，通常是指层状的结构。壳体结构的特点是壳体内空、形态稳定，外力主要作用在结构体的表面上。参考壳体结构受力的特殊性，就可以知道为什么头盔可以减少车祸时对头部造成的瞬间冲击力，也可以解释为什么鸡蛋能承受住一个人的重量等。

壳体结构可做成各种形状，以适应外观结构的需要，比如大跨度建筑物顶盖、各种工业用管道压力容器与冷却塔、反应堆安全壳、贮液罐、灯泡、汽车外壳、贝壳、乌龟外壳等。位于人民大会堂西侧的国家大剧院就是壳体结构的一个典范，其“蛋壳”面积为3.5万多平方米，钢结构总重达6750吨，由于整个结构没有一根柱子支撑，全靠弧形钢梁承重。

图3-13　实体结构、框架结构与壳体结构

3.2　结构的强度与稳定性

2004年5月23日，巴黎戴高乐机场2E候机厅顶棚发生坍塌事故(图3-14)，事故原因：候机厅水泥顶棚与圆柱形金属支柱连接处出现了穿孔，该穿孔导致了拱形顶棚中的一个弧度结构出现了折痕，连接顶棚外部金属支柱和水泥顶棚间的金属构件因此也受到了影响，最终导致拱形顶棚发生坍塌。

图3-14　坍塌的戴高乐机场

2007年10月24日，包头市民族东路高架桥桥面发生倾斜(图3-15)，事故原因是3辆拉着钢板，总重近560吨的大卡车并排行驶在限载35吨的立交桥的单方向车道上，造

成超重，破坏了桥体的平衡，而发生倾斜事故。

图 3-15 桥面倾斜的包头市立交桥

这两起事故揭示了设计的结构强度和稳定性存在着密切联系。

3.2.1 结构的强度

结构的强度是指结构抵抗被外力破坏的能力。冰雪覆盖在电力线上导致电力线铁塔倾倒说明铁塔强度不够；在拔河比赛中，绳子被拉断了，说明绳子不具有抵抗两队拉力的能力；2008 年汶川大地震中，大量房屋倒塌，说明这些建筑结构强度不够，不具有抵抗 8 级地震的能力。

1. 强度与应力

结构的强度是通过不同材料的构件及其相互的链接关系来体现的，在外力作用下，构件发生形变，构件内部各质点之间也会相互作用产生内力。

一般而言，外力越大，形变就越大，构件内部产生的内力就越大，构件被破坏的风险就越大，如果内力超过构件材料所能承受的极限时，构件就会被破坏。在任何结构设计中，都应该保证设计对象在正常工作时，构件不会被破坏，这就要求构件和材料必须具有足够的抵抗破坏的能力，这种抗破坏的能力就是结构的强度。强度越高，其被外力破坏的风险就越低。

那么强度与哪些因素有关呢？

对两根同种材料构成的试件棒进行拉力测试可以发现，同种材料的两根试件，比较粗的那个试件能够承受的拉力较大，较细的试件承受的拉力较小，也就是说较粗的试件抗拉力破坏的能力更强。

该实验证明：在外力与材料不变的条件下，构件被破坏的危险程度与它的截面面积有关。

构件单位面积所受的内力称为构件的应力。应力、内力和横截面积之间的关系如下：

$$\sigma = F/s$$

其中：σ 为应力，F 为内力，s 为横截面积。

在内力不变的情况下，构件的横截面越大，应力越小，危险性就越小。与截面垂直的力称为正应力或反应力，同截面相切的应力称为剪应力或切应力，如柱体垂直受压时，其横截面上的应力就是正压力，物体被剪切时，剪切面上就有剪应力，而梁弯曲变形时，其横截面上除了具有正应力外，还有剪切力。

2. **强度与材料**

在不同的影响因素下，材料的各种力学性能指标统称为材料的强度，任何一种材料，其能承受的强度是有限的。影响材料强度的因素主要有材料的化学成分、加工工艺、热处理方式、应力状态、载荷性质、加载速率、温度和介质等。

按材料性质的不同，材料强度可分为脆性材料强度、塑性材料强度和带裂纹材料强度。脆性材料强度研究的是脆性材料的强度问题，如铸铁等脆性材料，受载后几乎没有塑性变形就突然断裂；塑性材料强度是研究塑性材料的强度问题，如软钢等塑性材料，在断裂前有较大的塑性变形，卸载后不消失，又称残余变形；带裂纹材料的强度是研究含裂纹的材料的强度问题。

当某种材料受到的应力达到某一极限值时，材料便会遭到破坏，因而设计中必须使构件的强度留有必要的余量，扣除余量后得到的才是材料设计允许使用应力最高限度，这个最高限度值称为许用应力，表 3-1 给出了几种常用材料的许用应力值。

表 3-1　几种常见材料的许用应力值

材料	抗拉应力	抗压应力
灰铸铁	27 ~ 78	18 ~ 147
普通碳钢 Q215(A2)	137 ~ 152	137 ~ 152
普通碳钢 Q235(A3)	152 ~ 167	152 ~ 167
低碳合金钢	211 ~ 238	211 ~ 238
铜	29 ~ 118	29 ~ 118
铝	29 ~ 78	29 ~ 78
松木(顺纹)	6.9 ~ 9.8	8.6 ~ 12
混凝土	0.098 ~ 0.69	0.98 ~ 8.8

不同的材料具有不同的力学特性，对压力、拉力、剪切力、扭曲力等力的耐受程度不同，而某种结构往往要承受多种类型的力，如一根梁，它的下部经受拉力，上部经受压力，弯曲力等。为了提升结构设计的强度往往会利用材料复合的方式来设计，比如混凝土梁，由于混凝土的抗拉强度远低于抗压强度，因而素混凝土结构不能用于受有拉应力的梁和板，如果在混凝土梁、板的受拉区内配置钢筋，则混凝土开裂后的拉力即可由钢筋承担，这样就可充分发挥混凝土抗压强度较高和钢筋抗拉强度较高的优势，共同抵抗外力的作用，提高混凝土梁、板的承载能力，两种梁受力情况如图 3-16 所示。

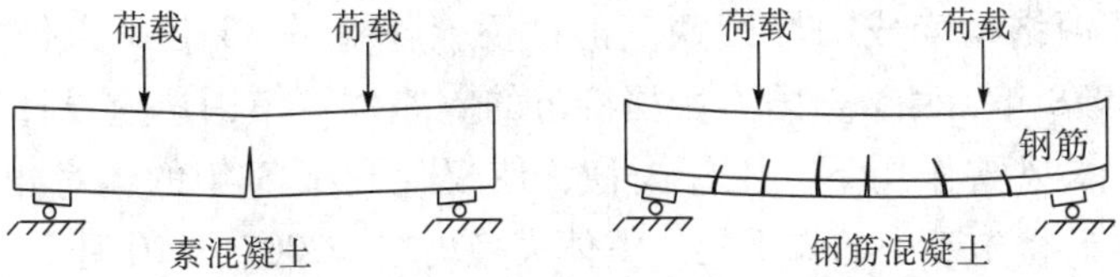

图 3-16　两种梁受力情况对比

3. 结构强度

结构强度不仅受到组成材料本身的影响，还与材料的形状、形态密不可分，同种材料加工制造的不同形状的构件往往具有不同的结构强度，比如工程上常用的角钢、工字钢强度较大。在进行结构强度分析时，一般需要根据零件和结构的不同形状将其简化为杆、杆系、板、壳、块和无限大物体等力学模型，不同的力学模型有不同的强度计算方法。通常杆是指零构件横截面的某个方向尺寸远小于长度方向尺寸的物体、板和壳的特点是厚度远小于另外两个方向的尺寸，平的称为板，曲的称为壳。

杆的强度问题一般由材料力学来研究和计算，杆系的强度问题由结构力学来分析其内力和变形，其他形状物体的强度皆由塑性力学来处理和解决。

图 3-17 是几种常见的强度较高的型材结构。这些型材通过合理的结构设计，充分考虑了材料的特性，材料的形状，横截面积、尺寸大小等，通过材料的形态结构变化，最大限度的发挥了材料的强度性能。

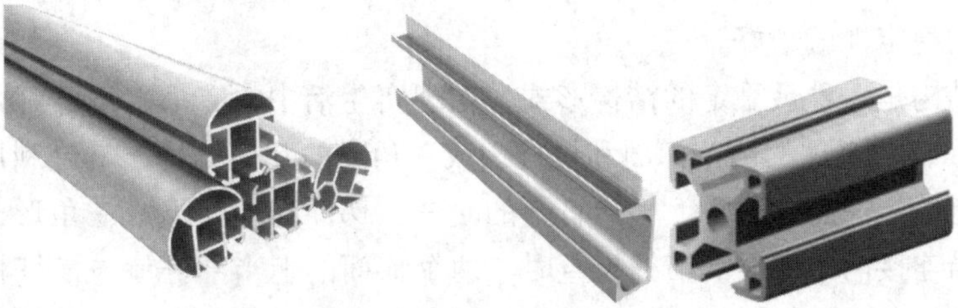

图 3-17　几种常见的强度较高的型材结构

3.2.2　结构的稳定性

1. 什么是结构稳定性

结构的稳定性是结构在荷载的作用下维持其原有平衡的能力，是结构设计中必须考虑的重要方面，它与强度具有同等重要的意义。特别是在现代设计中，大跨度结构和超高结构日益流行，并且广泛地采用高强度轻质材料和薄壁结构，这对结构的稳定性提出了更高的要求。结构的稳定性分析是研究结构或构件的平衡状态是否稳定的问题。

结构或构件常在一定强度外界扰动的作用下偏离其平衡位置，如果外界扰动作用除去后仍能自动恢复到初始平衡位置的，则初始平衡状态是稳定的，如果不能恢复到初始平衡位置的，则初始的平衡状态是不稳定的。

工程中曾经有过不少结构因失稳而丧失承载能力的事故。例如 1907 年加拿大圣劳伦斯河的魁北克桥，在用悬臂法架设中跨桥梁时，因桥墩附近的下弦杆丧失稳定，导致桥架倒塌。9000 吨钢结构变成一堆废铁，正在桥上作业的 86 名工人伤亡率达 87%（图 3-5，图 3-6），1978 年 1 月，美国哈特福特市的一座体育馆因严重设计错误，压杆稳定承载力不足，在暴风雪作用下，压杆失稳，使仅仅建成 3 年的体育馆屋顶瞬间塌陷，1983 年北京某科研楼施工中的脚手架的整体失稳坍塌，2007 年 10 月 24 日，包头市民族东路高架桥桥面倾斜事故等都属于这种情况（图 3-15）。这些事故中，往往是结构的强度与刚度尚有保证，但却因为结构的稳定性欠佳导致事故的发生。

2. **结构稳定性的分析**

在结构稳定分析中，根据失稳前后变形性质是否改变，结构失稳分为第一类稳定问题（也称为分支点失稳）和第二类稳定问题（也称为极值点失稳）两类。具体的含义可以参考相关书籍。对结构的稳定性分析一般包括两个层次：

（1）单根构件的稳定性分析，比如一根柱子、网壳结构的一根杆件等。单根构件的稳定通常可以根据规范提供的公式进行设计。

（2）整体结构的稳定分析，比如整个网壳结构、混凝土壳结构等结构整体的稳定性分析。整体稳定性分析目前主要根据有限元计算来实现。

一般而言，结构稳定性的问题的分析，可以简单地认为是结构在荷载的作用下维持其原有的平衡形式的能力问题，结构的稳定性是讨论结构整体问题。

结构的稳定性与结构的几何形状、支撑面积的大小和重心位置密切相关。整体几何结构越科学合理、支撑面积越大，重心越低，重心垂直投影落在底面积的越中心的位置，则结构的稳定性就越好。

三角形结构是一种最稳定的结构形式，在现实生活中，有很多设计都采用了三角形的结构原理。如 A 字梯的两个梯面和拉杆构成三角形的几何结构，就是利用了三角形几何结构的稳定性。一般情况下，梯子打开的时候，梯面与地面组成三角形，梯子本身就能站得稳。当连接两个梯面的横杆拉直时，两个梯面的上半部分就与横杆构成了稳定的三角形，这就进一步加强了梯子的稳定性，保证了梯子能承受人体的压力。图 3-18 是一些比较稳定的结构。

图 3-18　一些稳定的结构

3.3　结构的连接

在结构设计中经常需要将多个构件以一定的形式连接起来，从而构成一个完整的结构。结构的连接复杂而多样，这些不同的连接结构，使得设计的形态和使用方式变得多种多样，为产品的形态设计拓展了空间。如图 3-19 所示的各种连接结构的手机，不同的连接方式带来不同的操作方式和使用感受。

图 3-19　各种连接结构的手机

3.3.1　结构连接的影响因素

在设计中，结构的连接多种多样，选择恰当的连接方式将有助于提升设计对象功能与使用感受。选择结构的连接方式大致需要考虑以下影响因素。

1. 功能要求

结构的连接首先要保证功能的实现，特别是有特殊功能要求的零部件。比如要防水防潮等功能的结构连接首先要满足密封性的要求。

2. 材料要求

材料属性的不同，就要选用不同的连接结构。例如金属和塑料等可采用焊接的连接结构，但是木材就要选择用榫接、粘接等连接结构。

3. 形态要求

设计作品的形态不同，则要求有不同的连接结构与之相配合，而不同的连接结构也会产生不同的作品形态。例如，液体包装瓶的瓶盖设计，有螺旋式、按压式、拨开式等多种连接结构，这些不同结构的连接造就了不同的包装外观和操作方式。

4. 加工工艺要求

一方面，加工工艺的选择影响连接结构的选择，另一方面，不同的连接结构要求不同的加工工艺，并直接影响产品的质量、外观、成本等。设计巧妙的连接结构可以简化工艺，降低成本。

5. 用户倾向性要求

受消费潮流的影响，用户对购买对象的选择具有较强的倾向性，符合该潮流的设计将占据更大的市场份额，因此结构连接方式的选择要符合用户倾向的要求。比如一段时间里，滑盖手机受到追捧，翻盖手机受到冷落，则在新手机设计过程中，结构的连接方式就应当优先考虑滑动连接，以迎合用户的倾向性。

6. 安全性与可靠性要求

在选用连接结构的时候，安全性是首要考虑的问题，其次，连接结构的有效寿命也是重点考虑的问题，这一点是作品功能充分实现的基本保证。

3.3.2 结构连接的分类

按照不同的标准，结构的连接可以分为不同种类。

如按照连接原理的不同，连接结构可以分为机械连接、粘接和焊接(表3-2)。

表3-2 按原理分类的连接结构和具体形式

连接结构	具体形式
机械连接	铆接、螺栓、键销、弹性卡扣等
焊接	利用电能的焊接：电弧焊、埋弧焊、气体保护焊、激光焊 利用化学能的焊接：气焊、原子氢能焊和铸焊等 利用机械能的焊接：烟焊、冷压焊、爆炸焊、摩擦焊等
粘接	胶粘剂粘接、溶剂粘接

按照结构的功能和部件的活动空间，连接结构可以分为动连接和静连接结构(表3-3)。

表3-3 按功能分类的连接结构和具体形式

连接结构	具体形式
静连接	不可拆固定连接：焊接、铆接、粘接 可拆固定连接：螺纹、销、弹性变形、锁扣、插接等
动连接	柔性连接：弹簧连接、软轴连接 移动连接：滑动连接、滚动连接 转动连接

3.3.3 设计中常见的结构连接

1. 常见的动连接结构

1)移动连接结构

移动连接结构就是指构件沿着一条固定轨道运动，轨道可以是空间或者平面曲线，最常用的轨迹是直线。在移动连接结构的设计中，应侧重考虑移动的可靠性、滑动阻力设置和运动精度等。

应用范围包括抽屉、滑盖手机、滑动锯和拉杆天线的伸缩结构等

采用移动连接的常见物品主要有抽屉、滑盖手机、数码相机的伸缩式镜头、升降桌椅和拉杆天线等。图3-20是Nokia N86滑盖手机，其屏幕和键盘之间采用了移动连接结构。

图3-20 滑盖手机的移动连接结构

2)铰接结构

用铰链把两个物体连接起来叫铰接，铰接是一种转动连接结构，常用于连接转动的装置，以使门、盖或其他摆动部件可以借此转动。传统的铰链由两个或多个可移动的金属片构成，现代产品中的铰链有许多由可以重复弯曲的单一塑料片制成。比如汽车车门的连接、翻盖手机、笔记本电脑的显示屏与主机的连接，某些液包装瓶的开盖和主体之间等都是常见的铰接结构。

图 3-21 分别为索爱 SO505i 的手机和联想昭阳 K41 笔记本电脑，都采用了铰链结构。索爱手机采用独特的侧旋式设计，不再像过去那样把液晶屏部分折叠过来，而是以飞梭旋钮部位为轴，通过将电话按键部分自右向左旋转 180°，实现机身的收拢。旋转铰链的运用，使液晶显示屏即使在折叠状态下，也显露在外面，极大地方便了使用。昭阳 K41 采用了全金属加强铰链设计，既保证了灵活轻便的转动和精确的任意定位，又保证了万次以上的任意开合。

图 3-21　铰链结构的应用

3)风箱形柔性连接结构

风箱形柔性连接允许被连接零部件的位置、角度在一定范围内变化，或连接构件可发生一定程度的形状或位置的变化而不影响运动传递或固定关系。风箱形柔性连接结构是这类连接的代表，是非常重要的一种运动连接结构，应用范围主要有灯头、机动车里程表、医疗器械、电源插座、软轴接头等。比如，抽油烟机的排风管就是一种风箱形柔性连接，将排风扇和排烟道连接起来。

如图 3-22 是一种常见的不锈钢波纹管，可用于水龙头、燃气热水器等与水管的连接。

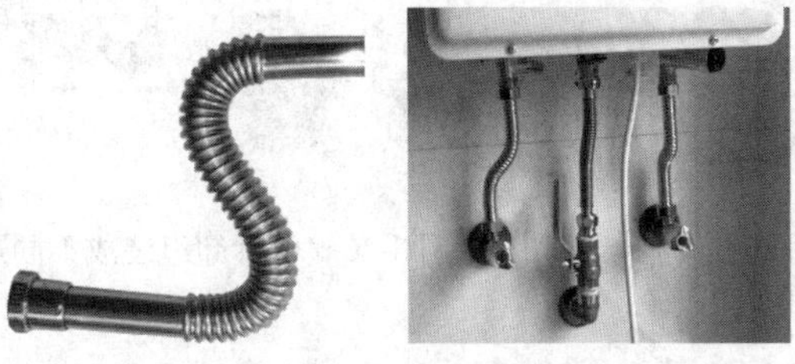

图 3-22　风箱形柔性连接结构在结构连接设计中的应用

2. 常见的静连接

1)铆接、焊接与粘接

铆接是利用铆钉或构件材料本身在压力作用下发生形变，从而使两个或两个以上的工件连接起来的连接方式。铆接主要用于固定的静连接，比如角尺、三环锁上的铭牌、桥梁建筑等，图 3-23 是常用的圆头铆钉以及采用铆接的铁锅。铆接也可以用于剪刀，钳子这类的动连接，如图3-24所示。

图3-23 圆头铆钉与铆接的铁锅

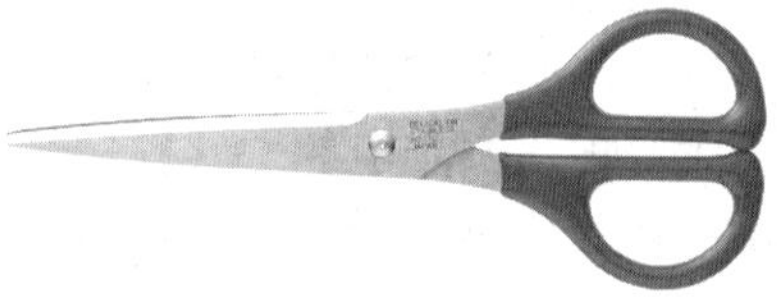

图3-24 采用铆接的剪刀

焊接是通过加热、加压，即加热又加压，用或不用填充材料，使两工件产生原子间结合的加工工艺和连接方式。焊接应用广泛，既可用于金属，也可用于非金属，是一种重要的静连接方式。

粘接是借助胶粘剂在固体表面上所产生的粘合力，将同种或不同种材料牢固地连接在一起的方法，有非结构型和结构型两种粘接形式。非结构粘接主要是指表面粘涂、密封和功能性粘接，而结构型粘接是将结构单元用胶粘剂牢固地固定在一起，所用的结构胶粘剂及其粘接点必须能传递结构应力，在设计范围内不影响其结构的完整性及对环境的适用性。

2）可拆固定连接

可拆固定连接主要是通过螺栓等方式进行的一种连接，可以方便地把产品拆卸开，也可将部件组装成一个整体，这种结构既有利于保管，又方便运输。图3-25是一种可拆卸的，实用、经济并且自重非常轻的鞋架，被设计成可以组装的形式，非常便于运输储存。图3-26是INV/ALT设计的杯子，可以让你轻松获得各种功能的杯子，杯身、把手、杯座都可以进行拆分和重新拼接组装，变化出各种功能的杯子，甚至还可以把一整套五颜六色的杯子都连接起来，变成一件漂亮的艺术品，无论是实用性还是时尚性都令人满意。

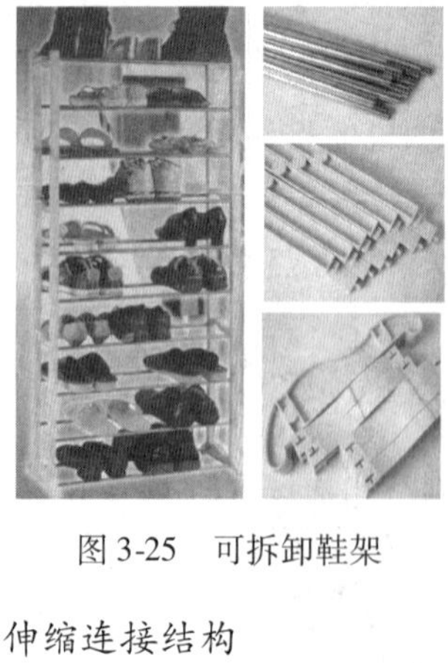

图3-25 可拆卸鞋架

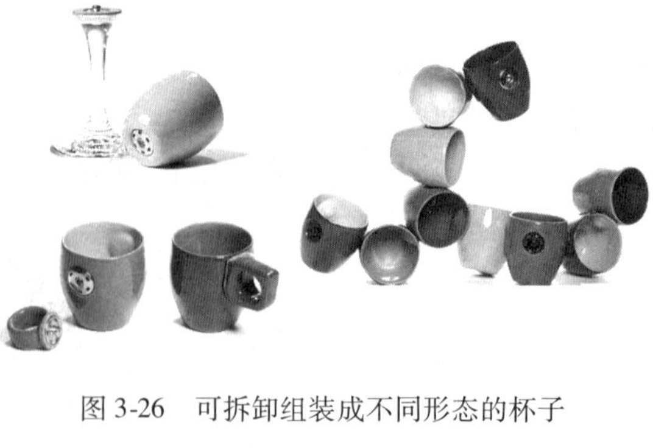

图3-26 可拆卸组装成不同形态的杯子

3）伸缩连接结构

伸缩连接结构的形状大致有两种，一种如多个“X”或类似手风琴，这种形状可以通过改变它们之间的角度来进行伸缩，另一种类似于拉杆天线的结构，也可以灵活的改变杆的长度。

图3-27是一款折叠式伸拉梯，可以分段折叠起来，不用的时候收起来，盖上天花板盖，这样整个梯子就收到天花板上了，丝毫不占用下面的空间。用的时候再打开拿下来，方便，牢固，耐用。图3-28中的折叠衣架运用了“手风琴”式伸缩连接结构，简

单、小巧灵活。图 3-29 中的伸缩式杆可长可短灵活方便。这些连接结构都是生活中伸缩式连接的典范。

图 3-27　伸缩式楼梯图

图 3-28　伸缩式晾衣架图图

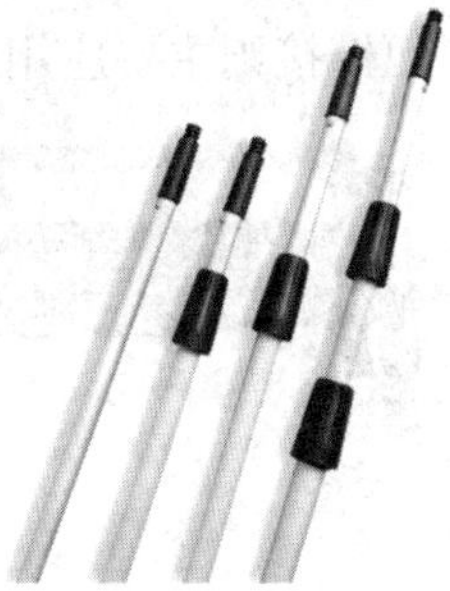

3-29　伸缩杆

4）“夹”连接结构

“夹”连接结构是利用“夹”材料本身的弹性或外部的机构或结构提供的压力将其和被夹物品的锁扣连接起来的连接方式。“夹”与其形态、结构、机构、材料等都有一定关系。“夹”连接结构多用于车闸、台灯、衣服夹子等一些家居用品，如图 3-30 所示。

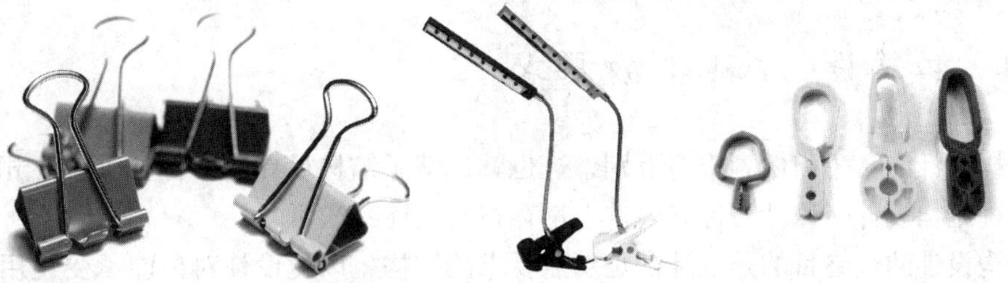

图 3-30　一些常见的“夹”连接结构

5）锁扣连接结构

锁扣连接主要是利用构件的某种特殊造型，通过构件的相互咬合实现连接的一种方式。锁扣连接结构具有结构简单、形式灵活、工作可靠等优点，广泛应用于手表带、皮带扣、服装等家居用品设计等。

图 3-31 是一种采用锁扣方式进行连接的地板，它可以像关节一样相互咬合。这种锁扣式的地板拼接简单，普遍使用于强化地板中。锁扣地板铺装更简便、咬合紧密，拼接后的地板几乎没有缝隙，没有高低差等现象，整体铺装效果好。

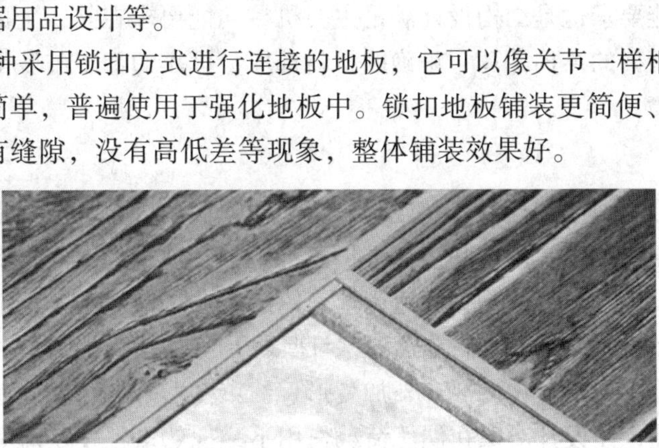

图 3-31　锁扣式连接的地板

6）插接连接结构

在需要互相固定的零部件上设置相应的插接结构，可以方便安装和拆卸，特别有利于模块化设计。插接和木榫连接很相似，主要区别是插接有多种形式应用到了多种产品中，而榫接则主要应用在木制椅子特别是中国古代家具当中，如图3-32所示。

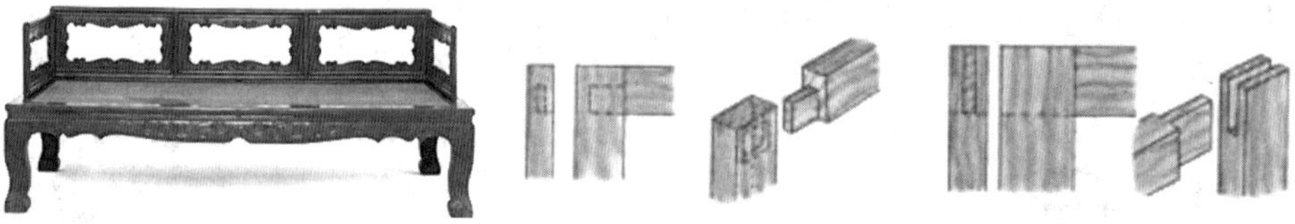

图3-32 中国古代家具及其“榫接”方式

3.4 结构设计

结构设计要求设计师根据设计对象的功能、形态等要求完成对结构的设计规划，设计出满足功能要求的结构，同时要保证安全性与经济性要求，过分强调外观可能会影响正常功能的发挥，降低可靠性，甚至带来安全隐患，因此，在进行结构设计时，必须明确设计的目标和要求，必须抓住主要因素展开工作。

3.4.1 结构设计的目标及要求

结构设计的对象与内容千差万别，这也就造就了结构设计的目标要求各不相同，但无论何种结构设计在设计目标和要求上都存在共通性的东西。

结构设计的最终目的是设计满足功能要求的结构，以使设计对象能承受使用过程中的外力或自身内力的变化而不被破坏、不丧失功能、安全、可靠。因此对结构设计大致有以下三个层次的要求。

1. 功能要求

功能要求是结构设计最基本的要求，结构设计必须为设计对象功能的实现提供一个可靠的承载，功能要求也是结构设计满足主要机械功能要求在技术上的具体化。恰当的结构系统选取、精确的结构计算、正确的材料选取、可靠的加工与装配工艺等设计是满足功能要求的保障。

2. 质量要求

质量要求包括了结构设计的可靠性和安全性两方面的内容。就可靠性而言，结构设计首先应该保证结构在正常使用和正常维护条件下，在规定的时间内，具有足够的耐久性，其次，结构设计需要保证足够的适用性，使结构在正常使用条件下具有良好的工作性能。就安全性而言，结构设计首先需要保证具备足够的承载能力，能够承受在正常装配与使用期间可能出现的各种荷载、外加变形、约束变形等的作用，其次，结构设计要保证足够的稳定性，使设计对象在偶然荷载作用下或偶然事件发生时和发生后，仍能保持整体稳定性，不发生倒塌或破坏。

在现代设计中，设计的质量要求越来越高，质量的高低往往决定了其市场竞争力，统筹兼顾操作、美观、成本、安全、环保等各种要求，提高产品的质量，是现代设计的关键所在。与功能要求相比，兼顾各种要求似乎只是设计细节上的问题，然而细节的总和是质量，质量问题不仅是工艺和材料的问题，而应该从设计开始。

3. 优化与创新要求

在结构设计中，一般比较容易找出一个可行的结构设计方案，但要找出最优设计方案却并非易事。结构设计的任务是在众多的可行性方案中寻求较好或最好的设计方案，因此结构的优化设计前提是要能创造性的构造出大量可供优选的可行性方案，这是对结构设计师创新能力的挑战。结构设计的创新与优化一般是利用创造性设计思维方法和其他科学方法在数学模型、工艺、材料、连接方式、外观形状等设计元素中变换得到。结构设计的优化与创新是永无止境的，在现代结构设计中的作用也越来越重要，也是提升设计对象竞争力的重要途径。

3.4.2　结构设计应考虑的主要因素

在结构设计中要考虑的因素比较多，比如结构的稳定性、结构的强度、结构的功能要求、安全性、成本、寿命、美观、个性化等。不同的结构设计，所考虑的因素各有侧重，比如在工程结构设计中，应重点考虑的是结构的安全性、适用性和耐久性，即结构的强度与稳定性是重中之重，而经济性、美观等则比较次要。而有些产品的结构设计，可能重点考虑的是功能性、安全性、美观、经济性等。

由于结构设计的本质是要提供一个承载功能的载体，无论何种类型的结构设计，在保证功能实现的同时，安全都是至关重要的因素，因此在结构设计中需要处理好结构强度与材料形态、结构强度与结构稳定性两个重要关系。

(1)结构强度与材料形态　结构的强度除与组成材料本身性质有关外，还与材料形态密不可分。同种材料不同的型材、块材、线材、板材等都有不同的结构强度。在结构设计中应通过材料的形态结构变化，最大限度地发挥材料的强度性能。

(2)结构强度与结构稳定性　结构的强度、稳定性都与结构的截面和材料有关。强度包括抗拉强度、抗压强度和抗弯强度。抗拉和抗压强度与结构的截面大小有关，为材料强度乘以截面积。抗弯强度还与截面的面积矩有关，即离轴线越远的地方面积越大，抗弯强度越强。

长度与截面积之比较大的结构在受到压力时，可能在达到极限荷载之前就局部失稳而造成破坏，一般稳定性比较差。

3.4.3　结构设计的步骤

不同类型的结构设计中各种具体情况的差别很大，设计过程与步骤并非完全相同，也没有必要以某种步骤按部就班地进行，在此只是给出结构设计的大致步骤。

一个完整产品的设计过程一般是从设计造型开始。收到客户的原始草图或文字说明或自己有了明确想法后即可展开外形的设计，外形设计图可以是2D的工程图，含必要的投影视图，也可以是JPG彩图，一般还要求注明整体尺寸以及表面工艺方案等。外形图方案得到认可确定以后接下来的设计工作就是由结构设计师完成的结构设计了。

1. 理清结构设计的主次

根据外形设计的结果，明确结构设计的主要任务和限制所在，将结构设计要完成的功能部件拆分为几个子功能块，然后从完成主要功能的关键零部件入手，通常先从结构表面开始，考虑与其他相关零件的相互位置、连结关系，逐渐同其他表面一起连接成一个零件，再将这个零件与其他零件连结成部件，最终组合成能实现主要功能的关键环节。最后，再确定次要的、补充或辅助部件，如密封、润滑及维护保养等。

2. 绘制结构草图

在分析确定结构主次的同时，粗略估算结构件的主要尺寸，并按一定的比例绘制草图，初步确定零部件的结构。在结构草图中应标示出零部件的形状、尺寸，运动部件的极限位置，空间限制，安装尺寸等。

结构草图往往可以考虑多种方案，以供后期分析优化选择，同时结构设计中要充分注意标准件、常用件和通用件的应用，以减少设计与制造的工作量。

图3-33是Spencer于1958年设计的史氏扑翼机的扑翼机构部分的结构草图。图中编号1的机构为扑翼机的两只翅膀，编号2的机构为可旋转的曲柄，编号3是两只翅膀中的滑槽。其动作原理是利用橡皮筋作为动力源带动曲柄做旋转运动，因为曲柄穿过左、右翅膀中的两个滑槽，所以当曲柄旋转时即可带动左、右翅膀做反复拍打动作。

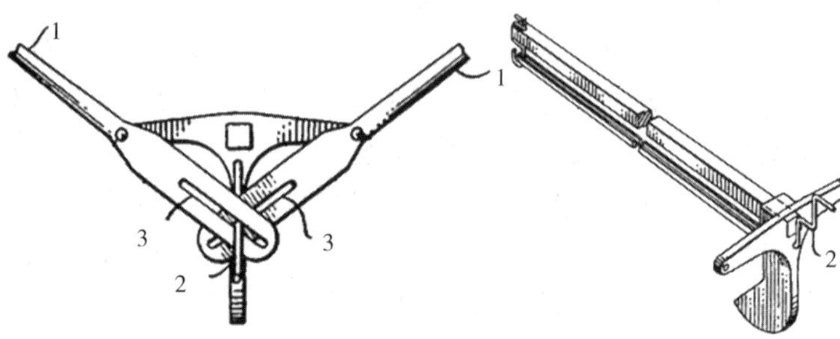

图3-33　史氏扑翼机的扑翼机构结构草图

1. 扑翼机翅膀　　2. 曲柄　　3. 滑槽

3. 结构设计分析与定案

对绘制的结构草图进行分析、评价与比较，确定最终结构方案。可以通过改变工作面的大小、方位、数量及构件材料、表面特性、连接方式，系统地产生新方案。

4. 结构设计的细化

对结构设计进行细化设计，一般根据造型要求，先设计绘制主要部件的基本形状，然后在此基本形状上拆画出各个零部件，拆分方式要以外观造型图为依据，接下来，制作装配图，将拆画出各个零部件的装配顺序表达出来。在此期间要注意各部件的位置检查，元件之间不能干涉，以保证安装距离等要求，最后绘制辅助结构，并再次对各项尺寸进行检查。在设计过程中要注意对结构的各零部件进行载荷分析，必要时计算其承载强度、刚度、耐磨性等。

5. 模型制作

结构设计初步完成后，一般要求制作模型并进行试装，因为很多装配问题在装配图或电脑上难以表现出来的，需要借助于实物。模型制作在工业设计中也称之为手板制作，手板又分为外观手板、结构手板以及真空复模手板，此处的模型主要指结构手板，结构手板主要用于在正式开模具之前结合实际来检验产品内部装配难易度、结构之间的配合紧密性、材质强度分析、性能检测、成本评估、新产品招商等，以降低直接开模的风险。

模型的制作在早期主要靠手工完成，目前主要靠数控设备完成，比如数控机床或快速成型设备，数控机床主要用于金属手板制作，快速成型设备也被称为 3D 打印机，主要用于塑胶手板制作。图 3-34 是采用快速成型制作的零件模型。

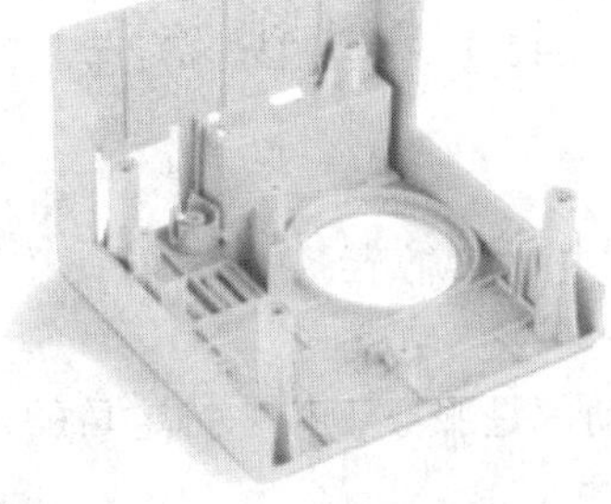

图 3-34　快速成型制作的零件模型

6. 结构设计优化与改进

利用模型对结构设计展开各项技术检测、装配工艺等检测，寻找所选方案中的缺陷和薄弱环节，这需要对照各种要求和限制，反复改进。考虑零部件的通用化、标准化，减少零部件的品种，降低生产成本。通过完善结构使结构更加合理地承受载荷、提高承载能力及工作精度，同时考虑零部件装拆、材料、加工工艺的要求。

7. 结构设计的后续测试

结构设计完成后，还需要正式开模加工，对加工出的成品在整机装配完成后，还需要进行一系列品质测试，以对结构设计进行检验。这些测试包括跌落测试、防水测试、可靠性测试、震荡测试、堆高测试等，在测试中暴露出的问题，可能是模具加工的问题也可能是结构设计中的问题，还需要进一步的解决。

参考文献

[1] 刘琼发. 通用技术(必修2)技术与设计2 [M]. 广州：广东科技出版社，2004.
[2] 顾建军. 技术与设计2 [M]. 南京：江苏教育出版社，2004.
[3] 李亚军，姚江，卢世主. 产品设计基础 [M]. 南京：江苏美术出版社，2007.
[4] 刘国余，沈杰. 产品基础形态设计 [M]. 北京：轻工业出版社，2001.

第 4 章　流程与设计

完成任何一件事总是会依照一定的顺序，有时候顺序安排得合适与否直接影响到事情完成的效果。以手动挡汽车发动机启动为例，其起动顺序为：第一步，将车钥匙插入点火开关；第二步，左脚踩下离合器踏板，然后右脚踩下制动踏板，拉紧驻车制动；第三步，变速杆调到空挡位置；第四步，将车钥匙转到启动位置，此时可听到发动机启动的声音，发动机启动。发动机的启动顺序是不可颠倒的。

完成事情或任务的顺序就是流程，它体现了为完成某件连续有规律的事情或任务而进行的有序的工作或活动全过程。流程安排得科学合理，才能使我们生活和生产的分工更加合理，确保做事的高效率与高质量，从而让生活变得更加轻松，提高生产效率。只有通过不断地实践、探索与反复设计，才能获得科学合理的流程。

4.1　认识流程

4.1.1　典型的生活与生产流程

人类生活与生产的一切活动都是服务于某一特定目的，并在某段时间内按照一定的顺序和规则进行。

1. 生活中的流程

通过图书馆的网站，可以查询各种电子期刊。图 4-1 是四川师范大学的图书馆网站，整个查询过程如下：图书馆网站—图书馆—中文数据库—中国学术期刊全文数据库—中国期刊全文数据库—填写检索项、检索词—检索—双击选中篇名—下载阅读 CAJ 格式全文。

图 4-1　图书馆网站

在每学期末，学生需要在网上选择下学期的课程，具体选课流程如图 4-2 所示。第一步，登陆教务处网站(http://jwc.sicnu.edu.cn)；第二步，打开《学生选课系统》；第三步，输入自己的账号(学号)、密码登录，如是第一次使用该系统则点击“初始化账号”，用自己的学号和身份证号设置账号、密码后，再登陆，如果密码遗失可到教务处注册中心查询；第四步，对本期已选课程进行教师评价；第五步，根据教学计划选修下期课程；第六步，退出。

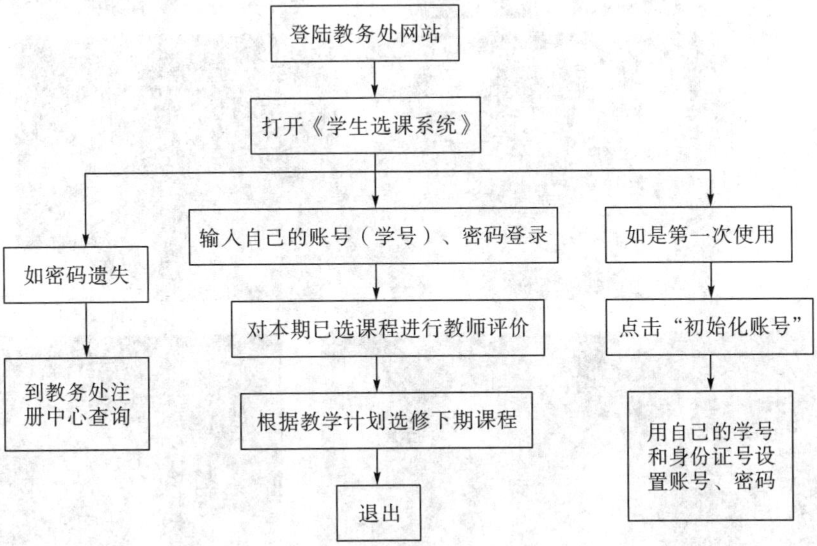

图 4-2 本科生选课流程

一个学生的一天可能会有起床、洗漱、锻炼、早餐、上学、上课、午餐、午休、上课、放学、做作业、晚餐等一系列较为固定的有序活动，这些活动顺序取决于学生个人多年来养成的习惯，不同的学生每天的活动顺序可能会有些调整。

更换电灯泡的时候需要先切断电源，然后取下旧灯泡，再换上新灯泡，最后接通电源。如果把第一与第二的过程颠倒，就可能给人带来生命危险。

生活中处处都有流程，买菜做饭、复习预习、探亲访友和学生选课等都离不开流程。正确合理地安排好生活的流程，才能提高我们工作和学习的效率，让我们的生活变得有序高效，为我们的生命安全提供保障。

2. 生产中的流程

在生产中，更是需要依据科学合理的流程来有效地组织生产和管理企业，提高生产效率、保证产品质量、保证安全生产、保护环境等。生产过程包括组装流程、加工流程、包装流程、质检流程等；企业管理包括原材料采购流程、市场销售流程、财务工作流程等。

1) 青花瓷的工艺流程

“素胚勾勒出青花笔锋浓转淡，瓶身描绘的牡丹一如你初妆。”淡淡的两句歌词，唱出了青花瓷摄人心魄的美，那它是怎么制造出来的呢？青花瓷的基本工艺流程如图 4-3 所示。

图 4-3 青花瓷工艺流程

(1) 制胚。简单说来就是用瓷泥制成所需瓷器的大概样子，不用特别精细，比如不够圆什么的都不要紧，因为后面还有很多道工序修正。但是巧能生精，从老师傅手里出来的胚，已经相当的规正。

(2) 印坯。给胚塑身，让它更圆更均匀。

(3) 施釉。普通圆口采用蘸釉——将坯浸入釉盆里，当口沿与釉面平齐时立即提出；或荡釉——将釉浆注入坯内晃动，使上下左右均匀上釉，然后迅速倒掉过剩的釉浆；或琢器——复杂的器皿的成型工艺；或吹釉——将竹筒蒙上细纱，蘸釉后用嘴吹喷，如此反复多次，坯面可得厚度均匀的釉层。

(4) 画花。直接在胚上雕花，画山水。在弧形的素胚上作画，难度远高于在平面的宣纸上作画，需要特殊的经验和想象力，瓷器的真正灵魂还是在创作者的创意与手工里。

(5) 晒胚。晒胚时下面会有个水槽，防止胚干裂。

(6) 进窑烧制。木柴烧出的青花要偏黄一点，煤气烧出的发白，但白的比较僵硬，不如木柴烧出的自然圆润。烧窑的师傅一般要 20 年才能出师。

2) 丝绸的工艺流程

丝绸是中国古老文化的象征，中国古老的丝绸业为中华民族文化织绣了光辉的篇章，对促进世界人类文明的发展做出了不可磨灭的贡献。中国丝绸以其卓越的品质、精美的花色和丰富的文化内涵闻名于世。丝绸织造最主要的原料——桑蚕丝，在栽桑养蚕至缫丝织绸的生产过程中未受到污染，因此是世界推崇的绿色产品。其工艺流程如下：

(1)缫丝。丝由蚕茧中抽出，成为织绸的原料。一颗蚕茧可抽出约 1000 米长的茧丝，若干根茧丝合并成为生丝。

(2)织造。生丝经加工后分成经线和纬线，并按一定的组织规律相互交织形成丝织物，就是织造工艺。

(3)染整。印花工序在丝绸的生产过程中具有重要的地位。因为只有运用染整技术，才能随心所欲地将我们喜爱的花色和图案完美无缺地再现在白坯上，从而使织物更加富有艺术性。该工艺主要包括生丝及织物的精炼、染色、印花和整理四道工序。

3)现代钢铁的生产流程

现代钢铁联合企业的主要生产流程分为两类：长流程和短流程。

长流程目前应用最广。其工艺特点是：铁矿石原料经过烧结、球团处理后，采用高炉生产铁水，经铁水预处理后，由转炉炼钢、炉外精炼至合格成分钢水，由连铸浇铸成不同形状的铸坯，轧制成各类成品。全球大约 70% 的钢铁企业采取这种流程进行生产。

短流程根据原料分为两类：一类是铁矿石经直接熔融还原后，采用电炉或转炉炼钢，其主要特点在于铁矿石原料不经过烧结、球团处理，没有高炉炼铁生产环节，这种流程目前应用较少，大约占 10% 以下；另一类是以废钢作为原料，由电炉融化冶炼后，进入后部工序，也没有高炉炼铁生产环节，这种工艺流程约占 20%，为了提高生产效率，目前国内外许多钢铁厂在电炉冶炼中也采取兑加铁水的工艺。

4.1.2　流程的组成

任何一个生活或生产流程都是按照一定的时间先后顺序来进行的。青花瓷的制造流程、图书馆文献的查阅流程都经历了一系列具体的步骤，这些步骤都是按照开始、持续和结束时间的先后顺序进行的，表征流程进行的时间先后顺序称为时序。

时序反映了具体流程的先后关系，但是在有些流程中时序是绝对的，不可颠倒的；有些流程中时序是相对的，不同的人在完成同一个流程任务时可能选择不同的时序。钢铁生产、丝绸工艺、更换电灯泡流程中某些步骤间的时序是不可颠倒的；买菜做饭、复习预习流程中没有严格的先后关系，其中某些步骤间的时序是可以颠倒的，可以有不同的完成顺序。

事情或活动有着自己内在的规律与特点，这些特点决定了在完成有些事情或活动的流程中时序不能任意颠倒，因此，我们在设计流程时不能违背这些内在的规律。对于那些可以颠倒的时序，我们可以在分析和比较的基础上，结合特定的目的和条件，进行适当的调整。

流程本质上是由一系列步骤或若干阶段或若干过程组成的，为完成某个具体目标而进行的某项活动，每个过程之间具有特定的逻辑关系，这些若干阶段或过程称为环节。青花瓷、桑蚕丝制造的各个小过程、每个人一天的活动中的各个阶段就是相关流程的环节。

流程是指做事情的整个步骤过程，而环节仅仅是其中的某个小过程。流程由环节构成，环节之间有着一定的时序逻辑关系。对于某个活动或某项生产流程，环节是不可缺少的。但是，环节的划分是相对的，问题的性质不同或个人的理解不同，对同一个流程的环节划分方法也可能有所不同。而且环节的划分可大可小，一个大的环节中又可能包含其他若干更加具体的小过程，如桑蚕丝的制造分为缫丝、织造和染整三个大的环节，而染整环节又包括生丝及织物的精炼、染色、印花和整理四道工序。

流程与环节的划分也是相对的，不是绝对的。例如，前面提到的桑蚕丝的制造过程，其中的染整环节，从更低的层次来看，染整环节可以是一个流程，包含精炼、染色、印花和整理四个环节；而从更高的层次来看，染整过程却是桑蚕丝的工艺流程中的一个环节。

4.1.3 流程的描述

流程的描述可以使用文字，也可以用方框图、流程图、表格、动画演示来表达流程，还有一种图形化的流程表达方式——安装图。

在编写计算机程序时，常常把解决问题的方法、思路或算法用程序流程图表示出来，其优点在于：①采用简单规范的符号，画法简单；②结构清晰，逻辑性强；③便于描述，容易理解。图 4-4 表示了比较两个数大小的程序设计流程。安装图是通过空间位置关系，来表达安装流程中时间的顺序关系，如图 4-5 所示。

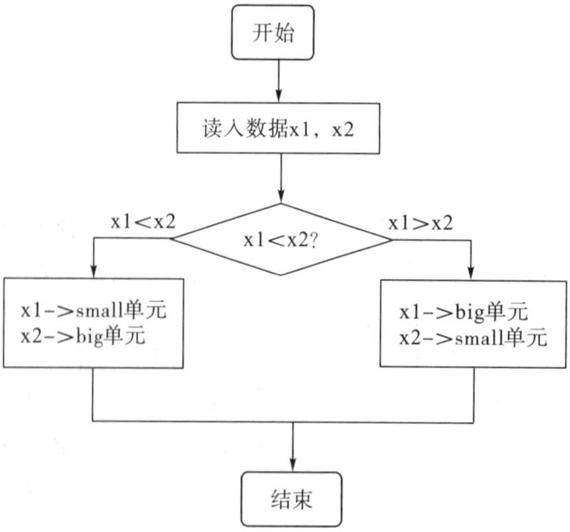

图 4-4 程序设计流程图

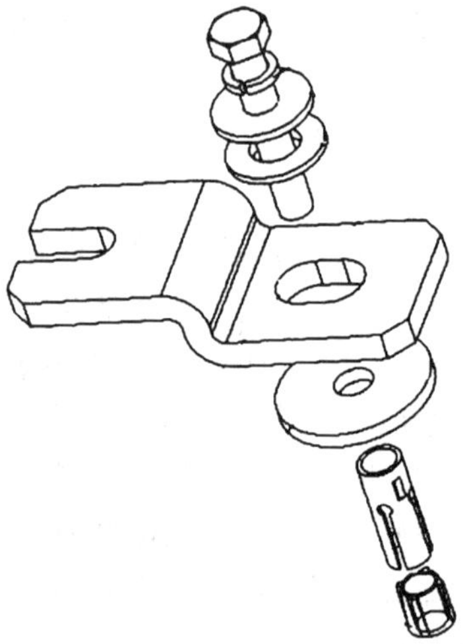

图 4-5 安装流程图

流程图中最常用的形式是方框图，因为这种形式既简单又明确。方框图采用预先约定的几何图形或符号表示各个环节，用箭头方向来表示各个环节之间的时序。例如，青花瓷的加工流程可以用下面的方框图表示：

制胚→印坯→施釉→画花→晒胚→进窑烧制

表格也可用来表达流程，某学校的毕业典礼流程见表 4-1。

表 4-1　毕业典礼流程

序号	节目	备注
1	开场背景音乐	The Sound of Silence(寂静之声)
2	主持人开场白	播放校园风光
3	校长讲话	播放毕业学生的校园生活片段
⋮	⋮	⋮

4.2　流程的设计

生活与生产流程这两个方面具体实现的目标不同，流程必须结合不同的具体目标来进行设计。对于生活流程，设计时主要考虑的问题是时间成本、工作效率、工作质量等；对于生产流程，设计时主要考虑的问题是如何提高生产效率、提高生产质量、提高经济效益、提高管理水平、节约资源、生产安全等。同时，不同的流程反映了事物不同的内在变化规律，设计时需要遵循事物的客观规律科学地设计流程的环节和流程的时序，才能实现预设目标。对于任何企业而言，流程是其运作的基础，是其业务的驱动力，流程在流转过程中就像人体的血脉一样把相应的信息数据在一个企业的不同部门、客户、工作人员、供应商之间进行传递，如果流程设计不合理，一定会导致这个企业运作不畅。

不同行业的流程具有各自不同的特点，所以流程设计中需要考虑的因素也各具差异。例如，一般的工业流程设计中要考虑资金、材料、工艺、设备、人员和环境等基本因素，而农业方面的生产流程设计除此之外还需考虑气候变化、自然灾害、季节变换、生态平衡等因素。

4.2.1　流程设计的基本步骤

一个科学合理的流程要经过精心设计与反复修改才能得到。一般的流程设计步骤如下。

(1)了解设计目标，明确设计任务。

(2)分析现有的资金、材料、工艺、设备、人员和环境等条件，找到流程所应遵循的内在变化规律，不同的现有条件可能会导致不同的设计结果。

(3)初步按序列出流程实现的主要环节。

(4)分析主要环节之间的先后顺序，合理地安排流程的时序。

(5)将流程设计结果选用合适的方式表示出来，供设计团队交流讨论。

4.2.2　流程设计的基本原则

1. 流程设计的科学性

流程设计作为重要的技术活动，必须遵循自然的客观规律，以科学的思想和方法指导流程的设计。任何违背科学原理的设计必定导致设计的失败。

2. 流程设计的连续性

对于流程设计中的时序，开始和结束的步骤过程要有连续性，而且这一系列的过程、步骤都是按照一定的前后顺序进行的，不连续的、颠倒的时序必定导致事物内在的机理发生变化。

3. 流程设计的完整性

对于流程设计中的每个环节，必须完整无缺，科学合理地安排环节。环节缺少、遗漏、零乱不齐的流程必定导致设计的失败。

4. 流程设计的简明性

流程设计不同于技术方案设计，流程设计必须简洁明了，能反映事物的发展规律，突出生产、活动的主要内容和特征

5. 流程的目的性

是否达到了预期的效果，完成了最终的目的。合理的流程设计应该实现一定的目标，所设计的流程应该体现出是否实现了其相应的目的。

4.2.3 流程设计的举例

1. 电子产品的设计

在设计某种电子产品时，主要的设计流程如下。

1)在预研阶段要进行设计方案论证并加以评审

(1)调查搜集有关资料加以消化，理解；

(2)获得相关样品进行分析，画出电路图，测试其技术性能，相关参数，写出评价的相关资料；

(3)确定预研方案，为了突破复杂关键技术、减小产品预研的技术风险、寻求最佳方案，要进行一系列的试验，做好原始记录，并加以整理分析；

(4)制订产品的方案设计，对该方案进行理论分析和计算，通过优化设计和必要的试验，提出完整的电路原理图、关键元器件的参数计算、初步的结构设计等。

设计方案要通过评审，如不能通过，就需重新进行方案设计。

2)初样制作

初样制作是检验设计方案正确与否的依据。根据上述预研阶段中电路搭试的情况，制作 PCB 手板及样品，其数量应不少于 6 ~ 10 个样品，完成后，进行各种参数的测试，并做出完整的记录。

如制作的样品取得较为满意的测试结果，则写出初样制作总结报告，此外还应编制以下文件：产品的电路原理图；印制电路板(布线图，元件布置图)；元器件明细表(BOM)；关键元器件的采购规范；生产及试验用的工装夹具；初步成本估算；产品的技术条件；产品的技术条件。

如初样的性能测试与试验均已通过，即验证了设计方案的正确性，则进行初样评审，PCB 板开模评审，结构件开模评审等工作。

如初样评审未通过，则重新进行预研，重新制作样板，直到初样评审通过为止。这个阶段的工作一定要仔细。

3) 小样生产

用小批量生产验证设计方案的正确性。如试产通过，则写出试产报告、研制技术总结报告、产品技术条件、产品设计图纸、结构图纸、工艺技术文件、自制件消耗定额、标准件及外购件清单、产品检验规范、劳动工时和成本核算等。小批量试生产数量不少于50个。

4) 生产性试制阶段(批量试生产阶段)

通过批量试生产以完善与改进产品的设计文件、工艺文件和全部技术文件，最终达到生产定型的目的。批量试生产数量应为200~500只。只有批量试生产取得满意效果，才能算是研发工作完成任务。

2. 网站设计流程

网站可以跨越时空、突破地域限制。企业通过网站树立现代企业形象，让用户跨越时空了解企业，增值企业无形资产。学校网站可以展示自己的特色与个性，加强教师、学生与学校的联系，成为真正没有围墙的学校。个人可以建立网站纪录生活的点点滴滴，抒发人生的心感悟。网站设计的流程包括初期的构思、资料收集与草图制作，中期的网站制作与测试，后期主要是网站的推广与后期维护，如图4-6所示。

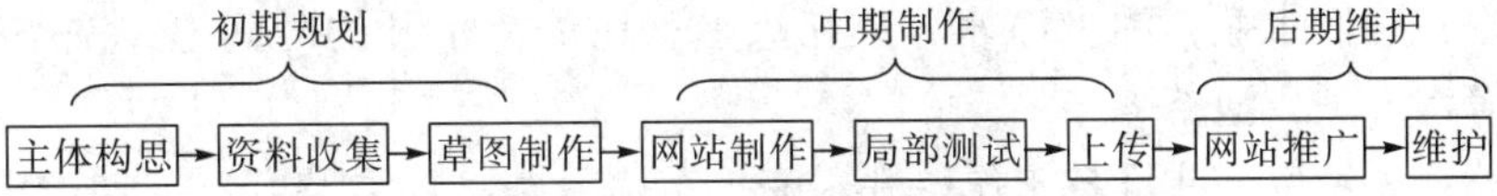

图4-6　网站设计流程图

4.3　流程的优化

流程设计是一个反复探索与优化的过程。生产和生活中对已有流程的整体改进或是对其中某一环节的改进，都是为了提高工作效率、降低成本、降低劳动强度、节约能耗、减少环境污染、保证安全生产等。比如说医院的看病流程，如果我们能更好地优化看病流程，病人就不需要很长的等待时间，减少了病人自身的痛苦与病人家属的担心；电视台若能优化它的节目流程，可以让新闻的播出速度更快，提高新闻的时效性，让我们能及时了解时事，并看到更好的节目，丰富我们的精神生活；严格的民事诉讼流程，保证了案件审理的公平、公开和公正，维护和保障了受害者的合法权益，有利于创建和谐社会。

流程优化涉及工期优化、工艺优化、成本优化、技术优化、质量优化等优化指标。根据需要，有的流程优化是对单个指标的优化，有的流程优化是对多个指标的优化。对于一个特定的流程，往往是以某个指标的优化为主，综合考虑其他指标，如果片面地强调某一指标的优化，可能会带来其他指标的下降。因此，流程的优化应在综合考虑各项指标的基础上，抓住主要矛盾，突出重点指标的优化，综合权衡，以达到整体优化的目的。

流程的改进和优化需要一定的条件，它建立在设备和工艺水平提高的基础上，建立在对流程内在机理进一步研究的基础上。也许流程的最初构建、再造与发展将会花费许多时间和精力，但流程一旦完善、固化，简单的努力将会释放出巨大的投资回报。

4.3.1 生活流程的优化

在我们的家务生活中，有许多琐事需要有条不紊的安排，既能提高效率，又能优化我们的生活节奏，因此，我们常运用统筹法来调整环节和时序。以泡茶为例，具体分析如何对流程进行优化，如图 4-7 所示。

图 4-7 生活流程的优化

具体的情况是：开水没有；水壶要洗，茶壶茶杯要洗；有煤炉，也有茶叶。

每个环节分别需要的时间为：烧水：12 分钟；洗水壶：1 分钟；洗茶壶、茶杯：3 分钟；拿茶叶：1 分钟。

办法甲：洗好水壶，灌上凉水，放在火上；在等待水开的时间里，洗茶壶、茶杯，拿茶叶；等水开了，泡茶喝。

办法乙：先做好一些准备工作，洗水壶、茶壶、茶杯，拿茶叶；一切就绪，灌水烧水；坐待水开了泡茶喝。

办法丙：洗净水壶，灌上凉水，放在火上，坐待水开；水开了之后，急急忙忙找茶叶，洗茶壶、茶杯，泡茶喝。

哪一种办法省时间？我们能一眼看出第一种办法好，后两种办法都窝了工。这是小事，但这是引子，可以引出家庭生活乃至生产管理中有用的方法来。

水壶不洗，不能烧开水，因而洗水壶是烧开水的前提。没开水、没茶叶、不洗茶壶茶杯，就不能泡茶，因而这些又是泡茶的前提。从以上 3 种办法可以看出，办法甲总共要 13 分钟(而办法乙、丙各需要 17 分钟)。如果要缩短工时、提高工作效率，应当主要抓烧开水这个环节，而不是拿茶叶等环节。同时，洗茶壶、茶杯，拿茶叶总共不过 4 分钟，大可利用“等水开”的时间来做。

4.3.2 生产流程的优化

有效地、有目的地展开工作，是生产流程优化工程中的一个重要因素，可以高效地使用可用的技术与人力资源。针对不同的生产方式，不同的质量要求，不同的原材料性能以及不同的测量仪器、仪表技术等等因素，必须对各种细节做出具体的分析，确定哪些方法、哪些优化工具适合于解决提出的优化问题。对于不同的核心目标，可能采取的优化措施不同。

1. 化工企业的生产流程优化措施

1)提高设备利用率

(1)不同的模型模拟流程设备的生产情况，以确定可以实现的最佳生产能力；

(2)通过自动化改造和性能改进，使流程设备按最大的设计能力进行生产；

(3)改进工艺流程，将停产、清理时间压缩至最短。

2)减少生产成本

(1)通过不同资源的成本特性指数，确定优化的工作参数，此时可利用工艺模拟或数据处理方法；

(2)通过大功率、高性能的自动化改造和性能改进，使流程设备在最佳的工作点工作；

(3)通过在线流程分析技术，降低流程分析费用；

(4)通过分析能源利用率，降低能源费用。

3)生产工艺流程的优化

通过教学与模拟，培训设备的操作人员。

4)流程管理的自动化

通过有效的流程管理，进行生产过程的优化。随着企业经营环境的内外变化，必须要对流程进行不断的优化和再造。企业发展的历史就是管理流程不断变化的过程，管理流程的优化在企业运营中时刻存在，管理流程再造是企业经营能力快速提升的必要条件。

2. 自动生产流水线

一些产品的生产线使用了能自动更换刀具和完成多道加工工序的数控机床，并将加工设备、检测设备、装卸设备等按照工艺流程连接起来，形成了自动生产流水线，优化了生产流程，从而提高了产品的质量，减少了原材料的消耗，改善了劳动条件，提高了劳动生产率。

流程在我们的生活中无处不在，同时它也深刻地影响着我们的生活。生活生产中一个好的流程可以使信息、资源得到最有效地利用，能使人力、物力得到最合理地使用，从而保证构成组织的各要素更好地适应提高生活质量与生产效率及降低成本与劳动强度，节约能源、减少环境污染、安全生产等工作目的，为各项工作任务的落实提供重要保障。

参考文献

[1] 狐狸弟弟. 秋游景德镇，见证青花瓷的诞生 [EB/OL]. [2012-06-21]. http://club.qianlong.com/html/93/t-1313493.html.

[2] 沉没东木. 知识放送：茧丝到丝绸流程哪般 [EB/OL]. [2012-06-21]. http://info.texnet.com.cn/content/2010-10-19/310139.html.

[3] 中钢报编辑部. 钢铁生产工艺流程简介 [EB/OL]. [2012-06-21]. http://news.sinosteel.com/magazine/html/15/91/content/427.shtml.

[4] czqlzx. 第二单元第二节流程的设计 [EB/OL]. [2012-06-21]. http://wenku.baidu.com/view/26cf185fbe23482fb4da4c18.html.

[5] 吴昊. 电子样品制作流程 [EB/OL]. [2012-06-21]. http://wuhaozd88.blog.163.com/blog/static/47933173200841322939/.

[6] 顾建军. 技术与设计 2 [M]. 南京：江苏教育出版社，2004.

[7] 华罗庚. 统筹方法 [EB/OL]. [2012-06-21]. http://baike.baidu.com/view/675869.htm.

第5章 系统与设计

生活和生产中常见的事物都是由若干部分组成的，这些事物的部分与部分之间相互联系，并且服务于一个整体的目标。这种由若干处相互联系并与环境发生相互作用的要素或部分所构成的有机整体，称为系统。系统（System）一词源自希腊语，原意是指部分组成的整体、集合。世界上的一切事物都是作为系统而存在的，是若干要素按一定的结构和层次组成的，并且具有特定的功能。要素是构成系统的最主要的元素。一般的，部分相对于系统的整体而言，要素相对于系统的元素结构而言。很多情况下，要素和部分又可以通用。

汽车是一种常用的交通工具，其基本的组成包括：发动机、底盘、车身及其附件、电气设备四部分，每部分下面又包含更小的部件，如底盘是由传动系、行驶系、转向系、制动系构成，供电系统、照明系统、点火系统、启动系统、自动检测系统、保障系统构成了电气设备部分，这些部件相互联系、相互作用，使汽车具备了代步的功能。只要其中任何一个主要部件出现问题，都有可能导致汽车无法正常行驶。

系统是由两个或者两个以上相互联系与相互作用的要素或部分，按照特定的方式构成的一个整体，而这个整体具有各个要素，或部分所没有的功能。

一辆汽车就是一个系统，它是由动力、传动、转向、制动等要素组成的，同时也是由发动机、底盘、车身及其附件、电气设备等部分组成的。在这个系统中，各要素或部分都是不可缺少的，它们之间存在着一定的联系，但是动力、传动、转向、制动等要素，或发动机、底盘、车身及其附件、电气设备等部分并不具备汽车的功能。

要素或部分之间是按照特定方式构成的一个整体，构成系统的方式不同，系统之间也会有很大的差别。例如，石墨和金刚石，同是由碳元素所组成，但是由于它们的构成方式不同，一个很脆弱，而另一个却非常坚硬。

系统有复杂与简单之分，对于较大或较复杂的系统，可以根据不同的标准划分为若干子系统，同样，任何系统又都是更大系统的子系统。如人体系统包括神经系统、消化系统、呼吸系统、内分泌系统、循环系统等子系统，而循环系统又由体循环和肺循环两个更小的子系统组成。

5.1 认识系统

5.1.1 典型的生活、生产系统

大千世界中系统处处、时时存在：森林与海洋系统、航空与铁路系统、冰箱等家用电器系统、一座城市、一个企业、一支军队、一所医院、一条河流等。

服装也有其自身的系统体系。对于上装来说，它的系统包含衣身结构、衣袖结构、衣领结构、口袋的部分等。对于裙装来说，它的系统包含裙片结构、腰带的部分等。对

于裤装来说，它的系统包含裤片结构、腰带的部分等。而裤装与裙装均属于下装系统。

成都地处我国的亚热带季风气候区，大部分地处岷江中游地区，河流众多。两千多年以来一直得以作为巴蜀地区，乃至整个西南地区的政治、经济、文化中心的雄厚物质基础。成都市辖 9 个市辖区、6 个县，代管 4 个县级市，即锦江区、青羊区、金牛区、武侯区、成华区、龙泉驿区、青白江区、新都区、温江区、金堂县、双流县、郫县、大邑县、蒲江县、新津县、都江堰市、彭州市、邛崃市、崇州市。

机器人(Robot)是自动执行工作的机器装置。机器人是高度整合控制论、机械电子、计算机、材料和仿生学的产物。它既可以接受人类指挥，又可以运行预先编排的程序，也可以根据人工智能技术制定的原则纲领行动。它的任务是协助或取代人类工作的工作，例如生产业、建筑业，或是危险的工作。机器人一般由执行机构、驱动装置、检测装置和控制系统等组成。执行机构即机器人本体，包括基座、腰部、臂部、腕部、手部和行走部等。驱动装置是驱使执行机构运动的机构，按照控制系统发出的指令信号，借助于动力元件使机器人进行动作。检测装置的作用是实时检测机器人的运动及工作情况，根据需要反馈给控制系统，与设定信息进行比较后，对执行机构进行调整，以保证机器人的动作符合预定的要求。控制系统负责系统的管理、通信、运动学和动力学计算，发送指令信息。

5.1.2　系统的分类

系统是普遍存在的，也是多种多样的。根据不同的标准，从不同的角度，可以对系统进行不同的分类。

按照系统组成元素的性质，可以把系统分为人造系统、自然系统和复合系统。自然系统是自然形成的系统(如地球生态系统)；人造系统是指由人工制造加工而成为实现某种目的的系统(如机器人系统和汽车系统)；复合系统是由人工和自然系统相结合的系统。

按照系统组成元素存在的形态，也可把系统分为实体系统和抽象系统。实体系统是实物形态的(如人体系统、服装系统)，抽象系统是非实物形态的(如社会系统)。

按照系统的运动状态，可以分为动态系统和静态系统。动态系统是指系统的状态随时间变化而变化的系统，反之即静态系统。

根据系统与外部环境的关系，系统可以分为开放系统与封闭系统。能够不断与外部环境进行信息、物质和能量交换的系统是开放系统，而封闭系统是不受周围外部环境影响的系统。

5.1.3　系统的基本特性

系统思想源远流长，但作为一门科学的系统论，人们公认是美籍奥地利人、理论生物学家 L. V. 贝塔朗菲(L. Von Bertalanffy)创立的。他在 1932 年发表“抗体系统论”，提出了系统论的思想。1937 年提出了一般系统论原理，奠定了这门科学的理论基础。但是他的论文《关于一般系统论》，到 1945 年才公开发表，他的理论到 1948 年在美国再次讲授“一般系统论”时，才得到学术界的重视。确立这门科学的学术地位的是1968年贝塔朗菲发表的专著：*GeneralSystemTheory*；*Foundations*，*Development*，*Applications*，该书被公认为是这门学科的代表作。

贝塔朗菲于1948年创立的系统论是20世纪40年代与控制论、信息论同时诞生的一门新兴科学，是研究系统的一般模式、结构和规律的学问。它从系统的着眼点或角度，采用逻辑和数学的方法去考察和研究客观世界整体和部分的关系，为人类认识和改造世界提供了科学的理论和方法。它的产生和发展标志着人类的科学思维由主要以“实物为中心”逐渐过渡到以“系统为中心”，是科学思维的一个划时代突破。

1. **整体性**

系统论的核心思想是系统的整体观念。整体性是系统最基本的特性，也是观察和分析系统最基本的思想和方法。

贝塔朗菲强调，任何系统都是一个有机的整体，它不是各个部分的机械组合或简单相加，系统的整体功能是各要素在孤立状态下所没有的性质。他用亚里士多德的“整体大于它的各部分总和”的名言来说明系统的整体性，反对那种认为要素性能好，整体性能一定好，以局部说明整体的机械论的观点。同时认为，系统中各要素不是孤立地存在着，每个要素在系统中都处于一定的位置上，起着特定的作用。要素之间相互关联，构成了一个不可分割的整体。要素是整体中的要素，如果将要素从系统整体中割离出来，它将失去要素的作用。例如，人手在人体中它是劳动的器官，一旦将手从人体中砍下来，那时它将不再是劳动的器官了；人双眼的视觉功能远超越了两只单眼的视觉功能的总和。

2. **相关性**

构成系统的各个子系统、单元和要素之间以及它们与环境之间是相互联系和相互作用的，这一特征叫做系统的相关性(有机关联性)。相关性首先体现在系统与要素之间不可分割的联系。

在系统整体中，各要素并不是孤立存在的，而是由系统的结构联结在一起，相互依存、相互作用。如果其中一项发生变化，就会影响其他要素也发生变化，例如，人体各种器官之间就是相互关联的。

其次，相关性体现在要素与系统整体的关系中。要素与系统整体相适应，一旦要素改变，整体必然发生改变；同样，系统整体发生改变，系统要素也必然发生变化，要素与系统之间的相互作用是通过结构这一中介来实现的。

再次，相关性表现在系统与环境的关系方面，即系统的改变引起环境的变化，环境的变化也会导致系统的变化；系统创造自己的环境，环境又规定着自己的系统。

最后，相关性还表现在系统发展的协同性上。协同性是指系统发展变化中，各部分发展变化的同步性，即系统的变化必然引起各要素以及环境的变化，这种变化不是杂乱无章的，而是有规律可循的，这个规律就是同步性。协同学说就是以协同性作为研究对象的，是系统论在当代的新成就。

在经济学、管理学上有一个著名的“木桶效应理论”：用一个木桶来装水，如果组成木桶的木板参差不齐，那么它能盛下的水的容量不是由这个木桶中最长的木板来决定的，而是由这个木桶中最短的木板决定的，所以它又被称为“短板效应”。所以，一个系统的整体性能是与其各个组成部分密切相关的，“短板”的长度决定其整体系统的功能。在设计一个系统的时候，需要考虑到系统的相关性特点，尽量使系统中的每个要素保持一致或者达到协调，不至于参差不齐，影响整体性能。

图 5-1 是单片机构成的温度控制系统，各个组成部分是相互合作与相互依赖的，任何一部分若出现问题，该系统就不能发挥其正常的功能。

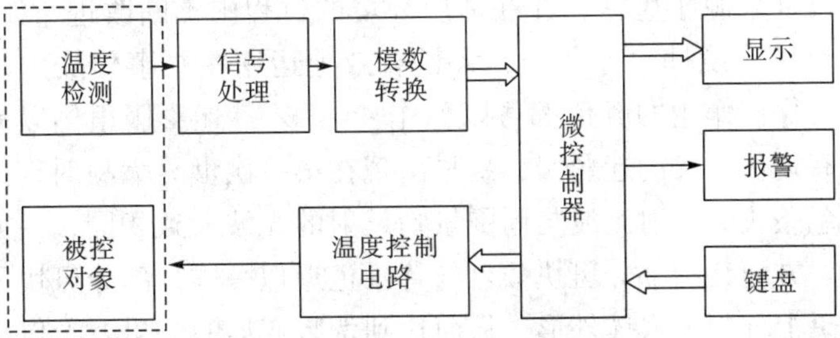

图 5-1　基于单片机的温度控制系统

3．目的性

任何系统的构成都是为了实现某种目的，完成特定的功能，不同的系统因不同的具体目标而产生。

设计一个系统时，必须建立在对目标的精确分析上，否则就无法形成一个科学合理的真实系统。当系统要实现多个目标时，需要从整体的角度出发找到最佳的平衡点，以获得最好的整体效果。

1806 年，拿破仑之妻、皇后 J. 约瑟芬为王妃特制的一块手表，是目前知道的关于手表的最早记录。手表最初的产生目的是为了满足人们对计时功能的需要。而现在随着人们不同的需求目的，还出现了有怀表、手镯表、项链表、别针表、戒指表、打火机表、笔表等。

一个人通过不断地学习积累，在头脑中会建立起个人的知识系统，即各种知识之间按照一定的比例，相互关系、相互作用，由此而形成的一定的整体结构。在构建个人知识系统体系的过程中，最重要的是要有目标。有了目标，才能明确“积”什么，“累”什么，才能构建合理的、最佳的知识体系，如图 5-2 所示。例如，30 张白纸，可以订成一个本子。而一张白纸、一枚铜扣、一克味精、一立方米空气，却什么都做不成。缺乏内在联系的知识，积累得再多，也难以发挥作用。

- 知识系统
  - 基础知识
    - 一般基础知识
    - 不限于一个专业
  - 专业知识
  - 文献知识

图 5-2　知识系统结构

4．环境适应性

每个系统的存在与发展都是与特定的环境相关的，外界环境变化会引起相应的系统特性与系统功能改变，甚至会改变系统内各要素或各部分之间的相互关系。

系统与环境之间相互联系和相互作用。一方面，外界环境是系统存在与发展的背景或前提条件，它直接影响、制约，甚至决定着系统的特性与功能；另一方面，系统的存在和发展也引起环境发生变化，改变着周围的环境。系统与环境这种不断进行着的物质、能量和信息的交换，使系统具有环境适应性特征。正是系统具有对环境的适应能力，才使得系统能够保持和恢复系统固有的特性，发挥系统整体的作用，实现系统可持续的发展，否则系统将缺乏生命力，难以继续生存与发展。

服装系统的设计来源于生活，并在适应环境的过程中不断改进，如人们根据丛林、山地的色彩获得灵感，设计出迷彩服，大量有效地运用在军事作战中。按照专业的说法，所有具有伪装保护作用的颜色都可以称作“迷彩”。迷彩服很早以前就在人类战争中被应用，而具有现代意义的迷彩服，最早出现在第一次世界大战时期的欧洲。它的原理是利用不同颜色条块的反射光波与周围景物反射的光波大致相同，一方面可歪曲人体的线条轮廓，另一方面其中部分斑块颜色与背景色近似一体，部分斑块又与背景色差别明显，从视觉效果上分割了人体外形，从而达到伪装变形的效果。不仅能迷惑敌人的侦察，还能对付红外侦察，使敌人现代化侦视仪器难以捕捉目标。迷彩服在战场上的广泛应用，极大地增强了部队行动的隐蔽性，减少了人员伤亡。

除了应用于战争中，从 20 世纪 80 年代开始，一些西方服装设计师也从迷彩服中找到灵感，让迷彩服成为具有艺术品位的时装。一些艺术家还专门从事时装用迷彩图案的设计，如今，迷彩服装早已成为国际时装设计领域的一种独特风格。

5. 层次性

任何复杂的系统都具有一定的结构层次。系统结构的层次性既指等级性，又指侧面性。等级性是指任何一个复杂系统，都可以从纵向把它划分为若干等级，即存在着不同等级的系统层次关系，其中低一级的结构是高一级结构的有机组成部分。

如我国政府体制上从中央人民政府(国务院)到省、市、县、区、乡地方各级人民政府；军队编制从军、师、团、营、连等。后者是指任何同一级的复杂系统，又可以从横向上分为若干相应联系，相互制约，又各自独立的平行部分，如国务院分各部、委，省级人民政府划分厅、局等。系统的结构层次性是系统的稳定性和连续性的重要保证，也是系统发挥其最佳功能的前提条件之一。

没有结构层次要素的胡乱堆积构不成系统，系统的性质取决于要素的结构，而在一个动态结构的系统中，结构的好坏直接由要素之间的协调体现出来。无论系统大小，都可以分成一系列的子系统，系统各个层次具有独自的功能，不同层次之间有信息的流动，他们通过相互联系、相互作用共同完成系统的整体功能。

例如，计算机网络系统是独立的计算机通过已有通信系统连接形成的，其功能是实现计算机的远程访问和资源共享。因此，计算机网络的问题主要是解决异地独立工作的计算机之间如何实现正确、可靠的通信，计算机网络分层体系结构模型正是为解决计算机网络的这一关键问题而设计的，如图 5-3 所示。

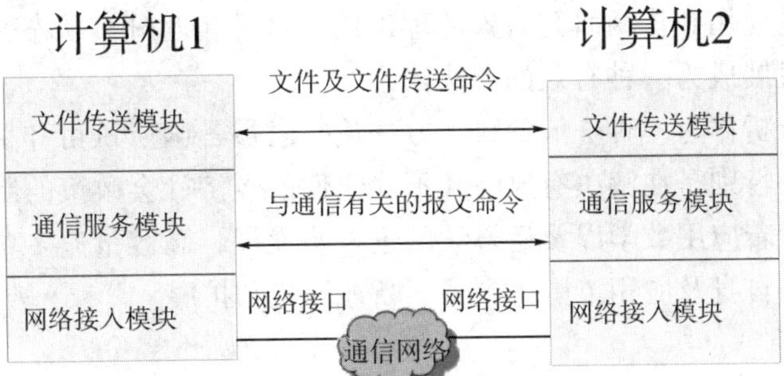

图 5-3　计算机网络通信系统的分层结构

6. **动态性**

“太阳每天都是新的”，系统也是每天都在不断变化、发展的。任何系统都是处于运动与发展的动态变化之中的，一方面，系统的内部结构、位置分布随时间在变化，另一方面，系统同外界环境也在不断地进行着物质、信息、能量的交换。

例如，计算机网络安全系统可防止软硬件或数据被破坏、更改或泄露，使计算机系统能连续正常运行，但是网络安全不是一成不变的，黑客也是变化多端的，所以任何一台计算机的网络安全系统始终都是处于动态变化之中的，需要不断调整更新。

5.2　系统分析

5.2.1　系统分析的发展

系统分析最早是由美国兰德公司在第二次世界大战结束前后提出并加以使用的。1945 年，美国的道格拉斯飞机公司，组织了各个学科领域的科技专家为美国空军研究“洲际战争”问题，目的是为空军提供关于技术和设备方面的建议，当时称为“研究与开发”（Research and Development，R&D）计划。1948 年 5 月，执行该计划的部门从道格拉斯公司独立出来，成立了兰德公司，“兰德”（RAND）是“研究与开发”英文的缩写。

从 20 世纪 40 年代末到 70 年代的 30 年中，系统分析沿着两条明显不同的路线得到迅速发展。一条路线是运用数学工具和经济学原理分析和研究新型防御武器系统。20 世纪 60 年代初期，美国国防部长麦克纳马拉把这套方法应用于整个军事领域，并很快在各政府部门推广，形成了著名的“计划—规划—预算系统”（PPBS）方法。在军事和政府部门的带动下，美国民间企业也开始应用系统分析方法来改善交通、通讯、计算机、公共卫生设施的效率和效能；在消防、医疗、电网、导航等领域，系统分析方法也得到了广泛的应用。

另一条路线体现在与大学相联系的研究与教学的活动之中。沿着这一路线，存在着一种把众多的学科加以系统理论化的倾向：开始是在生物学和自动控制研究领域；其后扩展到工程学、通讯理论、一般系统论、政治结构、国际关系、管理系统、生态系统、心理和精神分析以及教育系统等研究领域。到了 20 世纪 70 年代中期，系统分析从作为分析经济合理性的应用和作为研究对象的理论体系这种相互分离状态，逐步走向相互结合、相互补充，发展成为一种有效的方法体系。

目前，系统分析作为一种一般的科学方法论，已被各国所认可和采用，运用于广泛的研究领域之中，特别是在解决有风险和不确定性的经济社会政策的制定以及公共决策系统的改进上。随着应用数学以及运筹学的进一步发展，高容量、多功能的电子计算机的出现，系统方法自身及应用范围得到了不断地深化和扩展。

5.2.2 系统分析的定义

系统分析(System analysis)，按照美国政策科学家R. M. 克朗的说法，系统分析可以被视为由定性、定量或两者相结合的方法组成的一个集合，其方法论源于科学方法论、系统论以及为数众多的涉及选择现象的科学分支。应用系统分析的目的，在于改进公共的和私营的人类组织系统。系统分析既是一种解释性的，又是一种规定性的方法论。

系统分析或系统方法，就其本质而言，就是一种科学决策的方法。根据客观事物所具有的系统特征，从事物的整体出发，着眼于整体与部分、整体与结构及层次、结构与功能、系统与环境等的相互联系和相互作用，求得优化的整体目标的现代科学方法以及分析方法。系统分析的显著特点是完整地而不是零星地处理问题，考虑各种主要变化因素及其相互的影响，全面地思考和解决问题。

拉兹洛认为，系统论为我们提供一种透视人与自然的眼光，“这是一种根据系统概念，根据系统的性质和关系，把现有的发现有机地组织起来的模型”。贝塔朗菲则将系统方法描述为：提出一定的目标，为寻找实现目标的方法和手段，就要求系统专家或专家组在极复杂的相互关系网中，按最大效益和最小费用的标准去考虑不同的解决方案，并选出可能的最优方案。我国学者汪应洛在《系统工程导论》一书中则认为，系统分析是一种程序，它对系统的目的、功能、费用、效益等问题，运用科学的分析工具和方法，进行充分调查研究，在收集、分析处理所获得的信息的基础上，提出各种备选方案，通过模型进行仿真实验和优化分析，并对各种方案进行综合研究，从而为系统设计、系统决策、系统实施提出可靠的依据。

它的主要作用是：帮助人们理解系统及对不同的系统加以比较；鼓励人们对系统的不同部分进行同时的研究；使人们注意系统中的结构和层次的特点；开拓新的研究领域，增加新的知识；突出未知东西的探索，使人们从过去和现在的基础上了解未来；使人们转换视角，从不同的角度或侧面看问题；迫使人们在考虑目标和解决问题的要求时，也同时注意考虑协调、控制、分析水平和贯彻执行的问题；诱导新的发现，注意进行从目的到手段的全面调查等等。

5.2.3 系统分析的主要方法

每个人都会面临选择、面临决策。决策方法有经验决策和科学决策，经验决策是人们惯用的方法，有时可能会导致失误；科学决策则可以最大限度地减少失误。

在进行系统分析的过程中，可以运用科学的方法对系统加以周详地考察、分析、比较、试验，并在此基础上拟订一套有效的处理步骤和程序，或对原有的系统提出改进方案，从而充分发挥系统的功能，实现系统的目标。

系统分析的常用方法如下：

1. 整体分析法

用整体分析法进行系统研究的核心是：从全局出发，从系统、子系统、单元、元素之间以及它们与周围环境之间的相互关系和相互作用中，探求系统整体的本质和规律，提高整体效应，追求整体目标的优化，因此整体及其目标的优化是整体分析的主要内容。面对一些复杂的、较大的系统时，要求我们把系统分解为一组相关联的子系统，在整体的指导下，协调各个系统的目标，从而达到系统所要求的总目标，即通过求局部最优化得到局部解，经过协调而得到整体的最优解。否则就可能顾此失彼，因小失大。

2. 科学的定量分析

马克思曾经说过：任何一门科学，只有在它成功地运用数学时，才能成为真正的科学。系统是处于一定的相互关系中的，与环境发生关系的各组成部分的总体，它在数学上的描述是各种各样的。只有运用科学的数学方法和工具对系统进行定量的分析，才能使分析结果具备更强的说服力。没有定量分析，则无法精确把握系统的特征。

克朗在《系统分析和政策科学》中，根据决策类型的不同，将系统分析中的定量技术分为两类，即确定型的分析技术和随机分析技术。所谓的确定型，是指那些可用于只有一种态势，并在做出可接受的假定之后，其变量、限制条件、不同的选择都是已知的、确定的，按一定的统计置信度可以预见的方法或技术。克朗将线性规划、排队论、马尔柯夫分析、统筹法等列入这类技术之中。

随机分析技术则是应用于不确定型或风险决策的分析方法及技术。当存在一个以上的态势，并且需要估计和确定每一种可能的状态时，就要碰到随机模型问题。这时，还要计算在每一种态势下，用每一种决策选择所得的输出结果。因而，可供选择方案的数量将很大，这时可以用数学、统计推论和概率论等学科的方法，在可以接受的假定条件下，减少结果的不确定性。有时，随机的局面可以化为确定模型来加以处理，比如选择一种最有可能发生的未来态势，或者只分析最坏的或最好的方面等等。克朗将动态规划，计算机模拟，随机库存论，取样、回归、指数平滑，决策树，贝叶斯定理、损益分析等列入随机分析技术之中。

3. 层次分析法

系统分析中的层次分析法产生于20世纪70年代，是美国著名运筹学家萨蒂提出的。层次分析的基本思路是：明确问题中所包含的因子及其相互关系，将各因子划分为不同层次；从而形成多层次结构，通过对各层次因子的比较分析，建立判断矩阵，并通过判断矩阵的计算，将不同方案按重要性或适用性大小排列，为最优方案的选择提供依据。层次分析首先要解决系统分层及其规模的合理性问题，层次的划分要考虑到系统传递物质、能量和信息的效率、质量和费用等因素；其次要使各个功能单元的层次归属合理。

4．**相关分析法**

相关分析强调在研究过程中，尤其是问题界定、目标设定和方案规划中，要充分注意到各种问题及问题的各个方面之间、各个目标之间、各个方案之间、子目标与总目标以及子方案与总方案之间的关系，注意问题目标和方案与社会、经济和政治环境之间的相互联系和相互作用，考虑各种因素对决策执行效果可能产生的影响，从而设计出理想的或较优的决策方案。例如，在设计改革与发展战略时，用相关分析的方法，就是要紧密注意各个领域、各条战线、各个方面的改革与发展措施的相关配套、同步进行；或者说，在进行了某个(些)领域的改革之后，必须及时进行另一些领域的改革，否则，将影响全面的改革与发展。

近代“洋务运动”之所以不成功，有各种原因，其中的一条就是缺乏系统改革思想，洋务派主张引进西方科学技术和工业设备，使之与封建主义的政治体制协调起来，即所谓的“中学为体，西学为用。”这种幻想不改变封建主义的生产关系、政治制度和社会结构，而仅靠引进西方科技及设备来发展生产力的做法是难以成功的，不变革前者，再好的机器设备也发挥不了作用。

5．**环境分析法**

环境分析是系统分析的一个重要内容。因为系统的状态，系统的问题同环境存在着这种相互联系、相互作用的特征，所以，分析环境与系统的关系是接近系统问题的必要步骤。要确定系统及其问题的边界和约束条件，必须对环境做出分析，系统分析的许多资料也来源于环境，因此，环境分析是系统分析中一项不可或缺的工作。

环境分析涉及的内容很广，包括自然环境或物理技术环境分析，社会经济环境分析，文化心理环境分析等。在系统分析中，要对环境加以因时、因地、因人的分析，找出相关的环境因素，确定其影响的范围和程度，以便在方案的制定和执行中予以考虑，这正是环境分析的任务与目的。

5.3 系统设计

在系统分析的基础上，就可以按预定目标对系统进行设计，而系统分析的各种方法也将贯穿整个设计过程的每一个阶段，为每一个阶段性设计结果提供评价的依据。

从房屋装修、个人发型设计、课程建构、运动会赛程、旅游行程安排、服装设计等日常生活中的系统设计，到图书馆藏书的知识组织、货物配送、企业人事管理、智能建筑等生产实践中的系统设计，无论是简单或是复杂，都需要经历对所设计的系统进行调研、分析、规划、实施、运行、完善等一系列过程，才能得到一个运作良好的实际系统。

5.3.1 系统设计应考虑的主要问题

1．**系统设计的目的与要求**

系统设计要从整体出发，以系统整体功能的最优为目的。

不同行业的系统设计有着不同的技术要求。例如，设计一个远程视频会议系统，需要网络和多媒体技术的支持；进行人物形象设计，需要一定的审美能力和化妆技巧等。

2．**系统各部分之间的相互联系与相互作用**

系统设计要运用系统的思想综合考虑各部分之间的关联、冲突问题，注重各部分的横向、纵向联系。依据系统的动态性、环境适应性，既要考虑当前，也要考虑长远。

3．**系统设计方案的优化**

首先从系统整体考虑优化，统筹兼顾，再在此基础上完善各部分的设计。

4．**系统设计的一般步骤**

系统设计的步骤主要包括：将系统分解为若干子系统，确定各子系统的目标、功能及其相互关系，对子系统进行技术设计和评价，对系统进行总体技术设计和评价等。在实际的系统设计中，其步骤不是千篇一律的，对于较简单的系统设计，设计的步骤就少一些。

5.3.2　系统设计举例

无论是中国传统的旗袍，还是国外的晚礼服，从最初的设计构思到最后作品的完成，都是需要遵循一定的设计方法的。

1．**资料与信息的搜集和研究**

服装设计师需要及时的研究和掌握服装的有关资料和最新的信息，从而构成设计理念的背景材料，为整个设计过程提供理论依据。具体的实施方法有：搜集资料、掌握信息以及市场调研。

2．**构思设计作品**

构思是服装设计的关键，也是决定设计成功与否的关键。在服装设计构思中，通常有几种方法：同形异构法、局部改进法、以点带面法、素材构思法、主题构思法、意境构思法、印象构思法和自由联想法。

3．**设计效果图的绘制**

设计效果图是设计师将构思传达的媒介，在绘制过程中，包含对人体的艺术性处理，对展示人体姿态的选择，以及对服装款式、设计风格、面料材质和色彩的表现。同时，在绘制的过程中，还可以根据服装款式的特点选择不同的表现手法，如水粉、水彩、彩色铅笔、马克笔等。

4．**服装样品的制作**

根据设计效果所表现的服装造型特征，选择适当的面料和辅料(里料、衬料、纽扣、拉链等)，通过裁剪工艺制作使设计作品具体化、实物化。制作过程的工序有：材料选择(色彩、图案、手感、观感)尽量与效果图的设计风格一致，同时还需考虑价格的因素；样板制作(采用国家统一标准的服装型号对成衣尺寸进行设计)；制作样品(根据样板对各部件的面料和辅料进行裁剪，然后按照规范的工艺流程对裁片缝合，最后做成衣的熨烫整理工作)。

5. 产品的市场推广

样品制作的完成不代表服装设计的完成，还需要经历市场的考证。样品可以通过服装展销会、订货会或者市场试销等手段获取销售方的意见和市场的反馈，再对样品进行调整，最终制作出适合批量生产的服装工业用版，将成批量的服装推向市场，直至得到消费者的认可。

5.4 系统优化

作为一个系统，通常会有性能或效果不佳，投入的人力、物力、财力过多等等这样或那样的问题，因此系统需要不断地更新和升级，以期达到最佳的效果，而在此过程中采用的更新或升级的方法就是最优化方法。从数学上讲，优化是指在若干约束条件下选择目标函数，并使它们得到极大值或极小值。

最优化是系统科学方法的核心问题，是处理系统问题的出发点和归宿。它是指系统的运行能最大限度地发挥其功能，创造最佳的运行效果。要使系统的整体大于(实质就是“优于”)部分总和，取决于系统内部的有序程度，有序程度越强，结构越合理，就会得到最佳的系统效果，得到更多的整体附加量。最优化原则要求我们在研究和解决问题时，统筹兼顾，权衡各个方案在整体中的利弊得失，优化选择，找出最佳运行方案，以达到费时最少，消耗最低，效果最佳的目的。

但是，在现实生活中，由于受环境和条件的限制，不可能找出一切方案，也不可能对所有方案进行全面比较，漫无边际地去研究所有方案，无论在时间上还是人力上都不允许，运用科学的方法就显得更为重要，缺乏资料，缺少对资料的科学计算和分析，是无法寻找到最优方案。

5.4.1 系统优化的基本原则

系统优化是一个不断验证、完善的过程，具体来说，系统优化需遵循以下基本原则：

1. 部分与整体优化结合

系统的优化不仅要实现系统中每个元素和子系统的优化，还要达到系统整体的优化，强调提高系统的整体效益或功能。

2. 系统或组成部分与环境之间的协调

系统优化过程中，会受到一定的条件影响和约束，造成系统与环境、系统组成部分之间的矛盾冲突，只有合理解决这些矛盾冲突，才能实现系统的优化。

3. 系统内部的协调

必须注意系统各部分之间、部分与整体之间的连接状况，加强协调，才能提高系统的有序性和整体的运行效果。

5.4.2 系统优化举例

1. 农作物种植系统的优化——农作物间作套种

香草兰——香料之王，是藤本植物，需要有支柱攀缘，并要求适度的荫蔽。测定结果表明 50% 的荫蔽度有利于香草兰的生长发育。荫蔽有两种，一种是死荫蔽，通过修建人工荫棚的办法(用遮光网)达到控制荫蔽度的目的。这种方式需要水泥柱或石柱作为香草兰棚架或攀缘的支柱。另一种是活荫蔽：可选择天然树木或人工种植的椰子、槟榔等作物为活支柱，以控制活支柱树冠来调节种植园的荫蔽度。园地的选择要选择近水源且排水良好、有机质含量高、比较肥沃疏松的微酸性土壤。

在槟榔林下套种 20 亩香草兰种苗，通过对香草兰的水肥管理，使槟榔的产量较纯槟榔林提高 15% ~20% 。经过精心培育，棵棵香草兰上挂满了沉甸甸的豆荚。预计 20 亩香草兰到 11 月份总收入可达 285000 元，40 亩槟榔园年收入 72 万元左右，间种可使槟榔增收 8 万，再加上香草兰的收入，每亩土地较单纯种槟榔增收约 9000 元！经发酵生香的商品香草兰豆荚含有 250 多种发挥性芳香族成分及有机酸、糖、树脂、矿物质等丰富成分，香气独特，留香时间长达 2 ~3 年，被广泛用于高档食品和饮料的配香原料，在发酵业、化妆及医药等领域均有应用，具有用途广、经济价值高的特点。目前国内售价为 1000 ~1200 元/千克。

槟榔林套种香草兰，活荫蔽的改良不仅增产、增收，还提高了土地利用率，系统优化的效果是理想的，但是不同情况的系统优化会遇到不同的约束条件，应该采取不同的手段和方法应对，使系统的目标在一定的条件下达到最大值。在该案例中，目标与土地的单位面积、农作物收益和之间的关系在技术中我们称为——目标函数；农作物的生长特性、条件、气候等因素对作物套种起着限制作用，并且是不能人为解决的，称为——约束条件；套种的技术水平、田间管理、病虫防治等对产量产值有直接影响，即影响因素，可见影响因素是可以人为调节的。最优方法通常是在一定人力、物力、财力资源条件下，使经济效果(如产值、利润等)达到最大，并使投入的人力、物力达到最小的方法。系统优化的最终目的都是为了发掘有限资源的无限潜能，使资源获得充分的利用，体现更高的价值，实现投入最小，效果最佳的目的。

2. 田忌赛马

战国时代，齐王常与他的大将田忌赛马，双方约定每场各出一匹马，分三场进行比赛。齐王的马有上、中、下三等，田忌的马也有上、中、下三等，但每一等都比不上齐王同等的马，于是田忌屡赛屡输。一日，田忌的宾客、对军事颇有研究的孙膑给田忌出了一个主意，结果以二比一赢了齐王。

田忌的赛马共有 6 种方案，如表 5-1 所示。在各方案中，齐王与田忌的赛马结局有以 3∶0 赢的，也有以 2∶1 赢的，但只有一种情况是田忌以 2∶1 取胜于齐王的，孙膑正是把这种方案推荐给了田忌，就是方案(c)。

表 5-1 赛马方案

可选方案	田忌　　齐王	可选方案	田忌　齐王
(a)	上马：上马 中马：中马 下马：下马	(b)	上马：上马 中马：下马 下马：中马
(c)	上马：中马 中马：下马 下马：上马	(d)	上马：中马 中马：上马 下马：下马
(e)	上马：下马 中马：上马 下马：中马	(f)	上马：中马 中马：上马 下马：下马

参考文献

[1] 顾建军. 技术与设计 2 [M]. 南京：江苏教育出版社，2004.

[2] 百科名片. 系统论 [EB/OL]. [2012-06-21]. http：//baike. baidu. com/view/62521. htm.

[3] 陈振明. 系统分析方法 [EB/OL]. [2012-06-21]. http：//www. doc88. com/p-468115491088. html.

[4] 朱深潮. 大学生思想修养 [M]. 杭州：浙江大学出版社，1988.

[5] 王莉. 系统论在心理学研究中的应用 [J]. 吉林省教育学院学报(学科版)，2010，26(3)：10-11

[6] 刘琼发. 通用技术(必修 2)技术与设计 2 [M]. 广州：广东科技出版社，2004.

[7] 梁霞. 系统的优化 [EB/OL]. [2012-06-21]. http：//www. gx-bestedu. com/page. php？ xuh =480.

第6章　控制与设计

自1948年美国数学家诺伯特·维纳发表了著名的《控制论——关于在动物和机器中控制和通讯的科学》一书以来，控制论的思想和方法已经渗透到了几乎所有的自然科学和社会科学领域。

在控制论中，“控制”的定义是：为了“改善”某个或某些受控对象的功能或发展，需要获得并使用信息，以这种信息为基础而选出的在该对象上的作用，就称为控制。由此可见，控制的基础是信息，一切信息的传递都是为了控制，进而，任何控制又都有赖于信息反馈来实现。所谓信息反馈，就是指由控制系统把信号输送出去，又把其作用结果返送回来，并对信息的再输出发生影响，起到控制的作用，以达到预定的目的。

6.1　了解控制

6.1.1　控制理论发展历程

“控制”这一概念本身即反映了人们对征服自然与外在的渴望，控制理论与技术也自然而然地在人们认识自然与改造自然的历史中发展起来。控制思想与技术的存在至少已有数千年的历史了。

1. 经典控制理论的产生和发展

在公元前1500年以前，中国、巴比伦和埃及就存在着自动调节系统的应用现象。这方面最有代表性的例子当属古代的计时器“水钟”，在中国叫做“漏壶”。约在公元前3世纪中叶，亚历山大里亚城的Ctesibius首先在水壶中使用浮子保持水位恒定，这种节制方式实际上已包含有负反馈的思想，该思想在当今的控制理论中占据了核心的地位。但是在很长一段时间，由于没有上升为理论，控制理论与技术只能在低级的水平上发展。

1769年，瓦特发明了蒸汽机，打开了工业革命的大门，但是蒸汽机的应用一直受到运行速度无法准确调节的困扰。为了解决蒸汽机的速度控制问题，1788年，瓦特发明了公认的第一个自动控制系统——飞球控制器，从而加速了第一次工业革命的步伐。

1868年，麦克斯韦(J. C. Maxwell)解决了蒸汽机调速系统中出现的剧烈振荡的不稳定问题，提出了简单的稳定性代数判据。

1895年，劳斯(Routh)与赫尔维茨(Hurwitz)把麦克斯韦的思想扩展到高阶微分方程描述的更复杂的系统中，各自提出了两个著名的稳定性判据——劳斯判据和赫尔维茨判据。基本上满足了20世纪初期控制工程师的需要。

由于第二次世界大战需要控制系统具有准确跟踪与补偿能力，1932年尼奎斯特(H. Nyquist)提出了频域内研究系统的频率响应法，为具有高质量的动态品质和静态准确度的军用控制系统提供了所需的分析工具。

1948 年，伊万斯(W. R. Ewans)提出了复数域内研究系统的根轨迹法。

建立在尼奎斯特的频率响应法和伊万斯的根轨迹法基础上的理论，称为经典(古典)控制理论(或自动控制理论)。

1948 年，美国数学家维纳发表了奠基性的著作——《控制论——关于在动物和机器中控制和通讯的科学》，书中论述了控制理论的一般方法，推广了反馈的概念，为控制理论这门学科奠定了基础。

我国著名科学家钱学森先生运用控制论原理解决了诸多国防中的技术问题，并于 1954 年撰写了《工程控制论》这一具有重要意义的控制论专著。

从 20 世纪 40 年代到 50 年代末，经典控制理论的发展与应用，使整个世界的科学水平出现了巨大的飞跃，几乎在工业、农业、交通运输及国防建设的各个领域都广泛采用了自动化控制技术。控制论开始由工程控制论、生物控制论向经济控制论、社会控制论发展。

2. 现代控制理论的产生和发展

从 20 世纪 50 年代末开始，随着计算机的飞速发展，推动了核能技术、空间技术的发展，从而对出现的多输入多输出系统、非线性系统和时变系统的分析与设计问题进行了解决。

科学技术的发展不仅需要迅速地发展控制理论，而且也给现代控制理论的发展准备了两个重要的条件——现代数学和数字计算机。现代数学，例如泛函分析、现代代数等，为现代控制理论提供了多种多样的分析工具；而数字计算机为现代控制理论发展提供了应用的平台。

20 世纪 50 年代后期，贝尔曼(Bellman)等人提出了状态分析法；1957 年提出了动态规则。1959 年卡尔曼(Kalman)和布西创建了卡尔曼滤波理论；1960 年在控制系统的研究中成功地应用了状态空间法，并提出了可控性和可观测性的新概念；1961 年庞特里亚金(俄国人)提出了极小(大)值原理；罗森布洛克(H. H. Rosenbrock)、麦克法兰(G. J. MacFarlane)和欧文斯(D. H. Owens)研究了使用于计算机辅助控制系统设计的现代频域法理论，将经典控制理论传递函数的概念推广到多变量系统，并探讨了传递函数矩阵与状态方程之间的等价转换关系，为进一步建立统一的线性系统理论奠定了基础。

20 世纪 70 年代，奥斯特隆姆(瑞典)和朗道(法国)在自适应控制的理论和应用方面作出了巨大的贡献。与此同时，关于系统辨识、最优控制、离散时间系统和自适应控制的发展，大大丰富了现代控制理论的内容。

由于现代数学的发展，结合着 H_2 和 H_∞ 等范数而出现了 H_2 和 H_∞ 控制，还有逆系统控制等方法。20 世纪 70 年代末，控制理论向着“大系统理论”、“智能控制理论”和“复杂系统理论”的方向发展。“大系统理论”：用控制和信息的观点，研究各种大系统的结构方案、总体设计中的分解方法和协调等问题的技术基础理论。“智能控制理论”：研究与模拟人类智能活动及其控制与信息传递过程的规律，研制具有某些拟人智能的工程控制与信息处理系统的理论。“复杂系统理论”：把系统的研究拓展到开放复杂巨系统的范畴，以解决复杂系统的控制为目标。

回顾控制理论的发展历程可以看出，它的发展过程反映了人类由机械化时代进入电气化时代，并走向自动化、信息化、智能化时代的过程。控制论是具有方法论意义的理论，为现代科学技术提供了新思路和科学方法。它体现了现代科学整体化的发展趋势，除了在工农业生产中具有广泛的应用外，在经济、通信、法律、生物、人口、能源、管理、社会政策等方面亦具有独特的应用价值。

6.1.2　控制无处不在

人从生下来就在无意识地自动调节自身系统，并且在儿童时期就是一个自动调节系统的高手，可以应付很复杂的自动调节系统。控制的应用自古就有，并在近代得到了迅速发展，它涉及社会生产生活的各个领域。

1. 生活中的应用

将控制的实现应用到生活中，让人类能够在一定程度上按照自己的意愿改变周围的环境，使环境能最大限度地满足人们的需要，从而提高人们的生活质量。

常用的家用电器，如电风扇、空调器，可以对房间的温度进行控制，使房间温度处于人体适宜的状态；洗衣机能够进行水位、强弱、时间的控制，减轻人们洗衣服的劳动强度，节省时间；电冰箱能保持低温，便于食物的冷藏。在公共场所，自动门让人们的进出更加快捷、方便；红外线自动水龙头让自来水的开或关更节省与卫生；银行的自动取款机改善取款的流程，消除取款的时间限制。常用的汽车、轮船、飞机、高铁等交通工具，使得人们的出行更加便捷与舒适。在智能建筑里，可以对建筑物内的空调、给水排水、供配电、防火、保安、设备、通信等设备进行综合的监控与协调，使用户能够获得经济舒适、高效安全的居住环境，大大提升居住的品质。

在日常生活中，会有各种各样的情绪，有时会是开心，有时可能会是失落，有时也可能是紧张，所以我们还需要常常对自己的情绪进行控制，即情绪管理。所谓情绪管理（Emotion Management），就是善于掌握自我，善于调制个体情绪，对生活中矛盾和事件引起的反应能适可而止的排解，能以乐观的态度、幽默的情趣及时缓解紧张的心理状态。情绪控制技能具有普遍的实用价值，它们对企业应如何决定该雇佣谁，夫妻双方怎样才能增加保持婚姻长久的可能性，父母如何培养自己的孩子，学校应怎样教育学生，运动员如何在比赛中取胜都是有用的。

2. 军事国防中的应用

控制在军事、国防等领域也有着广泛的应用。精密制导武器能够对目标进行准确攻击，火箭能将各种卫星准确送入太空轨道，“神舟九号”飞船遨游太空、与天宫一号实施自动交会对接，控制起着重要的作用。

3. 生产中的应用

生产中往往需要对温度、湿度、压力、速度及加工动作等进行控制，控制在生产中得到了极为广泛的应用。汽车自动装配生产线实现了汽车零件的自动装配、喷漆等，并能对零件的传送速度进行控制，便于生产操作，大大减轻了工人的劳动强度，提高了产品的质量和生产效率；恒温蔬菜大棚中，通过控制技术实现了施肥配方、营养液滴灌、人工补充二氧化碳、锅炉燃煤送热自动化，并对温、气、肥、水、光等植物生长要素进行自动调控，形成全年都能生长蔬菜、花卉的人工气候。另外，还可引入农业机器人，利用它移植秧苗、采摘果实，实现农业生产的工厂。

6.2 控制方式的类型与结构

6.2.1 手动控制与自动控制

根据控制过程中是否有人工干预，可以把控制方式分为人工控制与自动控制。如果一个控制过程是在人的直接干预与全程干预下才能完成控制任务，这样的方式就称为人工控制。而自动控制是在无人直接参与下，利用控制装置操纵受控对象，使受控对象的被控量按给定信号变化。具有自动控制功能的系统则称为自动控制系统。

图 6-1 为水箱的温度人工控制系统。水箱中经冷水管注入冷水，蒸汽通过手动调节阀门并流经热传导器件，由于热传导作用将冷水加热，加热后的热水经热水管流出水箱供生产与生活使用，而蒸汽冷却后变成水由排水管排出。

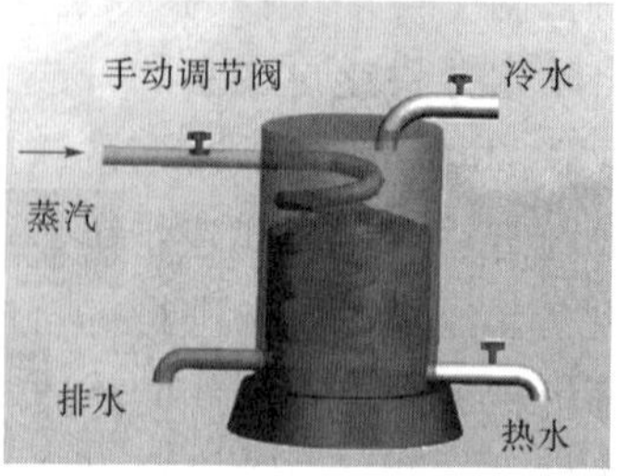

图 6-1　水温人工控制系统

从热水管流出的热水温度与蒸汽流量密切相关，而蒸汽流量是通过人工调节阀门来控制。手动调节阀的开度加大，则蒸汽流量增大，从而水箱流出的水温提高。整个水箱温度的调节过程完全依赖人的感官与经验，因而难以实现稳定的水温控制。

图 6-2 为水箱的温度自动控制系统。与人工控制系统相比，增加了测温元件、执行机构与控制器三部分。测温元件检测热水的温度，转换成与温度给定值相同的物理量，并送到控制器。控制器将给定值与检测值进行比较，发出控制信号给执行机构——电机。如果水温偏高，则执行机构将阀门的开度减小，从而减少蒸汽流量，直到检测值与给定值相同。在整个水温的调节过程中，无人直接干预。

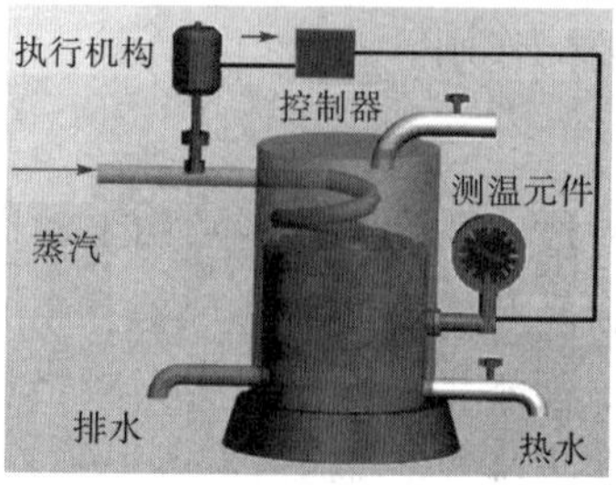

图 6-2　水温自动控制系统

水箱温度自动控制系统中的控制装置由测温元件、执行机构与控制器构成，受控对象是水箱，受控对象的被控量为水箱温度。

6.2.2　开环控制与闭环控制

如果控制系统的被控量对系统没有控制作用，这种控制方式就称为开环控制。反之，如果控制系统的被控量直接或间接地参与控制，就称这种控制方式为闭环控制，或称为反馈控制系统。

在 CD 机、计算机磁盘驱动器等现代装置中广泛应用的转台系统，利用电源提供与预期速度成比例的电压，直流放大器将此给定信号进行功率放大，然后驱动直流电动机旋转，同时带动转台转动，转台的转速与给定的电压成比例。其工作过程如图 6-3 所示，其中，箭头的方向代表了信号的流向。

图 6-3　转台速度控制系统方框图

在该系统中，被控量——转台的实际转速并没有反馈回来与预期转速进行比较，故为开环控制系统。当出现电网电压的波动，或环境温度变化引起放大器放大倍数的变动等干扰因素时，转台的转速会发生改变，预期速度与实际转速之间产生偏差，而这种偏差无法通过系统自身的调节克服。这种开环的控制系统，其结构和控制过程均很简单，但抗扰能力差，控制精度不高，故一般只能用于对控制性能要求较低的场合。

1788 年，瓦特为了解决蒸汽机的速度控制问题，把离心式调速器与蒸汽机的阀门连接起来，构成蒸汽机转速调节系统，使蒸汽机变为既安全又实用的动力装置，如图 6-4 所示。

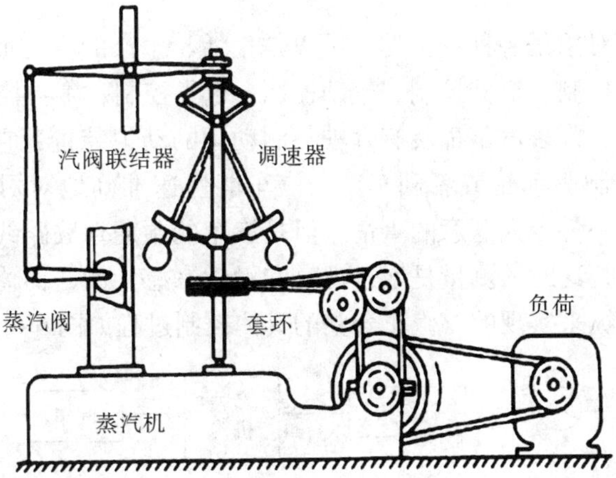

图 6-4　离心式调速

蒸汽机的离心式调速器主要由齿轮、飞球、蒸汽阀等组成，蒸汽机的速度通过齿轮反馈到飞球离心调节器。当由于蒸汽机的负载减轻或蒸汽温度升高等原因导致蒸汽机转速升高时，飞球调速器的转速也升高，带动套环上升，汽阀联结器关小蒸汽阀门，从而降低蒸汽机速度。反之，飞球调速器的转速降低，带动套环下降，汽阀联结器开大蒸汽阀门，从而提高蒸汽机速度。由此可见，尽管受到负载、蒸汽温度变化等扰动的影响，但是由于飞球调速器作用，使蒸汽机的速度任可稳定在设定值附近。其控制过程如图6-5所示。

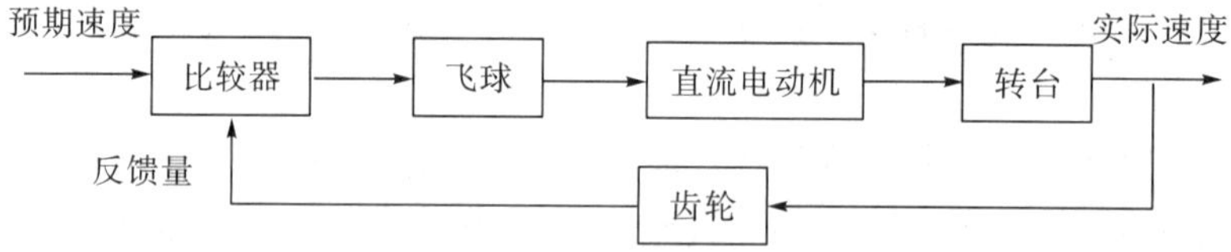

图6-5　离心式调速器方框图

在该系统中，蒸汽机的速度控制装置由飞球调速器、蒸汽阀门与齿轮构成，受控对象是蒸汽机，受控对象的被控量为蒸汽机速度。当预期速度与实际速度产生偏差时，系统可以通过自身的调节消除偏差，保持蒸汽机速度的稳定。在速度调节过程中，被控量——蒸汽机的实际速度检测后与预期速度进行比较，某一时刻蒸汽阀门的开度和预期速度与实际速度的偏差相关，故被控量对控制过程产生了影响，因此该系统为闭环控制系统。

图6-2提到的水温自动控制系统，其实际水温检测后被送回与给定温度进行比较，从而影响阀门的开度，这也是具有闭环结构的控制系统。

在闭环控制系统中，被控量反馈回来影响控制作用。把被控量反馈回来的部分，称为反馈环节，反馈环节是闭环控制系统的重要特征。这样的控制方式与开环相比，具有较高的控制精度和较强的抗干扰能力。

6.2.3 控制系统的结构

控制系统的控制对象是各种各样的，可以是生活、生产的方方面面；控制装置也是千变万化的，有液压控制、机械控制、气动控制、电子控制、生物控制等。

以汽车驾驶为例，许多汽车都装有驾驶与制动用的动力装置，它们通过液压放大器将操纵力放大以便控制驱动轮或者刹车。当汽车能快速准确地对司机的操纵做出响应时，驾驶汽车无疑是一件令人惬意的事情。但是汽车的预期驾驶路线与实际测量的行车路线往往是有偏差的，这时的测量是通过视觉和触觉来感知的，而修正偏差是依靠驾驶人的手对方向盘的操纵来实现的。汽车驾驶的具体控制过程如图6-6所示。

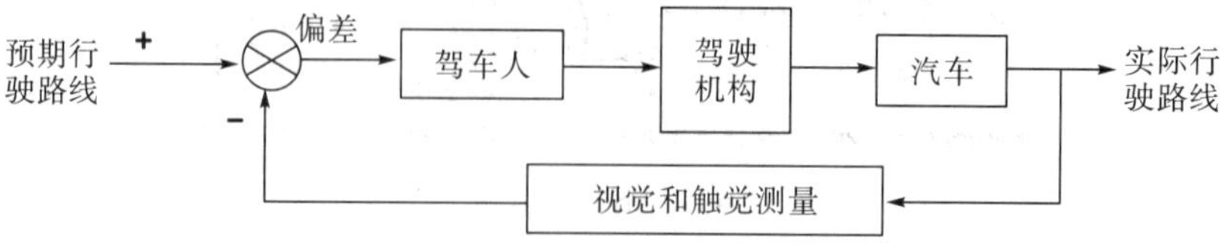

图6-6　汽车驾驶控制系统图

为了便于分析系统的控制性能，常用方框图的形式来描述系统中各变量之间的关系。由于方框图是各种控制行为的抽象表述，所以适用于各种控制系统。以闭环控制系统为例，其基本构成要素如图 6-7 所示。

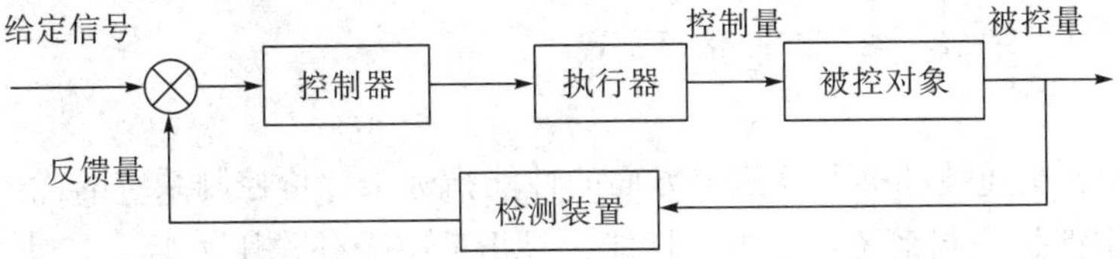

图 6-7　闭环控制系统的方框

一个典型的闭环控制系统包含控制装置与被控对象两个部分，其中控制装置由控制器、执行器与检测装置组成。

给定信号——即控制系统的输入量，可以是一个恒定值，也可以是随时间变化的某种函数，还可以是随被控量变化的随机信号。根据给定信号的特点，控制系统可以分为恒值系统、程序控制系统、随动系统。

被控量——控制系统的输出量。

反馈量——经由反馈环节变成的与给定信号物理单位相同的信号。

误差信号——通过“⊗”比较器，对给定信号与反馈信号进行比较后得出的偏差值。

控制器收到偏差后，按照一定的控制规律进行运算，并向执行机构下达控制命令。执行机构将控制器发出的信号转换成能影响被控对象的信号，从而使被控量按照预期的目标变化。

以投篮运动为例，这里的控制器就是人的大脑，人脑控制手投篮，在此过程中，眼睛可以把篮球的位置及投球后的结果及时反馈给大脑，使得大脑准确精细的控制手和投掷力去投进球。控制过程中有反馈环节可以把控制结果反馈给人脑，控制流向形成了闭合回路。

在实际的控制系统中，除输入量（给定值）以外，常常有一些不确定的变化因素会引起被控量变化，对系统的行为造成不利的影响，这种有害的因素就是干扰信号，或称扰动信号。例如：在电冰箱的温度控制系统中，打开电冰箱的门、电冰箱所在房间的温度变化等都是影响其温度控制的干扰因素。当电视机正常工作时，如果受到外界磁场的干扰，可能会突然出现图像闪烁或画面紊乱。在一般的控制系统中，这些干扰因素是需要克服的。

反馈的思想在社会、政治和经济领域也很盛行。一个社会系统包含了许多的反馈系统和调节系统。例如，全美贸易协会和联邦储备委员会就是社会系统中的控制器，它们对社会系统施加多种力量，以维持预期的社会产出；如果社会系统中官僚主义盛行，则经济控制和调节手段都将难以实施，严重时可能会导致整个经济失控。

6.3 控制系统的设计与实现

6.3.1 对控制系统的性能要求

从稳定性、快速性和准确性三个方面的性能指标来评价控制系统的优劣。

(1) 稳定性是控制系统最基本的性能，是指系统受外作用力后，其动态过程的振荡倾向和系统恢复平衡的能力。如果系统受外作用力一段时间，其被控量达到某一稳定状态，则系统是稳定的，否则为不稳定的，不稳定的系统是无法正常工作的。

(2) 快速性表明了系统输出对输入响应的快慢程度。系统响应速度越快，说明系统的输出复现输入信号的能力越强。快速性通过动态过程时间长短来表征，时间越短，表明快速性越好，反之亦然。

(3) 在控制系统中，系统的输入给定值与系统的稳态输出值之间的差值称为稳态误差。稳态误差衡量了系统的稳态性能，即准确性，它将直接影响到产品的质量。

稳定性、快速性和准确性往往是互相制约的。在设计与调试的过程中，若过分强调某方面的性能，则可能会使其他方面的性能受到影响。怎样根据工作任务的不同，分析和设计自动控制系统，使其对三方面的性能有所侧重，并兼顾其他是设计控制系统需主要解决的问题。

6.3.2 设计任务

设计一个控制系统，必须深入了解被控对象的工作原理，应该明确这个系统要达到的目的是什么，所要控制的对象是什么，被控对象有哪些重要的特性，被控量和控制量分别是什么，外界的主要干扰因素有哪些，选择怎样的设计方案既能达到目的，同时又经济易于实现，如何选择设备和元件等。具体来说，控制系统的设计任务主要包含以下三个方面的内容。

(1) 方案设计。控制系统的方案设计是最重要的。它要求所设计的控制系统要能具有符合要求的静态与动态特性，即在稳态时系统需稳定，在动态特性上需要有一定的快速性与平稳性。除此之外，系统还要对外部干扰与内部噪声具有一定的抗干扰能力，当对象系统中的参数发生变化时，对控制系统的性能影响要尽量小，即系统的性能是鲁棒的。

(2) 工程设计。在方案正确的基础上才能进行工程设计。工程设计包括仪表系列选型、计算机选型、传感器选型、执行器选型、各种零配件选型、控制室仪表盘及操作台设计、计算机控制软件及组态设计、越限报警和联锁保护系统设计等。

(3) 参数整定。通过动态仿真测试，对每个调节器的比例系数、积分时间常数、微分时间常数做出初步整定，到系统投运时还需再根据现场的运行情况对这些调节器参数做进一步的整定。

6.3.3　设计流程

一个实用的控制系统设计一般需要经过 5 个阶段：设计任务书、初步设计、详细设计、现场安装调试和资料归档，每个阶段的具体工作如图 6-8 所述。

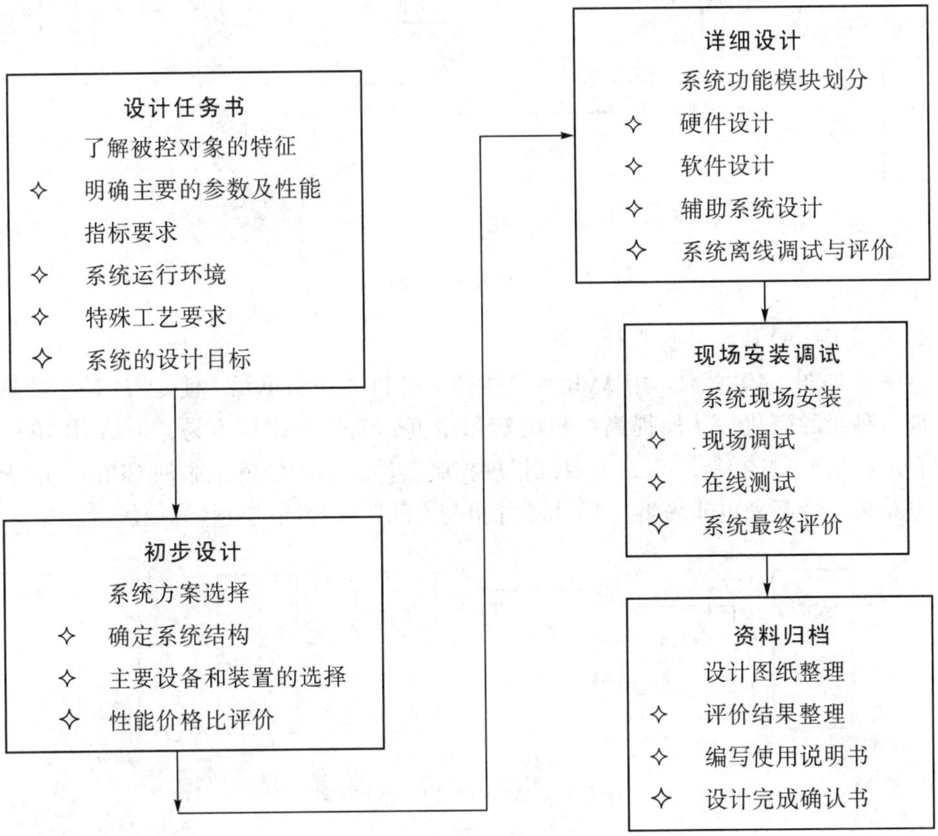

图 6-8　控制系统设计流程图

6.3.4　控制系统设计实例——四足万向行走机器人的设计

本实例来自四川师范大学电子设计竞赛作品。

设计要求：机器人的行进方式采用步行方式；机器人外形设计自主创新，非市售现成品；机器人能走遍所有规定的路线；具有一定的智能，可自动避让路线中的障碍物；具有表演动作设计或者仿生步态设计。

1. 方案设计与论证

1) 方案 A：51 单片机设计方案

方案 A 如图 6-9 所示。基于 51 单片机来产生舵机的 PWM 波信号，用单片机对于 18 路舵机周期为 20 ms 的信号加以控制，但由于传统 51 单片机功能较差，在实现 18 路舵机精确控制时，很难到达 1us 脉宽精度。改进型 51 单片机虽然速度也可很快，但通常只有 6 路 PWM 控制器，设计实现起来仍旧困难。

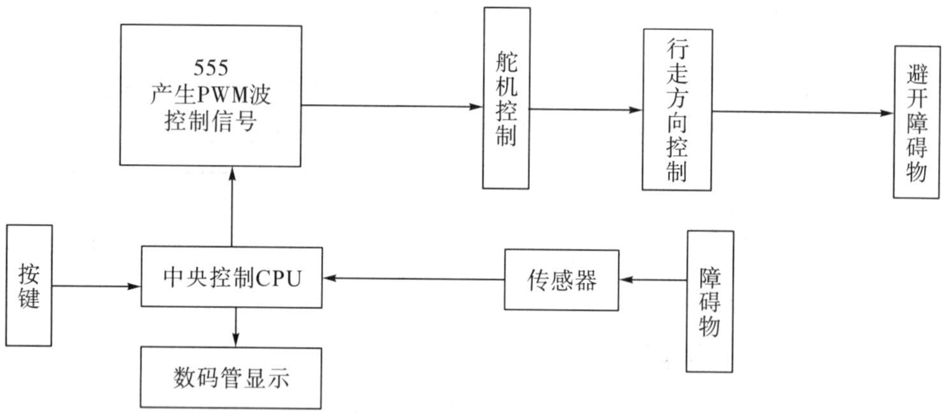

图 6-9 51 单片机设计方案

2）方案 B：AVR 单片机设计方案

方案 B 如图 6-10 所示。用 AVR 单片机作为舵机的控制单元，使 PWM 信号的脉冲宽度实现微秒级的变化，从而提高舵机的转角精度，编程也比较容易，但 AVR 单片机中也没有足够的 PWM 控制端口，需要加扩展控制器件，常见的就是添加 CPLD，由于管脚多，电路板设计起来也非易事。AVR 单片机与 CPLD 联合调试也是麻烦的事。

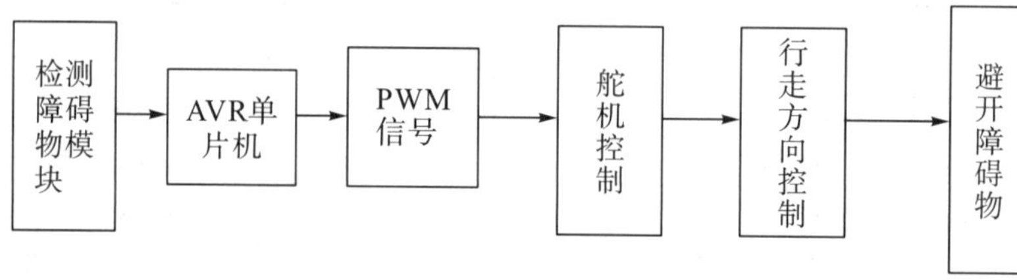

图 6-10 AVR 单片机设计方案

3）方案 C：SOPC 设计方案

方案 C 如图 6-11 所示。SOPC 方案是采用现场可编程门阵列芯片 FPGA（Field Programmable Gate Array）嵌入 CPU 核作为控制器的方式。NIOS 系统利用 FPGA 内部包含的逻辑门数从几百至几万，具有可任意配置的几百个寄存器和 I/O 口的优势，有开发周期短、可灵活配置实现多种功能而无需改动硬件电路等优点。利用 VHDL 语言编程嵌入 FPGA 内做成片上系统，可以很方便地通过顶层程序设计控制各种不同周期的 PWM 信号的产生，从而控制机器人的各种运动状态，产生控制信号。自主设计内部程序，避免周围的障碍物，自动控制机器人在巷道向前、后、左、右甚至任何方向的行走。此设计不仅可以使系统体积减小而且重量也可减轻。但 FPGA 功耗较大，这是不利于电池供电的系统。

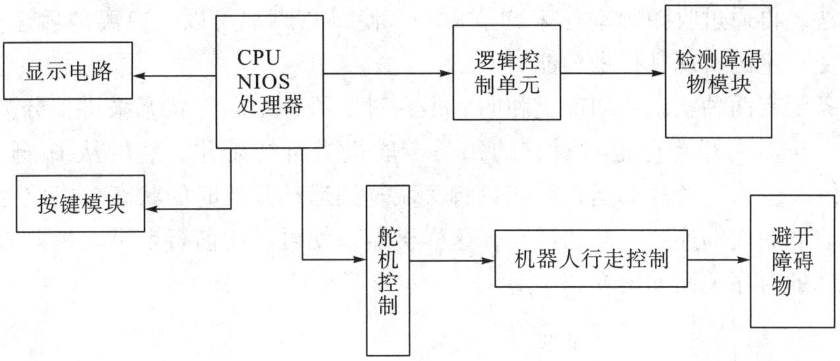

图 6-11　SOPC 设计方案

4）方案论证

综合以上三个设计方案，从设计要达到的要求出发，权衡利弊决定选择方案 C。现在大规模集成电路制造技术发展很快，FPGA 的价格也降得很快，对一般设计，其价格已降低到了可以接受的程度，所以价格已不是问题，反而 FPGA 灵活的优点却是明显的。在功耗方面，虽然 FPGA 的功耗较大，但是与 18 路舵机的消耗功率相比，FPGA 消耗的仅占系统二十几分之一，故可以不考虑这个因素。SOPC 系统的优点是主要的。

2．肢体的结构设计

该机器人由机身、四足、控制电路板、电源和 12 个舵机（伺服器）组成。每个足安装了 3 个舵机，每个足就有了 3 个关节，以满足机器人向任意方向的行走。图 6-12 是所用舵机的三维模拟图。

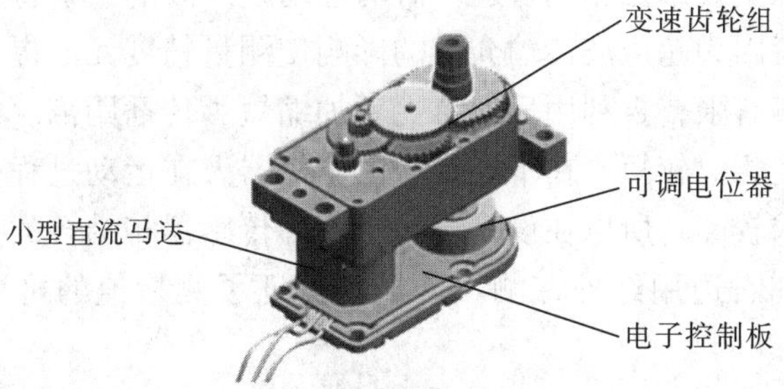

图 6-12　舵机的三维模拟图

整个机器人的结构设计也是以舵机为基础的。一个舵机内部包括了一个小型直流马达；一组变速齿轮组；一个反馈可调电位器和一块电子控制板。其中，高速转动的直流马达提供了原始动力，带动变速（减速）齿轮组，使之产生高扭力的输出，齿轮组的变速比越大，伺服马达的输出扭力也愈大，也就是说能承受更大的重量，但转动的速度也愈低。机器人正是依靠舵机的两个输出转矩作为驱动的来源，12 个舵机的协调使用，会让机器人行走变得更灵活、平稳、更加自然。

3．步行原理

机器人利用四足行走，在行走过程中，最重要的是身体的平衡，这也是最难控制的一点。利用三角形的稳定性，在任何时刻让机器人至少有三足着地。通过一足离地后再迈步的方法，再通过收腿等动作来调节重心，使每只脚都可以完成离地后迈步的动作，这样可以更稳定的实现其行走功能。

每一条腿有两种状态：向前走和向后走，对于每一个动作状态来讲，分为两步：迈腿和收腿。机器人开始行走时对它的每一个舵机进行初始化，然后从 D 脚、A 脚、C 脚、B 脚依次运动，当 B 脚运动后四只脚又恢复到运动开始时的状态，以此为行走的一步，然后以此为周期连续不断的运动，这样机器人就可以向前行走了。机器人在行走时四条腿之间的时序关系如图 6-13 所示。

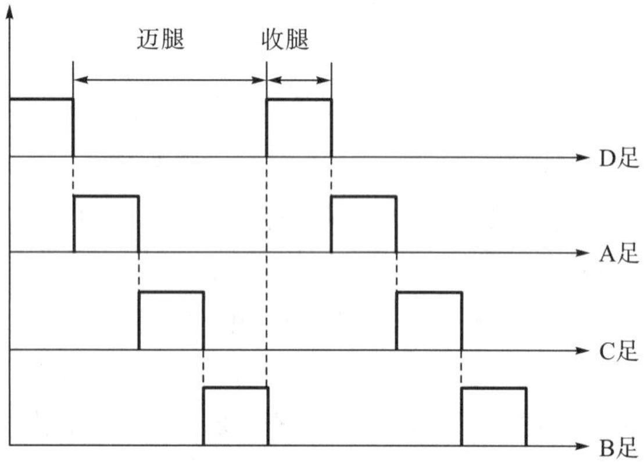

图 6-13　四条腿的时序关系

4. **电路设计**

1）障碍物检测设计

目前，空间的探测技术已相当普遍。有的运用超声波的反射特性进行探测，有的运用红外的方法。前者因为超声波传输介质的影响使测量精度无法提高，且超声波的衰减特性使其传播的距离有限，再利用反射特性更加缩短了传播距离。相对而言，红外方式价格低，但测量距离相对较短。在本设计中由于机器人在运动过程中对左边、右边和前面的测量稳定度要求较高，所以在设计时采用两种传感器相结合的方式，后面用超声波探测，前面、左边和右边用红外探测。这样既保证了测量值的可靠性，又保证了测量距离。

2）FPGA 主控板设计

Altera CycloneⅡ系列 FPGA 可以有多种配置方式，如被动串行（PS）、主动串行（AS）、JTAG 配置方式等。本设计中采用了 AS 方式，只用了一个 FPGA，因此菊花链上只有一个芯片。

5. **软件设计**

图 6-14 为控制程序流程图。在图中“1”表示有障碍物，“0”表示无障碍物。数字序列的每一位从左到右分别为：右前左后，如 0001 表示仅后方有障碍物，1110 表示前、左、右方都有障碍物。0000 ~ 1111 共有 16 种情况，最高优先级为向前行走。

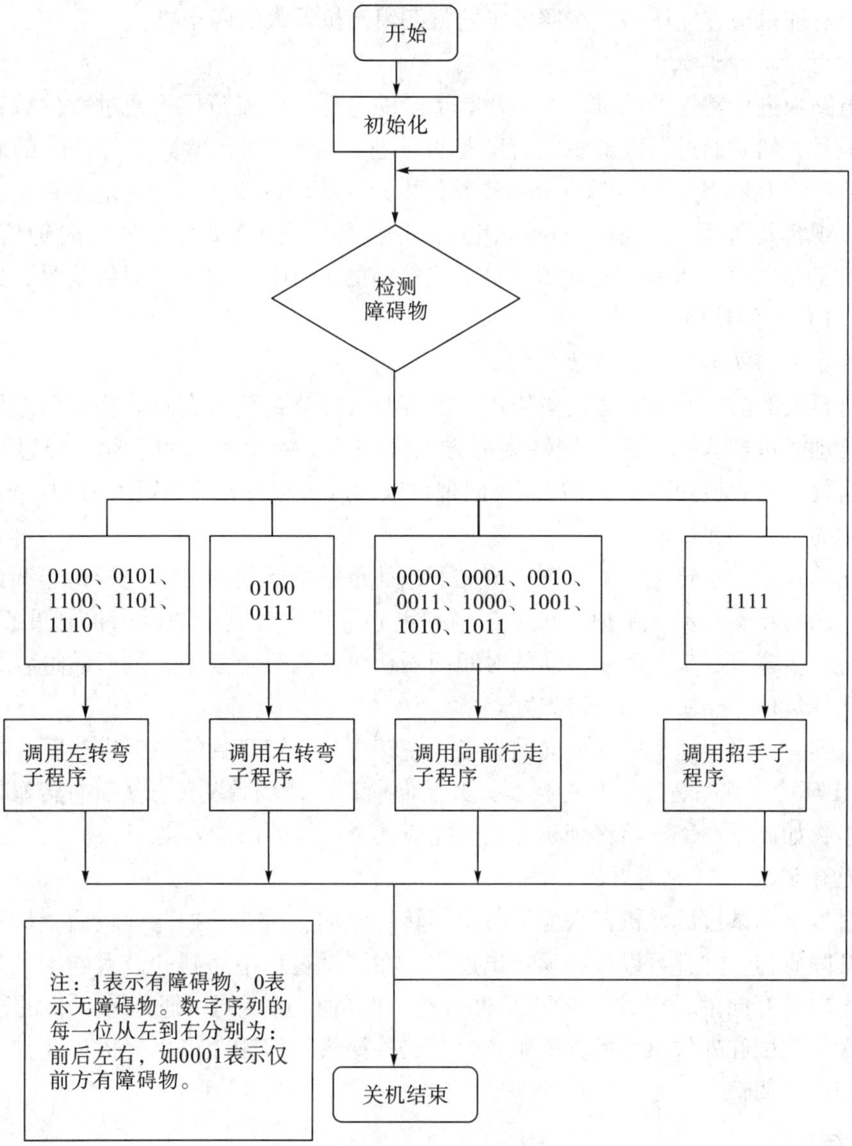

图 6-14　控制程序流程图

6. 调试过程

1) 对舵机的调试

首先对每一个舵机的安装进行检查，看是否已安装牢固。然后看每个舵机是否能转动到行走时的最大角度，如果不能，则在行走过程中可能会使舵机被卡住，从而导致舵机被烧坏，那么我们就必须在机器人行走时控制其舵机的转动范围在允许的范围之内。

在测试过程中，分别对每个舵机的转动角度进行测试，每个舵机都能在 0 ~ 170°左右的范围内转动(理论值可以达到0 ~ 180°)，初始化后，每个舵机的转动角度大约为90°左右，每一个舵机的转动角度都能远大于在运动过程中转动的最大角度，保证机器人正常行走的必备条件。

待所有舵机检查完毕后，按照已定的方案组装机器人的四条腿。

2）对电路板的调试

对电路板进行常规的调试，如芯片能承受的电压、电流范围。通过软件编程向电路板输出信号，然后通过示波器观察管脚是否导通。由于控制 PWM 信号产生的时钟周期为 20 ms，所以我们还需要在 Quartus II 软件中建立相应的模块，通过电路板管脚输出到示波器，观察其周期，若与 20 ms 有偏差，分析得出是 PWM 发生器的时钟信号有误，则通过 PLL 倍频过后再利用分频器，分频出精确的 1 MHZ 的 PWM 时钟信号，以确保产生的 PWM 信号的精确性。

3）对红外探头和超声波模块的调试

在机器人的前、左、右方设障碍物，当机器人探测到前方有障碍物时向左转，此时要考虑转动时机器人的脚不能接触到前方的障碍物，避免舵机的卡死。经过多次的测试，最后选择前方检测距离为 27 cm，同理可以调试出左右方检测距离为 21 cm。

4）步态调试和路径测试

在向前直走、左转弯、右转弯的情况下，都是根据下面的方法进行初步调试的。首先根据步态的步骤一步一步地调试，当遇到重心不稳定时利用微调来控制重心的稳定。然后把每一步连贯起来，利用不同的时间间隔让机器人行走起来，最后通过各种情况的比较，选择最稳定、协调的一种方案。

当机器人可以很完整的完成向前直走、左转弯、右转弯的每一个步态后，在 Keil 和 Quartus II 环境下编写程序，控制机器人开始向前直走几步后左转弯然后右转弯最后回到向前直走，如此循环，最后得到机器人能完成几个动作的协调转动。

5）总体调试

经过以上调试过后，机器人能够行走和转弯，加上所有的探测模块后，最终机器人能够避开障碍物，并且可以顺利地走出迷宫。在测试过程中遇到的最大的困难是由于机器人的走向是万向的，机器人在开始进入迷宫时的位置不同，遇到障碍物的情况也不同。其次在调试红外传感器的探测距离时，红外探头的探测距离也要根据迷宫的大小和结构作相应的调整。

7. 设计结果

该机器人成功地实现了前进、原地左转和右转的功能，如图 6-15 所示，采用检测一次障碍物做出一次反应（前进一步、左转一步或者右转一步）的方法实现躲避障碍物，由此就可以达到走出迷宫的目的。机器人成功地协调了 12 个舵机的定位，达到了四足机器人的平稳、协调的直走、灵活地控制了左转弯和右转弯的目的。使用检测一次障碍物做出一次反应（前进一步、原地左转一步或者右转一步）的方法，能更好地实现机器人的任意方向行走。主电路设计采用 SOPC 的方式，它具有灵活的设计方式，可裁减、可扩充、可升级，并具备软硬件在系统可编程的功能，简化了电路的设计，使所设计的机器人具有很强的灵活性和实用性。

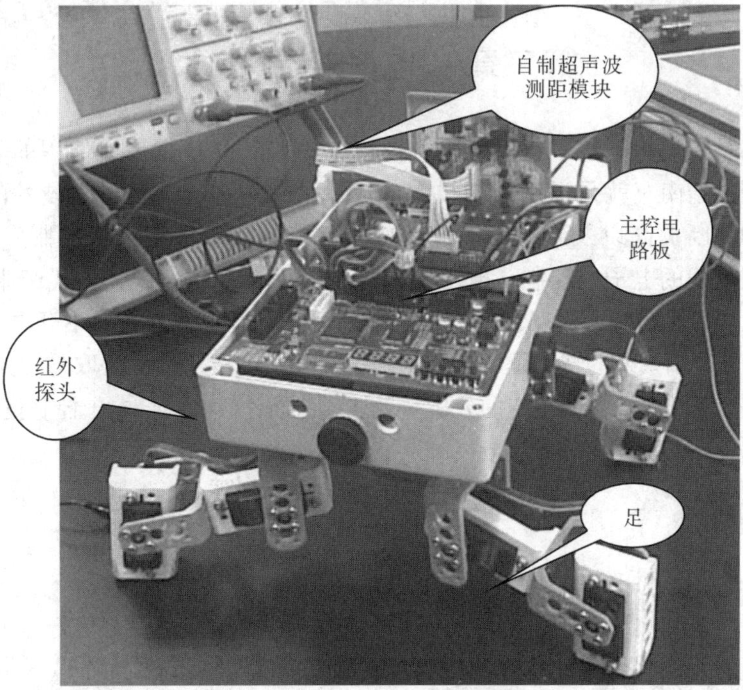

图 6-15　机器人的整体实物图

参 考 文 献

[1] 百科名片. 控制论 [EB/OL]. [2012-06-21]. http://baike.baidu.com/view/62820.htm.

[2] 顾建军. 技术与设计 2 [M]. 南京：江苏教育出版社，2004.

[3] 黄坚. 自动控制原理及其应用 [M]. 第 2 版. 北京：高等教育出版社，2009.

[4] Dorf R C，Bishop R H. 现代控制系统 [M]. 谢红卫，邹逢兴，张明，等译. 第 8 版. 北京：高等教育出版社，2008.

[5] 汪晋宽，罗云林，于丁文. 自动控制系统工程设计 [M]. 北京：北京邮电大学出版社，2007.

第7章　电子控制技术

控制技术是人们为了使事物按照所希望的方式(或方向)发展所使用的手段或方法。我国古代发明的指南车就是运用控制技术的成功范例。随着人类科学技术的不断发展、生产力水平的不断提高以及新技术的广泛应用，控制技术已从人工控制发展到机械控制，再发展到当代的电子的控制。电子控制技术应用越来越广泛，当代产业几乎都涉及到电子控制技术。大到航天飞船，小到家用电器、儿童玩具等，都离不开电子控制技术。本章将介绍电子控制系统的特点、电子控制系统的基本组成、信号获取与转换、电子控制系统的执行部件以及电子控制系统的分析与设计，从而让读者体会电子控制技术的优越性。

7.1　电子控制技术概述

7.1.1　电子控制技术发展及其优点

1. 电子控制技术及其发展

控制技术就是人们根据受控对象和环境特征，通过控制器使被控对象按照所希望的方式正常运行而采用的手段。控制手段或方式是多样的，而且随着科学技术的发展而不断改进。早期的控制完全是手动的，后来机械控制代替了部分人工控制，原始的人工控制方式逐渐远去。随着人类需求的不断发展、生产力水平的不断提高以及新技术的广泛应用，人工控制和机械控制逐步发展到当代的电子控制。

电子控制技术是运用电子技术手段实现控制功能的技术。电子控制技术极大地推动了控制技术向自动化、智能化方向发展。近几十年来，它的发展异常迅速，已经成为推动新的技术革命的重要动力之一，不仅在生活中为我们所用，还广泛应用于工业、农业、医疗、军事、航天等领域。

2. 电子控制系统的优点

电子控制系统具有如下的优点。

(1)速度快、准确度高。电子控制系统能高速、准确地实行测控。例如在电子元件自动焊接生产线上，由处理器控制的机械手可以快速且准确地将元器件安装在电路板对应的位置上。

(2)自动化和智能化程度高。计算机控制技术、嵌入式技术的应用，使得电子控制系统具有高度的自动化和智能化。

(3)可进行远距离控制。

(4)体积小、重量轻、功耗低、寿命长。

7.1.2　电子控制系统的基本组成

通常，我们把采用电子技术手段实现的控制系统称为电子控制系统。电子控制系统中，有电阻、电感、电容以及二极管、三极管、集成芯片等电子元器件，这些元器件相互作用，相互依赖，实现系统的控制。

例如，现在使用的智能化电饭煲具有煮饭、煲汤、保温、定时以及温度显示等功能，它采用了电子控制技术，属于电子控制系统；而普通电饭煲只具有煮饭、保温的功能，它是利用双金属片进行的机械控制系统。

电子控制系统一般可分为输入、控制(处理)和输出三个组成部分，其结构框图如图 7-1 所示。

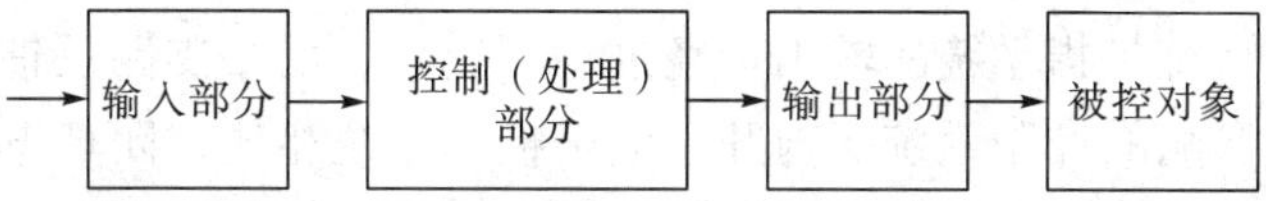

图 7-1　电子控制系统的组成

输入部分主要完成信息的采集并将信息转换为电信号。该部分通常由各种可以实现信号获取的传感器组成。例如，话筒就是扩音机系统的输入部分，它的任务是将我们说话的声音信号转换成电信号。

控制(处理)部分主要完成对输入部分转换后的电信号进行分析、比较和处理，一般由能实现各种控制的电子线路或微控制单元组成。

输出部分主要是执行命令，完成对被控对象的控制。通常该部分由继电器、晶闸管等执行机构组成。

输入部分相当于人的眼睛、耳朵等，能完成图像信息、声音信息等的获取；控制部分相当于人的大脑，能对看到的、听到的信息进行加工、处理；输出部分相当于人的肢体，可以实现对被控对象的操控。

7.1.3　开环电子控制系统和闭环电子控制系统

通过前面的学习，我们已经知道，控制系统可分为开环控制系统和闭环控制系统。在电子控制系统中，根据信息有无反馈，可以分为开环电子控制系统和闭环电子控制系统。

1. 开环电子控制系统

如果电子控制系统的输出量对系统控制作用无任何影响，则这种电子控制系统叫做开环电子控制系统。开环电子控制系统的结构框图如图 7-2 所示。

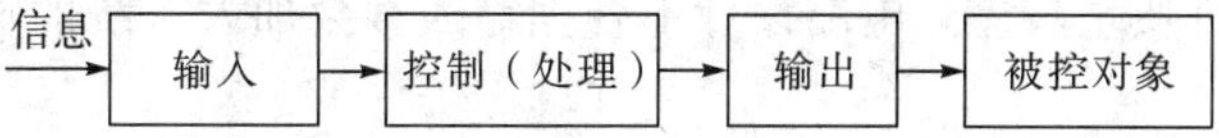

图 7-2　开环电子控制系统结构框图

由图 7-2 可以看出，开环电子控制系统的输出量仅受输入量控制，输入量到输出量之间的信号是单向传输的。如图 7-3 所示的扩音系统，它主要包括话筒、功率放大器(功放)、扬声器三个部分。其中，话筒为输入部分，完成声音信号的采集，将声音信号转换为电信号；功率放大器为信号处理部分，主要对话筒输出的电信号进行放大，其输出量为放大了的音频信号，该信号作用在被控对象(扬声器)上；扬声器将电信号还原为声音。由扩音系统的工作过程可以知道，该系统的输出量(音频信号)的变化对系统的控制作用并不产生影响，即不存在反馈，所以扩音系统是一个开环电子控制系统。

图 7-3　扩音系统

2. 闭环电子控制系统

闭环电子控制系统是指系统的输出量经过检测装置、反馈支路反馈到输入端，并对系统控制作用产生影响的控制系统。与开环电子控制系统相比，闭环电子控制系统多了检测装置、反馈支路、比较器。闭环电子控制系统的结构框图如图 7-4。所示在闭环电子控制系统中，反馈就是将输出量通过检测装置、反馈支路返回到输入端并与输入量进行比较的过程。反馈的作用是减少输出量的偏差，稳定输出量。

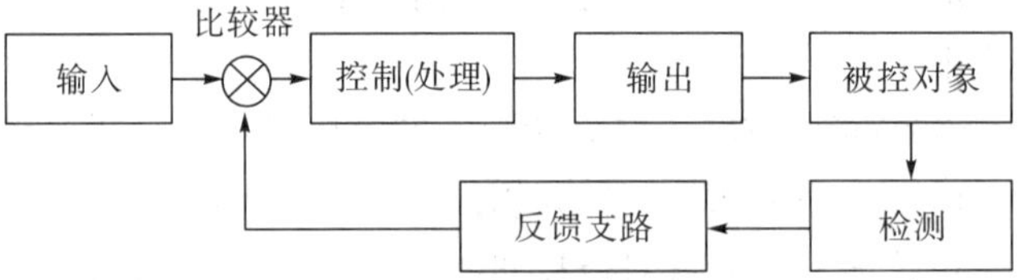

图 7-4　闭环电子控制系统结构框图

3. 开环电子控制系统与闭环电子控制系统的比较

开环电子控制系统对输出量不作检测，也无输出量的反馈，所以对于干扰引起的输出量的改变不能进行自动校正，其控制的精度取决于系统本身的元器件或有效的抗干扰措施。所以一般来说，开环电子控制系统结构简单，适用于控制精度要求不高的场合。

闭环控制系统采用了反馈支路，对系统内部参数变化或外部干扰所引起的输出量偏离(必须在设计允许的偏离范围内)，都能自动进行修正。但闭环控制系统结构相对复杂，成本较高，设计比较麻烦。闭环控制系统是自动控制中广泛采用的一种方式，用于要求高精度和高可靠性的场合。

在电子控制系统中，除输入信息以外，引起被控量改变的其余各种因素称为干扰因素。电子控制系统中的干扰因素是多方面的。有的干扰因素是环境造成的，如影响汽车行驶速度变化的自然风、路况等；有的干扰因素是系统内部原因所致，如扩音机系统中，所选用的元器件质量较差、电路设计不合理等因素会加大系统的噪声，从而影响扩音机的扩音效果。

7.2　信息获取与转换

信息获取是实现电子控制的首要环节，如果不能对原始信息进行精确可靠地捕获和转换，电子控制是不可能实现的。如航天器上都使用了很多的信息获取与转换装置，用于对航天器的飞行参数、姿态和发动机工作状态的检测，检测到的信息再送入控制单元进行自动调节，使航天器按照预先设定的轨道正常运行。在实际电子控制系统中，很多信号往往是非电量信号，如压力、力矩、应变、位移、速度、流量、重量、浓度、温度、湿度等等，而获取这些非电量信息参数对电子控制系统至关重要。

那么，这些非电量信息的获取又是如何完成的呢?

完成非电量信号获取与转换的是传感器。本节首先介绍传感器的定义、组成与作用，再介绍常见传感器的特性和功能，最后介绍传感器的应用。

7.2.1　传感器的定义、组成与分类

传感器的历史远比近代科学的历史悠久。天平自埃及第五王朝(公元前 2468 ~ 公元前 2323)即开始使用，利用液体膨胀特性检测温度始于 16 世纪，19 世纪奠定电磁学基础的法拉第电磁感应定律仍是当今电磁传感器的理论基础。以电量形式输出的传感器虽然历史不长，但发展迅速，目前谈到的传感器，几乎都是有电量输出的传感器。集成电路技术和半导体应用技术的发展使传感器性能大大提高。

1. 传感器的定义

传感器是将被检测的非电量信号转换为与之有确定对应关系电量输出的器件或装置。传感器有时亦被称为换能器、变换器、变送器或探测器，其主要特征是能感知和检测某一形态的信息，并将其转换成另一形态的信息。因此，传感器能对被检测对象的信息进行感应(或响应)与检出，并使之按照一定规律转换成与之对应的输出信号。有时，人们也将传感器定义为敏感于待测非电量并可将它转换成与之对应的电信号的元件、器件或装置的总称。本章介绍的传感器主要是将非电量信息转换为电信号。

传感器在电子控制系统中是必不可少的重要元件，通过它获取外界信息，再转换为电信号传送给控制器去处理。在电子控制系统中，不同的传感器可以用来收集不同的变化信息，并把它们转换为电流、电压等电信号的变化，以便于传输、处理。

2. 传感器的组成

传感器一般是利用物理、化学和生物等学科的某些效应或机理，按照一定的工艺和结构研制出来的，因此，不同的传感器的组成细节有较大差异。但是，总的来说，传感器主要由敏感元件、转换元件、信号调理电路以及电源电路组成，其结构如图 7-5 所示。

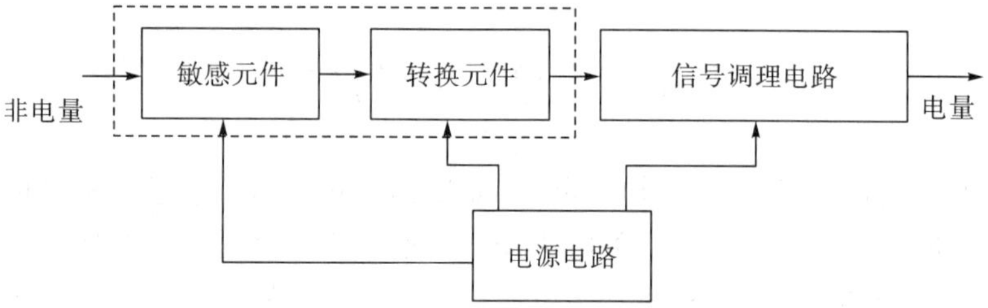

图 7-5 传感器结构框图

敏感元件主要是直接感受(或响应)与检出被测对象的有用信息(非电量)，转换元件将敏感元件所感受(或响应)出的信息直接转换成电信号。但并不是所有的传感器都必须包括敏感元件和转换元件，如果敏感元件能直接输出电量，它就同时兼有转换元件的功能，这时敏感元件和转换元件两者合一。例如，光电器件、热电偶、热敏电阻等都是这种传感器。信号调理电路把转换元件输出的电信号转换为便于处理和控制的有用电信号。常见的信号调理电路有放大器、电桥、振荡器、电荷放大器等。

3. **传感器分类**

传感器的种类繁多，原理各异，其分类方法很多，一般可按表 7-1 所示的几种方法分类。

表 7-1 传感器的分类

分类方式	传感器的种类	说明
输入量性质	移位传感器、速度传感器、温度传感器、压力传感器等	传感器以被测物理量命名
工作原理	应变式传感器、电容式传感器、电感式传感器、压电式传感器、热电式传感器等	传感器以工作原理命名
物理现象	结构型传感器	传感器依赖其结构参数变化实现信息转换
	物性型传感器	传感器依赖其敏感元件物理特性的变化实现信息转换
能量关系	能量转化型传感器	传感器直接将被测量的能量转化为输出量的能量
	能量控制型传感器	由外部供给传感器能量，而由被测量来控制输出的能量
输出信号形式	模拟式传感器	输出为模拟量
	数字式传感器	输出为数字量

传感器好比人的五官和四肢，能直接感观外部的信息，这些信息通过神经系统传给大脑进行处理，控制器就好比是大脑。显然，没有传感器就没有现代化的电子控制系统。传感器的应用领域很多，如工业、农业、商业、医学、军事、环境保护、日常生活等。

7.2.2　常用传感器

下面我们简单介绍温度传感器、超声波传感器、压敏传感器以及光敏传感器等几种常用的传感器。

1. 温度传感器

温度传感器是一种将温度变化转换为电量变化的装置。它是利用元器件的电磁参数随温度变化的特性来实现的。例如将温度的变化转化为电阻、磁导或电势等的变化，通过适当的测量电路，就可由这些电参数的变化来表达所测温度的变化。温度传感器的种类很多，常见的有热电偶、热敏电阻、PN 结型温度传感器等。热电偶是将温度的变化转换为电势大小的变化；热敏电阻是将温度的变化转换为电阻阻值的变化；PN 结温度传感器是利用半导体 PN 结正向压降随温度变化的特性研制的，可用在温度变化范围较小的场合。

2. 超声波传感器

声波按频率的高低可分为次声波($f<20$Hz)、声波(20Hz$\leqslant f\leqslant$20kHz)、超声波($f>$20kHz)。超声波是机械波的一种，它有两个重要特性：

(1)方向性好，能定向传播。超声波遇到物体后会反射，物体的密度不同，反射程度不同，通过对反射波的接收和处理，就可以知道物体的方位和距离。

(2)在水里的传播距离远，约是在空气中传播距离的 1800 倍。适于探测水中物体的优选载体。

利用超声波的特性，可制成各种超声波传感器，广泛应用于工业生产、医疗、通信等领域。

超声波传感器是实现声电转换的装置，又称为超声波换能器或超声波探头。超声波探头既能发射超声波信号，又能接收发射出去的超声波信号的回波，并能将回波转换成电信号。

3. 压电式传感器

压电式传感器是利用某些物质的压电效应制作的一种传感器。当材料的表面受力的作用发生形变时，其表面会有电荷产生，从而实现将力的变化转换为电量的变化。压电式传感器用于对压力、拉力、压力差和可以转变为力的变化的其他物理量(如液位、加速度、重量、应变、流量、真空度)的测量和控制。

4. 光电传感器

光电传感器是一种将光量的变化转换为电量变化的传感器。光电传感器也称光电器件，它能够将光信号直接转换为电信号。现在的光电传感器多为半导体材料制成，主要有光敏电阻、光电二极管、光电三极管及光电池等。

光敏三极管传感器简称为光电三极管，也称为光敏三极管，是具有放大能力的光电转换三极管，广泛用于各种自动光控电路中。

根据光敏三极管的工作特性，可以将光敏三极管看成是一个普通三极管的基极和集电极之间接有一个光敏二极管(此二极管处于反偏状态)，其等效电路及电路符号如图 7-6 所示。

光敏三极管在无光照射时和普通三极管一样，处于截止状态。当光信号照射其基极（受光窗口）时，半导体受光激发产生很多载流子，形成光照电流，从基极输入三极管。这样，集电极流过的电流就是光照电流的β倍（β为光敏三极管集电极电流与光照光流的比值）。很显然，光敏三极管比光敏二极管的灵敏度高得多，但暗电流较大，响应速度慢。

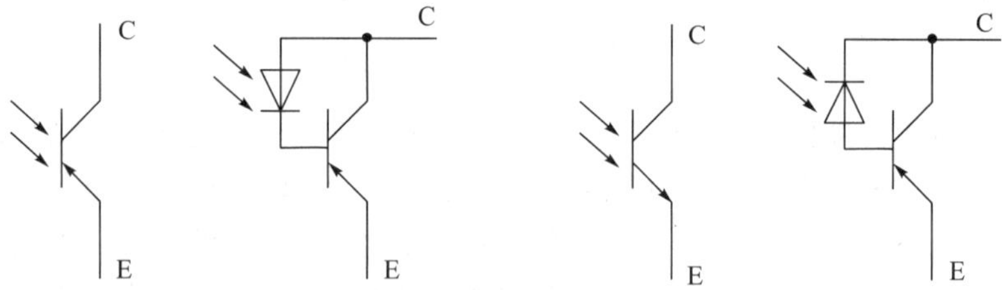

(a)锗型管 (b)硅型管

图7-6 光敏三极管电路符号及等效电路

7.3 信号处理

前面，我们对电子控制系统中信号获取方法作了介绍，本节我们主要介绍电子控制系统中对获取信号进行分析、比较、放大、运算等处理后，向输出部分发出控制信号，控制执行机构的部件。在电子控制系统中对信号的处理任务是由电子电路完成的，故本节内容将涉及模拟信号与数字信号、半导体器件基础知识、逻辑门及集成电路及其应用等方面的知识。

7.3.1 模拟信号与数字信号

自然界中的物理量根据其变化规律可以分为两大类，一类在时间上和数量上都是离散的，它们的变化在时间上不连续，这一类物理量叫做数字量；另一类在时间上和幅值上的变化都是连续的物理量，叫做模拟量。模拟信号是连续信号，我们周围大多数物理量均为在时间、数值上连续的变量，如每天温度的变化、空气湿度的变化以及气压的变化等等，这些物理量可以通过相应的传感器转换为模拟电信号。数字信号是人们为更好地解决实际问题而抽象出来的在时间、数量上均不连续的信号。随着电子技术的飞速发展，数字信号的应用越来越广泛。很多电子产品，特别是需要和计算机或微处理器相连的仪器设备都从原来的模拟信号处理方式转变成了数字信号处理方式，如手机、电视、音频播放器和数码相机等。

1. 模拟信号

在时间上和幅值上均是连续的信号称为模拟信号，也就是数学上所说的连续函数。如声音信号需经麦克风转换成电压信号才能进行放大处理，而且麦克风输出的电压波形与声音变化一致，即模拟声音强弱的变化，这种信号为模拟信号。图7-7所示的信号为模拟信号，其特点是幅度是连续的，其信号波形在时间上也是连续的，因此它又是连续信号。生活中的电话、调幅广播、电视信号都是模拟信号。

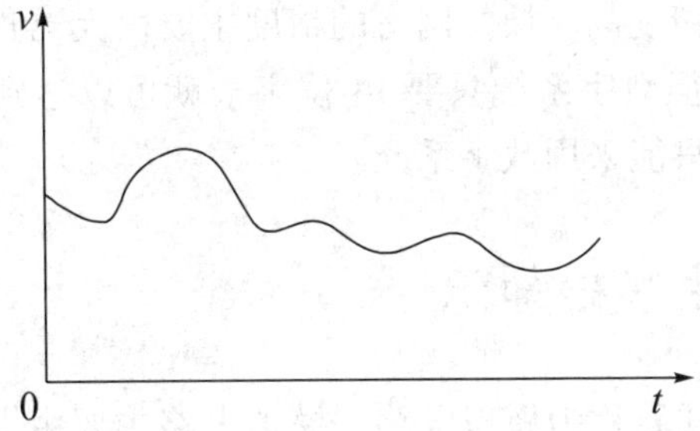

图 7-7　模拟信号

2. **数字信号**

在时间和幅值上都是离散的信号称为数字信号。数字信号的幅值被限制在有限数值之内，它是离散的。图 7-8 是数字信号，它的幅值只有两种取值(0 或 A)。数字信号具有易处理、处理精度高、便于记录保存、抗干扰能力强等优点。

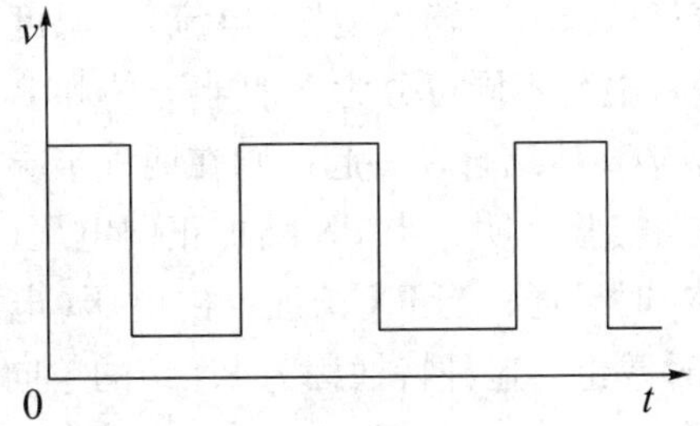

图 7-8　数字信号

例如，演员的歌声经话筒转换成的电信号是模拟信号，对转换后的模拟信号处理方法有两种。一种处理方法是直接将模拟信号放大，然后送到扬声器，通过扬声器还原出扩音后的歌声，其工作过程请见图 7-3。由于此种方法在整个系统中处理的均为模拟信号，一方面，干扰信号会叠加在该模拟信号上；另一方面，由于系统器件本身的非线性可能给信号带来失真，因而听众听到的歌声会变差，并且可能会出现杂音。另一种处理方法是先将话筒转换后的模拟信号通过转换器(模/数转换器)转换为数字信号，通过处理以后再通过转换器(数/模转换器)将数字信号还原成模拟信号，并通过扬声器还原出演员的歌声。虽然数字信号在处理过程中同样会产生失真，也会受到干扰，但由于它有很强的抗干扰能力，在还原过程中只要能正确识别出代表高电平和低电平信号的数字“0”和“1”，就能还原出音色逼真的歌声，其处理过程如图 7-9 所示。

第二种方法处理后的数字信号中有“1”和“0”两个值，可很方便地使用(具有记忆功能)电路输出电压的高和低、电容上电荷的有和无、磁性物质的极化方向等方式记录保存，也可用打孔的方法，如穿孔卡利用的有和无、光盘利用有无凹坑记录“1”和“0”，还可以直接将“1”和“0”打印在纸上记录保存。但这些方法很少能用来记录保存模拟信号。

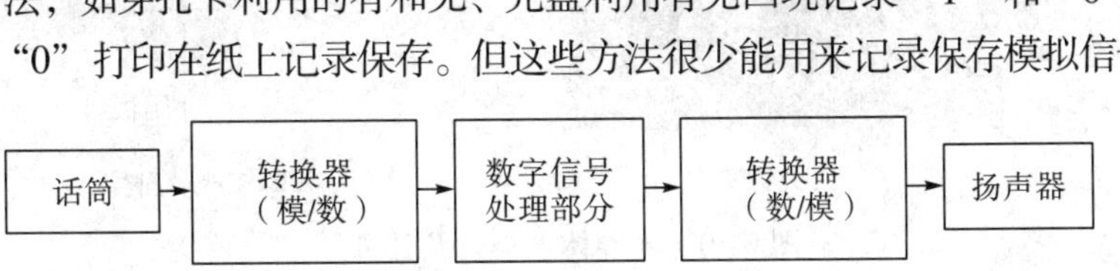

图 7-9　数字信号处理方式

另外，数字系统处理精度高。模拟网络的精度主要由元器件决定，模拟器件的精度一般很难达到10^{-3}以上，但数字系统只要14位字长就可以达到10^{-4}的精度。在要求较高的高精度系统中，有时只能采用数字系统。

7.3.2 半导体器件基础知识

处理模拟信号的电子线路称为模拟电路。模拟电路主要由电阻、电容、电感、二极管、三极管、运算放大器等电子元器件构成，主要完成模拟信号的放大、变换、调理以及调制、解调等任务。下面介绍PN结、二极管、三极管的基础知识。

1. 二极管及其应用

1)PN结

半导体是一种介于导体和绝缘体之间的物质，如硅、锗等。半导体的导电性能比较奇特，它的导电能力会随着掺入杂质、输入电压(电流)、温度和光照条件的不同而发生很大变化。半导体根据所携带电荷不同可分为N型半导体和P型半导体。经过特殊加工工艺，将P型半导体和N型半导体结合在一起，则在两种半导体的交界处就会形成一个特殊的接触面，称为PN结。实验证明，当PN结加正向电压(电源正极接PN结的P型半导体，负极接N型半导体)时导通；当PN结加反向电压(电源正极接PN结的N型半导体，负极接P型半导体)时截止。这种特性称为PN结的单向导通性。

2)二极管及其应用

二极管是由PN结加上电极引线并封装后构成的。其中，由PN结P区引出的电极称为阳极，由PN结N区引出的电极称为阴极。常见的二极管实物图和二极管的符号见图7-10。

二极管的核心是内部的PN结，而PN结具有单向导电性，因此二极管也具有单向导电性，这是二极管的主要特点。二极管的单向导电特性使它得到了广泛的应用，可用于整流、限幅、检波等。另外，二极管在正向电压作用下电阻较小，处于导通状态，相当于开关闭合；在反向电压作用下，电阻很大，处于截止状态，相当于开关断开。利用二极管的开关特性，在数字电路中可以组成各种逻辑电路。

(a)二极管实物

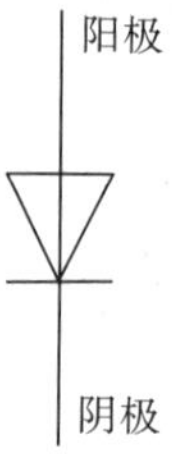

(b)二极管符号

图7-10 半导体二极管及其符号

2. **三极管放大器**

二极管虽然广泛地应用于整流、检波、开关及稳压等电路中，但它对电信号没有放大作用。但在电子控制系统中，我们经常需要对传感器输出的弱信号进行放大处理，这时我们就可以采用三极管构成放大电路对信号进行调理。三极管是一种很重要的半导体器件，正是它的放大作用和开关作用促使电子技术飞速发展。

1) 晶体管的结构

三极管的核心是两个相距很近的 PN 结，如图 7-11 所示。两个 PN 结将半导体基片分成了三个区域：集电区、基区和发射区。这三个区各引出一个电极，分别称为发射极 E、基极 B 和集电极 C。发射区与基区交界处的 PN 结称为发射结，集电区与基区交界处的 PN 结称为集电结。

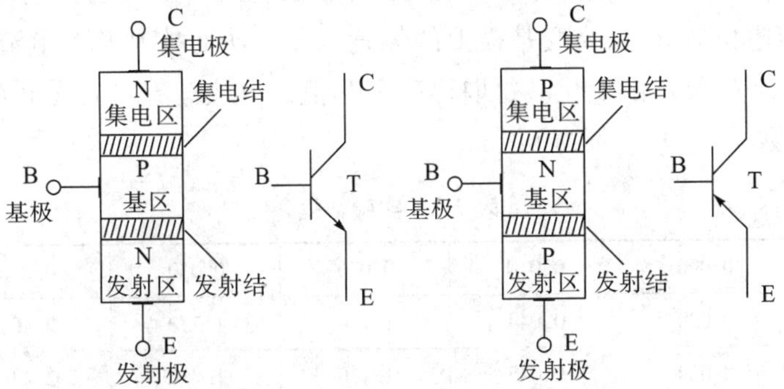

(a) NPN 型　　(b) PNP 型

图 7-11　晶体管的内部结构示意图及符号

按 PN 结的组合方式不同，三极管可分为 NPN 型和 PNP 型两种类型。两种不同类型三极管的符号用发射极箭头方向不同加以区分，实际上，发射极箭头方向就是发射结正向导通时的电流方向。

三极管的种类很多。按功率大小可分为小功率管、中功率管和大功率管；按工作频率范围可分为低频管、高频管和超高频管；按使用的半导体材料可分为硅管和锗管；按用途可分为放大管和开关管等。常见晶体三极管如图 7-12 所示。

(a) 小功率管　　(b) 中功率管　　(c) 大功率管

图 7-12　常见三极管

2) 三极管的电流放大作用

三极管通常用于信号放大，为了了解晶体管对电流放大的作用，我们现以 NPN 型三极管为例连接成图 7-13 所示的电路。从图中可以看出三极管的发射极正向偏置，集电极反向偏置。

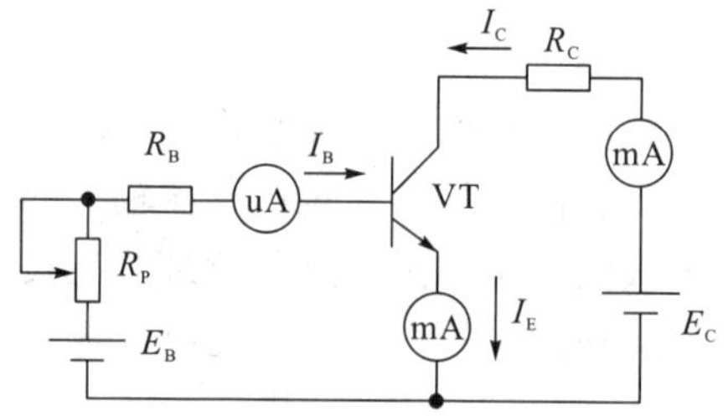

图 7-13　集体管的电流分配实验接线

图中，三极管构成的电路中有两个回路：输入回路(基极电路)和输出回路(集电极电路)，发射极是公共端，通常把这种连接法称为三极管的共发射极接法。电路中共有三个支路电流，分别流过三极管的三个电极，即基极电流 I_B、发射极电流 I_E和集电极电流 I_C。通过调节电位器 R_P以改变基极上的偏置电压，从而控制基极电流 I_B的大小，而 I_B的变化又将引起 I_C和 I_E的变化。每取得一个 I_B值，再从电流表上读出 I_C，I_E，通过实验得到表 7-2 的数据。

表 7-2　实验数据

I_B/mA	0.000	0.010	0.020	0.030	0.040	0.050
I_C/mA	0.020	0.044	1.110	1.750	2.400	3.100
I_E/mA	0.020	0.045	1.130	1.780	2.440	3.150

通过分析上表的实验数据，可得出通过三极管三个电极的电流有如下关系：

$$I_E = I_C + I_B \tag{7-1}$$

上式表明了三极管三个电极之间的关系，即发射极电流为集电极电流与基极电流之和。通过实验证明，无论是 PNP 型三极管还是 NPN 型三极管均有这一特点。

从表 7-2 中，我们还发现 I_C和 I_E都比 I_B大得多，I_C和 I_B的比值在一定范围内变化不大。即

$$\bar{\beta} = I_C/I_B \tag{7-2}$$

$\bar{\beta}$ 称为三极管的直流放大倍数。另外，从表 7-2 中还可得出当 I_B的微小变化量(ΔI_B)就会引起集电极电流 I_C较大的变化量(ΔI_C)，并且它们的比值变化相差不大。即

$$\tilde{\beta} = \Delta I_C/\Delta I_B \tag{7-3}$$

$\tilde{\beta}$ 称为三极管共射极接法交流电流放大倍数。通常，质量较好的三极管的直流放大倍数和交流放大倍数相差不大，可认为 $\bar{\beta}$ 约等于 $\tilde{\beta}$ 。

三极管除了共发射级放大器外，还可构成共基极放大器、共集电极放大器，三类放大器各有优缺点，具体分析请参考相关的模拟电子技术书籍，在此不再详述。

7.3.3　逻辑门电路

数字电路的基本工作信号是数字信号，对应“0”，“1”两种工作状态，即低电平和高电平。其本身的电路特性决定了数字电路具有如下特点：抗干扰能力强，易于集成化，便于存储和传输，保密性好等。由于数字电路具有上述特点和优点，故发展非常迅速，已被广泛应用在通信系统、控制系统、信息处理系统等复杂的电子控制系统中。要搞清楚数字电路的工作原理，我们要先明确数制和逻辑门的概念和原理。

1. 常见的数制

十进制是日常生活中常用的数制。十进制数中，每一位有 0 ~ 9 十个数码，其计数的基数是“10”。超过 9 的计数必须使用多位表示，其低位与相邻的高位之间是“逢十进一”的关系。但在数字电路中只有高低电平两种状态，在数值信息的运算处理时常采用二进制。但有时在处理比较大的数时用二进制表示的位数较长，不便于用户读取，所以有时也采用八进制和十六进制数。

二进制数中只有 0 和 1 两个数码，计数基数是“2”，计数规律是“逢二进一”，即 $1+1=10$。

八进制数有 0，1，2，3，4，5，6，7 八个数码，计数基数是“8”，计数规律是“逢八进一”，即 $7+1=10$。

十六进制数有 0，1，2，…，9，A，B，C，D，E，F 十六个数码，计数基数是“16”，计数规律是“逢十六进一”，即 $F+1=10$。

根据计数规律，二进制、八进制、十六进制之间可以相互转换，而且二进制、八进制、十六进制与十进制之间也可相互转换，其转换方法请参见相关参考文献。

2. 逻辑运算与逻辑门

在逻辑关系描述中，为表示某一事件的对立状态，我们通常采用符号“0”，“1”来表示。如数字电路中高电位可以用“1”表示，低电位用“0”表示；灯亮用“1”表示，灯灭用“0”表示；开关合上用“1”表示，断开用“0”表示。这里的“0”和“1”，表示的并不是数量的大小，而是逻辑关系，故称为逻辑 1 和逻辑 0。

逻辑代数的三种基本运算是与逻辑运算、或逻辑运算和非逻辑运算，下面分别介绍三种逻辑运算以及实现逻辑运算的电路。

1）与逻辑运算及与门

通过前面的学习我们知道二极管正向导通时电阻较小，相当于开关闭合；反向截止时电阻较大，相当于开关断开。根据前面所学的知识，我们先分析图 7-14 所示的二极管构成的电路。现假设图中所用的二极管为硅管，正向导通时的管压降为 0.7 V，电源电压 V_{CC} 为 5 V，A、B 端输入的电压为 0 V 或 3.6 V。

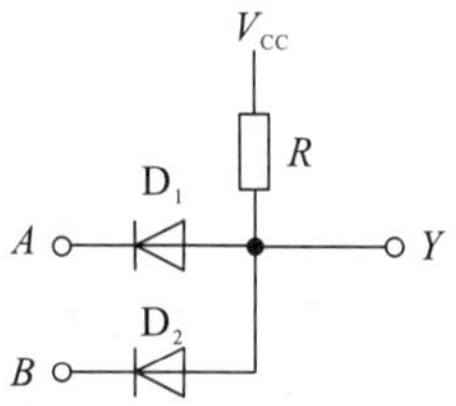

图 7-14　二极管与门电路

表 7-3　与逻辑真值表

输入		输出
A	B	Y
0	0	0
0	1	0
1	0	0
0	0	1

从图中可以看出，当 A、B 两个输入端输入均为 0 V 时，则 D_1、D_2 均正向导通，输出端 Y 为 0.7 V；当 A 端输入为 0 V，B 端输入为 3.6 V 时，D_1 正向导通，D_2 反向截止，使输出端 Y 为 0.7 V；当 A 端输入为 3.6 V，B 端输入为 0 V 时，D_1 反向截止，D_2 正向导通，也会使输出端 Y 为 0.7 V；当 A、B 两个输入端输入均为 3.6 V 时，则 D_1、D_2 均正向导通，但输出端 Y 则为 4.3 V。通过以上的分析，我们可以得出如下结论：A、B 两个输入端中只要有一个输入为 0 V，则会使输出端 Y 为 0.7 V；只有 A、B 同时输入 3.6 V 时，输出端 Y 才为 4.3 V。

我们规定 1.8 V 以上为高电平，用逻辑 1 表示；0.8 V 以下为低电平，用逻辑 0 表示。则根据上面的分析我们可得到表 7-3 所示的逻辑关系表，该表反应了输出变量 Y 与输入变量 A、B 之间的逻辑关系，称为真值表。

我们把符合表 7-3 中逻辑关系的运算称为逻辑与，或者称逻辑相乘，其逻辑表达式为

$$Y = A \cdot B = AB \tag{7-4}$$

从真值表中可以看出，与逻辑输入、输出之间的逻辑运算规则是：见 0 为 0，全 1 为 1。把实现与逻辑运算的单元电路称为与门。图 7-14 就是用二极管实现的与门，与门的逻辑符号如图 7-17 所示。

2) 或逻辑运算及或门

同样，可以用二极管实现或逻辑运算，其电路如图 7-15 所示。

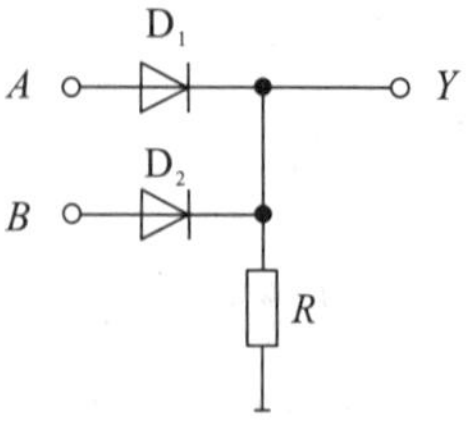

图 7-15　二极管或门电路

表 7-4　或逻辑真值表

输入		输出
A	B	Y
0	0	0
0	1	1
1	0	1
1	1	1

从图中可以看出，当 A，B 两个输入端输入均为 0 V 时，则 D_1，D_2 阳极与阴极电位相等，均为 0 V，输出端 Y 为 0 V；当 A 端输入为 0 V，B 端输入为 3.6 V 时，D_1 反向截止，D_2 正向导通，使输出端 Y 为 2.9 V；当 A 端输入为 3.6 V，B 端输入为 0 V 时，D_1 正

向导通，D_2反向截止，使输出端 Y 仍为2.9 V；当 A、B 两个输入端输入均为3.6 V时，则 D_1、D_2均正向导通，输出端 Y 则为2.9 V。通过以上的分析，我们可以得出：A、B 两个输入端中只要有一个输入为3.6 V(高电平)，则输出端 Y 为2.9 V(高电平)；只有 A、B 同时输入0 V(低电平)时，输出端 Y 才为0 V(低电平)。于是可以得到表7-4所示的或逻辑真值表。我们把符合表7-4中逻辑关系的运算称为逻辑或，或者称逻辑相加，其逻辑表达式为

$$Y = A + B \tag{7-5}$$

把实现或逻辑运算的单元电路称为或门。图7-15是用二极管实现的或门，或门的逻辑符号如图7-17（b）所示。

3)非逻辑运算及非门

图7-16为三极管构成的共射极电路，电源电压 V_{CC}为5 V，A 端输入的电压为0 V或3.6 V。假设电路中的基极电阻 R_B和集电极电阻 R_C的取值刚好使三极管VT工作在开关状态，并且当输入电压为3.6 V时，三极管处于饱和导通状态。

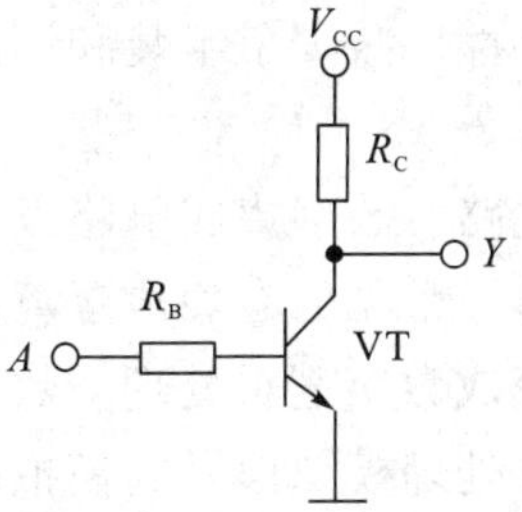

图7-16　三极管非门

表7-5　非逻辑真值表

输入	输出
A	Y
0	0
1	0

从图中可知，当输入端 A 的电压为0 V时，三极管工作在截止状态，这时三极管的集电极和发射极之间电阻很大，输出端 Y 的电压接近 V_{CC}(高电平)；当输入端 A 的电压为3.6 V时，三极管工作在饱和状态，其输出电压接近0 V(低电平)。根据前面的逻辑定义和上面的分析可得表7-5所示的逻辑真值表。

从真值表中可以得出：当输入为低电平时，输出为高电平；输入为高电平时，输出为低电平。也就说，输出与输入的逻辑关系正好相反，我们把这种逻辑关系称为逻辑非，也称逻辑求反，其逻辑表达式为

$$Y = \overline{A} \tag{7-6}$$

从表7-5可以看出，非逻辑输入、输出之间的逻辑运算规则是：见0为1，全1为0。

图7-22为由三极管实现非运算的电路，称为非门，非门的符号如图7-17(c)所示。实际的逻辑问题比与、或、非复杂得多，但它们都能用与、或、非的组合实现。最常见的复合逻辑运算有或非、与非、与或非、异或以及同或等。

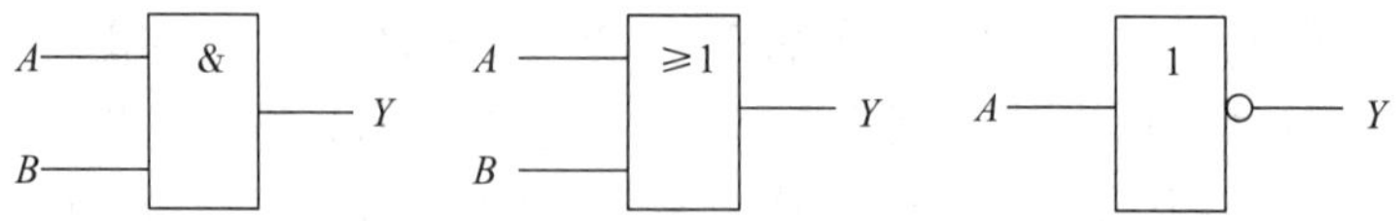

(a)与门　(b)或门　(c)非门

图 7-17　与门、或门和非门逻辑符号

根据构成门电路元件的不同，门电路分为分立元件门电路与集成门电路。分立元件门电路由分立的二极管、晶体管和电阻等元件组成；集成门电路种类繁多，应用范围十分广泛。

7.3.4　集成电路及其应用

随着电子技术的高速发展，继电子管、晶体管之后，人们于 20 世纪 60 年代研制出了集成电路。集成电路是把构成某些具有通用或专业功能的模块电路各个元件以及相互之间的连线制造在同一块半导体芯片上，并进行封装，只将必须的引线以引脚(或管脚)的形式引出。集成电路降低了成本，提高了电路的可靠性，减少了组装和调试的难度以及缩小了电子产品的体积。

集成电路按功能的不同可分为三大类：模拟集成电路、数字集成电路以及模数混合集成电路。模拟集成电路主要用于放大或变换模拟信号，常见的有集成运算放大器、集成功率放大器和集成稳压电源等；数字集成电路用于完成数字逻辑处理、数字运算以及时序控制等；数模混合集成电路是将信号放大、调理等处理模拟信号的模拟电路与实现数字信号处理、逻辑控制等的数字电路集成在一起，在集成度更大的情况下增强了集成芯片的功能，提高了电路的可靠性。下面主要介绍模拟运算放大器以及常用的数字集成电路。

1. 集成运算放大器

集成运算放大器简称集成运放，是一种高性能的多级之间的耦合放大电路。集成运算放大器可方便完成模拟信号的加、减、积分、微分、乘、除等数学运算，所以称其为“运算放大器”。随着电子技术的发展，集成运放的应用范围远远超出了信号运算的功能，现广泛应用在信号处理、信号测量及波形产生等方面。

1) 集成运算放大器的构成

集成运放电路主要由输入级、中间级、输出级和偏置电路等部分组成，图 7-18 是它的结构图。

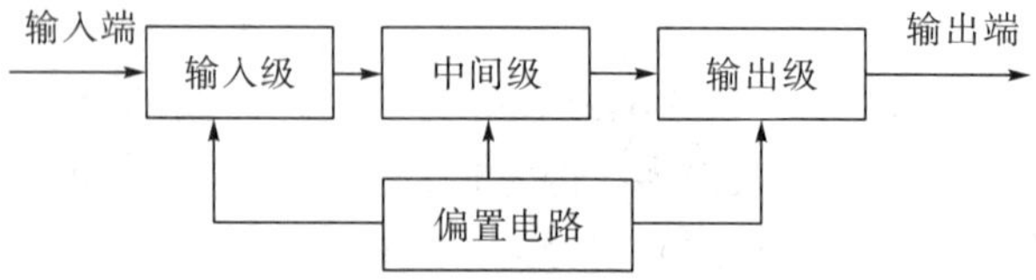

图 7-18　集成运放结构图

输入级由差分电路组成，其输入电阻高，抗干扰力强，是集成运放质量好坏的关键部分。输入级有两个输入端：同相输入端和反相输入端。当信号从同向端输入时，输出信号与输入信号相位相同；信号从反向端输入时，输出信号与输入信号相位相反。中间级主要由多级直接耦合电压放大电路组成，主要完成信号电压放大。输出级主要采用互补对称电路，完成信号电流放大。其主要性能是输出电阻低，带负载能力强，能输出足够大的电压和电流。偏置电路主要向各级电路提供稳定、合适的工作电压和电流，稳定电路的静态工作点。

图7-19(a)为采用双列直插8脚封装的集成运放uA741的外形和管脚排列图。其中1脚、5脚为偏置(调零)端；2脚为反相输入端；3脚为同向输入端；6脚为输出端；7脚、4脚为电源端。集成运放的电路符号如图7-19(b)所示。其中同相输入端用“+”表示，反相输入端用“－”表示。

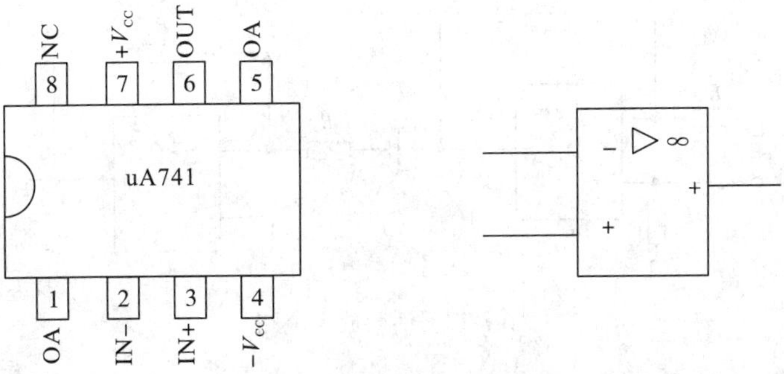

(a)外形　　(b)符号

图7-19　集成运放的外形及符号

2)集成运算放大器的应用

集成运放外加适当的反馈网络，可以组成多种不同功能的应用电路，其基本的应用是构成各种运算电路，主要包括比例运算放大器、加法器、减法器、积分电路和微分电路。下面主要介绍电子控制系统中用于信号放大的比例放大电路。

图7-20所示的电路中，信号从同向端输入，输出端的信号与输入信号同向，称为同相比例放大器。其输出与输入信号之间的关系表达式为

$$v_o = (1 + R_f/R_1)v_i \tag{7-7}$$

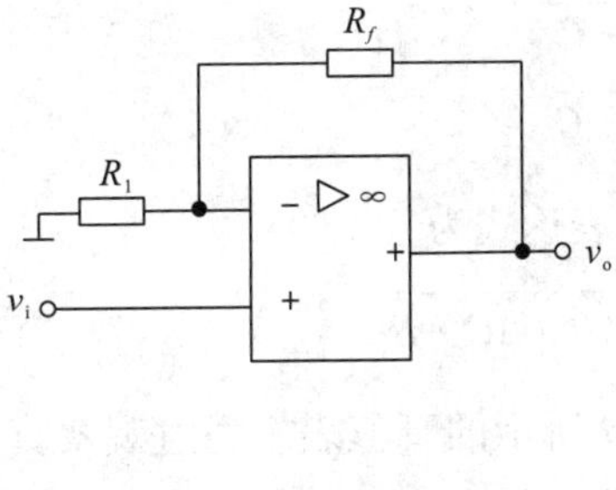

图7-20　同相比例放大器

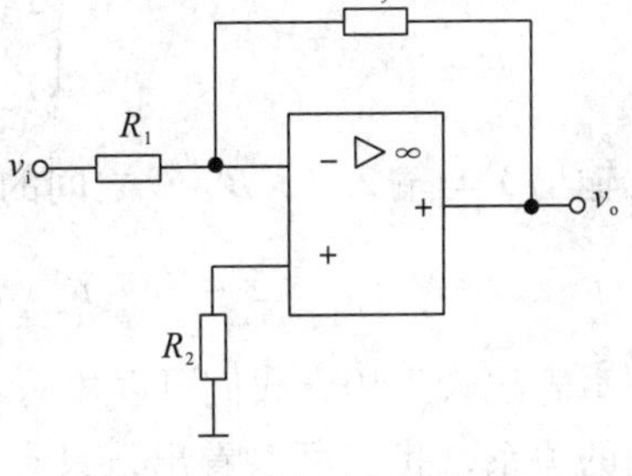

图7-21　反相比例放大器

图7-21所示的放大电路，信号从反向端输入，同向端接地，输出信号与输入信号相

位相反，称为反相比例放大器。其输出与输入信号之间的关系表达式为

$$v_o = -\frac{R_f}{R_1}v_i \tag{7-8}$$

同向放大器比反向放大器输入阻抗高，常用作弱信号的放大。图 7-22 为由两级运算放大器构成的话筒放大电路。由于话筒出来的信号很弱，只有 10 mV 左右，所以第一级采用高输入阻抗的同向放大器，第二级就可采用反向放大器。放大器在级联时，总电压增益为各单级放大电路增益的相乘。在话筒放大电路中，若第一级电压增益为 A_{V1}，第二级电压增益为 A_{V2}，则两级放大器总的电压增益 A_V 为

$$A_V = A_{V1} \cdot A_{V2} \tag{7-9}$$

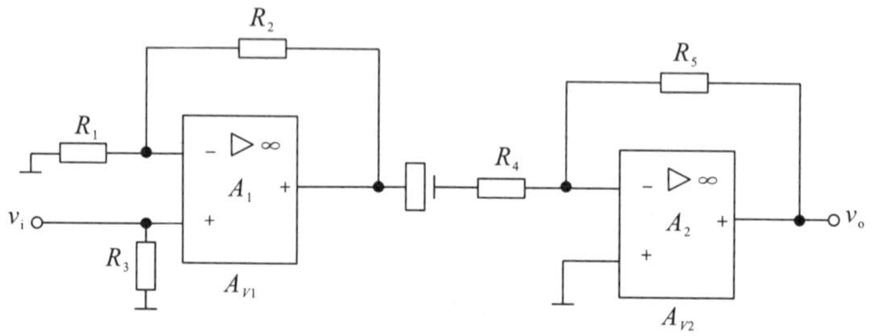

图 7-22 话筒放大电路

2. 数字集成电路

数字系统中，主要包括两种类型的逻辑电路：组合逻辑电路和时序逻辑电路。组合逻辑电路的输出信号仅仅取决于当前的输入信号。而时序逻辑电路的输出信号不仅与当前的输入信号有关，还与电路原来的初始状态(以前的状态)有关。另外，时序逻辑电路中通常包括组合逻辑电路和存储电路，并且存储电路是必不可少的，而组合逻辑电路中没用存储电路。

1)组合逻辑电路

我们先分析图 7-23 所示的逻辑电路，根据图，我们可以分别写出 Y_1，Y_2，Y_3 的逻辑表达式：

$$\begin{cases} Y_1 = \overline{A \cdot B} \\ Y_2 = \overline{A \cdot C} \\ Y_3 = \overline{B \cdot C} \end{cases} \tag{7-10}$$

所以，输出 Y 与输入 A，B，C 之间的逻辑表达式为

$$Y = \overline{Y_1 \cdot Y_2 \cdot Y_3} = \overline{\overline{AB} \cdot \overline{AC} \cdot \overline{BC}} \tag{7-11}$$

根据逻辑表达式 7-10，我们可以填写表 7-6 所示的真值表。通过观察真值表中输出与输入之间的关系，我们可以看出，只有 A，B，C 三个输入中有两个为 1 或三个均为 1，则输出为 1，其它情况输出均为 0。由此可以看出该电路是一个我们日常生活中使用的三人表决电路，即三人中只要有 2 人或 2 人以上表示同意，则某项决议通过。

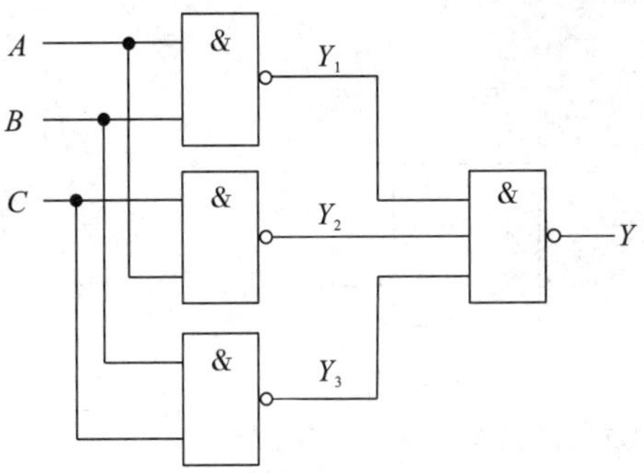

图7-23　三人表决电路

表7-6　三人表决真值表

输入			输出
A	B	C	Y
0	0	0	0
0	0	1	0
0	1	0	0
0	1	1	1
1	0	0	0
1	0	1	1
1	1	0	1
1	1	1	1

通过以上的三人表决逻辑电路，我们可以看出：该电路的输出只与当前的输入状态有关，所以该电路是一个组合逻辑电路。

组合逻辑电路是由前面介绍的与门、或门、非门等基本门电路组成的。实际生活中遇到的逻辑问题层出不穷，需根据具体情况设计相应的逻辑电路。但人们在实践中发现有些逻辑电路经常大量使用在数字系统中，如译码器、编码器、数据选择器、数值比较器、加法器等。为了使用方便，减少重复设计以及减少电路复杂性，人们将这些常用的逻辑电路设计好后，通过集成技术将它们制成标准化的集成电路芯片。如74LS138就是一个常用的3线-8线译码器；74HC148为常用的8线-3线编码器。编码器就是将每个实物用二进制代码表示的逻辑电路，而译码器正好是编码器的逆过程，它的功能是将输入的二进制代码译成对应的输出信号或另外一个代码。关于常用组合逻辑电路的具体介绍和应用请参考相关数字电子技术书籍。

2)时序逻辑电路

数字系统中另外一类重要的数字电路是时序逻辑电路，该电路的结构和组成较组合逻辑电路复杂，其分析设计也比组合逻辑电路复杂得多。时序逻辑电路中必不可少的部分是具有记忆功能的存储器，而存储电路是由触发器构成的，下面我们先分析几种常见的触发器。

我们把能够存储1位二值信号的单元电路称为触发器。触发器按工作状态可分为双稳态触发器、单稳态触发器、无稳态触发器(多谐振荡器)。双稳态触发器按逻辑功能又可分为RS触发器、JK触发器、D触发器和T触发器。下面主要介绍实现能记忆二值信号的双稳态触发器，简称触发器。触发器具有以下功能和特点：两个稳定状态(简称稳态)，即逻辑状态0和1；具有置1、置0功能：在触发信号作用下，两个稳定状态可相互转换，即状态翻转；触发信号消失后，新状态可长期保持下来，所以触发器具有记忆功能，可用以存储二进制信息。

(1)基本RS触发器。由与非门构成的基本RS触发器如图7-24(a)所示，图7-24(b)为基本RS触发器的符号。为便于分析，我们作如下定义：$\overline{S_D}$为置1输入端、$\overline{R_D}$为置0输入端；Q端输出1时为触发器的1状态，Q端输出0时为触发器的0状态；$\overline{Q}$端为触发器的反向输出端，即 Q 输出 1 时 $\bar{Q}$ 输出 0；Q 输出 0 时 $\bar{Q}$ 输出 1。

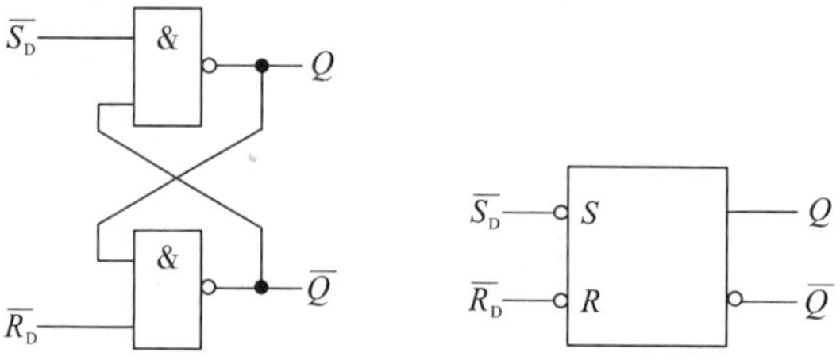

（a）基本 RS 触发器　　（b）基本 RS 触发器符号

图 7-24　基本 SR 触发器及其符号

根据 RS 触发器的电路和与非门的特点可知：

当 $\overline{S}_D$ 为 0，$\overline{R}_D$ 为 1 时，Q 端输出 1，$\bar{Q}$ 端输出 0。在信号撤销（即回到高电平 1）后，$\bar{Q}$ 输出的 0 会让 Q 端继续保持 1 状态。

当 $\overline{S}_D$ 为 1，$\overline{R}_D$ 为 0 时，Q 端输出 0，$\bar{Q}$ 端输出 1。在信号撤销（即回到高电平 1）后，$\bar{Q}$ 输出的 1 会让 Q 端继续保持 0 状态。

当 $\overline{S}_D$ 为 1，$\overline{R}_D$ 为 1 时，电路维持原来的功能不变。

当 $\overline{S}_D$ 为 0，$\overline{R}_D$ 为 0 时，Q 端输出 0，$\bar{Q}$ 端也输出 0，此时既不是 1 状态又不是 0 状态。在 $\overline{S}_D$、$\overline{R}_D$ 信号撤销（即回到高电平 1）后，输出的状态有可能是 0 状态，也可能是 1 状态。即输出状态在输入信号撤销后状态无法确定，所以 $\overline{S}_D$、$\overline{R}_D$ 不应同时为 0，并将此条件定义为约束条件。

根据以上的逻辑关系可得表 7-7 所示的 RS 触发器特性表。表中的 Q^* 为触发器的新状态。从表中输入、输出之间的逻辑关系可以看出，基本 RS 触发器的输出的新状态 Q^* 与输入状态和触发器初始状态有关。图 7-25 为基本 RS 触发器的工作波形。

最常用的两种集成触发器是 D 触发器和 JK 触发器，它们均是由基本触发器加控制电路构成的。这里仅介绍 D 触发器和 JK 触发器的功能以及工作波形，对其内部结构电路不作介绍。

表 7-7　RS 触发器特性表

$\overline{S}_D$	$\overline{R}_D$	Q	Q^*	功能
0	0	0	×	不定态
0	0	1	×	
0	1	0	1	置 1
0	1	1	1	
1	0	0	0	置 0
1	0	1	0	
1	1	0	0	保持
1	1	1	1	

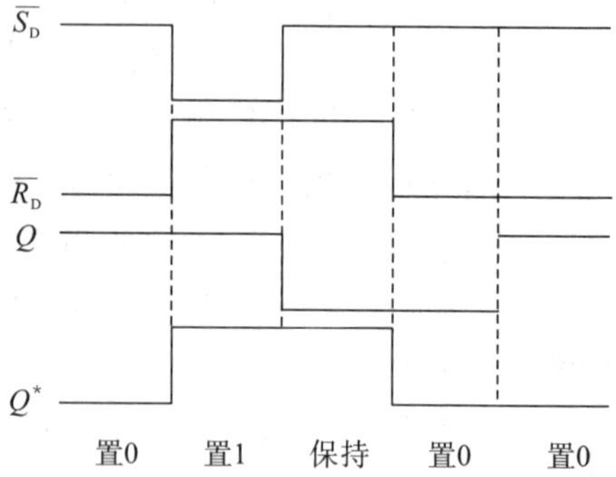

图 7-25　基本 RS 触发器工作波形

(2) D 触发器。图 7-26(a)为 D 触发器的逻辑符号，其中 D 为数据输入端，CP 是时钟输入端，用于控制数据的存储。时钟信号是一种周期性的矩形脉冲信号，在数字系统中用于各部分同步变化的节拍信号。图 7-26(b)为 D 触发器初始状态为 0 的工作波形，表 7-8 为其工作特性表。

图 7-26(a)所示触发器逻辑符号的时钟输入端有一个“ > ”符号，表示数据的存入是发生在时钟信号的上升沿(即由 0 变 1 的时刻)。在数字电路中若输入端有“ > ”符号，则为上升沿触发；若输入端既有“ > ”符号，外面又有圆圈则表示是下降沿触发；若无“ > ”符号，且无圆圈，则表示是高电平触发；若无“ > ”符号，有圆圈，则表示是低电平触发。

根据表 7-8 可写出 D 触发器上升沿触发的特性方程：

$$Q^{*} = D(CP\uparrow) \tag{7-12}$$

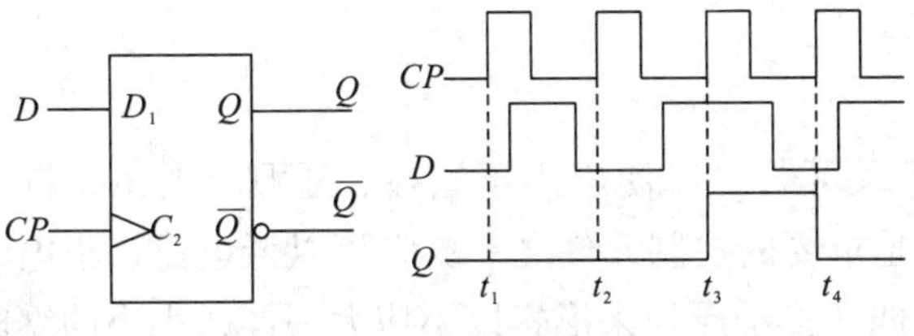

(a) 逻辑符号　(b) 工作波形

图 7-26　D 触发器

表 7-8　D 触发器特性表

D	Q	Q^*
0	0	0
0	1	0
1	0	1
1	1	1

(3) JK 触发器。JK 触发器的符号如图 7-27(a)所示。J 和 K 为输入端，其作用与基本 RS 触发器的 S 和 R 相似；C 为时钟信号输入端，时钟端有一个“ > ”符号，并且外面画了圆圈，表明该触发器是时钟的下降沿(即由 1 变 0 的时刻)锁存数据，在两个相邻时钟脉冲的下降沿之间，触发器的状态都保持不变。图 7-27(b)为 JK 触发器工作波形。

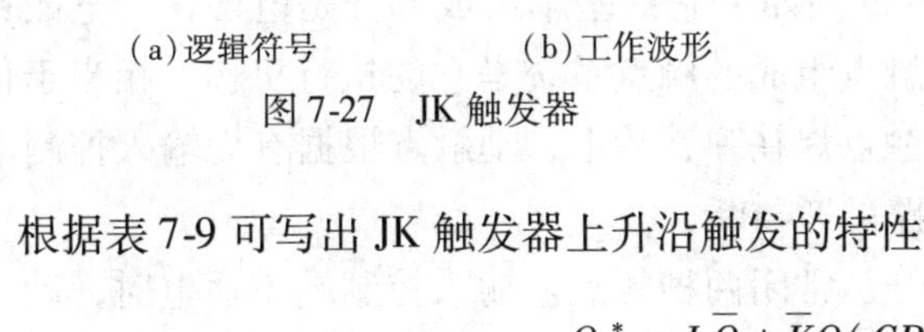

(a) 逻辑符号　(b) 工作波形

图 7-27　JK 触发器

表 7-9　JK 触发器特性表

J	K	Q^*
0	0	Q
0	1	0
1	0	1
1	1	$\overline{Q}$

根据表 7-9 可写出 JK 触发器上升沿触发的特性方程：

$$Q^{*} = J\overline{Q} + \overline{K}Q(CP\downarrow) \tag{7-13}$$

3) 中规模数字集成电路

集成门电路属于小规模集成电路。由若干门电路组成的编码器、译码器等集成电路通常属于中规模集成电路。随着集成技术的发展，中、小规模的数字集成电路使用逐渐减少。在一个硅片上集成数百、数千个门电路的大规模、超大规模数字集成电路应用越来越多。如可编程逻辑器件(PLD)和现场可编程门阵列(FPGA)等，为电子控制系统的实现提供了极为有利的条件。此外，还涌现出各种新型的数字集成电路。

7.4 电子控制系统的执行部件

在电子控制系统中，传感器相当于人的五官，控制(处理)部分相当于人的大脑，执行部件相当于人的手脚。前面，我们已经介绍了电子控制系统中的输入部分、控制部分的相关基础知识，本节主要介绍输出部分中的执行部件。执行部件是执行控制部分发出的命令，完成对被控对象的控制，是电子控制系统中非常重要的部分。电子控制系统中常用的执行部件有继电器、晶闸管、电机等。

7.4.1 继电器

继电器是具有隔离功能的自动开关元件，广泛应用于遥控、遥测、通讯、自动控制、机电一体化及电力电子设备中，是重要的控制元件之一。它可以低电压、小电流控制高电压、大电流。正如人们常用“四两拨千斤”来形容以小搏大一样，小小的继电器就有这种“以小搏大”的功能，在电子控制系统中得到了广泛的应用。

1. 继电器的分类

作为开关元件，继电器的输入与输出电路之间完全隔离，抗干扰能力强。继电器的种类繁多，从不同的角度可以把继电器划分为不同种类：

(1)按继电器输入物理量，分为电磁继电器、温度继电器、热继电器、时间继电器等；

(2)按继电器执行机构特征，可分为触点继电器和无触点继电器；

(3)按照输入电路的控制电流的类别，可分为直流电磁继电器和交流电磁继电器。

其中常见的是电磁继电器，它是通过输入电压或电流控制电磁铁实现对机械开关的控制的。

2. 电磁继电器的结构及工作原理

电磁继电器一般由铁芯、线圈、衔铁、触点簧片以及弹簧等组成。电磁继电器的结构及符号如图7-28所示，实物如图7-29所示。它的基本组成部分是电磁铁，电磁铁线圈的输入端接低压控制信号，动、静触点组成的触点系统是它的执行机构，相当于传统电路中使用的机械开关。该结构中动触点焊在弹簧片上，动触点根据有无输入控制电压与不同的静触点接通，以控制输出电路的通与断。

常见直流电磁继电器的触点有常开、常闭两种触点。输入控制端不通电时，动、静触点处于断开状态的称为常开触点，处于闭合状态的触点称为常闭触点。

从图7-28(a)可以看出，当继电器输入控制端施加适当的电压时，线圈中流过电流就会使电磁铁产生足够大的电磁力，电磁力克服弹簧的拉力，将衔铁吸向铁芯，于是使动触点与常开触点连接，接通输出电路；当取消输入控制端的电压时，电磁铁电磁力消失，动触点与常开触点断开，此时输出电路断开。所以，电磁继电器是一种根据输入端控制信号来控制输出电路“通”与“断”的器件，这样就可以利用继电器来实现输出电路中的设备控制。

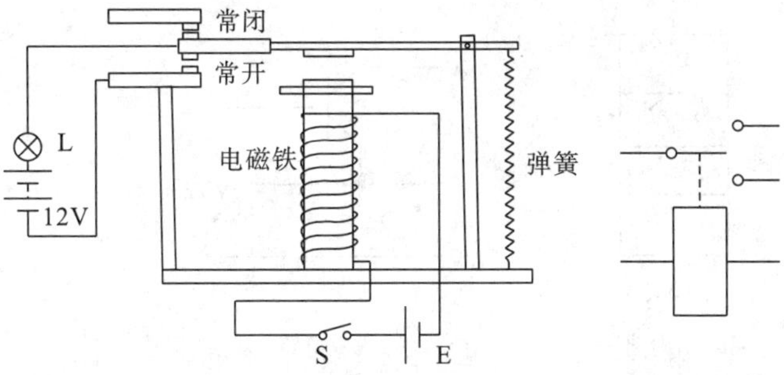

(a)电磁继电器的结构　(b)电磁继电器的符号

图 7-28　电磁继电器结构和符号

图 7-29　电磁继电器的外形

为了可靠地控制电磁继电器，并让继电器的动触点正确地动作，在使用继电器时必须先了解继电器的技术参数。继电器主要参数如下。

额定工作电压：额定工作电压指继电器正常工作时输入控制端所加的电压值，不同型号的继电器，其额定工作电压不同，常见有 3 V，5 V，9 V，12 V，24 V 等。

吸合电流：吸合电流指继电器动触点能正常动作时，输入控制端所需要提供的最小电流值。为了保证继电器稳定工作，提供给继电器的工作电流必须略大于规定的吸合电流值。

释放电流：释放电流指继电器从吸合状态转入释放状态的最大电流值，该值比吸合电流值小很多。

直流电阻：直流电阻指线圈的直流电阻，一般在几百欧到几千欧之间，可以用电表测出这一电阻值。

触点负荷：触点负荷是指继电器触点所承受的开路电压和闭合电流值。

电磁继电器具有工作可靠、体积小、结构简单、生产方便、输入和输出隔离等优点。它的不足之处是触点频繁接通、端开，影响寿命。随着半导体技术的发展，人们研制出了无触点的固态开关元件。晶闸管就是一种无触点继电器。

3. 晶闸管结构及工作原理

晶闸管由于没有可动触点，不产生电火花，因而它的可靠性高，寿命长。由于采用半导体技术生产，易于集成，晶闸管被广泛应用于计算机外围接口装置、电炉加热恒温系统、医疗器械、遥控系统、工业自动化装置等场合中。晶闸管有单向晶闸管和双向晶闸管两大类，这里我们主要介绍单向晶闸管。

7.4.2　晶闸管

1. 单向晶闸管的构造

单向晶闸管是晶体闸流管的简称，俗称可控硅。可控硅是一种工作于开关状态的大功率半导体器件，具有体积小、重量轻、效率高、寿命长、使用灵活方便等特点，能在高电压、大电流条件下工作，且其工作过程可以以低电压、小电流控制，被广泛应用于可控整流、交流调压、无触点电子开关、逆变及变频等模拟电路中，其电路图形符号如图 7-30(a)所示，结构图如图 7-30(b)所示。

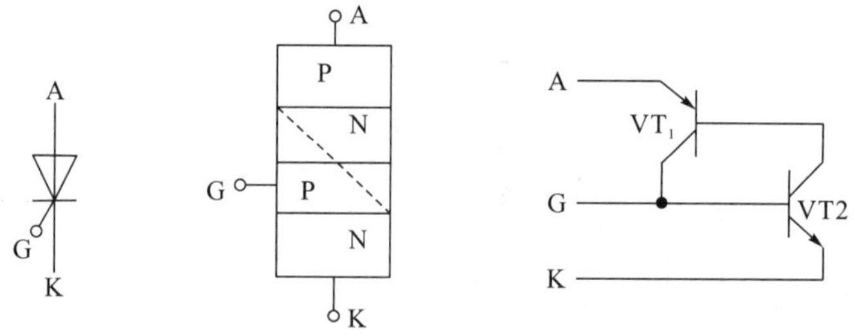

(a)电路图符号　(b)结构图　(c)等效电路图

图 7-30　单向晶闸管的图形符号及结构和等效电路

单向晶闸管三个引出端分别是阳极 A、阴极 K、控制极 G，阳极与阴极之间具有单向导电的性能，其结构可以等效为一只 PNP 晶体管和一只 NPN 晶体管组成的复合管，其等效电路如图 7-30(c)所示。

2. **晶闸管的工作原理**

晶闸管和二极管一样只能正向导通，反向连接时处于阻断状态。不同的是，晶闸管的导通是受控制极 G 控制的。我们先看图 7-31 所示的试验电路，当开关 S 未闭合前，晶闸管并不会向二极管一样导通使灯 L 发光。当开关 S 闭合后，控制极 G 加上了控制电压，此时灯 L 发光，说明晶闸管在控制极 G 上的控制电压作用下导通了。当开关 S 再次断开后，灯会继续发光。这说明晶闸管一旦导通后，控制极便失去了控制作用。

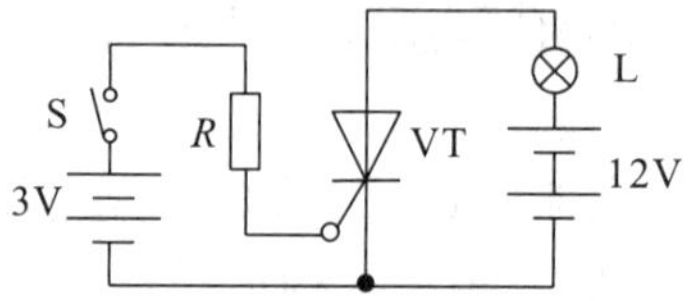

图 7-31　晶闸管控制电路

通过以上试验，我们可得出晶闸管有如下工作特性：

当晶闸管反向连接(即 A 接电源负端，K 接电源正端)时，无论门极 G 所加电压是什么极性，晶闸管均处于阻断状态；

晶闸管导通后，控制极 G 便失去了控制作用；

晶闸管一旦阻断，即使其阳极 A 与阴极 K 之间又重新加上正向电压，仍需在门极 G 和阴极 K 之间重新加上正向触发电压后方可导通。

7.5　电子控制系统的设计及应用

前面，我们已经学习了控制系统中的信号获取、控制部件、执行部件的相关知识，本节我们将在进一步了解电子控制系统的构成及作用的基础上，学习电子控制系统的分析方法，学会简单的电子控制系统的设计、制作、调试与优化。

7.5.1　开环电子控制系统实例分析

我们知道，在一个开环电子控制系统中，被控量的变化不会引起控制量的改变。下面主要介绍一个开环电子控制系统：高温报警器。

高温报警器电路如图 7-32 所示。高温报警电路由电桥、电压比较器构成，其核心是电压比较器(LM311)。R_1和R_2、R_3和R_4组成电桥，其中R_2为正温度系数热敏电阻。常温下，调节可变电阻R_3可使比较器的同相输入端(第 3 脚)的电压略小于反相输入端(第 2 脚)的电压，此时比较器的输出(第 1 脚)为低电平，发光二极管 L 不亮。当温度逐渐升高时，R_2的阻值逐渐增大，比较器同相输入端的电压随之升高，当同相输入端的电压比反相端电压高时，比较器的输出由低电平转为高电平，发光二极管 L 亮，此时的温度值就是该高温报警器的报警温度。

该高温报警器的输入信息为温度，输入部分包括热敏电阻和电桥，它们完成温度信息的采集，并转换为电信号；控制部分为电压比较器，它完成对输入部分送出的电压信号的判断(处理)；输出部分也是电压比较器，它同时完成执行部件的功能，驱动二极管。

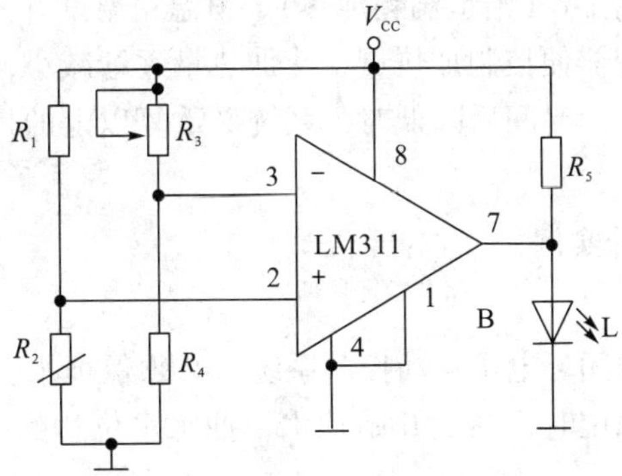

图 7-32　高温报警器

7.5.2　闭环电子控制系统设计及实例

闭环电子控制系统是在开环电子控制系统基础上增加反馈环节而构成的。它具有较高的控制精度，能实现自动控制。冰箱、恒温箱、空调、智能洗衣机等大都采用闭环电子控制系统。

1. 闭环电子控制系统实例分析

图 7-33 为一恒温箱自动控制系统，从结构图可以看出该系统为闭环电子控制系统。其主要部件包括控制处理器、执行器、温度检测装置，各部分功能分别如下。

1) 输入预设温度

根据恒温箱所需要的温度值，预先通过键盘(或拨码开关)设置好恒温温度值。

2) 控制处理器

其核心部件是一个微处理器，能对预置设定的温度值和输出中检测到的温度值进行比较、分析和判断，并向执行器发出是否加热的命令。

3）执行器

它由可控硅组成。当它接到加热信号时，便接通加热电路的电源，此时加热装置开始工作；当它接到停止加热信号时，可控硅便断开加热电路。

4）检测装置

它主要由温度传感器、信号放大器等组成。温度传感器将检测到的恒温箱的温度转变为电信号，并通过放大等处理后反馈到电子控制系统的控制（处理）部分。

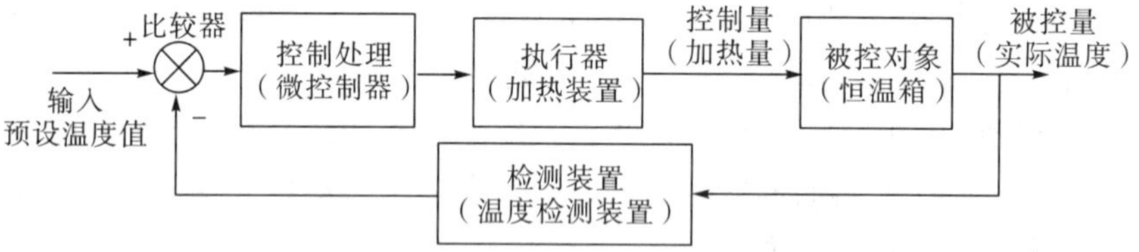

图 7-33　恒温箱控制系统

系统接通电源后，首先从键盘输入预设的温度值（假设恒温箱要求的恒温温度高于外部环境温度值），同时检测装置检测恒温箱内的实际温度值。当实际温度值低于预设的温度值，执行器便开始工作（给恒温箱加热），恒温箱温度开始逐渐上升，当温度快上升到设定温度时，微处理器便控制加热量，使加热量逐渐减小，直到温度达到设定的温度值。当恒温箱温度过一段时间后降低时，系统又重复以上的控制过程，由此使恒温箱的温度始终保持恒温。

2. 闭环电子控制系统设计实例

1）设计要求

设计并制作水箱水位闭环电子自动控制系统，必须保证水箱中的水位保持一定的高度，即当水位低于某一水位时，系统开始抽水，抽水水位达到一定高度（要求不能高于的水位）后，便停止抽水。

2）设计分析

根据对设计要求的分析，被控量是水箱中水位的高度，被控对象是水箱中的水；由于对水箱中水位的高度变化有明确的要求，水箱中储存的水不能超过某一高水位，也不能低于某一低水位，所以必须对被控量进行检测，并反馈给控制处理器。根据以上的分析，要实现这一控制系统必须采用闭环电子控制系统。根据闭环电子控制系统方框图，选择合适的输入、控制处理器、执行器、反馈检测装置的元器件、设备等。

输入：由两根裸露硬铜电线组成水位探头，一根用于探测水箱低水位，另一根用于探测水箱高水位。可通过调整高、低水位探头的位置，预置水箱中的高、低水位位置。

控制处理器：它由电子电路组成，根据对预置的高、低水位和检测的高低水位的比较、判断，向输出部件发出向水箱抽水或停止抽水的指令。

输出：输出部分主要由电磁继电器、电动机、水泵等组成，其中电磁继电器控制电动机的开和关，电动机带动水泵工作，水泵将水池中的水送入水箱。

检测：水位探测传感器（两根铜线）对水箱水位随时进行检测，并把水位信号转换为电信号，送入控制处理器。

3）设计方案

根据闭环控制系统的结构和以上分析，画出水箱水位闭环电子控制系统方框图，如图 7-34 所示。

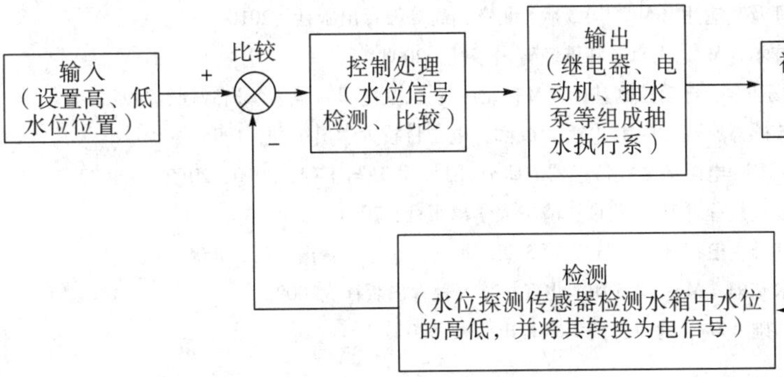

图 7-34　水箱闭环电子控制系统方框图

4）设计组成水箱闭环电子控制系统的电路图

由比较器 LM311 和与非门构成的基本 RS 触发器组成的水箱闭环电子控制系统电路如图 7-35。

5）工作过程

接通系统电源，当水箱中传感器中的低水位探头 B 探测到水箱中的水位处于低水位状态时，它立即把这个信号送入比较器，经比较器比较后，产生一个触发电压，使三极管 VT 导通，继电器开关吸合，抽水泵开始抽水，水箱水位不断升高，当水位升高到高水位刻度时，水面与水位传感器的高水位探头 A 接触，立即产生一个电信号，并把信号反馈给比较器，比较器比较后产生一个触发电压，使三极管 VT 截止，继电器开关断开，电动机的电源关闭，水泵停止抽水。这样不断循环，从而使水箱中的水位始终保持在低水位和高水位之间。

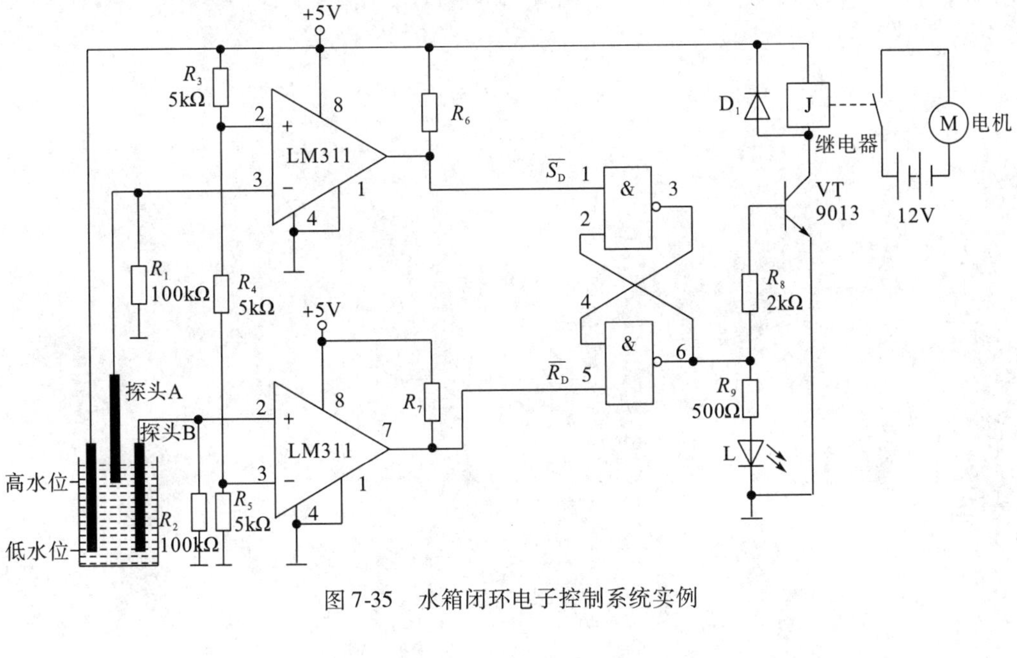

图 7-35　水箱闭环电子控制系统实例

参考文献

[1] 黄坚. 自动控制原理及其应用 [M]. 第3版. 北京：高等教育出版社，2010.
[2] 顾建军. 电子控制技术 [M]. 南京：江苏教育出版社，2008.
[3] 沈裕康，严武升，杨庚辰. 自动控制基础 [M]. 西安：西安电子科技大学出版社，1995.
[4] 黄贤武，郑筱霞. 传感器原理与应用 [M]. 成都：电子科技大学出版社，1995.
[5] 杨艳，安盼龙，赵瑞娟. 电阻应变式传感器的研究 [J]. 物理与工程，2010，20(2)：29-33.
[6] 程佩青. 数字信号处理教程 [M]. 北京：清华大学出版社，2004.
[7] 康华光. 电子技术基础：模拟部分 [M]. 第5版. 北京：高等教育出版社，2006.
[8] 阎石. 数字电子技术基础 [M]. 第5版. 北京：高等教育出版社，2008.
[9] 张龙兴. 电子技术基础 [M]. 北京：高等教育出版社，2005.

第8章　简易机器人制作技术

8.1　机器人概述

8.1.1　机器人溯源

一般认为，机器人(robot)是指能自动执行工作的机器装置。1921年，捷克剧作家卡雷尔在*Rossum Suniversal Robot*剧本中提出“仆人”概念，这大概就是英文中“robot”一词的最早来源。我国有记载的机器人可追溯到3000年前。西周时期，我国能工巧匠偃师就研制出了能歌善舞的伶人，这大概就是我国最早记载的机器人；《墨经》中还记载了春秋后期鲁班制造的木鸟，能在空中飞行“三日不下”；后汉三国时期，蜀国丞相诸葛亮制造出了“木牛流马”，并用其运送军粮。西方的机器人制作历史也比较早。公元前2世纪，亚历山大时代的古希腊人发明了自动机，它是以水、空气及蒸汽压力为动力的可移动雕像，可以自己开门，还可以借助蒸汽唱歌；1738年，法国技师杰克·戴·瓦克逊发明自动机器鸭，可游水、发音，还能模拟进食和排泄。1768～1774年，瑞士钟表匠罗德斯父子3人制造了真人大小的写字偶、绘图偶、风琴偶仿真人，至今还保存在瑞士纳切尔艺术与历史博物馆。

图8-1　古代机器人

智能机器人是近代才提出的概念，它是近代控制论、机械电子、计算机、材料和仿生学等学科发展的产物，尤其是当代科学技术高度发展与融合的产物。一般认为，智能机器人是靠自身动力系统和控制系统实现各种功能的一种机器。

联合国标准化组织把机器人定义为：“一种可编程和多功能的，用来搬运材料、零件、工具的操作机；或是为了执行不同的任务而具有可改变和可编程动作的专门系统。”

美国机器人协会(RIA)对机器人的定义为：“机器人是用以搬运材料、零件、工具的可编程序多功能操作器或是通过可改变程序动作来完成各种作业的机械装置。”

美国国家标准局(NBS)则将机器人定义为：“机器人是一种能够进行编程并在自动控制下执行某些操作和移动作业任务的机械装置。”

日本工业机器人协会(JIRA)将机器人定义为：“工业机器人是一种装备有记忆装置

和末端执行器，能够转动并通过自动完成各种移动来代替人类劳动的通用机器。”

《中国大百科全书》将机器人定义为：“能灵活地完成特定的操作和运动任务，并可再编程序的多功能操作器。”

可见，各界对机器人的定义尚未形成统一认识，机器人概念到目前为止还没有一个公认的确切标准。实际上，机器人还处于深度发展状态中，随着机器人的进化和机器人智能的发展，上述对机器人的定义都有必要做出适当修改。尽管人们对机器人的定义还不统一，但对机器人的科学价值却是公认的。美国当代著名科普作家、科幻小说作家艾萨克·阿西莫夫(Isaac Asimov)在1950年所著小说“I，Robot”中提出了著名的机器人三定律：

机器人不得伤害人类，或袖手旁观坐视人类受到伤害；

除非违背第一法则，机器人必须服从人类的命令；

在不违背第一及第二法则下，机器人必须保护自己。

机器人三定律的提出实际上是人类对机器人的价值的思考，这种价值代表了以人为本的科学价值精神，因此机器人三定律成为当代世界公认的准则和规范。从人类制造出第一个机器人到今天，已历经数千年，但限于人类的科技水平，机器人技术在过去的近千年进程中进展并不大。在最近的几十年时间里，尤其是计算机、控制、材料、仿生、通信等技术发展起来以后，机器人才真正获得了前所未有的发展。

当代机器人已由过去被观赏和充当玩具的角色开始走向真正替代人类的转变。当前，机器人技术已广泛渗透到工业、医疗、军事等各个领域。未来随着人类科技的进步，机器人也必将有更为广阔的应用空间。

8.1.2 机器人分类

现实中的机器人千差万别，它们有不同的形状、功能和应用领域。因此按不同的标准，可以把机器人分为不同的类型。正如机器人的定义一样，这种分类来自人们的不同认识，还没形式统一的标准。

1. 按几何结构分类

按几何结构可将机器人分为：直角坐标机器人，由互相垂直的导轨和手臂构成的机器人；柱面坐标机器人，由垂直柱子、水平手臂和底座构成工作区间为圆柱面的机器人；球面坐标机器人，由底座、球关节和手臂构成，其工作区间为球面的机器人；关节式球面坐标机器人，由躯干、上臂和前臂等构成的机器人等。

2. 国外按应用领域分类

国外按应用领域将机器人分为：工业机器人，应用于工农业生产的机器人，服务机器人，自主或半自主工作，提供服务的机器人；探索机器人，用于太空、海洋、地下探险和探索的机器人；军事机器人，用于军事目的，又可分为陆、海、空、天等领域的军用机器人。

3. 国内按应用领域分类

国内按应用领域将机器人分为：工业机器人，应用于工业生产的机器人；特种机器人，用于危险、恶劣环境下替代人类工作的机器人；服务机器人，一种自主或半自主工作，为人们提供各类服务的机器人。

此外，还可以将机器人按驱动方式、用途、智能水平、控制方式等进行分类。

8.1.3　当代先进机器人

国外对机器人的研究经历了第一代、第二代、第三代，当前已经进入第四代机器人研究。国外先进机器人在工业、军事、医疗服务等领域已有众多成功的应用。相比之下我国先进机器人的研究还有很长一段距离需要追赶，但在近十多年时间里也取得了世人瞩目的成绩。我国机器人研究水平大致排名在世界前 5 位。

美国在机器人研究领域一直处于世界领先地位，近年来先进机器人频频亮相。例如 2006 年，美国波士顿实验室研制出了“Big Dog”战斗机器狗。该机器狗的用途是在危险的战场上为士兵运送弹药、食物和其他物品，能负重 40 公斤，实验测试中展示出了惊人的活动能力和适应性，轰动全球。而后的 2012 年 3 月，波士顿实验室又向世界宣布了一款“猎豹”机器人，该机器人为仿生猎豹，采用液压驱动方式，奔跑速度可达 29 公里每小时，是目前有足机器人中移动最快的。此外，美国还在微小型机器人、医疗机器人等方面领先世界水平。

日本在机器人研究领域也非常突出，尤其在家用和医疗领域方面。最具代表性的是本田公司研制的阿西莫机器人，该机器人最早于 2000 年 11 月在横滨国际和平会议中心举行的机器人展示会上亮相。到 2006 年，阿西莫机器人已能用 6 公里每小时的速度跑步，并具有端茶送水、推车、语言交流、上下楼梯、踢足球等能力。是仿人机器人中非常出色的研究成果。

改革开放以来，随着国家对高科技领域的日益重视，我国机器人研究已获得了长足的进步，成果不断。1995 年，由沈阳自动化研究所研制的 CR-01、CR-02 系列机器人，完成了 6000 米深海无缆自治机器人试验，这是中国第一个深海机器人。2004 年，由北京航空航天大学设计的 SPC-Ⅱ型机器鱼，在北戴河进行了长距离风浪条件下的海试，取得了重要成果。2005 年，北京理工大学 985 项目“汇童”机器人 BHR-2 实现了人形机器人研究的重大突破，该机器人能表演太极拳、刀术等。2011 年，国防科技大学自主研制的无人车完成了长沙到武汉的 286 公里无人驾驶实验。随着我国太空、海洋事业的发展，我国还研制了月球探测车、深海探测潜艇等先进机器人。当前中国机器人研究正处于蓬勃发展时期，相信不久的将来一定能赶超世界一流水平。

图 8-2　当代先进机器人

8.1.4 机器人关键技术与难点

机器人技术具有综合性，机器人关键技术与各个领域的关键技术密切相关。随着科技的进步，机器人技术也将不断深入。就目前智能机器人的发展趋势来看，机器人技术发展方向主要有两个：一是前沿技术方向，包括仿生机构、环境感知、协调操作、智能交互、安全和谐方面；二是产业关键技术方向，包括标准化体系结构、模块功能部件、软件中间件、接口协议等。但限于人类目前的科技水平，当前机器人技术所要解决的关键问题仍旧是稳定、准确、快速，包括了理论方法、机构技术、感知与模式识别技术、控制技术、人机交互技术等多个内容。机器人研制所涉及的核心技术，可以归纳为：嵌入式实时操作系统与 SOPC 技术；嵌入式模块化机构技术；微小型传感器技术；微小型动力、驱动与自主充电技术；环境感知与规划技术；网络操作与控制、人机交互技术；系统与工业设计技术等。

目前来看，机器人技术还面临诸多难点，这些难点包括理论、结构技术以及控制与感知等多个方面。

理论方法面临的困难有：静态与动态模型构建、复杂模型计算方法、基于传感器变结构方法等。

结构技术面临的困难有：柔性机构、冗余度结构、智能材料、精确加工、人工肌肉、多自由度灵巧机构等。这些问题涉及的学科范围广，用目前人类已有的科技，要全面解决有相当的难度。

感知与模式识别技术的困难有：内部姿态感知、外部环境感知，如距离、力觉、触觉等方面。特别是视觉问题，类似生物的物体识别技术需要人工智能技术的进一步发展。此外，信息抗干扰技术、微弱信号感知与处理、大容量信息存储与传输、超量计算等，都是很具挑战性的课题。

控制技术方面的困难有：基于模型、基于知识、基于感知方面的控制技术，如非线性、分段、变结构控制等。而人机交互技术，还面临通讯、时延、共享控制、临境等困难。

从以上方面来看，机器人关键技术问题仍需要长期深入研究才能找到满意答案，但机器人技术给人类社会带来的推动作用是巨大的，有理由相信未来机器人会给人类带来美好而光明的前景！

8.2 机器人基本结构与组成原理

8.2.1 机器人一般结构

机器人工作原理比较复杂，不同类型的机器人其结构、机械、电气、控制等方面千差万别。一般来说，机器人系统可分成 3 个部分，6 个子系统，如图 8-3 所示。3 个部分包括传感器部分、控制部分及机械部分。6 个子系统指感知系统、机器人－环境交互系统、人机交互系统、控制系统、驱动系统、机械系统。

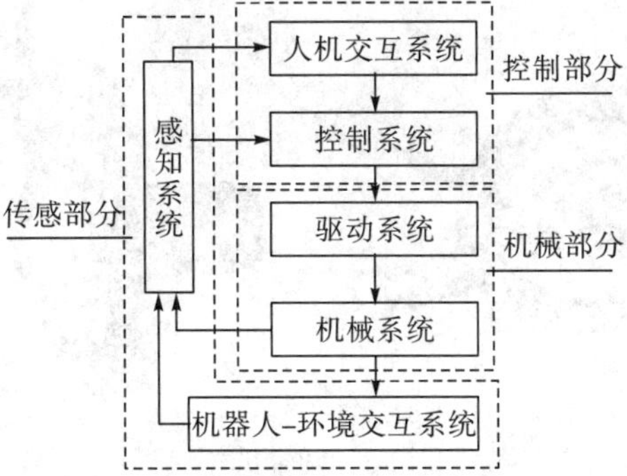

图 8-3　机器人一般组成结构

8.2.2　机器人动力系统

机器人动力系统是机器人重要的组成部分，它使机器人具有运动能力，图 8-3 所示结构中的机械部分实际上就是机器人的动力系统。这里主要介绍动力系统的两种机构：一种是将其他形式的能转变为机械能的机构，通常称为驱动机构；另一种是把运动或动力传递到目标工作机上的机构，通常称为传动机构。

驱动形式是多种多样的，比较常见的有液压驱动、气压驱动及电动驱动。随着材料科技的发展，出现了不少新型驱动方式，如静电驱动、磁致伸缩驱动等。传动形式多种多样，比较常见的有齿轮传动、链条传动、连杆传动、皮带传动等，近年来新型传动方式不断出现，并在机器人研制中得到应用。随着现代科技的日益进步，未来必将发展出众多类型的驱动与传动方式。

1. 传动机构

机械传动的主要作用是传递动力，或传递运动，或改变运动的形式。传动机构从原理上大致可分为三类：摩擦传动、啮合传动、推压传动。

1) 齿轮传动

齿轮传动通常分为圆柱齿轮传动和圆锥齿轮传动两种。圆柱齿轮有直齿、斜齿和内齿三种，如图 8-4 所示。一般来说，直圆柱齿轮制造方便，但齿上负荷比较集中，传动时不够平稳；斜圆柱齿轮传动平稳，载荷分布较均匀，但产生轴向分力，因此需要平面型轴承；内齿圆柱齿轮两轴旋转方向相同，占空间小，但不易加工。圆柱齿轮一般在两轴平行情况下传动，而在两轴线相交情况下，采用圆锥齿轮传动。

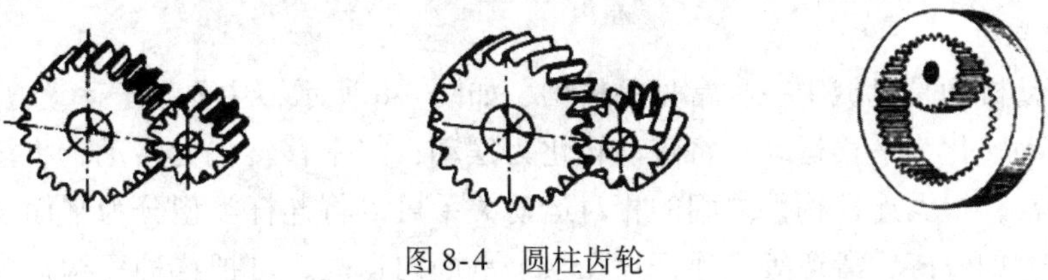

图 8-4　圆柱齿轮

圆锥齿轮有直齿和螺旋齿两种，如图 8-5 所示。直齿圆锥齿轮加工方便，但传动中噪音较大；螺旋圆锥齿轮传动圆滑，噪音小，传动比较稳定，但不易加工。

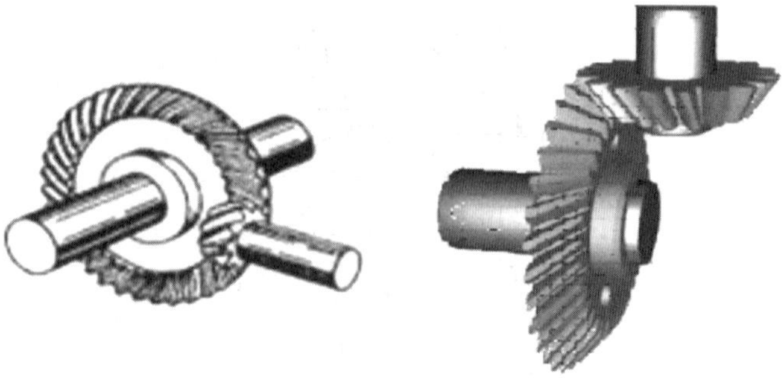

图 8-5　圆锥齿轮

齿轮传动效率高，结构紧凑，工作可靠，寿命长，是机械传动中最主要的一种方式。两个齿轮轴平行放置时，一个齿轮转动，另一个齿轮就会向相反方向转动。要使驱动齿轮与输出齿轮转动方向一致，可在这两个齿轮之间增加一个惰齿轮。齿轮传动是以齿轮相互齿合传递动力的，因此主动轮转过一个齿，从动轮也必定要转过一个齿，所以其转速与齿数成反比。不同齿轮搭配可以改变转速和转矩。当两齿轮大小相同时，它们的速度一样。但若从动轮小于主动轮，从动轮转速将会增加，在转速增加的同时，扭矩近似反比地减小。反之，转速减少，扭矩近似正比地增加。实际应用时，还应考虑机械传动的效率。

2）齿条传动

齿条传动也是一种应用广泛的传动方式。齿条可用以将旋转运动变为直线运动，也可以反过来将直线运动变成旋转运动，如图 8-6 所示。

图 8-6　齿条传动

图 8-7　蜗杆蜗轮传动

3）蜗杆蜗轮传动

在两轴轴线错成 90°而彼此既不平行又不相交的情况下，可以采用蜗杆蜗轮传动。蜗杆蜗轮传动中，蜗杆一般是主动的，蜗轮是被动的，因此可应用于防止倒转的装置上。它能得到较小的传动比，并且所占的空间小，一般应用于减速器上，如图 8-7 所示。

4）连杆传动

连杆传动机构是机械中一种常见的机构，如图 8-8 所示，主要用于运动方式的传递。例如，将转动转化为平移运动；将转动转化为摆动；将平移转化为转动；将摆动转化为转动等。通常，根据连杆构件之间的相对运动关系可以将连杆类型分为平面运动型和空间运动型。例如铰链、滑道等。连杆只在某个平面内运动，可把这种机构称为平面连杆机构。如果连杆可以在三维空间中运动，就称为空间连杆机构。

根据所用连杆的多少，连杆机构还可以分为三连杆机构、四连杆机构等多种类型。一般将五杆及五杆以上的连杆机构称为多杆机构。根据连杆的自由度不同可分为单自由度和多自由度两类。自由度为 1 时，称为单自由度连杆机构；自由度大于 1 时，称为多自由度连杆机构。

此外，根据形成连杆机构的运动链是开链还是闭链，还可以把连杆机构分为开链连杆机构和闭链连杆机构。例如机械手通常就是空间开链的连杆机构。单闭环的平面连杆机构的构件数至少为四个，因此最简单的平面闭链连杆机构是四杆机构，其他多连杆闭链机构就是在其基础上扩充杆组而成的。

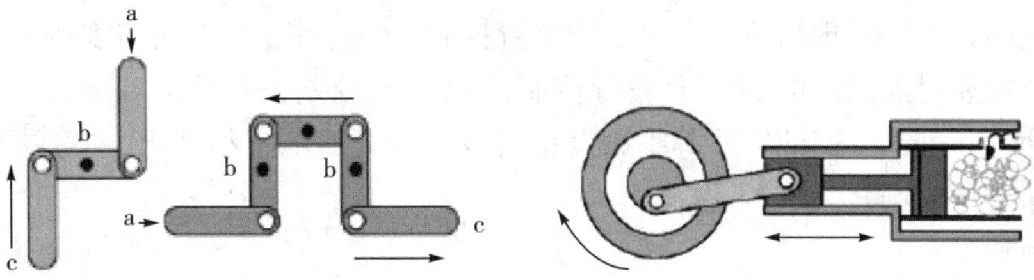

图 8-8　连杆传动

连杆传动在工业、家庭机械等方面都有广泛的使用，例如火车或者汽车上的曲柄机构、自行车脚踏板机构等。

5) 皮带传动

皮带传动依靠皮带与皮带轮之间的摩擦来传动。产生动力的皮带轮叫主动轮，被主动轮带动而转动的皮带轮称为被动轮或从动轮。皮带传动方式可分为开口式传动、交叉式传动、半交叉式传动、复式传动等。皮带传动所用皮带多种多样，从材质上分类可分为 PU 聚氨酯、PVC、橡胶等；从形状上分，有三角带、五角带、多沟带、齿形带、圆形带等；从功能上还可分为传动带、输送带等。

6) 链条传动

链条传动是由两个链轮和绕在两轮上的链条所组成的，靠链条与链轮之间的啮合来传递运动和动力，属于具有啮合性质的强迫传动(图 8-9)。

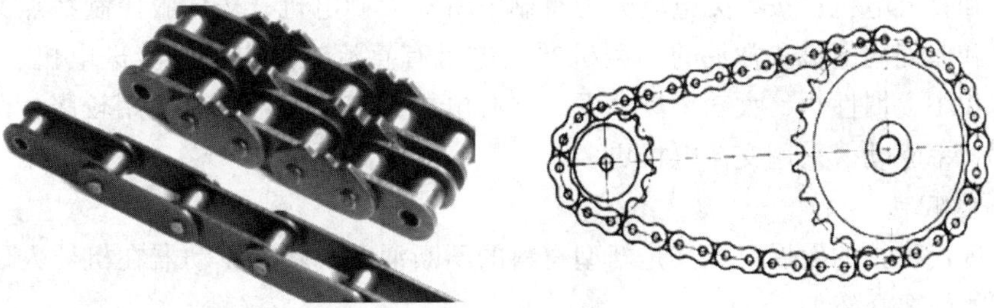

图 8-9　链条与链条传动

与皮带传动相比，链条传动主要特点是没有皮带弹性滑动和打滑，能保持准确的平均传动比，传动效率较高；传递功率大，过载能力强；链条不需要像皮带那样张得很紧，所以链轮轴压力较小；能适应恶劣环境如多尘、油污、腐蚀和高强度场合；能在重载下稳定工作。不过，链条传动也有一些缺点，例如不宜在载荷变化剧烈以及需要急速反向的传动系统中应用；磨损后容易发生跳齿；瞬时链速和瞬时传动比不为常数；工作中有冲击和噪声等。

2. 驱动机构

1) 液压驱动

液压驱动器的特点是功率大，可省去减速装置而直接与被驱动的杆件相连，结构紧凑，刚度好，响应快等，目前，液压驱动多用于大功率机器人系统或大型工程机械中，按运动形式可分为直线驱动和旋转驱动。旋转驱动最常见的有回转马达和摆动马达。液压驱动优点与缺点简述如下。

优点：容易获得比较大的扭矩和功率；功率/重量的比值大，可以减小执行装置的体积；刚度高，能够实现高速、高精度的位置控制；通过流量控制可以实现无级变速。

缺点：需要对油的温度和污染进行控制，稳定性较差；有因漏油而发生火灾的危险；液压油源和进油、回油管路等附属设备占空间较大，不宜小型化，不适合高、低温以及有洁净要求的场合。

2) 气压驱动

气动驱动器结构简单，清洁，动作灵敏，具有缓冲作用，多用于精度不高，有洁净、防爆等要求的控制中。按运动形式可将气压驱动分为直线驱动和旋转驱动。旋转驱动最常见的有气动回转马达和气动摆动马达。气压驱动优点与缺点可简述如下。

优点：利用气缸可以实现高速直线运动；利用空气的可压缩性容易实现力控制和缓冲控制；无火灾危险和环境污染；系统结构简单，价格低。

缺点：由于空气的可压缩性，高精度的位置控制和速度控制都比较困难，驱动刚性比较差；简单动作速度较高，但在任意位置上停止的动作速度很慢；需要增设气压源，与液压驱动器相比，功率较小，刚度差，噪音大。

3) 电驱动

电力驱动是一种清洁、安全和效率较高的驱动方式，得到了广泛的应用。电驱动适合速度变化范围大、效率高、转动惯性小、速度和位置精度要求较高的场合。最常见的电驱动器是电机，目前已有很多类型和规格。电机分类方式很多，可以按电源形式分为交流电机和直流电机；按有无电刷分为有刷电机和无刷电机；按伺服控制特点又可分为伺服电机和非伺服电机。常见的小型机器人电机有直流减速电机、步进电机、舵机等。在要求体积小、惯性小、大功率场合下，空心电机具有较高性能，使用较多，而工业上多数为大功率驱动，采用交流电机更多。

4) 新型驱动

随着现代科技的发展，尤其是新型材料的不断涌现，新型驱动器在机器人研制中得到了应用，简要介绍如下。

人工肌肉驱动：这是仿生研究推动下的一种新型驱动方式，例如气动橡胶、高分子凝胶、碳纳米管等。这些材料有类似生物肌肉工作的运动原理，利用电脉冲刺激这些材料，就会出现类似肌肉的舒张现象，从而产生动力，目前已取得了相当大的进展。

压电驱动：一些压电材料，如水晶、$LiTaO_3$ 等，在电场作用下会产生机械运动，这种运动也可以构成机器人的驱动装置，在纳米和微小型小型机器人中得到应用。

静电驱动：静电场有作用力，利用静电也可以驱动机器人运动，特别是微型机器人。纳米级距离时尽管电势不高，但电场已很强，可得到较强驱动力。目前已研制出小于100 um的静电驱动器。

8. 2. 3　机器人行走机构

1. 轮式行走机构

迄今为止，轮子大概是最通用的机器人行走运动机构。轮式移动有明显的优点：简单、高效。轮式行走可按轮的数量分为 1 轮、2 轮、3 轮、4 轮及多轮。但 1 轮和 2 轮移动，首要考虑的问题是平衡问题；3 轮与 4 轮很容易实现平衡，是最常见的；多轮方式考虑更多的是地面适应性和特殊用途。由日本电子零件制造商村田公司制作的村田机器人就是 1 轮和 2 轮结构，如图 8-10 所示。

图 8-10　村田机器人

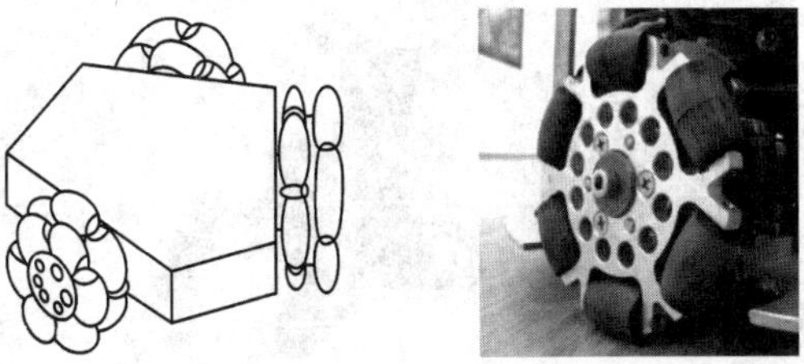

图 8-11　3 轮万向移动机器人

通常，车轮的形状和结构取决于地面性质和车辆承载能力。例如轨道行驶通常采用钢轮；室外路面行驶时多采用充气轮胎，可以起到减震作用；非常平坦的地面还可以采用实心轮胎；沙地行驶时采用半球轮或履带；在淤泥地面时通常采用无缘轮等。

3 轮移动机构也有设计独到的地方。图 8-11 是 3 轮移动机器人，这里比较特别的是轮子设计，主轮由 12 个小轮组成，小轮可以在主轮轴线方向转动，因此该主轮可以沿主轴线侧向滑动。3 轮机器人的 3 个轮子按主轴线 120 度夹角安装，机器人运动方向由各轮子转动叠加合成实现，因此该机器人不用旋转车身就可以沿任意方向运动。

2. 足式行走机构

足式运动方式的立足点是离散的点，它可以在可能达到的地面上选择最优的支撑点，并且具有主动隔振能力，尽管地面高低不平，机身仍然可以做到平稳自如。足式移动能耗较小，自然界的很多动物都是这种移动方式。足式行走机构可分为 1 足、2 足、3 足、4 足及多足。1 足移动方式只能是弹跳，困难在于稳定性；3 足移动方式不易协调也不常见，动物中很难发现有 3 足的，可能也是这个道理；多足机器人很容易实现平衡和稳定，但移动速度通常较慢，且成本较高，各个足之间需要协调动作，多在特殊机器人中采用；2 足与 4 足是最优的方式，稳定性和速度都较好，自然界中最常见的高级动物大多是 2 足或是 4 足的，证明了这种行走机构的巨大优势。

平整地面上轮式移动效率较高，但在凹凸粗糙的地形中效率却很低。足式移动在凹凸粗糙的地形中有最好的机动性和效率，但在平整地面上移动效率却很低。图 8-12 是四川师范大学物理与电子工程学院设计的轮足混合移动机器人，该机器人可实现轮式行走，也可以实现足式行走，把轮式移动与足式移动两者的优势结合起来，大大增强了机器人适应不同地形的能力。

图 8-12　轮足混合移动机器人

3. 履带行走机构

履带行走机构的主要特征是将圆环状的无限轨道带卷绕在多个车轮上，使车轮不直接与路面接触。利用履带可以缓冲路面压力，因此履带行走的机器人可以在各种路面条件下行走。履带行走方式的优点主要有能登上较高的台阶，路面保持力强；能实现原地旋转；重心低，稳定性好。履带可以设计成各种变形结构以便更好地适应各种地面，如 4 履带、6 履带、变形履带等多种结构。履带机器人如图 8-13 所示。

图 8-13　履带行走机器人

4. 其他行走机构

机器人的其他行走机构还有飞行、攀爬、潜泳等方式。飞行机构常见的有固定翼、旋翼、扑翼等。攀爬机构可以是吸盘、爪子等。随着现代科技的进步，越来越多的移动方式必将应用在机器人上，形成各具特色的移动机构。

8.2.4　机器人结构设计与仿真

机器人结构设计是机器人开发过程中重要的内容，机器人的性能往往与结构密切相关。尽管如今，已有比较完备的机械设计理论指导，但越来越高的要求使机械结构设计工作仍旧面临巨大的挑战。幸好，随着现代计算机技术的发展，已开发出多种机械结构设计与分析软件，例如 AutoCAD、ADMAS、PRO/E、UG 等。充分利用这些设计软件，不但可大大提高工作效率，还能避免设计错误，降低开发成本。对于初学者，国外优秀软件 Solid Works 是比较好的选择，不过国产 CAXA 3D 设计软件也毫不逊色。CAXA 是北京数码大方科技有限公司开发的计算机辅助制造软件，它包含三维建模、协同工作、仿真分析等功能，可以对复杂机械系统进行完整的运动学分析，使用 CAXA 3D 设计机器人具有简单易学的优点。

8.3　机器人传感器

传感器，简单地说就是把各种物理信号转变为电信号的装置。传感器是机器人的知觉器官，它的作用就像人的感觉器官一样。机器人研制中常用的传感器有很多种类型，可以按不同的准则进行分类。本节从机器人的角度来划分所用传感器，可与人的感觉器官相类比。一般来说，机器人传感器可分为两类：内部传感器和外部传感器。内部传感器类似人的本体感觉器官，用于机器人自身的位置、姿态检测，即测量机器人自身系统的各个参数；外部传感器类似人的五官，用于环境侦测，简言之就是测量机器人所在外界环境的各种状态，如味觉、听觉、触觉、视觉等。

8.3.1　内部传感器

1. 位移传感器

位移传感器的作用是测量空间中的位置距离，是最基本的传感器之一。位移传感器所测量的位移可分为线性位移和角位移两类。最简单的位移传感器可以用滑动电阻器实现，直线形滑动变阻器可以用来测量直线位移，圆形滑动变阻器可用来测量角位移。图 8-15 所示是电位式位移传感器原理图。

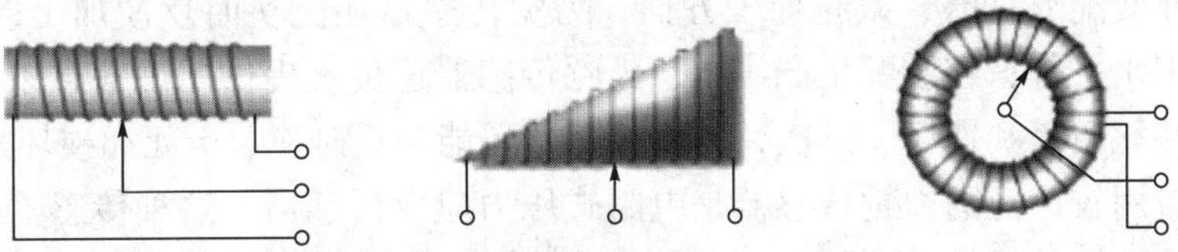

图 8-14　电位式位移传感器原理

2. 角度传感器

角度传感器是用来测量轴角度和角位移的传感器，常见的角度传感器有光电式、磁电式、霍尔开关式等类型。光电式绝对型旋转编码器如图 8-15(a)所示，它输出绝对值。在某些测量中，需要知道转轴相对于某基准位置的瞬时角位置，增量式角度传感器可以解决这个问题，如图 8-15(b)所示。若将圆形滑动变阻器用于角度测量，则可看成绝对角位移传感器。

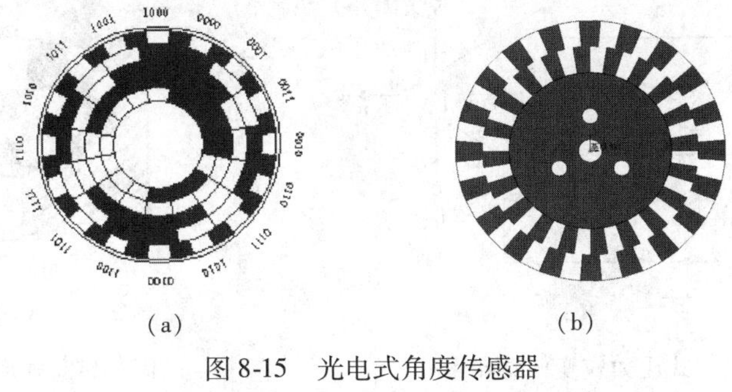

(a)　　　　　　　　(b)

图 8-15　光电式角度传感器

3. 速度与加速度传感器

物理上，速度与加速度之间存在密切的关系，速度是加速度的积分，加速度是速度的微分。因此速度与加速度测量可以相互转换。速度测量方法有很多，例如平均值方法，设物体在一定时间 t 内移动距离 s，可求出 t 时间内平均速度，s 越小越接近瞬时速度；转换法，利用速度和加速度之间的相互转化关系求速度；还可以利用其他效应测速度，如多普勒效应、流体力学定律、电磁感应原理等。常见的测速传感器有测速发电机、光电盘、霍尔传感器等。目前已研制出了不少新型的加速度传感器，可直接给出当前加速度值。如基于 MEMS 系统的加速度测量传感器，它可利用电容效应、力学效应、磁电效应等方式制成。

8.3.2 外部传感器

1. 力觉传感器

力觉传感器是检测力和力矩的传感器。力觉传感器的种类繁多，可根据所用的原理、材料、特点等方式进行分类，如电阻应变片压力传感器、半导体应变片压力传感器、压阻式压力传感器、电感式压力传感器、电容式压力传感器等。不过，工业机器人中通常从安装的位置将力觉传感器分为三类：关节力传感器、腕力传感器、指力传感器。

力觉传感器通常的作用是感知对工件的夹持情况，如夹持位置是否正确，夹持力是否合适等；在装配、打磨、抛光加工方面，力觉传感器还能实时反馈加工的精细程度，以便控制加工水平等；在装配生产线中，力觉传感器还负责提供反馈信息以便修正相关运动，确保装配质量和速度；其次，力觉传感器还能防止碰撞、卡死和损坏机件。

目前，应用较广泛的力觉传感器是电阻式压力应变传感器。这种传感器具有较低的价格和较高的精度与线性度等特点。电阻应变片是依据吸附在基体材料上应变电阻随机械形变而产生阻值变化的现象制成的，通常称为电阻应变效应。常见结构是把电阻应变片做成桥式，受力发生形变时电阻阻值发生变化，导致桥上一些电阻阻值变大，而另一些阻值变小，可形成差值信号输出。电阻式压力应变传感器应用电路如图 8-16 所示。

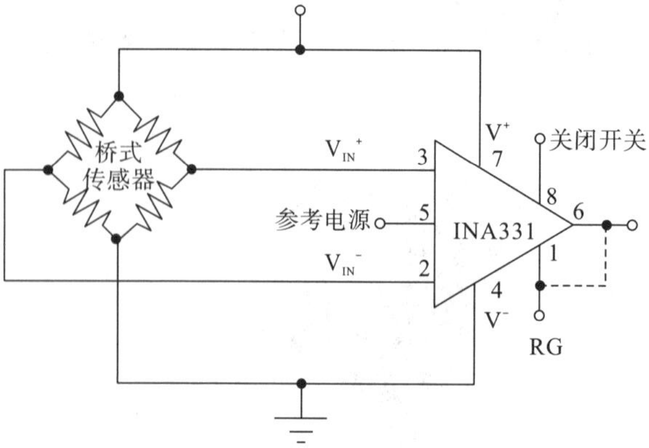

图 8-16 电阻式压力应变传感器

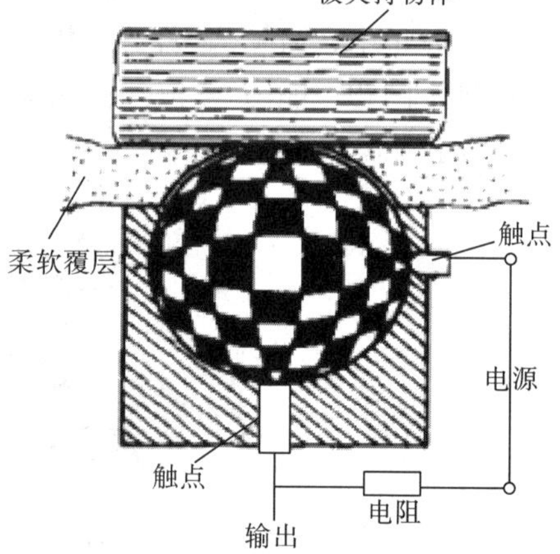

图 8-17 球形滑觉传感器

2. 触觉传感器

一般认为触觉包括接触觉、压觉、滑觉、力觉四种，狭义的触觉指前面三种。人的触觉是人类感觉的一种，通常包括热觉、冷觉、痛觉、触觉等。机器人触觉实际是人触觉的某些模仿。它是有关机器人和对象物之间直接接触的感觉。这里，触觉通常指机器人手指与被测物是否接触的感觉；压觉则是指垂直于机器人和对象目标接触面上的力感觉；力觉指机器人动作时各自由度的力感觉；滑觉是指物体向着垂直于手指把梳面的方向滑动或变形。机器人触觉主要有两方面的作用：第一是检测功能，对操作物进行物理性质检测，如光滑性、硬度等，目的是感知危险状态，以及灵活地抓取操作对象物，使操作具有适应性和顺从性；第二是识别功能，通过触觉可以识别对象物的形状，如表面形状、粗糙程度等。不过，辨识接触物体的形状，涉及信号处理、图像处理、计算机图形学、人工智能、模式识别等学科，是一门比较复杂的技术，目前还很不成熟。

触觉传感器比较常见的有导电橡胶、压电材料、光纤等。最新研究中提出了人工皮肤概念，它将集成电路工艺应用到传感器的设计和制造中，使传感器与处理电路一体化，实现大规模或超大规模阵列式触觉传感器，使机器人具有类似人类皮肤的功能。图 8-17 是一种球形滑觉传感器，球体上间隔导电和绝缘区域，当物体在上面滑动时，球体被带动，从而在电极上得到电脉冲信号实现滑觉检测。这种滑觉传感器可实现二维平面滑动检测，在工业上应用比较广泛。

3. 接近觉传感器

接近觉传感器是探测非常近的物体存在的传感器。其目的是在接触对象前得到必要的距离信息，以便机器人后续动作。这种感觉是非接触的，可以认为是介于触觉与视觉之间的感觉传感器。接近觉传感器主要有电磁式、光电式、电容式、气动式、超声波式、红外式等类型。接近觉传感器工作原理可归纳为图 8-18 所示的几大类型。

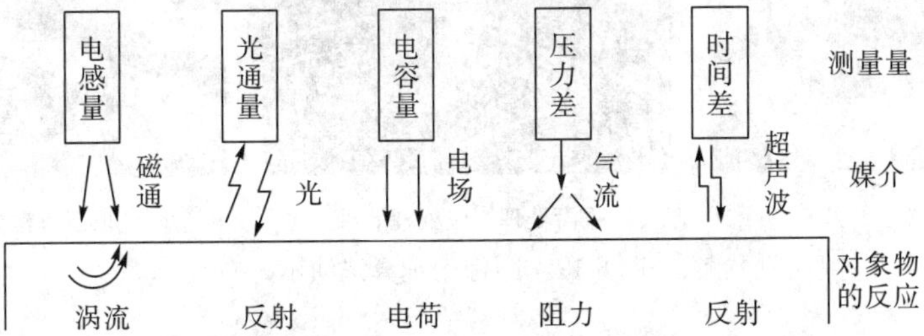

8-18　接近觉传感器

4. 视觉传感器

视觉传感器是机器人研制中最重要的传感器之一。人类获得外界感知信息大约 80% 来源于视觉，人类的视觉系统非常复杂，视觉神经约有 10^6 个，约为听觉神经的 300 倍，可以看出视觉的重要性。现代人工视觉研究始于 20 世纪 50 年代后期，开始仅限于简单图形，到 20 世纪 70 年代以后，实用性较强的视觉系统开始出现。一般来讲，视觉传感器的功能不仅仅是获得视觉信息，还包括处理和理解，因此它通常包括三个过程：图像获取、图像处理和图像理解。

图像获取中，目前可用的方法是采用图像传感器，常见的有 CRT 摄像管、CCD 传感器、CMOS 图像传感器等。机器人中比较常见的是 CCD 图像传感器，这种传感器以电荷作为信号，实现电荷储存与电荷转移。CCD 有两种基本类型：一种是电荷存储在半导体与绝缘体之间的界面，并沿界面传输，这类器件称为表面沟道 CCD 简称 SCCD；另一类是电荷在距离半导体表面的一定体内，并在半导体内传输，这类器件称为体沟道或埋沟道器件。CCD 成像器有一维线性阵列和二维平面阵列结构等多种。具体选择时，点阵密度、点数、动态范围、功耗、速度、成本等需综合考虑。

图像处理是比较复杂的过程，主要技术有图像增强，通常是改变对比度，突出图形图像细节，其中灰度直方图修改技术比较常见；图像平滑，这是图像滤波过程，将图像中的干扰除去或者减弱，图像在进一步处理前，一般都需要平滑处理；图像编码，图像一般具有庞大数据量，因此图像压缩显得比较重要；图像锐化，这是图像处理中重要的技术，图像锐化是把图像边缘轮廓检测出来，突出物体表面区域，这是后续图像识别处理中重要的一步；图像分割，就是把图像按某个参数特性分割成区域，如灰度、色彩、频谱、纹理等，将感兴趣的目标从背景中分割出来是图像识别的基础。

图像理解，实际上就是图像标记问题，目的是把分割出来的目标物体从背景中辨识出来。目前，图像理解还需深入研究，机器视觉实用化尚需时日。

图 8-19 展示了两个图像处理算法的结果，一个采用边沿检测，将图像的边沿突出；另一个采用颜色取反，采用补色替换原图像对应色彩。边沿检测在智能机器人图像处理中有重要应用，通常作为物体识别的一个依据。图像处理技术算法还有很多，可参考相关文献。

原图　　边沿处理算法处理效果　　颜色取反算法处理效果

图 8-19　图像处理算法演示

5. 听觉传感器

听觉传感器的作用是实现机器人对环境声音的检测，听觉传感器也是机器人的重要感觉器官之一。由于计算机技术及语音学的发展，现在已经部分实现用机器代替人耳的功能。当前，机器人不仅能通过语音处理及辨识识别讲话，还能正确理解一些简单的语句，不过，距离接近人耳功能的听觉系统还相差很远。常见的声音检测传感器有驻极体话筒、动圈式话筒、压电陶瓷传感器等。声音传感器不一定工作在人类听觉频率范围内，人工听觉系统可以延伸人类的听觉范围。

目前，听觉传感技术已非常成熟，因此机器人实现听觉功能的关键问题还是在声音识别上。语音识别与图像识别同属于模式识别领域，而模式识别技术是最终实现人工智能的主要手段。对人类而言，听觉理解的实现过程可表述为两个阶段：第一步，将大脑产生的思想转换成语言，再将语言转换成相应的语音；第二步，识别表达语言的语音内容，理解语音所表达的意义。对机器人的研制来讲，这个过程十分复杂，主要难点在于语音的复杂性。例如，连续语音的词与词之间没有明显的停顿，语音识别中的词与词之间的分割比较困难；每一个基本的声学基元，受前后音素发音方式的影响，信号特征变得不稳定；不同人、不同心理及生理的人说同一词时声学信号特征也会发生变化，相同的人在不同环境下的语音也不一样；词的发音不仅包含了词义，而且还可能包含了说话人性别、年龄、情绪等与词义无关的信息，把这些信息分离出来是不容易的。这些情况表明，自然语言的多变性和复杂性难以借助于一些简单语法规则进行描述，因而要让机器人理解语言十分复杂。

6. 嗅觉传感器

嗅觉传感器是检测空气中物质的化学成分、浓度等参数的传感器。嗅觉传感器的主要目的是对物质进行辨认，在检测手段上目前主要采用气体传感器及射线传感器方式。

目前常用的嗅觉传感器按所用敏感材料可分为化学电阻型和质量型两大类。化学电阻型常见的有金属氧化物半导体(MOS)及有机聚合物膜(ploymer)类型；质量型主要有石英晶振(QMB)和声表面波(SAW)类型。它们的工作原理各不相同，例如，金属氧化物型半导体传感器主要通过电阻改变检测敏感物质的存在；有机导电聚合物传感器通过传感器的导电性改变来检测敏感物质的存在；而脂涂层传感器通过质量改变来检测敏感物质的存在；红外线光电传感器则是通过光强或峰位改变来确定敏感物质的存在等。与人类通过气味辨识物质类似，人工嗅觉也需要多种传感组合才能识别物质，因此阵列式嗅觉传感器将是未来嗅觉传感器的发展方向之一。

7. 味觉传感器

味觉传感器是对液体中化学成分进行侦测的传感器。味觉传感器模拟人类味觉器官，实现酸、咸、苦、甜、辣、鲜等味觉检测。长期以来，受味觉传感器研究的制约，人工味觉系统(artificial taste system，ATS)直到近几年才真正提出来。根据研究，人类味觉感受器是味蕾，主要分布在舌背部表面和舌缘，口腔和咽部粘膜的表面也有零散的味蕾存在。酸味，由 H^+ 离子引起；咸味，由 NaCl 引起；甜味，由糖类引起；苦味，由奎宁、咖啡因等引起；鲜味，由谷氨酸单钠、甘酸二钠等引起。目前，人工味觉系统在食品工业中已得到应用，已能很容易地区分咖啡、啤酒、离子饮料等。传统的味觉识别主要采用 pH 计、导电计、比重计、屈光度计等，相比之下，人工味觉系统在快速性、准确性等方面具有绝对优势，不过目前还需进一步发展。

8.4　机器人控制程序设计

8.4.1　51 单片机结构

处理器种类繁多，位数从 4 位到 64 位都有，但就其结构来说大体可分为两类。一类是哈佛结构，是指令和数据分开的工作方式，51 单片机属于这种结构；另一类是冯诺依曼结构，指令和数据采用同一总线工作方式，ARM 处理器属这类。单片机可看成是集成了处理器、内存、通信口等功能的简易计算机。但这种结构与通用计算机不同，它更适合逻辑控制，通称为微控制器(MCU)。

1. 单片机与新功能

51 单片机源于 Intel 公司，大概在 20 世纪 80 年代初开始进入中国，在后来的发展中逐渐形成比较成熟的各个系列，功能不断增强。51 单片机的核心是一个 8 位处理器，内部有 RAM、ROM、串行口、定时器等资源，可方便地构成各种控制系统。

早期的 51 单片机内部储存器小，甚至没有，速度很低，内部也没有多少特殊功能部件，最常见的就是一个定时器、一个串行口。今天的单片机已是功能强大、内部十分复杂的电子器件。本节主要对传统 51 内核进行分析，而对较新出现的 51 单片机作简要介绍。新型 51 单片机关键核心仍旧是 51 内核结构，但改进了部分功能，大体可从功能上分成以下几类。事实上这些分类并不完全，有的单片机有好几个特点可归为其中的几类当中。

1)低压低功耗型

这类单片机多采用 CMOS 工业制作，通常功耗小于 50 mw，非常适合电池供电场合，如飞利浦(Philips)公司的 P89LV51 系列和 Atmel 公司的 AT89LV5X 系列。它们一般可采用 2.7 ~4.5 V 供电，有的甚至可以低到 1.5 V 以下。但这类单片机工作频率一般都不高，通常在 20 MHz 以下。功耗与速度通常是矛盾的，现代最新工艺也很难实现高速度与低功耗的统一。

2)特殊功能型

这类单片机集成有特色功能的电路单元，适用于特殊场合。如赛普拉斯(Cypress)公司的 CY7C647XX、CY7C647XXX、CY7C68XX、CY7C68XX-X 等型号，这类单片机内部集成了 USB 控制器，可方便地实现 USB 通信。美国模拟器件公司(ADI)的 ADuC812、ADuC813、ADuC824 等型号，内部则集成了 12 ~24 bit 的 AD 转换器和 DA 转换器，作为数据采集非常方便。德州仪器(TI)公司的 MSC1210Y 系列单片机内部集成多个 PWM 控制器，可方便地实现驱动控制。凌阳公司的单片机集成了语音处理功能，具有简单语音识别能力。这些具有特殊功能的单片机，实际上代表了当前单片机的一个发展方向。当然，这些功能往往不是单一的，一个单片机芯片上可能有多个功能，如集成 AD、DA 转换器同时集成 USB、PWM 控制器等。

3)高速增强型

传统的 51 单片机执行一条指令需要 12 个时钟周期，即便提高工作频率也难提高处理能力。一些公司针对这一情况对单片机硬件结构进行了改进，于是出现了改进的增强型高速单片机。如 STC89E51、STC89E52 等型号，它们执行一个指令一般只需 3 个时钟即可完成，相同工作频率情况下其速度提高约 4 倍。又如 Tezzaron 公司的 TSCR8051L 系列，其工作速度达 200 MHz 以上。新华龙公司最新推出的 C8051 系列单片机，工作速度可高达 100 MHz，且单周期执行一条指令，比传统的 51 单片机快 100 倍以上。

4) 在线编程与仿真型

早期的单片机调试时都采用仿真器，并且程序固化需要专门的编程器，这给单片机开发带来不小的成本。SST 公司推出的 SST89E5XXRC、SST89E5XXRD 等系列提供了全新的在线仿真功能，利用计算机串口即可实现单片机在线仿真，大大节约了开发成本。传统单片机需要编程器实现程序固化，新型单片机采用 ISP 方式实现程序固化，ISP 指在线编程。这类单片机仅用计算机串口或者 USB 口和一个简单的下载电缆就可以实现程序固化，不再需要价格昂贵的编程器。目前，大多数单片机都有这个功能，如 Atmel 公司的 AT89S51、AT89S52；飞利浦公司的 P89LV51、P89LV52；宏晶科技公司的 STC 系列等。这种单片机可反复烧写，考虑低成本开发也可省去仿真器，每次加载程序进行调试。

2. 单片机基本结构

具有 51 内核的单片机一般来说具有这些资源(以 40 脚封装为例)：1 个中央处理器(CPU)、1 个内部数据存储器(RAM)和 1 个指令存储器 ROM、4 个 8 位输入/输出接口、1 个或 2 个定时/计数器、1 个串行接口及内部时钟产生电路，以上各个部分通过内部总线相连(图 8-20)。单片机全部引脚按功能大致可分为四个种类：电源引脚、时钟引脚、信号控制引脚和用户 I/O 引脚。

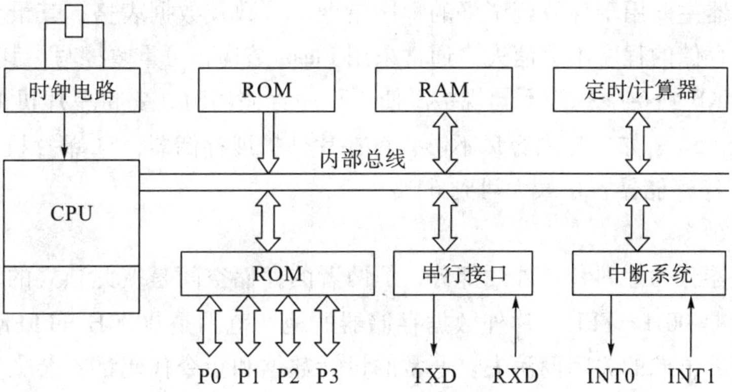

图 8-20　单片机内部结构

1) 电源

V_{CC}：芯片电源，接 +5 V；V_{SS}：接地端。

2) 时钟

XTAL1、XTAL2：晶体振荡电路反相输入端和输出端。

3) 控制线

ALE/PROG：地址锁存允许/片内 EPROM 编程脉冲。

ALE 是一个双功能管脚，正常使用时 ALE 用来锁存 P0 口送出的低 8 位地址；编程时 PROG 输入编程脉冲用于对片内 EPROM 编程。

PSEN：外 ROM 读选通信号。

RST/VPD：RST(reset)为 CPU 复位输入端，VPD 用于备用电源。

EA/Vpp：内外 ROM 选择/片内 EPROM 编程电源。

4)I/O 口

有4个8位并行I/O口，共32个引脚，分别为：P0、P1、P2、P3。P3口还具有第二功能，用于特殊信号的输入、输出和控制信号(属控制总线)，简介如下：

P30：RXD串行输入口；P31：TXD串行输出口；

P32：INT0外部中断0；P33：INT1外部中断1(低电平有效)；

P34：T0定时计数器0；P35：T1定时计数器1；

P36：WR外部存储器写选通；P37：RD外部存储器读选通(低电平有效)。

上面介绍的是具有40个引脚的单片机，常见的还有8脚、16脚、20脚等。这类单片机管脚数比较少但指令系统一样，特别适合用在功能要求简单的场合。

3. 寄存器与存储器结构

单片机有两个存储器，一个用于存放调试好的程序指令、常数及数据表格，称为程序存储器；另一个用于存放少量的随机数据，称为数据存储器，也称为寄存器。在寄存器中有一部分寄存器具有特定功能，称为特殊功能寄存器。单片机的主要功能就是通过向特殊功能寄存器写入0或1来实现的，简言之，就是通过控制这些寄存器使单片机功能发生改变，若按某种预定次序改变特定的功能，就是程序的执行。

1)程序存储器

程序存储器主要用于存放调试好的程序指令、常数及数据表格，其最大的特点是电源关掉后，所存储的程序不会消失，通常采用Flash结构，可重复擦写。其容量通常有2 KB、4 KB、8 KB到64 KB等不同规格。使用程序存储器时，要将单片机EA接高电平，即连接到电源+5V。如果片内容量不够，可在片外扩展存储器，51单片机可用的地址是16位，因此程序存储器容量最大可到64 KB。

2)数据存储器

数据存储器分为片内和片外两部分，但两者的存储空间是彼此独立的。片内的数据存储器的地址是00H~FFH，片外数据存储器的地址范围是0000H~FFFFH。其特点是存储内容会随着电源的关闭而消失。通常的设计数据和指令代码都不会太大，用单片机内部的数据存储器就够了，这种最小应用通常称为单片机最小系统。

1 一般用途寄存器

一般用途寄存器区RAM的容量为128字节，根据用途可划分为工作寄存器区、位寻址区和用户RAM区，一些增强型单片机用户RAM可为256字节。在128字节中，00H~1FH共32个单元(字节)，是工作寄存器区，又分为4组，每组由8个单元组成，分别用R0~R7命名。在单片机复位后，默认是第0组寄存器。每组寄存器均可选做CPU当前工作寄存器，可以通过PSW状态字中RS0、RS1的设置来改变CPU当前使用的工作寄存器。低128字节中，20H~2FH共16个单元，是位存储区，可用位寻址方式访问当前使用的工作寄存器；低128字节中的30H~7FH共80个单元，是用户RAM区，用做堆栈或数据缓冲。

(2)特殊功能寄存器

表 8-1　单片机特殊功能寄存器

符号	单元地址	名称	位地址	位寻址(符号)
* ACC	E0H	累加器	E7H ~ E0H	ACC. 7 ~ ACC. 0
* B	F0H	乘法寄存器	F7H ~ F0H	B. 7 ~ B. 0
* PSW	D0H	程序状态字	D7H ~ D0H	PSW. 7 ~ PSW. 0
SP	81H	堆栈指针		
DPL、DPH	82H、83H	数据指针		
IE	A8H	中断允许控制寄存器	AFH ~ A8H	IE. 7 ~ IE. 0
* IP	B8H	中断优先权寄存器	BFH ~ B8H	IP. 7 ~ IP. 0
* P0	80H	输入/输出寄存器(通道 0)	87H ~ 80H	P0. 7 ~ P0. 0
* P1	90H	输入/输出寄存器(通道 1)	97H ~ 90H	P1. 7 ~ P1. 0
* P2	A0H	输入/输出寄存器(通道 2)	A7H ~ A0H	P2. 7 ~ P2. 0
* P3	B0H	输入/输出寄存器(通道 3)	B7H ~ B0H	P3. 7 ~ P3. 0
PCON	87H	电源控制及波特率选择		
* SCON	98H	串行通信控制寄存器	97H ~ 98H	SCON. 7 ~ SCON. 0
SBUF	99H	串行数据寄存器		
* TCON	88H	计时/计数控制	8FH ~ 88H	TCON. 7 ~ TCON. 0
TMOD	89H	计时/计数模式寄存器		
TL0、TH0	8AH、8BH	定时器 0		
TL1、TH1	8CH、8DH	定时器 1		

注：* 表示可位寻址的特殊功能寄存器。

特殊功能寄存器，简称 SFR。它在单片机中扮演着非常重要的角色，使用输入/输出、中断、串行口、计时/计数等功能，都必须先设置 SFR 中的各相关寄存器。特殊功能寄存器的地址范围为 80H ~ FFH，包括表 8-1 所列寄存器。

ACC：8 位累加器，常用 A 表示。进位标志 CY 同时也是布尔处理器的累加器。

B：寄存器，主要用于除法和乘法操作。

DPTR(DPH、DPL)：存放 16 位数据存储器地址，以便访问外部 RAM 数据。

PSW：8 位程序状态字，相当于一个标志寄存器。

AC：辅助进位标志。当 D3 向 D4 有进位或借位时 AC = 1；否则 AC = 0。

F0：用户标志。用户可以对 F0 赋值，并依据 F0 的值来决定程序的执行。

OV：溢出标志。当运算结果超出 -128 ~ +127 时，OV = 1；否则 OV = 0。

P：奇偶校验标志。ACC 中 1 的个数决定 P 值。1 的个数为奇数时 P = 1；否则 P = 0。

RS0，RS1：工作寄存器组选择控制，决定选择哪一组工作寄存器。

P0 口：扩展时作一般 I/O 口，扩展时 P0 口担任地址(低 8 位)/数据复用的总线口。

P1 口：专供用户使用的 I/O 口。

P2 口：当不作系统扩展时，可作 I/O 口；当作扩展时，作为高 8 位地址。

P3 口：双功能口。每一位均可以独立地定义为 I/O 功能或第二 I/O 口功能。

SP：堆栈指针。

IE：中断允许控制寄存器。控制开放或屏蔽以及每个中断源是否允许中断。

IP：中断优先权寄存器。它是锁存各中断源优先级的控制位，用户可用软件设定。

TMOD：计时/计数模式寄存器。

TCON：计时/计数器控制/状态寄存器。

SCON：串行通信控制寄存器。

SBUF：串行数据寄存器。

PCON：电源控制与数据传输率选择寄存器。

8.4.2 汇编程序设计基础

汇编语言是一种用文字助记符来表示机器指令的符号语言，最接近机器码。其主要优点是占用资源少，程序执行效率高，但不同的 CPU 其汇编语言可能有差异。51 单片机汇编语言由指令和伪指令构成，共有 111 条指令，常用的约 30 条。51 汇编语言的指令格式如下：

标号：操作码助记符 [目的操作数]，[源操作数]；注释

操作码助记符、目的操作数、源操作数是指令的核心部分；标号是该指令的符号地址；注释是对该指令的解释。方括号中的内容不是每条指令都必须具有。基本寻址方式共分为七种，即寄存器寻址、直接寻址、立即寻址、寄存器间接寻址、变址寻址、相对寻址以及位寻址。

1. 单片机指令系统

1)数据传送类指令(7 种助记符)

MOV(move)：内部数据寄存器 RAM 和特殊功能寄存器 SFR 的数据进行传送。

MOVC(move code)：读取程序存储器数据表格的数据传送。

MOVX(move external RAM)：对外部 RAM 的数据传送。

XCH(exchange)：字节交换。

XCHD(exchange low-order digit)：低半字节交换。

PUSH(push onto stack)：入栈。

POP(pop from stack)：出栈。

2)算术运算类指令(8 种助记符)

ADD(addition)：加法。

ADDC(add with carry)：带进位加法。

SUBB(subtract with borrow)：带借位减法；

DA(decimal adjust)：十进制调整。

INC(increment)：加 1。

DEC(decrement)：减 1。

MUL(multiplication、multiply)：乘法。

DIV(division、divide)：除法。

3)逻辑运算类指令(10 种助记符)

ANL(and logic)：逻辑与。

ORL(or logic)：逻辑或。

XRL(exclusive-or logic)：逻辑异或。

CLR(clear)：清零。

CPL(complement)：取反。

RL(rotate left)：循环左移。

RLC(rotate left throught the carry flag)：带进位循环左移。

RR(rotate right)：循环右移。

RRC(rotate right throught the carry flag)：带进位循环右移。

SWAP(swap)：低 4 位与高 4 位交换。

4)控制转移类指令(16 种助记符)

ACALL(absolute subroutine call)：子程序绝对调用。

LCALL(long subroutine call)：子程序长调用。

RET(return from subroutine)：子程序返回。

SJMP(short jump)：短转移。

AJMP(absolute jump)：绝对转移。

LJMP(long jump)：长转移。

CJNE(compare jump if not equal)：比较不相等则转移。

DJNZ(decrement jump if not zero)：减 1 后不为 0 则转移。

JZ(jump if zero)：结果为 0 则转移。

JNZ(jump if not zero)：结果不为 0 则转移。

JC(jump if the carry flag is set)：有进位则转移。

JNC(jump if not carry)：无进位则转移。

JB(jump if the bit is set)：位为 1 则转移。

JNB(jump if the bit is not set)：位为 0 则转移。

JBC(jump if the bit is set and clear the bit)：位为 1 则转移，并清除该位。

NOP(no operation)：空操作。

5)位操作指令(1 种助记符)

SETB(set bit)：置 1 功能。

6)伪指令

ORG：汇编起始命令。

END：汇编结束命令。

EQU：赋值命令。

DB：定义字节命令。

DW：定义字节命令。

DS：定义存储空间命令。

EQU：伪指令给一个表达式的值或者一个字符串起一个名字。

2. **单片机中断系统**

计算机在执行某一程序的过程中，由于计算机系统内、外的某种原因，有必要尽快终止原程序的执行，而转去执行其他相应的处理程序，待处理完之后，再返回去继续执行被终止的原程序。这种在程序执行过程中由于某种原因被中间打断的情况称为中断。51 单片机中断入口地址如下：

0003H：外部中断 0 中断入口地址。

000BH：定时器 0 中断入口地址。

0013H：外部中断 1 中断入口地址。

001BH：定时器 1 中断入口地址。

0023H：串行口入口地址。

当开启中断使能后，一旦满足中断条件，单片机程序指针即指向这些地址，并开始执行这些地址的指令。采用中断可解决快速 CPU 与慢速外部设备之间的矛盾，大大提高 CPU 工作效率。一个多进程任务，采用中断控制也可简化编程难度。

8.4.3 C51 程序设计基础

目前，单片机开发语言大致有两类：汇编语言和 C 语言(或 C++)。C 语言由于其结构化强、移植性好、效性高等特点，成为单片机开发的常用工具。与汇编语言相比，C 语言有这些优点：不需要全部了解 51 单片机的指令系统；程序有规范的结构，功能可编写为不同的子函数，使程序结构化；可移植性强，程序可读性好；具有标准 C 函数库，数据处理能力强等。

1. **基本结构**

从单片机 C 程序的结构来看，可以分为三种基本结构：顺序结构、分支结构和循环结构。理论和实践都证明，任何复杂逻辑都可以分解为这三种基本结构的组合。

1)顺序结构

这是一种最简单的结构，程序按次序依次执行。在单片机内部，低地址向高地址顺序地执行指令代码，如图 8-21 所示。

2)分支结构

分支结构是使单片机具有决策能力的结构，常见的选择结构实际上也是分支结构的一种，如图 8-22(a)和 8-22(b)所示。选择结构中包含一个判断框，执行流程根据判断条件 P 的成立与否，选择执行其中的一路分支。图 8-22(b)所示的是特殊的选择结构，即其中一路为空的选择结构。这种选择结构中，当 P 条件成立时，执行 A 操作，然后脱离选择结构；如果 P 条件不成立，则直接脱离选择结构。C51 中分支结构包括 if 结构和 switch 结构两种。

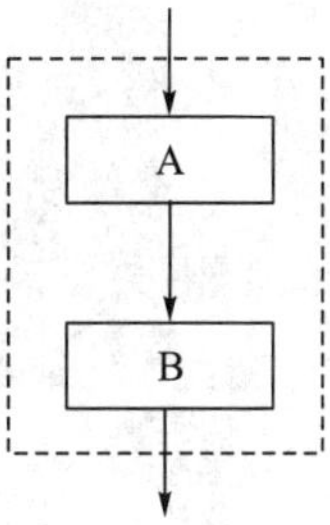

图 8-21　顺序结构

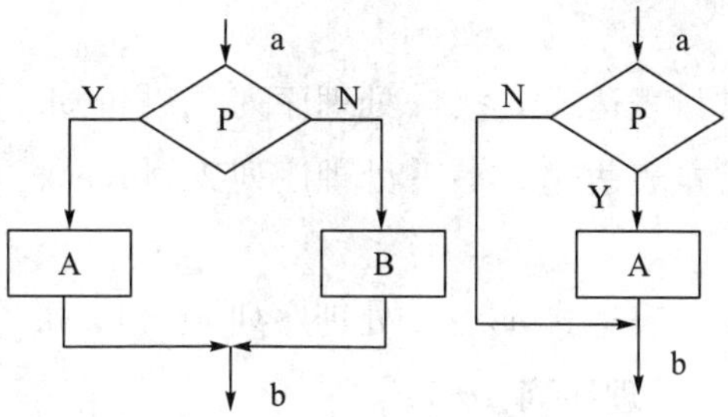

图 8-22　分支结构

(1) if 语句结构。

C51 语言的 if 语句有三种形式：if 形式、if-else 形式、if-else-if 形式。

基本 if 形式语法结构如下：

```
if(表达式)
 处理程序;
```

处理过程是：如果表达式的值为“真”，则执行“处理程序”的语句内容，否则不执行该语句内容。

if-else 形式语法结构如下：

```
if(表达式)
 处理程序 1;
else
 处理程序 2;
```

处理过程是：如果 if 表达式的值为“真”，则执行“处理程序 1”的内容，否则执行“处理程序 2”的内容。

if-else-if 形式语法结构如下：

```
if(表达式 1)
 处理程序 1;
else if(表达式 2)
     处理程序 2;
…
else(表达式 n)
    处理程序 n;
```

处理过程是：如果表达式 1 的值为“真”，则执行与之相对应的“处理程序 1”的内容；如果表达式 2 的值为“真”，则执行与之相对应的“处理程序 2”的内容，依次判断表达式“n”是否为“真”，如果为“真”则执行与之相对应的“处理程序 n”的内容。

(2) switch 语句结构。

C 语言 switch 语句又称开关语句。它可以从多种情况中选择满足条件的一种情况。

switch 语句语法结构如下：

```
        switch(表达式)
```

{

case < 常量表达式 1 >：[处理序列 1；[break]]

case < 常量表达式 2 >：[处理序列 2；[break]]

…

case < 常量表达式 n >：[处理序列 n；[break]]

[default：处理序列 n + 1；]

}

处理过程是：计算表达式的值，并逐个与其后的常量表达式的值相比较，当表达式的值与某个常量表达式的值相等，即执行其后的处理序列语句，然后不再进行判断，继续执行后面所有 case 后的处理序列语句。如表达式的值与所有 case 后的常量表达式都不相同时，则执行 default 后的处理序列语句。C 语言还提供了一种 break 语句，用于跳出 switch 语句。

3）循环结构

计算机的基本特征之一就是具有重复执行一组语句的能力，通常称为循环能力。循环结构是程序中一种很重要的结构。其特点是：在给定条件成立时，反复执行某程序段，直到条件不成立时为止。循环结构有两种形式：当型循环和直到型循环。

（1）当型循环。

判断条件 P 是否成立，若成立，则重复执行 A 操作，直至某次判断条件 P 不再成立，就不再执行 A 操作而退出循环结构，如图 8-23（a）所示。

（2）直到型循环。

重复执行 A 操作，然后判断条件 P 是否成立，如果不成立再执行 A 操作，直到条件 P 成立，不再执行 A 操作，退出循环，如图 8-23（b）所示。

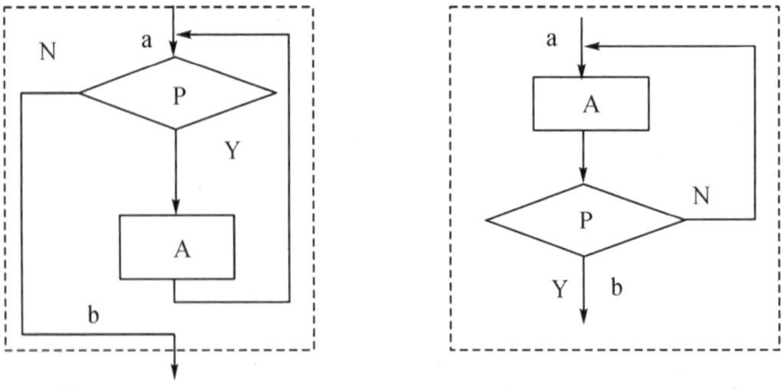

（a）　（b）

图 8-23　循环结构

无论是顺序结构、分支结构，还是循环结构，它们都有一个共同点，即只有一个入口且只有一个出口。如果把基本结构看做是一个整体，执行流程从 a 点进入基本结构，而从 b 点脱离基本结构。整个程序由若干个这样的基本结构组合而成，必然有良好的可读性和可维护性。循环结构包括 for 语句结构和 while 语句结构两种。

(1)for 循环。

C 语言中，for 语句提供了一个非常灵活的控制部分，既可以实现计数循环程序设计，又可以实现条件控制循环程序设计。for 形式语法结构如下：

for(表达式 1；表达式 2；表达式 3)

　处理程序；

处理过程是：首先计算“表达式 1”的值；再计算“表达式 2”的值，若值为“真”则执行循环体一次，否则跳出循环；再计算“表达式 3”的值，转回第 2 步重复执行。应用时需要注意：循环体内的处理程序可以为空操作；for 语句的各表达式都可以省，但分号不能省；在省略各表达式时防止造成死循环。

(2)while 循环。

while 形式语法结构有当 while 形式和直到 while 形式两种。

当 while 形式如下：

while(表达式)

　处理程序；

处理过程是：计算“表达式”的值，若为“真”则执行循环体的处理程序一次，然后再对表达式进行计算执行，直到表达式的值为“假”时停止循环。循环体也可能多次执行，也可能一次都不执行。

do-while(直到 while)形式如下：

do

　处理程序；

while(表达式)；

处理过程是：先执行处理程序，到 while 时计算“表达式”的值，若为“真”则再次执行循环体的处理程序一次，直到表达式的值为“假”时停止循环。

4)中断函数

这是 C51 中特殊的函数，8.4.2 节中讲到了中断及入口地址，这里的不同入口地址其实就代表了不同的中断源。C51 中断服务函数的一般形式为：

函数类型　函数名(形式参数表)interrupt n　using m

interrupt 后面的 n 是中断号，n 的取值范围为 0-31，硬件中断编号见表 8-2。using m 是可选项，默认为 0，其意义是选择当前工作寄存器，由 RS0、RS1 确定。

表 8-2　单片机中断入口地址及其编号

中断入口地址	名称	中断编号 n
0003H	外部中断 0 入口地址	0
000BH	定时器 0 中断入口地址	1
0013H	外部中断 1 入口地址	2
001BH	定时器 1 中断入口地址	3
0023H	串行口中断入口地址	4

2. 数据类型

数据的不同格式称为数据类型。数据是计算机操作的对象，因为无论采用何种语言、何种算法，最终在计算机里运行的只有数据流。C51 程序所支持的数据类型包括：基本类型、构造类型、指针类型、空类型。

其中，基本数据类型包括位(bit)、字符(char)、整型(int)、短整型(short)、长整型(long)、浮点型(float)，以及双精度浮点型(double)；构造类型包括数组(array)、结构体(struct)、共用体(union)以及枚举类型(enum)。

1)字符类型(char)

char 类型的长度是一个字节，通常用于定义变量或常量。它分为无符号字符类型 unsigned char 和有符号字符类型 signed char，默认值为 signed char 类型。unsigned char 类型用字节中所有位表示数值，数值范围是 0 ~ (128 − 1)。signed char 表达的数值范围是 − 127 ~ +(127 − 1)。

2)整型(int)

int 类型的长度是两个字节，用于存放一个双字节数据，分为无符号整型 unsigned int 和有符号整型 signed int，默认值为 signed int 类型。unsigned int 数值范围是 $0 \sim 2^{16}-1$；signed int 数值范围是 $-2^{15} \sim +(2^{15}-1)$。

3)长整型(long)

long 类型的长度为 4 个字节，用于存放一个 4 字节数据，分为无符号长整型 unsigned long 和有符号长整型 signed long，默认值为 signed long 类型。unsigned long 数值范围是 $0 \sim 2^{32}-1$。signed long 表达的数值范围是 $-2^{31} \sim +(2^{31}-1)$。

4)浮点型(float)

float 类型长度是 32 位，占用 4 个字节，与整型数据相比，浮点类型带有小数位，并且可以表示更大范围的数值。

5)指针型(*)

*类型本身就是一个变量，在这个变量中存放指向另一个数据的地址。这个指针变量要占据一定的内存单元。不同的处理器中，其长度也不全相同，在 C51 中，它的长度一般为 1 ~ 3 个字节。

6)位类型(bit)

bit 类型是 C51 编译器的一种扩充数据类型，利用它可以定义一个位变量，但不能定义位指针，也不能定义位数组。它的值是一个二进制位，是“0”或者“1”，类似一些高级语言中的布尔变量 True 和 False。

7)特殊功能寄存器(sfr、sfr16)

sfr 类型也是一种扩充数据类型，占一个内存单元，值域为 0 ~ 255。sfr16 类型占用两个内存单元，值域为 0 ~ 65535。

8)可寻址位(sbit)

sbit 类型也是 C51 中的一个扩充类型，利用它可以访问芯片内部的 RAM 中的可寻址位或特殊功能寄存器中的可寻址位。

3. 算术表达式

C 程序的运算符主要有 7 种类型。

1)算术运算符和表达式

算术运算符用于各类数值运算，包括加(+)、减(-)、乘(*)、除(/)、求余(%)、自增(+ +)、自减(- -)，共 7 种。用算术运算符和括号将运算对象连接起来的式子称为算术表达式，其中，运算对象包括常量、变量、函数、数组、结构等。

2)关系运算符和表达式

关系运算符包括大于(>)、小于(<)、大于等于(> =)、小于等于(< =)、等于(= =)和不等于(! =)，共 6 种。前 4 种优先级相同，后 2 种优先级相同，前 4 种的优先级又高于后 2 种。关系运算符的优先级低于算术运算符，但高于赋值运算符。关系运算符的结合性为左结合。用关系运算符将表达式(算术表达式、关系表达式、逻辑表达式等)连接起来的式子，称为关系表达式。关系表达式的结果为逻辑真或假。C 语言中以 1 代表真，0 代表假。

3)逻辑运算符和表达式

C 语言提供了三种逻辑运算符：与运算(&&)、或运算(| |)、非运算(!)。

逻辑与运算符“&&”和或运算符“ | | ”均为双目运算符，具有左结合性。非运算符“!”为单目运算符，具有右结合性。非运算符“!”的优先级是这三种中最高的。与运算符“&&”和或运算符“ | | ”只比赋值运算符的优先级高。

用逻辑运算符将关系表达式或逻辑量连接起来的式子称为逻辑表达式，逻辑表达式的结合性为自左向右，其值应该是一个逻辑的真或假。逻辑表达式的值和关系表达式的值相同，以 1 代表真，以 0 代表假。

4)位操作运算符和表达式

位操作运算符是用来进行二进制位运算的运算符，包括逻辑位运算符和移位运算符。逻辑位运算符是位与(&)、位或(|)、位取反(~)和位异或(^)；移位运算符是位左移(< <)和位右移(> >)。位取反“ ~ ”用来将二进制数按位取反，即 1 变 0，0 变 1。位取反运算符“ ~ ”优先级比别的算术运算符、关系运算符和其他运算符都高。位与运算符“&”规则是参与运算的两个运算对象，若两者相应的位都为 1，则该位结果为 1，否则为 0。

5)赋值运算符和表达式

赋值运算符用于赋值运算，分为简单赋值(=)、复合算术赋值(+ = 、 - = 、 * = 、/ = 、% =)和复合位运算赋值(& = 、 | = 、^ = 、 > > = 、 < < =)3 类，共 11 种。

简单赋值运算符记为“ = ”，由“ = ”连接的式子称为赋值表达式。其形式为

变量 = 表达式

赋值表达式的功能是计算表达式的值再赋予左边的变量。赋值运算符具有右结合性。在其他高级语言中，赋值构成了一个语句，称为赋值语句。而在 C 语言中，把等于符号“ = ”定义为运算符，从而组成赋值表达式。如果赋值运算符两边的数据类型不相同，则系统自动进行类型转换，即把赋值号右边的类型换成左边的类型：

(1)实型赋予整型，舍去小数部分；

(2)整型赋予实型，数值不变，以浮点形式存放，即增加小数部分(小数部分值为0)；

(3)字符型赋予整型，由于字符型为一个字节，而整型为两个字节，故将字符 ASCⅡ码值放到整型量的低 8 位中，高 8 位为 0；

(4)整型赋予字符型，只把低 8 位赋予字符量。

在赋值符“=”之前加上其他二目运行符可构成复合赋值符，如 +=，-=，*=，/=，%=，<<=，>>=，&=，^=，!=。构成复合赋值表达式的一般形式为

变量 双目运算符=表达式 等效于变量=变量 运算符 表达式

6)条件运算符

这是一个三目运算符，唯一的三目运算是条件运算，条件运算符是“?:”。条件表达式形式为

<表达式 1>？ <表达式 2>： <表达式 3>

含义为：若<表达式 1>的值为“真”，则条件表达式取<表达式 2>的值；否则取<表达式 3>的值。

7)指针运算符

指针运算符包括取内容(*)和取地址(&)两种运算。C51 语言中，运算符的运算优先级共分为 15 级。在表达式中，优先级较高的先于优先级较低的进行运算。而在一个运算量两侧的运算符优先级相同时，则按运算符的结合性所规定的结合方向处理。各运算符的结合性分为两种：左结合性(自左向右)和右结合性(自右向左)。最典型的右结合性运算符是赋值运算符。如 x=y=z，由于“=”的右结合性，系统先执行 y=z 再执行 x=(y=z)运算。C 语言运算符中有不少为右结合性，应注意区别。

8)单片机 C 程序的一般语法结构

51 单片机的 C 程序结构与一般的 C 语言没什么差别，也是函数定义的集合体，即一个单片机的 C 语言的程序是由若干个函数组成的，集合中仅有一个名为 main 的主函数。在这些函数中，main 函数是系统执行这个程序的入口，它在整个程序中起着总体控制的作用。单片机 C 程序一般组成结构如下：

```
全局变量声明
main()              //主函数
   {  局部变量声明
      执行语句
      …
      函数 1(形参表)
        {局部变量声明
        执行语句
        }
      …
      函数 n(形参表)
      {   局部变量声明
```

执行语句
}
}

程序的执行过程是：从 main( )函数开始，调用其他函数后返回到主函数 main( )中，最后在 main( )函数中结束整个程序的运行。

8.4.4　图形化程序设计基础

随着计算机技术的不断进步，开发工具变得越来越简单易用，机器人控制程序的编写也可采用图形化方式实现。前面讲述的汇编语言和 C 语言中，编程人员在进行程序编写时需要掌握基本硬件结构知识和相关程序语言语法知识，从而限制了一些非专业人员从事机器人编程工作。这一节介绍图形化编程。在图形化编程环境下，程序员无须掌握过多软件、硬件知识，只要按设计思想逐一绘制功能模块即可实现程序代码的编写。显然，图形化编程效率是很高的，编程过程更多是考虑功能实现，而对语法、硬件等内容基本不用关心。但图形化编程也有明显的缺点：首先，它只能在特定的硬件平台上使用，硬件平台也没有统一的标准；其次，各家公司开发的环境各不相同，软件接口也没有统一的标准。因此，图形化编程开发环境就目前水平来说，还有很多需要改进的地方，其中，开放性、易用性、兼容性等需求更为迫切。

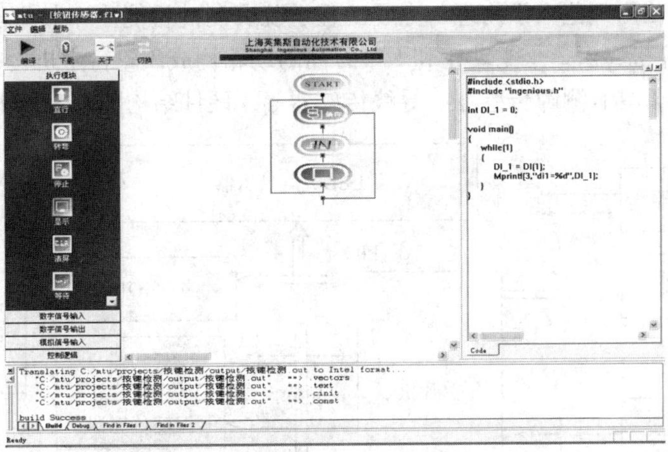

图 8-24　MTU 机器人图形化编程示例

1. 图形化编程原理

这里介绍上海英集斯自动化有限公司开发的机器人图形化编程环境，程序如图 8-24 所示。程序编写的内容是按键检测，控制器一旦检测到按键被按下，就在屏幕上打印出这个按键的编号。图的中间部分是图形化程序，右边是该程序对应的 C 代码。执行编译后，程序通过最下面的窗口显示“build Success”并在后台产生可执行代码“按键检测. out”文件。最后把这个代码下载到机器人上就可以实现机器人控制。图形化编程实际上就是把 C 函数封装成图标形式，图形化编程本质上与汇编及 C 编程一样。开发软件在后台已把要分配的硬件资源、底层程序编写、编译等工作全部做完，因此开发人员可以更多地关心机器人控制内容。

2. 图形化编程特点

目前，已有很多方便的图形化编程开发工具，美国 NI 公司的“Labview”就是图形化编程非常成功的例子。丹麦乐高(Lego)机器人开发平台，就是采用 Labview 实现的。乐高机器人遍及全球，在国内也很有影响，显然这都得益于图形化开发的巨大优势。目前国内机器人图形化开发平台还比较少，相对国外水平还有相当大的距离。国内图形化开发平台，如上海未来伙伴机器人有限公司的“能力风暴 VJC”平台；北京博创兴盛机器人技术有限公司的“未来之星”平台等都是国内比较有特色的图形化开发平台。

图形编程环境下开发程序变得非常简单，大量工作都由计算机帮助完成，开发效率高。目前图形化开发环境只能针对特定的机器人硬件平台，完全没有兼容性。相反，传统的程序设计却很灵活，控制功能很容易通过修改软件和硬件得以实现。因此，实际应用中应综合评价，作出合理选择。

8.5 智能避障循迹车制作实例

8.5.1 硬件制作

该小车采用四川师范大学物理与电子工程学院研制的智能小车教学套件实现，主控制器采用 51 单片机，由 2 个主动轮和 1 个万向随动轮构成 3 轮行走机构，主动轮使用直流减速电机驱动，具有测障传感器、寻线传感器等，硬件结构如图 8-25 所示。

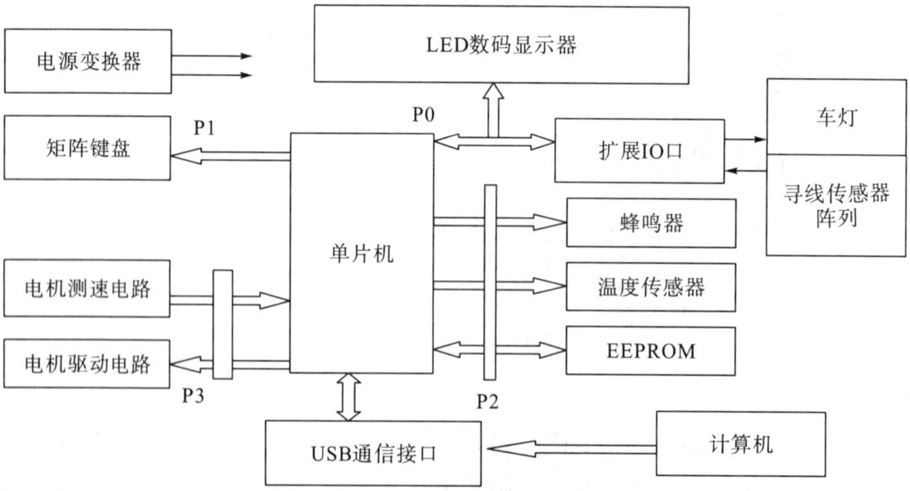

图 8-25 智能避障循迹车硬件结构

8.5.2 软件设计

课题目标是实现小车自主运动，既能检测白色地面上黑色路径线条，又能实现避障。这里，避障功能比循迹功能优先，遇到障碍物时就绕开障碍，无障碍时就按循迹线行走。考虑 C 程序的可读性比汇编好，整个程序设计采用 C 语言编写。程序前面部分采用 if 语句实现避障功能，后面部分采用 switch 语句实现小车寻线控制功能，主要代码如下。

```
void main( )
{   uchar z;
    while(1)
    {   z = senser( );
        if( (z&0x02) = =0x02)        //前端有障碍物，后退右转
        {right( ); delay(3000);                  //右拐，延时 3000 个单位
        }
        else if( (z&0x01) = =0x01)   //左端有障碍物，右转弯
        {right( ); delay(3000);                  //右拐，延时 3000 个单位
        }
        else if( (z&0x04) = =0x04)   //右端有障碍物，左转弯
        {left( ); delay(3000);                    //左拐，延时 3000 个单位
        }
        z = z&0xf8;
        switch(z)//循迹部分
        {   case 0xf0: left( ); delay(1); break;
            …     //根据寻线传感器值确定小车转弯与前进
            default:      up( ); delay(1); break;
        }
    }
}
```

上述代码中 senser(　) 为传感器函数，right(　) 为小车右拐弯函数，left(　) 为小车左拐弯函数，up(　) 为小车前进直行函数，delay(　) 为延时函数。均为设计者自行编写的子函数。

参考文献

[1] 芮延年. 机器人技术及其应用 [M]. 北京：化学工业出版社，2008.
[2] 蔡自兴. 机器人学 [M]. 第 2 版. 北京：清华大学出版社，2009.
[3] 李云江. 机器人概论 [M]. 北京：机械工业出版社，2011.
[4] 谭浩强. C 程序设计 [M]. 第 4 版. 北京：清华大学出版社，2010.
[5] 胡杰，吴磊，赵鸣. 51 单片机 C 语言应用与开发 [M]. 北京：北京航空航天大学出版社，2010.
[6] 何立民. 单片机高级教程：应用与设计 [M]. 第 2 版. 北京：北京航空航天大学出版社，2007.
[7] 张俊谟. 单片机中级教程：原理与应用 [M]. 北京：北京航空航天大学出版社，2006.

[8] 朱蕴璞，孔德仁，王芳. 传感器原理及应用［M］. 北京：国防工业出版社，2005.
[9] 刘笃仁，韩保君，刘靳. 传感器原理及应用技术［M］. 第2版. 西安：西安电子科技大学出版社，2009.
[10] Jurafsky D，Martin J H. 语言与语言处理：自然语言处理、计算语言学和语音识别导论（英文版·第2版）［M］. 北京：人民邮电出版社，2010.
[11] 胡广书. 数字信号处理导论［M］. 北京：清华大学出版社，2006.
[12] 王慧琴. 数字图像处理［M］. 北京：北京邮电大学出版社，2006.
[13] 谢黎明，沈浩，靳岚. 机械工程导论［M］. 武汉：武汉大学出版社，2011.
[14] 杨叔子，李培根，李元元，等. 机械工程概论［M］. 武汉：华中科技大学出版社，2011.
[15] 吕志杰，丁明峰，刘建华，等. CAXA实体设计2011实例教程［M］. 北京：机械工业出版社，2012.

第9章　现代农业技术

9.1　品种资源的保护与引进

9.1.1　品种资源的保护

品种资源的多样性是人类赖以生存的农、林、牧业得以持续发展的物质基础，更是实施各种育种途径的材料。长期以来，人类在这方面的认识远远落后于形势，致使品种资源的多样性受到人为的破坏，面临严重危机，现有品种资源也难以在育种中发挥应有的作用。因此，必须提高认识，认真贯彻经济效益、社会效益和环境效益统一的“可持续发展战略”，切实加强品种资源工作。

1. 品种资源概念

用以培育新品种的原材料，过去称为育种的原始材料，我国20世纪60年代初将其改称为品种资源。品种资源是在自然演变过程中形成的，能在一定环境作用下，通过世代演替传递给后代，并发育为具有各种性状特征生物的可遗传的物质资源。品种资源是在长期自然选择和人工选择过程中形成的，它们携带着各种各样的基因，是品种选育和生物学理论研究不可缺少的基本材料来源。

2. 品种资源的种类

1)植物品种资源的种类

(1)本地品种资源，包括在当地自然条件和耕作制度下，经过长期培育选择得到的地方品种和当前推广的改良品种。它们对当地生态环境、栽培条件和消费习惯等有比较好的适应性，在利用品种资源时，可作为主要对象。此外，地方品种往往是一个遗传类型多样的群体，有可能从中选择出优良品种。

(2)外地品种资源，是指由国内不同气候区域形成的或由国外引进的植物品种和类型。它们反映了各自原产地区的生态和栽培的特点，具有多种多样的生物学、经济学上的遗传性状，其中有些是本地品种资源所欠缺的，特别是来自起源中心的材料，集中反映了遗传的多样性，是改良本地品种的重要材料。在育种上有时还特意选用距离产地远的品种或类型为杂交亲本，以创造遗传基础丰富的新类型，也可以直接对外地品种资源进行引种、驯化。

(3)野生植物资源，包括栽培植物的近缘野生种和有潜在利用价值的植物野生种。这些品种材料是在自然条件下经长期适应进化和自然选择形成的，具有很强的适应性和抗逆性，或者具有栽培植物所欠缺的某些重要特性。通过杂交等方式，可以把野生植物中的优良基因或携带这些基因的染色体或其片段转移到栽培植物中来。野生植物常常是砧木的重要资源，可在园艺植物的抗寒性和土壤适应性方面发挥作用。

(4)人工创造的品种资源，是指人工应用杂交、诱变等方法所创造的育种原始材料。

它包括各种育种方法和育种过程中所得到的育种材料，具有比自然资源更新、更丰富的遗传性状。这些性状是自然资源中所缺乏的，可作为进一步育种的理想的原始材料(图9-1)。

图9-1 人工合成小麦衍生品种

1)动物品种资源的种类

(1)原始品种，主要是经过长期自然选择与人工选择的产物，它不仅深刻反映了本地的水土特点，对本地的生态条件具有高度的适应性，而且体质结实，抗病力强。但原始品种产能较低，没有明显的生产发展方向，如生活在青藏高原的藏猪、藏鸡等。原始品种是改良现有品种的基础材料，具有重要的作用，需加以保护。

(2)地方良种，是长期人工选择的优良品种，具有适应地方条件且生产性能较高的特点，如太湖猪、四川白鹅等。地方良种也是培育优良新品种的重要材料。

(3)引进品种，是指从其他国家或地区引入本地的品种，一般根据当地的环境条件与生产需要引进适宜的品种。引进品种一般具有较高的生产性能与经济效益，如我国从丹麦引进的长白猪，具有产仔数较多、生长发育较快、省饲料、胴体瘦肉率高等特点。

(4)培育品种，是人们有意识地培育而成的，是长期有目的地进行选种选配和给予相应的饲养管理条件的结果。这些品种具有很高的生产性能，并对外界创造的条件依赖性很强，抗病力相对不如原始品种和地方良种。这类品种具有很高的育种价值和经济价值，如天府肉鸭、荷兰荷斯坦牛、长白猪、德国美利奴细毛羊等。

3. 植物品种资源保护的措施

1)品种资源的搜集

品种资源的搜集是指通过考察、采集、征集、交换、贸易等渠道搜集栽培植物的地方品种、育成品种、近缘野生种、创新品种及有关野生植物资源，是植物遗传育种的基础工作。

2)品种资源考察的范围

品种资源考察一般在作物起源中心、栽培中心和遗传育种中心进行。在起源中心主要搜集地方品种、原始种和野生近缘种，重点放在野外采集。在作物各遗传育种中心地区有较丰富的品种材料，主要搜集育成的优良品种、品系及特殊的遗传材料，重点要进行田间评选，了解品种的系谱和特征。

3)品种资源搜集的方法

品种资源搜集，首先应做好考察前的准备工作，通过查阅已有品种资料和有关信息，制定考察计划。计划包括目的和任务、考察路线及时间、主要考察地点和实施方案，搜集时期一般为品种繁殖的适宜时期；准备有关的调查记载表格、野外考察仪器和用具；根据目的和任务，组成专业或综合考察队伍。其次，在实际考察中做好调查和观察记载，对所获得的品种材料应妥善保管，以保持其高度生活力。最后，当实地考察告一段落时，应及时对品种材料进行分类、登记，整理调查记录，修正考察计划和实施方案，发现遗漏应及时补充。

4)品种资源的管理

为使品种资源各种特性有案可查，便于育种和其他研究工作的检索、利用，对搜集的品种材料要进行分类、核实、登记、编号、田间种植、观察、鉴定，淘汰重复材料，并在取得完整资料的基础上建立品种资源档案和性状数据库，编写品种资源目录。

5)品种资源的保存

为避免品种资源的流失，必须利用自然或人工创造的适宜环境，长期保持品种材料的生活力。品种资源的保存方法因作物繁殖方式不同、种子类型不同而异，多年生植物可采用就地保存及离体保存，种子繁殖植物可人工创造环境条件保存其种子。也可利用 DNA 重组技术，对某一种品种总 DNA 及其特定基因进行基因文库保存。

9.1.2　植物的引种

1. 引种的概念

世界上的植物都有它们自己的进化体系与分布范围。人类为了满足自己的需要，把它们从原来的分布范围引到新地区的实践活动叫做植物引种。植物引种栽植到新地区后，可能有两种反应：一种是原产地与引种地区的自然条件基本相似，或由于引种植物适应范围较广，以至植物不需要改变它的遗传性就能适应新的环境条件而正常生长发育，即植物在其遗传性适应范围内的迁移，一般属于简单引种；另一种是植物原分布区和引种地区的生态条件差别大，或引种植物的适应性窄，只有采取人工措施改变引种植物的遗传性，才能使它适应新的环境，这种情况下的引种，称为驯化引种。

2. 引种的意义

现今，我们栽培的所有植物(包括果树、蔬菜、花卉等)都是先民通过引种驯化而来的。当地栽培的品种，要么是从野生植物驯化而来的，要么是从外地直接引种或驯化的，要么是将引种的、驯化的再经杂交或诱变等育种途径培育的新品种。引种的意义主要体现为：引种是栽培植物起源与演化的基础；引种是丰富并改变品种结构，提高人类生活与生存质量的快速而有效的途径；引种可为各种育种途径提供丰富多彩的品种资源。

3. 引种的程序与措施

植物的引种程序，系指从选择引种材料，进行引种驯化研究，栽培管理，直至适应当地生产栽培的全过程。具体来说，首先要确定引种目标，开展调查研究，制定引种规划，提出引种对象与引种地区；然后通过各种途径进行引种，收集材料，育苗繁殖，并对引种植物的生物学特性，包括物候期、生长发育习性等进行观察研究、适应性试验与栽培技术试验、生产力测定，选育优良类型与单株；最后给以总结评价，推广应用并建立齐全的技术档案。

4. **引种方法及栽培措施**

1)种子引种

从原产地引入的种子培育出来的幼苗，其遗传性变异，可塑性大，易接受外界环境因子的锻炼，因此引种成功的几率较大。

2)逐渐迁移

实生苗对新环境有较大的适应性，但有一定限度，当原产地与引种地条件相差太远而超越了幼苗的适应范围时，就需要采用逐渐迁移的方法，按一定的距离逐步向引种地迁徙，让其不断适应当地生态环境，忌一步到位，否则就会引种失败。例如，在我国杭州引种云南大叶茶时，先引种到浙江南部，再从浙江南部采集种子到杭州种植，从而获得了成功。

3)引种驯化栽培技术措施

引种驯化栽培技术措施主要有以下几种。①引种材料的处理。从外地采集的引种材料，一般除了可以贮藏的外，其余新鲜种子、果实、苗木及枝条等，有许多一旦失水就会失去繁殖力，必须给予保湿保鲜，特别是在长途运输中，更要做好护养工作，并对引种材料进行检疫与消毒处理。有些种子具有休眠特性，因此在播种前必须先进行克服休眠的处理。②繁殖。繁殖的方法很多，有播种育苗、扦插繁殖、嫁接繁殖等。③幼苗的锻炼与培育。该措施主要针对播种繁殖，当原分布地与引种地的生态环境差异较大时，苗木一时难以适应，必须给予锻炼，使其逐步适应。④引种驯化要与选择杂交相结合。引种的品种栽培在不同于原产地的自然条件下，必定会发生变异。这种变异的大小取决于原产地和引种地区自然条件的差异程度以及品种本身的遗传性的保守程度。新品种引入后，要防止品种退化，可采用混合选择法去杂保纯，或者引进该品种的种子进行选择和繁育，以便推广。在引进的品种群体中还可挑选优良单株或建立优良单株的无性系，以便于进一步培育新品种。

9.2 花卉的无土栽培

9.2.1 无土栽培的概念

无土栽培是近几十年来发展起来的一种植物栽培技术，是将植物生长所需要的元素溶于水中，通过一定的栽培设施，在一定的无土栽培基质中，用营养液进行植物的栽培。无土栽培可以使蔬菜、花卉等作物完全按照人类的需要进行生产，避开季节、地理的不良影响，做到周年生产，周年供应。当前，无土栽培主要用于植物的育苗、温室大棚蔬菜和花卉的栽培，特别是在室内栽培中效果更为显著。

9.2.2　无土栽培的分类

随着无土栽培技术的发展，无土栽培的方式(类型)越来越多，因而有各种各样的分类方法，有的按基质分类，有的按人名或地名分类。最简单的分类方法是根系处于什么样的基质里就叫什么培养。在基质后面加上“培”字，即为某无土栽培方法。例如，根系处于营养膜里就叫营养膜培，处于蛭石里就叫蛭石培。其分类方式如图 9-2 所示。

- 无土栽培
  - 基质栽培
    - 无机基质
      - 砂培、砾培
      - 珍珠岩培
      - 蛭石培
    - 有机基质
      - 泥炭培
      - 锯末培
      - 稻壳培
      - ……
    - 有机生态型(基质 + 有机肥)
  - 无基栽培
    - 水培
      - 营养液膜技术(NFT)
      - 深液流技术(DFT)
      - 一般水培
    - 喷雾培(汽培)

图 9-2　无土栽培的分类

选择哪种方式进行无土栽培主要应根据条件、作物种类、投资成本的因素加以综合考虑，但最终的目的是一致的：都要有利于改善和提高作物根系营养和环境条件，完善营养液供排系统，简化程序，降低成本，便于自动化管理等。

9.2.3　无土栽培的优点与效益

无土栽培技术是现代农业科技中的高新技术，它与植物营养、植物生理、生态学科等均有密切关系。自从矿质学说建立以来，人们对植物生长发育与营养元素关系的认识有了新的发展，研究者凭借无土栽培技术与示踪元素的应用可以更深入地研究植物对矿质营养的吸收、运输和利用，从而为现代作物的生产打下坚实的理论基础。无土栽培的优点和效益主要表现在以下几个方面。

1. **长势优、产量高、品质好、效益高**

随着人口、资源、环境问题的日益突出，人们对环境保护的意识越来越强。土壤栽培中存在化肥、农药等污染，越来越受到人们的关注，人们迫切需要无污染的蔬菜和食品。无土栽培不仅可以减少土壤对环境的污染，而且植物长势优良；可为植物的根系创造极为良好的生长环境，发育良好的根系可为地上部分提供充足的水分和各种营养，这是植物高产的基础；能合理调节水、空气、养分的供应，特别是能妥善解决土壤栽培中水和空气的矛盾，使植物的生长发育过程进行得更加协调，从而能充分发挥其生长潜能，取得高产。从花卉无土栽培来看，无土栽培花卉长势优、品质好、污染少、效益高，深受群众喜爱。

2. **减轻病虫危害、节省费用**

土壤是病虫害的重要传播媒介，土壤栽培植物特别是作物连栽引起的病虫害已成为危害生产的重要问题。为了消除其危害，人们使用农药的频率和剂量都会不断增加，这样既加大了投资成本，同时也会造成新的环境污染和社会公害，农产品的农药残留已成为影响人们身心健康的大隐患。无土栽培则可以人为控制生长条件，为植物生长提供相对无菌和少虫源的环境。同时，由于无土栽培植物生长健壮，可减轻叶部病害及土壤腐生病害对植物的侵染，因而病害轻微，这样必然大大减少农药的使用甚至于免用农药，可以把因使用农药而造成的环境污染和社会公害降到最低限度，并相应节省农药投入的费用。

3. **节约水分和养分、省工省力、节省土地**

无土栽培可根据植物不同种类、不同生育期按需要定量用肥，营养液还可以回收或循环再利用，因而可避免土壤施肥中的肥水流失及被土壤微生物吸收等问题，既能满足植物的营养需要，又能节约用肥，并可大大降低成本。在土壤栽培中，灌溉的水分大部分因蒸发、流失、渗漏而损失，真正被植物吸收的水量仅为很小的一部分，而无土栽培可以节约用水。由于简化了栽培中的耕作工序，加上没有杂草的危害，无需进行翻耕土壤、整畦、除草等工序，同时便于机械化与自动化操作，无土栽培大大节省了人力和工时，提高了土地利用率。无土栽培还能大大扩展种植空间且不受地域限制。空闲的荒地，甚至沙漠、石山等不毛之地都可充分利用进行植物栽培，特别在人口密集的城市，可利用阳台、屋顶、水面、河流及海洋的“流动土地”，甚至宇宙空间航天器上的“飞流土地”进行无土栽培。

9.2.4 无土栽培的设施

1. **栽培设施**

无土栽培所用的设施很多，但是万变不离其宗，总体来看，它们大致包括育苗容器、定植容器、育苗床、栽培床等。它们必须具有成本较低、能够抵抗水渍、不易损坏、便于操作的特点。

1）育苗容器

根据形状，通常可以将育苗容器分为育苗钵、育苗板、育苗箱等。现代苗床都要配以专用的育苗容器。

2）栽培容器

花卉的主要无土栽培形式是盆栽，也就是说，通常要将它们置于花盆、水族箱等容器内进行栽种。应该根据所栽种的花卉类型、生长情况、栽培年限等来为它们选择适当的容器。花盆是盆栽无土花卉的重要栽培容器，将塑料盆、陶瓷盆用于大规模的生产效果较好。用玻璃制作的水族箱用于无土栽培虽然时间不长，但它反映了无土栽培技术从生产直接走向应用的一个侧面，表明了人们对无土栽培技术的普遍认同。

3）育苗床

培育幼苗是花卉无土栽培的重要环节，在此过程中，育苗床往往起着十分重要的作用。为了获得高矮一致、发育状况相似的种苗，育苗床的作用不可低估。简易式育苗床主要用于小规模的花卉无土栽培，它主要通过临时搭建的育苗畦作为繁殖场地，灵活多变，可因地制宜，投入少，效果好，因此使用范围很广。现代化育苗床从硬件设施来看甚至包括了周边环境，这种育苗床通常建立在保护地中，其空气湿度、环境温度多通过电脑进行监控，并根据需要及时进行调整。在育苗时，可将种子、插条、幼苗置于专用的组合式苗穴或花盆中，然后将其置于自动化供水、通风、调温的环境中进行管理。

4）栽培床

栽培床是具体摆放花卉植株的地点，从种苗定植后到成品出圃前的一段时间里，植株都要在这里进行生长。作为花卉营养液、栽培基质的载体，栽培床所处的位置决定着植株生长的快慢与否。因此，无土栽培多在保护地条件下进行，一般都要将栽培床修建在温室中，以创造一个良好环境，保证花卉能够茁壮生长。根据栽培床的床体材料，可将它们分为水泥床、塑料床等类型。

2. 供液系统

无土栽培的供液系统种类很多，常用的有漫灌法、渗灌法、滴灌法、虹吸法、喷雾法、手工浇灌法和营养液膜浇灌法等。具体采用哪一种灌溉方式，主要应根据所采用的无土栽培类型进行确定。

1）人工灌溉系统

人工灌溉系统是无土栽培最古老，也是最实用的系统，它的操作十分简单，主要通过人工用浇壶等器具将配制好的营养液逐棵地浇灌给所栽种的植物。这种方法对较小规模的盆栽花卉的无土栽培是十分适用的。

2）喷雾系统

喷雾灌溉系统是一个封闭系统，它将营养液以雾状的形式保持一定的间隔，喷洒在植物的根系上，这样既能保证作物根系对水分、矿质营养的需求，又能使根系处于充足的氧气环境中，因此对于很多植物的栽培非常适宜。

3）滴灌系统

滴灌系统是一个开放系统，它通过一个高于栽培床 1 m 以上的营养液槽，在重力的作用下，将营养液输送到 30 ~ 40 m 远的地方。一般来说，每 1000 m^2 的栽培面积可用一个容积为 2.5 m^3 的营养液槽来供液。此系统的营养液不循环利用，最终在重力的作用下被排走。

4）营养液膜系统

槽栽的装置与盆栽的基本相同，其装置一般由栽培床、贮液罐、电泵与管道等组成，其灌溉方式可分为南非系统、荷兰系统、美国系统三种类型。此系统先将营养液配成浓度较高的母液，在使用时，再稀释成可供浇灌的营养液。在操作时，先要将稀释好的营养液用水泵抽到高处，然后使栽培床的较高一端向较低一端流动。

9.2.5 营养液的配制与管理

进行无土栽培作物时，要在选定营养液配方的基础上，正确地配置营养液。一种均衡的营养液配方，都存在着相互之间可能产生沉淀的盐类的问题，只有采用正确的方法来配制营养液，才可保证营养液中的各种营养元素能有效地供给作物生长所需，才可取得栽培的优质高产。

1. 营养液的配制

在实际生产应用中，营养液的配制方法可采用先配制浓缩营养液(或称母液)，然后用浓缩营养液配制工作营养液；也可以采取直接称取各种营养元素化合物直接配制工作营养液。可根据实际需要来选择一种配制方法，但无论哪种方法，都要在配制过程中以不产生难溶性物质沉淀为总的指导原则来进行。

2. 营养液的使用与管理

无土栽培中，营养液的管理是整个无土栽培的重要组成部分，如果管理不当，则直接影响植物的生长发育。营养液的管理主要包括以下几个方面。①营养液浓度管理。当营养液池中的营养液使用一段时间以后，营养液因植物的吸收、蒸发等原因，浓度不断地发生变化，因此，必须进行检查和调整，使它恢复原有的浓度。一般来说，营养液随着使用时间的延长，营养元素成分逐渐减少，因此必须加以补充。②营养液温度管理。营养液的温度直接影响植物的生长和根系对水分、养分的吸收，营养液的温度应是根系需要的适宜温度，而根系的适宜温度比地上部分要求的适宜温度范围要小，变幅也更小。控制温度的显著作用之一是促进花卉植物对营养物的有效吸收，从而最大限度地促进植物的生理代谢和生长发育。③营养液含氧量控制。无土栽培中，作物根系需要的氧气有一部分来自营养液，一般采取使营养液循环，增加与空气接触的方法增加营养液的溶氧量。营养液的含氧量在4~5毫克/升即可满足大多数蔬菜、花卉植物的要求。④供液时间与供液次数管理。在栽培过程中都应考虑适时进行供液，使根系不断得到营养液的供应，但是也应考虑经济用液，最好采取定时供液。⑤营养液的更换。小规模的无土栽培，贮液池容积小，每池营养液使用期在一周以内。一般随使用，随配制，若贮液池容积大，供液时间较长，使用数天后营养液体积减少，可以采取调浓度、补充水量使它达到原有体积。但时间过久，则须重新配制。

9.3 动物营养与饲料

9.3.1 动物饲料与配合饲料的概念及种类

俗话说“民以食为天”，人们为了生存必须摄取食物。我们所吃的食物含有各种营养成分，包括维生素、矿物质、碳水化合物、蛋白质、脂肪和水。这些营养保证了我们身体完成各种正常功能。同样，动物为了生存、生长、繁衍后代等，也必须从外界摄取食物，动物的食物即饲料。

1. 饲料的概念

一切能被动物采食、消化、利用，并对动物无毒无害的物质，称为营养物质，简称养分。饲料是指合理饲喂条件下能对动物提供营养物质，调控动物生理机制，改善动物产品品质，且不发生有毒有害作用的物质。饲料中的养分可以是简单的化学元素，如Ca、P、Mg、Na、Cl、Fe等，也可以是复杂的化合物，如水分、蛋白质、碳水化合物、脂类、维生素、矿物质等。饲料中各种营养物质的基本功能可归纳为三个方面：作为动物体的结构物质，作为动物生存和生产的能量来源，作为动物机体正常机能活动的调节物质。营养物质在机体内经一系列代谢过程后，还可以形成各种各样的畜产品。

2. 饲养标准

动物在最适宜环境条件下，为了能够正常、健康生长或达到理想生产成绩，对各种营养物质种类和数量的最低要求，就是动物的营养需要量，也称为饲养标准。动物的营养需要主要有两种表示方法：一是按每头动物每天需要量表示，需要量明确给出了每头动物每天对各种营养物质需要的绝对数量；二是按单位饲料中营养物质浓度表示。饲料能量含量只能通过在特定条件下，将能量从一种形式转化成另一种形式来测定。不同的动物有着不同的需要，同一个动物在不同的生长阶段对营养物质的要求也不尽相同。

3. 饲料的分类

饲料是营养物的来源。按照动物营养的几个主要方面和饲料的主要特性，国际上把饲料分为粗饲料、青饲料、青贮饲料、能量饲料、蛋白质饲料、矿物质饲料、维生素饲料和饲料添加剂八大类。

1）粗饲料

粗饲料是含粗纤维18%以上的饲料，主要包括干草、秸秆和秕壳类饲料。

2）青饲料

青饲料属新鲜的植物性饲料，水分含量超过60%，因多青绿色而得名。它包括牧草蔬菜类饲料，农作物的茎叶、枝叶饲料及水生植物饲料等。青饲料具有含水量高，蛋白质含量高，粗纤维含量低，钙、磷比例适宜，维生素含量丰富的营养特性。

3）青贮饲料

青贮能保持青绿饲料原有的青绿、多汁、柔软等特点，是贮藏饲料的最好方法。青贮就是把饲料切短，装镇压实在缸、池、窑及塑料袋中，利用厌氧菌的发酵产生乳酸，当pH达到4.0左右时，所有微生物停止活动，青贮料就可以保存下来。我国很多地区夏季高温高湿，难于调制干草，进行青贮就能解决这类问题。

4）能量饲料

能量饲料是指自然水分低于45%，且干物质中粗纤维低于18%，同时干物质中粗蛋白质又低于20%的一类饲料。这类饲料一般淀粉含量高，消化性好，有效能值高。能量饲料主要包括谷物（如玉米、大麦等）及其加工副产品、块根（如胡萝卜等）、块茎（如马铃薯等）及瓜类饲料（如南瓜等）等。能量饲料还包括动物脂肪、植物油、油脚、糖蜜和乳清等。

5) 蛋白质饲料

蛋白质饲料是指蛋白质含量超过 20% ，消化能超过 10.45 MJ/kg，粗纤维含量低于 18% 的饲料。根据其来源和属性不同，可分为植物性蛋白质饲料、动物性蛋白质饲料和单细胞生物蛋白质饲料及非蛋白质氮补充饲料。

6) 矿物质饲料

矿物质饲料主要包括动物需要的各种矿物补充物和出于某些特殊目的应用于饲料的矿物质。矿物质饲料的主要来源有加工副产品(如骨头、蛋壳等)、天然矿物资源(如天然矿石或贝壳类)、工业生产的饲料级产品(如硫酸铜等)。

7) 维生素饲料

维生素饲料是一类动物代谢所必需但需要量极少的低分子有机化合物，体内一般不能合成，必须由饲粮提供，或者提供其先体物。

9.3.2 饲料添加剂的种类和作用

饲料添加剂是指在天然饲料的加工、调料、贮存或喂饲等各个过程中，人工另外加入的各种微量物质的总称，按功能不同可分为营养性添加剂和非营养性添加剂两类。在动物食品即饲料中添加饲料添加剂，具有提高饲料的利用率，改善饲料适口性、增进采食、保健防病、改善畜产品品质等作用。

1. 营养性添加剂

营养性添加剂是指用于补充饲料营养成分的少量或微量物质，主要包括氨基酸添加剂、维生素添加剂和矿物质添加剂。氨基酸添加剂：在所有天然的蛋白质饲料中，氨基酸含量都不能满足动物需要，所以必须根据各种饲料的营养特点，配合一个较合理的日粮组成。猪所必需的氨基酸有 10 种，常用饲料容易缺乏的有赖氨酸、蛋氨酸、色氨酸三种。维生素添加剂：是根据畜牧生产上的使用要求而制成的维生素、化合物或混合物质，如维生素 B_1 的盐酸盐或硝酸盐。例如，维生素 A 对禽兽繁殖、生长、视力，以及骨骼的形成都有重要作用，缺乏时，禽兽会出现夜盲症、皮肤粗糙、被毛粗硬、色泽不佳等症状。矿物质添加剂：矿物质是动物生命活动中必需的营养物质，不仅仅是构成机体的组成成分，而且可作为酶的活化因子或直接参与酶的组成来调节机体的新陈代谢。例如，在蛋鸡日粮中添加矿物质添加剂，可显著改善蛋鸡的生产性能，蛋鸡的产蛋率、蛋重、蛋壳品质等和经济效益均得到提高。

2. 非营养性添加剂

非营养性添加剂可根据其发展阶段分为两类：第一类是传统的添加剂，主要包括抗生素、防霉剂、抗氧化剂、风味剂等；第二类是新兴的“绿色”饲料添加剂，如中草药添加剂、酶制剂、益生素等，它们配合饲料使用对提高畜禽的生产性能，促进养殖业的发展起着重要作用。抗生素是促进生长的饲料添加剂，可治疗多种微生物引起的疾病，从而显著促进动物生长。但抗生素的长期普遍使用可造成在动物产品中的残留并使动物产生抗药性，直接或间接给人类造成危害。酶制剂中应用较多的有纤维素酶、葡聚糖酶、木聚糖酶、淀粉酶、蛋白酶、果胶酶和植酸酶。酶制剂可以破坏植物细胞壁，分解纤维素酶、半纤维素和果胶等非淀粉多糖，既可以把这些不能利用的多糖分解成可被消化吸收的小分子糖类，又可以使有细胞壁保护的植物细胞内的养分如淀粉、蛋白质等更易消化，使其消化更完全。酶制剂为生物活性物质，对外界条件要求严格，其应用效果受多种因素的影响。

9.3.3　饲料配方设计

有了好的动物品种和饲料原料，如果没有好的饲料配方，动物的生产潜力也得不到很好发挥；或者虽然能提高其生产能力，但饲料成本很高，经济效益却降低，不利于畜牧产业可持续发展。

1. 饲料配方设计的原则

饲料配方的好坏，对产品多少、效益高低有很大的影响，是养殖业中不可忽视的重要环节。一个好的饲料配方，应符合以下几点基本原则。第一，营养全面、充足、平衡。饲料配方如能达到饲养标准的要求，在营养上往往就是全面而平衡的。任何养分含量不足，都会影响动物的健康和生产性能。饲料中各养分之间还应保持一定的比例。第二，符合动物的生理特点。各种动物由于生理特点不同，对饲料有一些不同的要求。以饲料中粗纤维的含量为例，鸡由于消化道短，对粗纤维消化能力差，饲料中粗纤维含量不宜超过5%，否则往往会使养分的利用率降低。第三，适口性好，没有毒害。养分全面、充足、平衡的配合饲料，如果适口性很差，动物吃得很少，仍会造成营养不良。在确定饲料原料的用量时，还应注意不会造成毒害。不少饲料原料中含有一定量的抗营养因子，如菜籽饼粕中含有可以造成甲状腺肿大和其他代谢障碍的物质——恶唑烷硫酮和硫氰酸盐，饲料中菜籽饼粕含量多时就会造成不良后果，设计配方时必须注意。第四，成本相对较低。饲料成本约占养殖业总成本的70%以上，要使养殖有较高的经济效益，设计饲料配方应注意根据市场和饲养管理水平确定适当的营养水平，用多种饲料搭配并选择价格相对较低的饲料做原料，按最低成本或最高效益的要求设计配方。

2. 饲料配方设计的基本步骤

全价饲料、浓缩饲料、精补饲料和添加剂预混料等都需要进行配方设计。现以全价饲料为例，说明饲料配方设计的基本步骤。

1）确定营养水平

设计饲料配方必须依据一定的标准来确定饲料的营养水平，一般情况下，可以以我国的饲养标准为基础，参考国外标准确定。饲养标准中有关指标大多是最低需要量，其中维生素，特别是脂溶性维生素，在加工、运输、储存过程中效价会不断下降，常常需要超量供应。饲料管理水平、季节和市场情况都是确定营养水平时需要考虑的因素。

2）选择原料，确定某些原料的限制用量

确定了饲料的营养水平后，要定量地选择原料来保证营养水平的实现。动物需要的养分很多，大致可归纳为能量、蛋白质和氨基酸、常量和微量元素、维生素以及其他等几个大类。为了全面满足动物的需要，饲料原料也应至少包括能量饲料、蛋白质饲料、矿物质饲料、维生素和微量元素添加剂。为了平衡饲料中的氨基酸，最好还要有合成氨基酸。

3)通过计算设计出原始配方

营养水平和原料确定以后，就可以利用各种计算方法设计出能满足营养要求的原始配方。但在计算之前，应尽量获得各种原料养分含量的实测值。同样是玉米，水分含量为11%时，代谢能(禽)可达14.06 MJ/kg，但水分为15%时只有13.43 MJ/Kg。如不按实际含量进行设计，往往会造成养分不足或过多，不能达到预期的生产效果。

4)试验验证，最终确定方案

严格地讲，一个可供应用的配方，都应该经过试验验证。若能达到预期效果，便可确定下来，正式使用。若发现问题，如发现鸡生长不快，不爱吃，腹泻多病等现象，应分析原因，若确定是由饲料配方的缺陷引起的，应针对问题加以修正，并进行试验，直到满意为止。

9.4 病虫害预测及综合治理

9.4.1 病虫害防治在农业和林业上的意义

病虫害防治可构筑起农业和林业安全生产的生态环境。我国是一个农业生物灾害频发、农业生态环境脆弱的国家。如黄淮流域的蝗灾，我国2600多年前就有治蝗、治螟的记载。病虫害防治是保护国家农业生产安全，保障农产品质量安全，减少环境污染，维护人民群众健康，促进农业可持续发展的重要科学支撑。病虫害会降低农业和林业植物花木质量，使其失去观赏价值及绿化效果，引起整株死亡，造成重大损失，甚至可以使品种退化，毁种。

当前，毁灭性农作物病虫害频繁暴发，危险性外来生物不断入侵，导致农业经济损失与生态环境破坏，加重和突出了农业生物灾害问题。随着生物技术与产业化的快速发展，转基因生物的环境与食用安全问题正引起公众的忧虑和国际贸易争端。面对上述严峻形势和国家重大需求，植物保护学科在国家经济社会发展中的地位和作用不断得到提高，国家对植物保护学科越来越重视，推动了植物保护学科的发展，形成了以科学发展观为指导，以基础研究和高新技术研发为基础，以突破关键防御技术为核心的植保科技创新体系，取得了一批重大研究成果和突破性研究进展，大大提高了我国防御生物灾害的能力，为保障农作物安全，促进农业增效和农民增收，实现全面建设小康社会的宏伟目标做出了切实的贡献。

随着全球经济一体化进程与国际贸易的飞速发展，我国外来生物入侵问题愈加突出，形势十分严峻，直接影响到经济社会的发展。转基因技术是21世纪引领未来的前瞻技术之一，转基因抗病、抗虫和抗除草剂农作物培育对有害生物的有效防控具有重要作用，但也存在潜在的安全性风险。如转基因生物可能对人、畜健康产生不利影响，长时间大面积种植转基因作物可能导致某些生物多样性减少等生态(环境)风险，外源基因的插入还可能引发其他非预期的效应等。我国对转基因生物安全风险评价与控制研究起步较晚，科普宣传不到位，造成社会公众对转基因产品的安全性存在疑虑，难以接受，政府部门对转基因生物的应用顾虑较大，难以决策。

9.4.2　病虫害发生的过程和规律

西部实施退耕还林还草后，随着林、草面积的剧增和大面积连片，也带来了负面效应，为病虫害的发生和流行创造了有利的生态条件。林、草病原菌得以大量积累和害虫虫口基数大等原因，都促使病虫害严重发生。近几年来，病虫害问题日益突出，已成为制约农林产业发展的主要因素之一。

在侵染性病害中，被侵染的植物为寄主。病原物与寄主间有亲和性，又有对抗性，构成一个有机的寄主 - 病原物体系。传染性病害的流行必须具备三个方面的条件：有大量致病力强的病原物存在，有大量的感病性的寄主存在，有对病害发生极为有利的环境。

上述三因素是病害流行的必不可少的条件，缺一不可，三因素相互联系，互相影响。但是，由于病原物、寄主和环境条件等方面的特性不同，各种流行性病害，在一定地区、一定时间内，不能把三个因素同等看待，可能其中某些因素基本具备，变动较小，而其他因素变动或变动幅度较大，不能稳定地满足流行的要求，限制了病害流行。因此，把这种易变动的限制性因素称为主导因素。如杨树腐烂病，在北方的某些地区，感病的寄主大量而集中存在着，病原物也普遍地附生于枝干树皮表层，这时，病害流行取决于环境条件，如遇突然的干旱或冻害，病害便随即流行起来。在另外一些病害里，病原物或大量的感病寄主的存在可能是流行的决定条件。环境一方面影响病原物的生长发育，同时也影响植物的生长状态，增强或降低植物对病原的抵抗力。

环境有利于植物生长发育而不利于病原的活动，病害就难以发生或发展很慢，植物受害也轻；反之，病害就容易发生或发展很快，植物受害也重。植物病害的发生过程实质上就是病原、植物和环境的相互影响与相互制约而发生的一系列顺序变动的总和，人类活动对植物病害的发生和发展会产生重大的影响(图 9-3)。

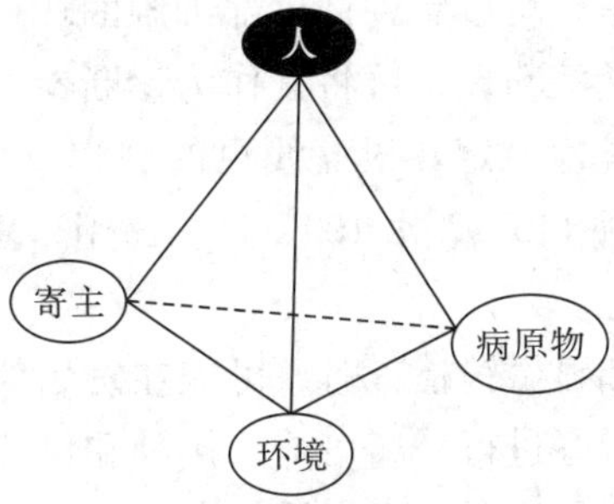

图 9-3　植物病害的四面体学说

9.4.3 主要病虫害的识别

1. 主要病虫害的识别技术

植物病害的症状、昆虫等都有相对稳定的特征，是进行虫害、病害类别识别，病害种类诊断的重要依据。对已知的常见病虫害，根据植物受害症状、昆虫特征可作出比较正确的诊断。

但病害的症状并不是固定不变的，同一种病原物在不同寄主或在同一寄主的不同发育阶段或处在不同的环境条件下都可能表现出不同的症状。如梨胶锈菌危害梨和海棠叶片，产生叶斑，在松柏上使小枝膨肿并形成楔状冬孢子角；立枯丝核菌危害针叶树幼苗时，若侵染发生在幼苗木质化以前，幼苗表现为猝倒，侵染若发生在幼苗木质化后则表现为立枯。相反，不同的病原物也可以引起相同的症状，如真菌、细菌，甚至霜害都能引起李属植物穿孔病。

真菌病害一般到后期会在病组织上产生病症，它们多半是真菌的繁殖体。对于那些专性寄生或强寄生的真菌，如锈菌、白粉菌、外子囊菌所致病害，根据病原物进行诊断是完全可靠的，细菌病害在潮湿的条件下部分产生菌脓。病毒病害只有病状而无病症，病状有显著特点，常见全株性变色、畸形，也有局部坏死症状，坏死斑在植株上分布比较均匀。

植物病害的症状是很复杂的，每一种病害的症状常常由好几种现象综合而成。因此要明确地将它们划分类型也很困难，单纯根据症状作出诊断，有时并不完全可靠。在许多具体的病例中，常常需要作系统的综合观察比较，有时还必须应用显微镜检、人工诱发或血清反应和酶联免疫反应等先进技术和方法对病原进行分析和鉴定，才能作出正确的诊断。

显微镜镜检是挑取少许病组织作病部切片，在显微镜下观察病原形态。若是真菌病害，观察菌丝有无隔膜，孢子和子实体形态、大小、颜色、细胞数、着生情况等，进行鉴定。若是细菌病害，一般可看到大量细菌似云雾状从维管束薄壁细胞溢出，这是诊断细菌病害的简单而又可靠的方法。对于病毒病害，显微镜检查植物细胞内的内含体，从黄化型病毒的叶脉或茎切片中，可以看到韧皮部细胞的坏死与组织内淀粉积累，用碘或碘化钾溶液检测可显现深蓝色淀粉斑，可将其作为诊断参考。对于线虫病，可将线虫瘿或肿瘤切开，挑取线虫制片镜检鉴定。根瘤线虫的观察，可将病根组织放在载玻片上，加一滴碘液(碘 0.3 g、碘化钾 1.3 g、水 100 ml)，另用一块玻璃放在上面轻压，线虫染为深色，根部组织呈淡金黄色。

人工诱发是在症状观察和显微镜检查时，可能在发病部位发现一些微生物，若不能断定是病原菌还是腐生菌，最好进行分离培养、接种和再分离，这种诊断步骤称为柯赫氏证病律——柯赫氏法则，这是证明微生物的传染性和致病性最科学的方法。

柯赫氏方法的步骤是：①当发现植物病组织上经常出现的微生物时，应将它分离出来，并使其在人工培养基上生长；②将培养物进一步纯化，得到纯菌种；③将纯菌种接种到健康的寄主植物上，并给予适宜的发病条件，使其发病，观察它是否与原症状相同；④从接种发病的组织上再分离出这种微生物。

但人工诱发试验并不一定能够完全实行，因为有些病原物到现在还没找到人工培养的方法，接种试验也常常由于没有掌握接种方法或不了解病害发生的必要条件而不能成功。目前，病毒和植原体还没有人工培养方法，一般用嫁接方法来证明它们的传染性。

2. 害虫的类型

依据害虫的危害特点，可将害虫分为：食叶害虫、吸汁害虫、钻蛀性害虫和地下害虫。

1）食叶害虫

食叶害虫一般指以咀嚼式口器为害叶片的害虫，在园林植物上最为常见。被害叶片形成缺刻、孔洞，严重时叶片被全部吃光，仅留叶柄、枝杆或叶片主脉。有些种类的害虫还有钻蛀嫩梢为害的特点，有的有潜叶为害的特性。

2）吸汁害虫

吸汁害虫指成、若虫以刺吸或锉吸式口器取食植物汁液为害的昆虫，是园林植物害虫中较大的一个类群，其中以刺吸口器害虫种类最多。常见的吸汁害虫有同翅目的蝉类、蚜虫类、木虱类、蚧虫类、粉虱类，半翅目的蝽类，缨翅目的蓟马类。此外，节肢动物门蛛形纲蜱螨目的螨类也常划入吸汁害虫类。

3）钻蛀性害虫

钻蛀性害虫指以幼虫或成虫钻蛀植物的枝干、茎、嫩梢及果实、种子，并匿居其中的昆虫。常见的钻蛀性害虫有鞘翅目的天牛类、小蠹类、吉丁类、象甲类，鳞翅目的木蠹蛾类、辉蛾类、透翅蛾类、夜蛾类、螟蛾类、卷蛾类，膜翅目的茎蜂类、树蜂类，双翅目的瘿蚊类、花蝇类。

4）地下害虫

地下害虫指一生中大部分时间在土壤中生活，主要为害植物地下部分（如根、茎、种子）或地面附近根茎部的一类害虫，亦称土壤害虫。它们是一个特殊的害虫类群。

9.4.4　病虫害的预测预报方法

植物病虫害的预测预报更多的是进行较直观的经验预测，或进行一些实验生物学方法的预测。近几年，应用统计法逐步建立了一些病虫的预测预报模型，但由于积累的数据资料年限较短、系统性和准确性不够，建立的预测预报模型准确性比较差，还不能有效地应用于指导植物病虫害的防治工作。目前，国际上农作物病虫害的监测预警的发展趋势是利用昆虫雷达、卫星遥感等开展病虫害的遥感监测。

健康的绿色植物具有典型的光谱特征，当植物生长状况发生变化时，其波谱曲线的形态也会随之改变。如植物因受到病虫害，农作物因缺乏营养和水分而生长不良时，海绵组织受到破坏，叶子的色素比例也发生变化，使得可见光区的两个吸收谷不明显。近红外光区的变化更为明显，峰值被削低，甚至消失，整个反射光谱曲线的波状特征被拉平。因此，根据受损植物与健康植物光谱曲线的比较，可以确定植物受伤害的程度。结合灯诱、性诱和田间调查，获得田间农作物病虫害发生危害的动态数据；在准确、及时地监测的基础上，通过地理信息系统分析，结合人工智能、模型和专家系统，开展病虫害发生危害的预警和防治决策；通过计算机网络信息系统和电视预报系统等进行信息发布，指导防治农业生物灾害。病虫害三大类预测预报的方法是：观察法、实验法和统计法。

9.4.5 病虫害的防治技术

植物病虫害防治技术包括：植物检疫、园林技术防治、物理机械防治、生物防治和药物防治。长期以来，人们热衷于单一的化学药剂防治，虽一时有效，但却产生了一系列不良后果，如使病虫害产生抗药性、污染环境、杀伤天敌等。

1. 植物检疫

植物检疫又称法规防治，指一个国家或地区用法律或法规形式，禁止某些危险性的病虫、杂草人为地传入或传出或对已发生及传入的危险性病虫、杂草，采取有效措施消灭或控制其蔓延(图9-4)。植物检疫与其他防治技术具有明显的不同，首先，植物检疫具有法律的强制性，任何集体和个人不得违规；其次，植物检疫具有宏观战略性，不计局部地区当时的利益得失，而主要考虑全局长远利益；第三，植物检疫防治策略是对有害生物进行全面的种群控制，即采取一切必要措施，防止危险性有害生物进入或将其控制在一定范围内或将其彻底消灭。所以，植物检疫是一项最根本性的预防措施，是园林植物保护的一项主要手段。

图9-4　林业植物检疫标志

2. 园林技术防治

园林技术防治是利用园林栽培技术来防治病虫害的方法，即创造有利于园林植物和花卉生长发育而不利于病虫害危害的条件，促使园林植物生长健壮，增强其抵抗病虫害危害的能力，是病虫害综合治理的基础。园林技术防治的优点是：防治措施结合在园林栽培过程中完成，不需要另外增加劳动力，因此可以降低劳动力成本，增加经济效益。其缺点是见效慢，不能在短时间内控制暴发性发生的病虫害。

3. 物理机械防治

利用简单的工具以及物理因素(如光、温度、热能、放射能等)来防治害虫的方法，称为物理机械防治。物理机械防治的措施简单实用，容易操作，见效快，可以作为害虫大规模发生时的一种应急措施。特别是在一些化学农药难以解决或发生范围大的情况下，往往是一种有效的害虫防治手段。

4. 生物防治

生物防治是指利用有益生物或其他生物抑制或消灭有害生物的方法。森林由于面积大，人工作业困难，因此充分发挥自然天敌的防治作用十分重要。

生物防治内容包括：利用微生物防治、利用天敌昆虫防治、利用益鸟防治等。

生物农药主要有1%苦参碱、1.2%苦烟乳油等植物杀虫剂；20%除虫脲、25%灭幼脲3号悬浮乳油等昆虫激素类杀虫剂；1.8%阿维菌素乳油等抗生素类杀虫剂；3%高渗苯氧威等仿生制剂；森得保可湿性粉剂等生物制剂；10%吡虫啉可湿性粉剂、40%达菌宁悬浮剂、16%线虫清乳油、绿色威雷、树宝等高效低毒杀虫杀菌剂。如在松毛虫幼虫发生期，喷雾1.2%苦烟乳油800～1000倍液(亩用药液100～200千克)，防治效果可达80%以上。

5. **化学防治**

化学防治是指用农药来防治害虫、病害、杂草等有害生物的方法。化学防治是害虫防治的主要措施，具有收效快，防治效果好，使用方法简单，受季节限制较小，适合于大面积使用等优点。但也有明显的缺点，化学防治的缺点概括起来可称为“三R问题”，即抗药性(resistance)、再猖獗(rampancy)及农药残留(remnant)。由于长期对同一种害虫使用相同类型的农药，使得某些害虫产生不同程度的抗药性；由于用药不当杀死了害虫的天敌，从而造成害虫的再度猖獗危害；由于农药在环境中存在残留毒性，特别是毒性较大的农药，对环境易产生污染，破坏生态平衡。

1)农药的种类

农药的种类很多，可以按照不同的分类方式分类。按防治对象分类，农药可分为杀虫剂、杀菌剂、杀螨剂、杀线虫剂、杀鼠剂、除草剂等。

按照杀虫作用分类，根据杀虫剂对昆虫的毒性作用及其侵入害虫的途径的不同，一般可分为胃毒剂、触杀剂、内吸剂、熏蒸剂、特异性杀虫剂。

按杀菌剂的性能，一般分为保护剂、治疗剂。

按照化学组成分为无机农药、有机农药、植物性农药、微生物农药。

2)农药的剂型

为了在防治时使用方便，生产上常将农药加工成不同剂型，如粉剂、可湿性粉剂、乳油、颗粒剂、烟剂。

农药的毒性是指农药对人、畜、鱼类等产生的毒害作用。毒性通常分为急性毒性与慢性毒性两种。通常所说的农药的毒性，指的是急性毒性，用致死中量(LD_{50})或致死中浓度(LC_{50})来表示。致死中量(LD_{50})是指被试验的动物一次口服某药剂后，产生急性中毒，有半数死亡时所需要的该药剂的量，单位为mg/kg。致死中量数值越大，表示毒性越小；数值越小，则表示毒性越大。

由于用药不当而造成农药对园林植物的毒害作用，称为药害。许多园林植物是娇嫩的花卉，用药不当时，极容易产生药害，用药时应当十分小心。

3)合理使用农药

在病虫害防治过程中，应在了解农药的性能、防治对象及掌握害虫发生规律的基础上，正确选用农药的品种、浓度和用药量，避免盲目用药。一般选用高效、低毒、低残留的药剂。用药时必须选择最有利的防治时机，既可以有效地防治害虫，又不杀伤害虫的天敌。例如，大多数食叶害虫初孵幼虫有群居危害的习性，而且此时的幼虫体壁薄，抗药力较弱，故防治效果较好；蛀干、蛀茎类害虫在蛀入后一般防治较困难，所以应在蛀入前用药；有些蚜虫在危害后期有卷叶的习性，对这类害虫应在卷叶前用药，以提高防治效果；而对具有世代重叠的害虫来说，则应选择在高峰期进行防治。

无论是防治哪一种害虫，在用药前都应当首先调查天敌的情况。如果天敌的种群数量较大，足以控制害虫(如，益/害≥1/5)，就不必进行药剂防治；如果天敌的发育期大多正处于幼龄期，应当考虑适当推迟用药时间。

在同一地区长期使用一种农药防治某一害虫，会导致药效明显下降，即该虫种对这种农药产生了抗药性。为了避免害虫产生抗药性，应当注意交替使用农药。

6. 外科治疗

一些园林树木常受到枝干病虫害的侵袭，尤其是古树名木，由于历尽沧桑，病虫害的危害已经形成大大小小的树洞和创痕，可对其进行外科治疗，对损害树体实行镶补后使树木健康地成长。

7. 病虫害的综合治理

园林植物病虫害的防治方法各有优点和局限性，单靠其中一种措施往往不能达到目的，有的还会引起不良反应。联合国粮农组织有害生物综合治理专家组对综合治理(IPM)下了如下定义：病虫害综合治理是一种方案，它能控制病虫的发生，它避免相互矛盾，尽量发挥有机的调和作用，保持经济允许水平之下的防治体系。

病虫害的综合治理是对病虫害进行科学管理的体系。它从园林生态系的总体出发，根据病虫和环境之间的相互关系，充分发挥自然控制因素的作用，因地制宜、协调应用必要的措施，将病虫害的危害控制在经济损失水平之下，以获得最佳的经济效益、生态效益和社会效益，达到“经济、安全、简便、有效”的效果。

9.5 绿色食品

现代农业取代了传统农业，农产品的过剩越来越显露出来。为此，法国首先提出环保型农业，推行优质农业食品计划，西方学者又先后提出了有机农业和生态农业等，并且一致认为现代农业是非持续的。可持续发展农业是美国在20世纪80年代中期首次提出的，它把产量、质量、效益和环境结合起来，认为在不破坏资源与环境，不损害后代人利益的前提下，允许合理的化学药物的投入。绿色食品生产是农业可持续发展的重要组成部分，其特征是“安全和优质”双重质量保证，“环境与经济”双重效益，强调“产品出自最佳的生态环境”和“从土地到餐桌全程的质量控制”。在许多国家，绿色食品有许多相似的名称和叫法，诸如“生态食品”、“自然食品”、“蓝色天使食品”、“健康食品”、“有机农业食品”等。

在国际上，对环境保护和与之相关的事业习惯冠以“绿色”的字样，所以，为了突出这类食品产自良好的生态环境和严格的加工程序，在中国，统一将其称做“绿色食品”（图9-5）。绿色食品是中国政府主推的一个认证农产品，有AA级绿色食品和A级绿色食品之分，AA级的生产标准基本上等同于有机农业标准。绿色食品是普通耕作方式生产的农产品向有机食品过渡的一种食品形式，而有机食品是食品行业的最高标准。

绿色食品®

图9-5 我国的食品标识

9.5.1　绿色食品和有机食品的涵义

1. 绿色食品

绿色食品是我们对无污染的安全、优质、营养的食品的总称，是按特定生产方式生产，并经国家有关的专门机构认定，准许使用绿色食品标识的食品。类似的食品在其他国家被称为有机食品、生态食品、自然食品。绿色食品的标志为绿色正圆形图案，上方为太阳，下方为叶片与蓓蕾，标志的寓意为保护。

1990 年 5 月，中国农业部正式规定了绿色食品的名称、标准及标志。标准规定：①产品或产品原料的产地必须符合绿色食品的生态环境标准；②农作物种植、畜禽饲养、水产养殖及食品加工必须符合绿色食品的生产操作规程；③产品必须符合绿色食品的质量和卫生标准；④产品的标签必须符合中国农业部制定的《绿色食品标志设计标准手册》中的有关规定。

2. 有机食品

有机食品是一类真正源于自然，富营养、高品质的环保型安全食品。有机食品与其他食品最显著的差别是，在生产和加工过程中绝对禁止使用农药、化肥、除草剂、合成色素、激素等人工合成物质。除有机食品外，目前国际上还把一些派生的产品，如有机化妆品、纺织品、林产品或为有机食品生产而提供的生产资料，包括生物农药、有机肥料等，经认证后统称为有机产品(图 9-6)。

美国　欧盟　日本

图 9-6　各国的有机产品标志

国际对有机食品的定义是：根据有机食品种植标准和生产加工技术规范而生产的，经过有机食品认证组织认证并颁发证书的一切食品和农产品。

我国对有机食品的定义是：来自于有机农业生产体系，根据有机认证标准生产、加工，并经过独立的有机食品认证机构认证的农产品及其加工品等。

“中国有机产品标志”（图 9-7)的主要图案由三部分组成，即外围的圆形、中间的种子图形及其周围的环形线条。标志外围的圆形形似地球，象征和谐、安全，圆形中的“中国有机产品”字样为中英文结合方式，既表示中国有机产品与世界同行，也有利于国内外消费者识别。标志中间类似于种子的图形代表生命萌发之际的勃勃生机，象征了有机产品是从种子开始的全过程认证，同时昭示出有机产品就如同刚刚萌发的种子，正在中国大地上茁壮成长。种子图形周围圆润自如的线条象征环形道路，与种子图形合并

图 9-7　中国的有机食品标识

构成汉字“中”，体现出有机产品植根中国，有机之路越走越宽广。同时，处于平面的环形又是英文字母“C”的变体，种子形状也是“O”的变形，意为“China Organic”。绿色代表环保、健康，表示有机产品给人类的生态环境带来完美与协调。橘红色代表旺盛的生命力，表示有机产品对可持续发展的作用。

9.5.2 开发绿色食品的意义

绿色无公害生产是我国经济和社会发展的必然。绿色无公害生产是世界农业的发展方向，是保护环境和发展经济相协调的有效措施，有利于促进农业生产的可持续发展，有利于维护和优化农业生产基础条件，是保护环境与发展生产的统一。

绿色无公害食品市场前景广阔，发展绿色无公害生产有利于推动我国农业产业化进程，是提高农业整体效益的有效途径，有利于推动农业科技进步，有助于欠发达地区农民脱贫致富。发展绿色无公害生产是突破“绿色壁垒”，参与国际竞争的需要。

9.5.3 绿色食品的生产、加工及管理的标准

绿色食品是在无污染的条件下种植或养殖，施有机肥料，不使用高毒性、高残留的农药，在标准的环境、生产技术和卫生标准下加工生产的食品，其经过权威机构认定后可使用专门标识进行区别，绿色食品表明其是安全、优质、营养型的食品。2003 年底，全国绿色食品企业有 2047 家，有效使用绿色食品标志的产品 4030 个，产品总量 3260 万吨，年销售额 723 亿元。一些省份已将绿色食品产业作为省域经济的增长点、农业领域的主导产业和促进农民增收的载体。

绿色食品以其生产和管理方式引领了新时期农业发展方向，成为安全、优质、营养食品的代名词，走进城乡人民生活，并以中国农产品精品的形象走出国门，登上国际舞台。作为新兴产业，绿色食品之所以有这样的发展速度，与其在概念提出之初就建立了绿色食品标准体系的框架，实践以技术标准为核心的“从土地到餐桌”全程质量控制的技术路线，不断推进绿色食品认证管理的科学化、规范化、制度化是分不开的。我国绿色食品标准是由农业部发布的农业行业推荐性标准(NY/T)，绿色食品的生产、加工及管理必须遵循这些标准。

绿色食品标准分为两个技术等级，即 AA 级绿色食品标准和 A 级绿色食品标准。绿色食品标准以“从土地到餐桌”全程质量控制理念为核心，标准由原料产地、种养殖加工、产品及包装贮运四个部分构成。

1. 绿色食品产地环境质量标准

《绿色食品——产地环境技术条件》(NY/T391-2000)规定：生产过程中应根据农业生态的特点和绿色食品生产对生态环境的要求，充分依据现有国家环保标准，对控制项目进行优选。它规范了绿色食品产地环境质量调查、监测、评价的主要内容和方法，规定了大气环境质量标准、农田灌溉水水质标准、渔业水质标准、畜禽饲养用水标准和土壤环境质量标准的各项指标及浓度限值及监测和评价方法。其附录中还提出了绿色食品

产地土壤肥力分级和土壤质量综合评价方法。

2. **绿色食品生产技术标准**

绿色食品生产技术标准是绿色食品标准体系的核心内容，分为三个层次：绿色食品生产的通用准则；绿色食品生产操作规程；绿色食品生产作业历。

绿色食品生产的通用准则是对生产绿色食品过程中物质投入的一个原则性规定，全国适用，既是绿色食品生产、认证、监督检查的主要依据，也是绿色食品质量信誉的保证。目前，作为中国农业行业标准发布的准则有《绿色食品——食品添加剂使用准则》（NY/T392-2000）；《绿色食品——农药使用准则》（NY/T393-2000）；《绿色食品——肥料使用准则》（NY/T394-2000）；《绿色食品——饲料及饲料添加剂使用准则》（NY/T471-2001）；《绿色食品——兽药使用准则》（NY/T472-2001）；《绿色食品——动物卫生准则》（NY/T473-2001）；《绿色食品——渔药使用准则》（NY/T755-2003）。这些准则对允许、限制和禁止使用的生产资料及其使用方法、使用剂量、使用次数、休药期等作出了明确的规定，从而为截断生产中的污染源，确保产地和产品不受污染提供了保证。

绿色食品生产操作规程是确保绿色食品产品质量的主要措施，包括农作物种植、畜禽饲养、水产养殖和食品加工等操作规程，以绿色食品的通用准则为依据，按不同农业区域的生产特性、作物种类、畜禽种类分别制定，用于指导绿色食品生产活动，规范绿色食品生产技术的技术规定，地区适用，其核心是化学投入品的使用。区域性的绿色食品生产操作规程目前全国约有数十项，如某省绿色食品发展中心已制定了绿色食品粮油、蔬菜、水果等 19 项生产操作规程和 4 项畜禽产品养殖技术规程。

绿色食品生产作业历是由绿色食品申报企业根据各基地的具体情况，依据绿色食品的通用准则和相应的绿色食品生产操作规程制定，用于指导种植(养殖)户实际操作的“明白纸”。在绿色食品蔬菜生产基地，每个种植户手中都应有一份“绿色食品蔬菜生产作业历”，依据不同蔬菜品种的特点，简单而通俗地提出了绿色食品棚菜生产的种植要求，使千家万户的生产过程有了统一的技术标准指导。

3. **绿色食品产品标准**

绿色食品产品标准是绿色食品标准体系的重要组成部分，是衡量绿色食品最终产品质量的指标尺度，它反映了绿色食品生产、管理及质量控制水平，是树立绿色食品形象的主要标志。其内容包括外观品质、营养品质及卫生品质三部分，具体体现在原料、感官、理化、微生物学等四个方面的要求。

为了适应绿色食品迅速发展的形势，中国绿色食品发展中心在全国范围内组织有关技术力量，有计划、有步骤地制(修)定了一批绿色食品产品标准：1995 年经农业部批准作为农业行业标准，首批颁布 25 项绿色食品产品标准(NY/T268-1995 至 NY/T292-1995)；2000 年颁布 20 项绿色食品产品标准(NY/T418-2000 至 NY/T437-2000)；2002 年修订绿色食品啤酒、茶叶、乳制品的标准，颁布绿色食品白菜类蔬菜和茄果类蔬菜的产品标准；2003 年修订《绿色食品大豆》为《绿色食品豆类》，颁布 12 项绿色食品标准（NY/T743-2003 至 NY/T754-2003）。这些标准在检测项目和指标上，一般严于国家标准，达到或接近同类产品的国外先进标准或国际标准。

4. **绿色食品包装、标签、储运的标准**

《绿色食品——包装通用准则》（NY/T658-2002），规定了绿色食品的包装必须遵循卫生、安全、不浪费资源、不污染环境、可循环利用等原则。绿色食品标签除应符合《食品标签通用标准》（GB7718）外，若是特殊营养食品，还应符合《特殊营养食品标签》（GB/T13432）。标志使用应符合《中国绿色食品商标标志设计使用规范手册》的要求，凡取得绿色食品标志使用资格的单位，应严格做到“四位一体”，即绿色食品的标准图形、标准字形、编号、防伪标签。中国绿色食品发展中心根据《绿色食品标志管理办法》及国家有关法规精神，要求绿色食品标志产品加贴绿色食品标志防伪标签。实施绿色食品标志防伪措施，对每个使用绿色食品标志的产品及整个绿色食品形象具有保护和监控作用。

目前，中国绿色食品发展中心已在全国30个省区和直辖市委托了38个管理机构、9个产品质量监测机构、56个环境检测机构，形成了覆盖全国的绿色食品工作系统，建立了涵盖产地环境，生产过程，产品质量，包装、储运及专用生产资料等环节的质量标准体系框架，制定了一批绿色食品标准。目前，已发布72项国家农业行业通用性准则、产品标准等，同时，地方绿色食品管理机构还制定了数十项地方标准，有效地补充了绿色食品标准体系。

9.5.4 绿色食品生产、加工的技术要点

绿色食品标准提供了开展绿色食品生产和管理活动的技术、行为规范，也是维护绿色食品生产者和消费者利益的技术和法律依据。绿色食品标准，尤其是产品标准的制定，以联合国食品法典委员会的标准为基础，借鉴发达国家普通产品标准，并引入农业生态环境保护内容，形成可以追踪溯源，从“土地到餐桌”的全程质量控制体系。

据调查，我国绿色食品成规模出口始于1995年，至今尚无因达不到标准被退货的情况，更不存在因达不到环保要求而被挡在国门之内的情况。有关资料表明，在日本2003年查出农药残留超标而被拒绝的我国农产品出口企业名单中，没有一家是绿色食品的生产企业。近年来，在我国农产品出口一直徘徊不前的情况下，全国绿色食品出口贸易额保持了50%以上的增长速度，据统计，2003年全国绿色食品产品出口率已达12.4%，出口额10.8亿美元。我国绿色食品出口快速增长最主要的原因就是绿色食品的产品标准接近或达到发达国家普通农产品标准，为企业搭建了一个符合国际惯例，并在产品标准方面基本与国际相一致的质量保证平台。而且，通过实施以绿色食品标准为核心的认证管理，企业增强了质量意识，使生产达到标准化，在按照绿色食品标准的要求规范生产行为的过程中提升了产品质量，在严格落实绿色食品全程质量控制制度的基础上，主动适应进口国的标准和规定，拉动了产品出口。同时，绿色食品认证管理又为企业质量信誉增加了第三方公正。绿色食品的生产过程是从质量上严密管理生产的过程，绿色食品的生产必须是一个系统化的生物工程，从产业化生产的角度应包括：原料生产、加工、管理、病害控制、质量监测等。生产必须建立种养殖、加工、研发一体化，实施产业化

开发的生产，建立企业标准化体系，产地必须按照绿色食品生产基地的标准进行建设与管理。

我国的绿色食品实行认证制度，绿色食品标准是认证的基础和标志许可的依据，绿色食品生产、加工首先要以绿色食品标准体系为依据，才能保证其“无污染、安全、优质、营养”的特征。其中，建立绿色食品生产基地，历时较长，先后需要取得原料产地、加工、产品质量和包装贮运等四个绿色食品证书。所谓产品认证是指依据产品标准和相应技术要求，经认证机构确认并颁发认证证书和认证标志来证明某一产品符合相应技术标准和相应技术要求的活动。绿色食品认证是一种对农产品及其加工品进行全面质量管理的活动，其核心是在生产过程中执行绿色食品标准。绿色食品采取质量认证制度与商标使用许可制度相结合的运作方式，是一种以质量标准为基础的，技术手段和法律手段有机结合的管理行为。

绿色食品申报材料的评审以绿色食品生产的通用准则为核心，对申报企业的现场调查是以检查绿色食品生产标准落实与否为核心的，而产品检测则是对全部标准实施结果的一个查验活动，因此，每认证一种产品都是在实践中审查绿色食品标准贯彻实施的过程。

例如，申请认证绿色食品花生和大豆，就是按照绿色食品标准制定生产操作规程和生产作业历，通过农民协会，组织农户开展培训，在绿色食品花生和大豆基地统一使用生产资料，严格按生产作业历来进行农事活动，保证实现花生和大豆的标准化生产，从而获得绿色食品认证。

绿色食品认证是检验绿色食品标准的实践活动，标准在认证活动中被应用，也因认证活动而不断完善，绿色食品标准体系的完善与发展离不开绿色食品认证实践。

目前，虽然绿色食品标准在整体水平上接近或达到发达国家食品卫生标准，但并不意味着绿色食品标准全部达到某一个发达国家的标准。例如，绿色食品标准与日本相应标准在整体上达到同一层次，但某些产品的标准则有高有低。例如，日本果菜敌百虫和马拉硫磷的农残标准分别为0.5 ppm和2 ppm，绿色食品的标准为0.1 ppm和不得检出，而日本的乐果、杀螟硫磷、敌敌畏、倍硫磷等指标则严于绿色食品。除有机食品外，目前在农产品领域尚未形成一套统一的国际标准，出口的产品必须符合进口国的产品标准。尽管绿色食品在出口中被视为已获得了一种质量控制体系认证的高质量产品而备受青睐，但直接进入海外市场，尤其是超级市场连锁店的原包装绿色食品成品却寥寥无几，一些直接进超市的绿色食品成品也大多按进口商的要求进行包装，进口商一般很少再加贴绿色食品标识。因此，为了在海外市场培育我国绿色食品以及我国农产品生产企业的自有品牌，绿色食品的标准也在根据进口国的普遍要求不断修订和完善。大宗产品，如粮油、禽肉，尤其是蔬菜方面，其农药残留标准参照日本和欧盟的标准进行修订，以保持与国际惯例相一致，只是由于标准的权威性和法规性决定了标准的修订、发布和实施需要一个周期，绿色食品标准修订迟缓，在事实上造成了某些产品的标准和发达国家的标准尚有一定的距离。此外，现有的绿色食品标准体系中还缺乏许多大类产品标准，如杂粮、水产品；区域性生产操作规程的数量少，不能充分指导绿色食品基地生产；生产作业历尚未在绿色食品生产基地全面普及。

9.6 农副产品营销

9.6.1 农副产品深加工的意义和方法

我国作为一个农业大国，水果、蔬菜品种繁多，资源丰富，大力开发水果蔬菜的产品销售、加工，缓解农副产品季节性生产和常年性消费的矛盾，提高农副产品附加值和农业经济效益，具有十分重大的意义。我国应加快对水果、蔬菜的研究和开发利用，提高资源利用率，使之成为我国独具特色的系列产品，更好地走向世界。在发展农业产业化过程中，有必要着力发展农副产品的加工、贮藏、保鲜、分类、包装、营销环节，特别是农副产品深加工，借以增加产品的技术含量，增加产品的附加价值，走出直接销售初级产品的狭小圈子，提高农产品的质量和农业生产的效益。

发展农副产品深加工，延长农业的产业链，把产品的生产、加工、销售连接起来，做到贸、工、农一体，就可以把农产品加工、销售形成的增值利润向农业回流，增加农业积累，增强农业自我发展的能力，从总体上提高农业的综合效益和比较利益。同时，农产品加工业一头连着市场和消费者，另一头连着原料生产和农民，可以及时反馈市场信息，便于农民了解国内外市场的需求，生产适销对路的产品。农业由于有贸易部门和加工工业作依托，有龙头企业的牵引，就可以有计划地放手发展生产，不致因为商品流通遇到阻碍而不能顺利地进入下一个生产经营周期。这样，通过发展农产品贸易和加工业，使市场形成对农业生产的带动，使农民提高直接参与市场活动的积极性，有利于农民进入市场，开拓市场，搞好千家万户分散经营与越来越连通一起的大市场之间的衔接，把农民分散的小规模生产与市场需求连接起来。

目前，我国农产品加工业不发达的原因，一是重视不够，对发展农产品加工业的必要性认识不足；二是加工技术水平低，技术发展滞后。如广东省农产品加工率，在“九五”计划初期只有20%。

在计划经济年代，人们习惯于就生产抓生产，对市场研究少，对农产品流通加工的研究也少。针对上述情况，今后我们在指导、组织农业生产过程中，要研究市场需求和走势，认真做好生产成本核算以及投入与产出的效益分析，对于可以通过加工增值的产品，认真研究解决加工问题。与此同时，应增大资金投入，加强农产品的保鲜、加工技术的攻关。农产品加工技术水平的提高，仅靠传统的加工技术和工艺，不仅难以适应现代农业大批量生产对加工能力的要求，也难以适应多样化的社会需求以及消费者对加工品的质量要求。

9.6.2 农副产品的市场种类和特征

我国农副产品市场是一个很大的市场，市场体系已初具规模，建立完善的市场信息系统，是我国农业、商业发展的共同需要。农副产品的市场按其产品种类特点可分为农副产品综合市场和农副产品专业市场。按其成交对象可分为农副产品零售市场和农副产品批发市场。

1. 农副产品综合市场

1) 传统市场

传统市场是指农副产品传统的销售市场，即场镇集贸市场，这样的市场容易建立，信誉较好把握。

2) 连锁超市

连锁超市销售潜力大，在交纳入场费的前提下，市场扩展到超市，有的还可开辟销售专区。

3) 社区市场

农副产品得到多家超市的信任和支持，借优质的产品、超市的平台和品牌的影响，还可进入大专院校等人群集中的地方建立社区市场，与高校社区合作进行深度分销，有力推动业务，可更好、更快地发展。

4) 网络市场

网络营销虽无法使中小企业同大企业在同一个起跑线上，但可减小同大企业相比的竞争劣势，原因是网络营销为中小企业提供了一种高效率、低成本的营销手段。中小企业可采用网络营销手段，设立专门的网站，实行网络招商加盟，发展连锁分店。

2. 农副产品专业市场

农副产品专业市场以某项特色产品为销售对象，为促进市场流通，搞活农村经济发挥了积极的作用，如粮食市场、蔬菜市场、肉类市场、禽蛋市场、水果市场、花木市场、茶叶市场和中药材市场等。

3. 农副产品零售市场

农副产品零售市场是指经常性的、公开的、规范的，直接向消费者销售农副产品的场所。

4. 农副产品批发市场

农副产品批发市场是指为买卖双方提供经营蔬菜、水果、肉类、畜禽、蛋、水产品、粮油、茶叶等食用农产品批发交易的场所，具备商品集散、信息公示、结算、价格形成等综合配套服务功能。

9.6.3 农副产品市场信息的收集与农副产品市场调研

农副产品市场信息包括供求信息、价格信息和政策信息等，其为农副产品的生产者、经营者及时提供信息，并对信息进行有效地分析，预测市场，监测产需，辅助决策。随着大批农副产品市场的建立，市场信息已成为一种重要的社会资源，许多大型交易市场和期货交易所建立了自身的信息系统并与国内外信息机构联网，而大部分现货市场的信息系统很落后，仍采用简单、原始手段进行信息的搜集和传递。一个统一的、有权威的农副产品市场信息网络尚未建立起来，而广大的生产者、经营者、消费者需要农副产品市场的信息，宏观决策者也需要这方面有效的数据。

1. **农副产品市场信息的收集**

目前，我国流通行业的信息系统比较落后，农村商品、农副产品流通行业的信息通讯更为落后，虽然也有一些计算机局域网络和点对点通信系统在运行，但在流通企业中所占比例并不大，且实用性、科学性、时效性较差，只能满足统计资料和简单的商业服务。

全国已建立或正在筹建若干信息机构和一些大宗农副产品信息网络，对关系国计民生的大宗农副产品，如对棉花、农业生产资料和大型农副产品批发市场等信息进行传递和汇总。目前，已建成的和在建的有全国供销商情，棉花、农业生产资料等网络等。全国供销商情网是用计算机网络与刊物相结合的方式为用户提供商品和农副产品供求信息的网络，全国棉花信息网络和农业生产资料网络正在筹建之中。

中华全国供销合作总社是全国供销合作社的联合组织，由国务院领导，其网站拥有农副产品市场信息数据(图 9-8)。

图 9-8 中华全国供销合作总社的网站

中华全国供销合作总社承担着辅助国务院对全国的农村商品市场实行宏观调控和稳定农村市场的主要职能。宏观调控是关系到国民经济发展的重大决策行为，科学的宏观调控可以减少或避免比例失调，保证国民经济健康发展。利用中华全国供销合作总社提供的农副产品市场信息，可以监测产需，平抑物价，减少经济损失，它利用现代技术，建立有效、实用、灵敏的信息系统，辅助宏观决策者加强对农村经济运行的预测、监测和分析研究，加强对农村经济的宏观调控。

棉花是重要的商品，是关系国计民生的农副产品。广大农民、纺织工业和消费者和宏观决策者都非常关心棉花和农业生产信息。棉花市场信息应实现全国的棉花主产省、县及国家级棉花储备库的信息联网，并能与国际一些棉花信息机构联网，及时收集棉花的生产、收购、检验、销售、价格、库存、消费、储备、国际市场信息、棉花政策信息及影响棉花产量的气象信息，为棉花生产者、经营者和纺织工业提供棉花信息，并对有用的信息进行加工、分析，提供预测和辅助决策信息和数据。

2. **农副产品市场调研**

农副产品市场调研需要收集农副产品的市场信息、供求信息、价格信息、政策信息，并对信息进行有效的分析，为农副产品的生产者、经营者、消费者及时提供信息，预测市场，监测产需，辅助决策。

1)充分利用现有的条件，更好提供信息服务

农副产品信息系统的建立充分利用现有的条件，采用多种方式为用户服务。由于该系统信息服务的广大对象是农副产品的生产者、经营者和消费者，具有点多面广的特点，信息系统的建立要根据大多数的服务对象的具体情况，利用各种可以利用的设备和途径，搜集、整理、传递、发布信息，为用户和社会服务。同时，在服务中发展和壮大自己。

2)培养具有现代意识、能吃苦的信息队伍

农副产品信息系统的建立需要一批懂技术、能吃苦的信息工作队伍，不但要能够开发出系统所需要的软件，还要能够不断丰富信息系统的内容，并预测、监测市场的发展动态，为宏观决策服务，定时发布市场信息，为用户和社会服务。所有这一切都需要一支强有力的信息工作队伍。

3)建立广泛的信息源和健全的信息传递制度

农副产品信息的分布面非常广泛，能把这些零散的、分散的信息收集和汇总起来，使之成为有用的、有价值的信息，需要我们做大量的工作，首先要建立基层信息源的收集点，建立一整套完整、实用的信息传递制度，其次，信息工作者要有敬业、爱业精神，保证信息通路畅通无阻。

4)跟踪先进技术的发展，使农副产品信息系统更具现代化

在信息技术高速发展的今天，我们要充分利用现代技术建设农副产品信息系统，使该系统溶入先进的科学技术，向国际标准靠拢。同时，要能与国内国际的其他信息系统相连接，并且要有很好的兼容性和可扩充性。用户在网上除了可以了解到农副产品信息外，还能了解到他所需要的其他信息。

9.6.4　农副产品市场预测

近几年，随着我国农村公路网的建设和农村经济的发展，农业市场化程度越来越高，在经济全球化的大趋势下，农副产品大市场、大流通、全球化的格局正在逐步形成。中国加入世界贸易组织(WTO)后，农业同样受到国际竞争的冲击，这既有积极的一面，也有消极的一面，但有一点是肯定的，加入WTO加速了中国农业市场化、国际化的进程，推动了我国农产品流通的改革与发展，国内农产品流通逐步融入国际的大流通、大循环体系中。但是，国内由于农副产品市场的信息不畅、消息不灵，导致增产不增收等现象的发生，使农民收入增加缓慢。在市场经济条件下，农民势单力薄的弱势显露无余，信息不畅，渠道不通，农产品科技含量不高，单个农民经济势力较弱，市场预测能力差，难以承担农产品进入市场的高成本、高风险之重，在这种大环境下，农副产品市场预测是搞活农副产品流通的首要环节。

从20世纪50年代初到20世纪80年代末，我国农产品基本上由国有商业部门垄断经营，因供求信号扭曲导致农产品流通一直不畅。改革开放以来，尽管农产品流通有了

较大的改善，但农民买难、卖难问题尚得不到较好解决，农业小生产与大市场之间也不能较好地衔接。农产品流通中除普遍存在的农产品流通基础设施落后、市场体系不健全、市场环境不完善等问题外，主要还有以下一些问题。一是市场主体发育程度低。一方面，原国有农产品经营企业转制困难，不能建立适应市场经济要求的产权清晰、责任明确、政企分开、管理科学的现代企业制度。这一点在国有粮食企业身上体现得特别明显。另一方面，农民的组织化程度低。二是农产品流通中信息服务薄弱。市场信息化建设落后(主要针对农产品批发市场)，信息化硬件建设落后，信息资源不能共享。三是农产品流通滞后于生产，生产又缺乏市场信息指导。各地普遍存在重农产品生产、轻农产品流通的现象，造成农产品流通滞后于生产；有些地方存在重市场建设，轻市场预测，不注重分析市场需求变化的现象，造成农产品生产滞后于市场。

市场预测首先要采用国家统计局、工商局、税务局、国务院发展研究中心、发改委、商务部、国家信息中心、各大商用数据库、相关行业协会、报刊杂志及各市调公司等来源的数据，了解国际、国内农副产品行业及其相关行业的情况，分析中国农副产品进出口情况，详细分析其对农副产品的影响，然后推测未来农副产品市场。

农副产品市场预测的内容十分广泛，大体包括农副产品出口量预测、农副产品行业相关运行风险预测、市场环境风险预测、农副产品行业环境风险预测、农副产品行业财务风险预测、农副产品行业发展预测等。

9.6.5 农副产品信息的发布

对于商家来说，追求利益最大化是终极目的，其主要有两种方式：尽量减少支出和尽可能增加销售。为了达到这两种目的，公司的采购部门和销售部门都挖空了心思寻找供应商和客户。很多厂家生产的东西找不到买家，而很多买家需要东西却找不到最为适合的生产商，这是很多企业目前所迫切需要解决的问题，这就需要产品信息的发布。信息的发布需要一定的媒体，如报刊杂志、电台、电视台，甚至电影也可成为信息发布的媒体。由于网络信息的信息量大、更新更快、覆盖率高等特点，近几年，网络媒体大受欢迎。

网络改变了人们的生活和工作，无纸化办公、网上会议、网上展览、在线销售、在线客服等等，大量新兴的商务技术随着网络的普及而出现，也被越来越多的商家所接受。近两年，许多固守传统商业模式的商家也逐步认识到了网络信息量大、传播范围广、费用低等特点，也开始采用建立公司网站、发布网络广告、发布邮件广告等方式在网上宣传自己和传播产品信息(图 9-9)。可以说，随着网络的出现和普及，传统的商务模式正在被颠覆。网络营销因其简单、快捷、方便、透明度高、性价比好等优势，在某种程度上大有与传统营销方式分庭抗衡之势，正逐步成为一些精明的商家首选的营销方式。因为网络信息发布能够带来效益，近年出现了大量的商务服务网站，给企业提供了一个新的营销思路——采用在商务网站上发布各种求购信息或供应信息的方式，使得卖家或买家能够看到，主动上门联系。网络信息的透明化特征，促使买卖双方都有意识地维护自己的信誉，这样的新的网络营销方式也逐渐被各个企业所接受，网络营销所带来的利益也在飞速增长。为了准确地发布信息，在同行中占据优先地位，前两年开始流行一个叫做“网络推广专员”的职位。这个职位所做的工作主要就是网站收集、分析、整理和各种信息的发布。

图9-9　中国农产品信息网

网络追求的是最大简化，使用方便、简单、快捷，现已普及的即时消息服务、网上购物、下载服务、搜索引擎，其根本出发点都是为了让人们能够快速获取信息并简化一些繁琐和重复的工作，用以提高效率，产生更高的效益。事实也证明了这些服务的确可以简化程序、提高效率，因此获得了认可，使用者也从中享受到了最大的便利。

9.6.6　农副产品营销决策的程序和方法

农副产品营销决策，是指农副产品企业运用科学的方法对远期的、中期的和近期的市场营销目标以及为实现这一目标所应采取的市场营销策略做出的选择和决定。

把握农副产品营销决策的内涵，必须注意以下几点：①决策是理性行为的基础；②决策要有明确的目标；③决策要有两个以上的可行方案；④决策要进行因果分析和综合评价；⑤决策是从多种方案中做出选择，没有比较，没有选择，就没有决策。

1. 农副产品营销决策的特点和要求

农副产品营销决策的特点主要表现为目标性、可能性、预测性、风险性。一项科学、合理的农副产品营销应符合如下六个要求：择优性、及时性、明确性、科学性、可行性、民主性。前四个“性”是针对农副产品营销决策本身而言的，后六个“性”是农副产品营销决策工作体现出来的特性。

2. 农副产品营销决策的分类

农副产品营销决策有多种分类方法。按照决策问题的重要性，可以划分为战略决策与战术决策(其中战术决策又可分为管理决策和业务决策)；按照决策问题出现的规律性，可以划分为程序化决策和非程序化决策；按照决策目标的数量，可以划分为单目标决策与多目标决策；按照决策目标的数量，可以划分为单目标决策与多目标决策；按照决策信息的性质，可以划分为定性决策、定量决策和模糊决策；按照决策的可靠性程度，可以划分为确定型决策、不确定型决策和风险型决策；按照决策结果的形式分类可以划分为隐决策与显决策。

3. 农副产品营销决策的程序

一般来说，农副产品营销决策程序要按如下四个步骤进行：①确定决策目标；②拟定备选方案；③方案的评价和选择；④方案的实施和反馈。

在方案的实施和反馈的阶段，常会出现执行情况与决策目标偏离的情况。偏离的原因多种多样，但如果发现决策目标有问题，方案总体基本是错的，就需要进行根本性的修正，这种根本性的修正称为追踪决策。

4. 农副产品营销决策的方法

农副产品营销决策方法有很多，可以结合统计学方法进行数学计算，进行定量分析。农副产品营销决策方法有三类：

1）确定型决策方法

企业的人事决策、促销决策、采购决策、贷款决策等，一般属于确定型决策。

2）风险型决策方法

针对风险型决策，决策者一般有下列几种决策思路可供选择：一是最大可能性决策；二是期望值决策（包括最大期望收益率决策、最小期望损失值决策）；三是决策树决策；四是拉普拉斯决策。

3）不确定型决策方法

在不确定条件下，各种自然状态的概率是不知道的，因而无法求期望值，只能采用其他的方法。常用的不确定型决策方法包括：乐观估计法、悲观估计法、乐观系数法、后悔值法等。

参考文献

[1] 管长岭. 林木种质资源的保存及利用［J］. 林业科技，1986，（1）：6-8.
[2] 谢孝福. 植物引种学［M］. 北京：科学出版社，1994.
[3] 陈剑英. 林木种质资源的保存方法［J］. 云南林业，2003，（5）：17.
[4] 朱积余. 林木种质资源的收集保存其及研究进展［J］. 广西林业科学，1996，（4）：218-222.
[5] 包满珠. 园艺植物育种学［M］. 北京：中国农业出版社，2003.
[6] 王华芳. 花卉无土栽培［M］. 北京：金盾出版社，1997.
[7] 张加正. 花卉陶粒基无土栽培实用技术［M］. 杭州：浙江科学技术出版社，2004.
[8] 卢克成. 观赏植物试管苗无土栽培营养液调控技术的研究［J］. 江苏林业科技，2001，28（1）：19-21.
[9] 熊本海，庞之洪. 木薯产品用作动物饲料应注意的问题［J］. 中国饲料，2001，（19）：31-32.
[10] 刘学剑. 绿色饲料添加剂开发与应用概述［J］. 养殖快讯，2001，（16）：22-26.
[11] 李秋园. 饲用酶制剂的分类及其设计［J］. 中国饲料，2001，（17）：16-18.
[12] 王奇敏. 氨基酸螯合盐的研究与应用综述［J］. 饲料工业，2001，（12）：19-23.
[13] 费显伟. 园艺植物病虫害防治［M］. 北京：高等教育出版社，2010.
[14] 吴雪芬. 园艺植物病虫害防治技术［M］. 苏州：苏州大学出版社，2009.
[15] 孟凡乔，乔玉辉，李花粉. 绿色食品［M］. 北京：中国农业大学出版社，2003.
[16] 谢碧霞，杜红岩. 绿色食品开发利用［M］. 北京：中国中医药出版社，2003.
[17] 李崇光. 农产品营销学［M］. 第2版. 北京：高等教育出版社，2004.

第 10 章　服装与家政

服装是反映时代文化特征的载体，随着我国经济的发展、人民生活水平和生活情趣的不断提高，服装设计日益成为美化人们服饰和提高人们生活质量的一项重要技术。通过相关小节的介绍，读者可以从中了解人体的结构，理解服装与文化、服装与美学、服装与材料的关系，以及生活中的着装设计与搭配，简单的服装裁剪与缝纫。

家政是指以家庭生活质量为目的，综合运用各方面的知识，对家庭生活进行科学化设计与管理。它包含家庭管理、家庭理财和家庭保健。家庭生活中技术的运用，是家政的重要内容之一，它可以使家政理念更好地发挥作用，也能有效地保证家庭经济生活的有效运转和家庭成员的身心健康。这里所涉及的内容包括：如何形成科学而健康的家庭生活观念，如何理解自己在目前和未来家庭生活中的角色，如何提高个人适应、建构和改善生活的能力。

10.1　服装史及发展趋势

我们现在的文明社会是从原始社会发展而来的，“衣”作为文化与社会的产物，也是起源于那个遥远的时代。“衣”的变化与发展是与一定地域的社会集团相关的，是人类生活史的一个重要组成部分。

10.1.1　西方服装史概述

1. 古代服饰

人类着装的行为已经有数千年的历史，在服装史上，通常把公元前 3000 年至公元 400 年前后古埃及、古西亚、古希腊、古罗马等不同地域、不同民族创造的服装归为古代部分，这部分服装成为此后欧洲服装文化的基础。古代服饰受自然环境影响很大，其服饰造型、材料、审美都明显地表现出这一特征。

这一时期的服装出现了内衣和外衣之分，大多不需要缝纫，以各种形状和品种的材料披覆和包缠在身上，用别针、金属扣或腰带等固结或系结，充分表现人体的自然之美。

2. 中世纪服饰

西洋史上的中世纪范畴是指公元 5 ~ 15 世纪，即从西罗马帝国灭亡的 476 年到文艺复兴开始之前。中世纪的历史进程，围绕着“民族迁徙秩序重建”、“基督教的兴起”与“拜占庭文化影响”这三方面，所以此时的服装变化也深受影响。北方各民族所带来的裤装大兴，奠定了日后欧洲男士着装以裤为主流的基础。女性服装受基督教“禁欲”教义的影响，变得相当保守，紧紧包裹住身体，如头巾、紧身长衣等。

3. 文艺复兴时期服饰

中世纪后期，受到文艺复兴（公元 1500 ~ 1640 年）的影响，服装业也随之蓬勃地发展。此时期由于交通运输越来越方便，新服装的传播速度也加快。势力强大的裁缝同业公会制定了服装裁剪的标准，以便统一时尚，促进流行。当时意大利更是成为服装流行的中心。

此时的男、女装皆通过服装来达到强调两性的人体美。比如，男子穿着有蓬松宽大的袖子的上衣与紧身的裤子，呈现“倒三角”的体态造型，表现阳刚；女性通过裙撑、束腹与臀垫使体态轮廓呈“正三角形”。由于当时的袖子可以脱卸，所以赶时髦的男女会在同一件衣服上配不同的袖子。袖子的造型也复杂多变，如“羊腿袖”、“灯笼袖”、“糖葫芦袖”、“主教袖”以及各种垂袖。同时，因为肩袖处的接缝工艺比较粗糙，所以出现了肩饰，即三角形的袖片，掩盖接缝，同时又像垫肩，显得很有气派。

4. 巴洛克时期服饰

巴洛克艺术（公元1620～1715年）于文艺复兴运动末期产生于意大利。进入风云变幻的17世纪后，巴洛克艺术克服了16世纪后期消极的艺术风格，成为天主教争取信徒的工具。巴洛克代表了路易十四富丽堂皇的精神特质，它具有生机勃勃、艳丽色彩、线条优美、富丽豪华的风格。此时期的服装精美奢华，常采用花缎、天鹅绒和锦缎等华贵面料，强调繁多的装饰，使用华丽的纽扣、大量镶嵌线和刺绣。女装服饰解脱束缚、自由随意，男性服饰则崇尚自然和优雅，花边、香水、高跟鞋、手套、手袋、领带、领结等新鲜时尚的元素纷至沓来，烘托出巴洛克时期的繁荣与精致。

5. 18世纪服饰

18世纪，欧洲乃至世界进入了崭新的时代。英国工业革命的推动，飞梭、水力纺纱机在纺织行业中的使用，大大提高了纺织效率。在法国，沙龙文化在贵族和新兴资产阶级的社会生活中产生和形成，并孕育了洛可可艺术的社会基础。启蒙运动和法国大革命的爆发，又促进了新古典主义的产生和发展。因此，这一时期的服装，可分为洛可可时期服装和新古典主义时期服装两个历史阶段。

6. 19世纪服饰

19世纪，欧洲进入了全面发展的时期。科技发展、工业进步，使传统的手工业作坊式生产方式迅速被大规模机械化生产取代。随着这一切的变化，人们的着衣观开始发生转变，过去那种以豪华多饰的宫廷风格为时尚的穿着追求，悄悄让位于对实用、自由和功能化的装束的追求。这一时期服饰风格可以说是早期几大风格的混合体，尤其是文艺复兴、哥特及洛可可艺术风格。其中，最具特色的是浪漫主义风格服装，服装极富形象力且丰富多彩。女装款式多采用及地长裙，并且采用马尾来支撑形状，在下摆上加上很多缎带、蝴蝶结、刺绣、花边及人造花朵，既符合浪漫主义的特点，又适应中产阶级生活方式的需求。与奢华的女装相比，男装相对精致，强调功能而不张扬。双排扣外衣开始用于日装，燕尾服用于晚装和上层人士的外出服。

7. 20世纪服饰

20世纪初女性要求参加社会活动的呼声越来越高，从而引发了服装设计的转折性革命，催生了现代的时装。

20年代，女性的社会地位得到改善，女性的服饰形象也发生了极大的变化。女装日装实用而舒适，出现了简单宽松的直筒连衣裙和直筒短裙；晚装采用明亮色彩的闪光面料，并带有很多女性化的细节。男装一改以往朴素颜色的面料，开始带有格子、条纹等的图案。

30年代，服装开始详尽细分。女装采用垂感好的面料，正式晚装领口开得很低，通常带有裙裾。外衣和大衣都细长贴体，新型紧身胸衣、宽肩西服开始出现。男装更加休闲，出现了双排扣大衣和风衣。

40年代，服装款式变得短而小，套装设计注重功能性，并且适合各种场合穿着。到1947年，高级时装在巴黎复苏，裙子长及小腿、下摆宽大，上衣肩部圆润，充分展现了女性优美的形体。男装在色彩和款型上都保持传统风格。

50年代，女装外型轮廓用字母或形状命名，蓝色牛仔裤十分流行。男装仍然保持传统风格。

60年代，服装冲破传统的限制和禁忌。男装更加随意、更加耀眼、更加多彩。

70年代，人们结合自己独特的风格，将单件购买的服装进行组合，同时也流行面料的混合以及版型的混合搭配。传统而浪漫的风格成为女装新的流行趋势。工作装特征的T型服装出现。男装强调肩宽、长驳领和瘦腿裤。

80年代，服装种类繁多且各具特色。女装既有经典优雅的风格也有休闲实用的风格。经典裁剪的传统男套装优雅舒适。

90年代，服装发生了很多戏剧性的变化，服装创意从街头获得的灵感不少于从T台获得的灵感，二者之间的区别变得越来越模糊。90年代服装最大的发展要数面料的应用，而其重要的穿着方式是混合与重叠。都市休闲的流行，使得牛仔裤和套头衫被广泛接受。

10.1.2 中国服装史概述

1. 秦汉、魏晋时期

秦始皇嬴政在公元前221年完成了统一大业，结束了春秋战国长期分裂割据的局面，建立起我国历史上第一个中央集权的国家。在服饰上，“兼收六国车旗服御”，对汉代服饰的影响相当大，故有“汉承秦后，多因其旧”的说法，意思是汉代的服饰大体保存了秦代的遗制，而人们的穿着打扮也日趋华丽。这一时期，男子的服饰以袍为贵，冠帽是区分等级的重要标志，鞋履也有很严格的等级制度。

魏晋时期汉族男子以长衫为多，且以宽衫大袖为裳。一般用作便服，也可作礼服。魏晋时期衫与袍的主要区别在于袍有袪，而衫不用施袪；衫的袖口宽敞，且多用白色，有直襟式和对襟式。衫襟可用带子系缚相连，又可不系带子，任其自然敞开，用起来比袍更方便。魏晋时期女子仍以襦衫和裙裤为主。样式与男子的大衫袖相适应，以宽博为尚，以对襟为多。在领口、袖口均做有边缘，下穿条纹间色裙，并系有围裙。

2. 隋、唐、宋朝时期服饰

隋、唐是中国封建社会的鼎盛时期，特别是唐朝时期，中国在当时的世界上处于先进国家之列。唐朝时期服装得到了全面的发展，如男子的袍衫、幞头纱帽和乌皮靴，女子的襦裙服和衫，是中国古代服装最为兴盛的时期。

宋辽金元时期，封建制度转向衰落。辽金元时期是充分展示北方游牧民族服装的时期，也是中国服装发展历程中的一个民族服装大交流、大融合的时期。隋唐时期的幞头，发展到宋代，已成为男子的主要服制。辽代服饰以长袍为主，男女皆然。金的服饰与辽的颇接近，只是发型不尽相同。元代服饰以长袍为主，样式比辽服宽大，男子公服多从汉俗，以绫罗为之，大袖盘领，下长过膝。官职等差，则在颜色与纹样上表示。

3. 明、清时期的服饰

明代是汉民族统治政权时期，对整顿和恢复汉族人的习俗十分重视，其冠服制度“上采周汉，下取唐宋”进行了重新调整，将中华传统，服饰从多方面给予了巩固和完善。明代男子巾帽，形式丰富，样式至少有三四十种，其中尤以“网巾”、“四方平定巾”及“六合一统帽”的使用最为广泛。男子的服装，恢复了传统特色，以袍衫为尚。凤冠是明代妇女服制中最为庄重的礼冠，与凤冠搭配的服饰是霞帔，是明代命妇重要的礼服。霞帔最早出现于南北朝，形状像两条彩练，绕过头颈，披挂在胸前，下缀一颗金玉宝石。明代的霞帔更依据质料、颜色、纹样与坠子来区分等级。

清朝是由满族建立的少数民族政权，在服装形式上和汉人没有太大区别。清政权建立后，一方面推行满服，另一方面也吸收汉族服饰中的精华部分。满族妇女主要穿着袍服，梳旗髻，穿高底旗鞋；汉族妇女沿袭明代服饰，但在服饰装饰上要精细得多。男子的主要服饰有长袍、马褂、马甲、裤和靴等。清朝的服饰大量采用刺绣，刺绣的部位和手法各异，使服装更像一幅穿着在人身上的流动画，奢华而艳丽。

4. 中国近现代服饰

1)20 世纪前半叶中国服饰

此期间，中国发生了迅速而巨大的变化，整个社会处于激烈的斗争和动荡之中，新旧事物不断更迭，服饰也处于新旧交替、西学东渐的形势中。至此以服饰划分等级的规定，也随着封建帝制的结束而彻底消亡。典型的男子服饰有大礼服、常礼服，长袍、马褂、瓜皮帽或罗松帽、中式裤子，西服革履、礼帽，学生装、鸭舌帽、中山装、军警服；女子服饰有袄裙、改良旗袍、斗篷、连衣裙。

2)20 世纪后半叶中国服饰

这一时期主要分为两个阶段。20 世纪 50 ~ 70 年代，中国服装在很大程度上受到政治因素的冲击，比以往任何一个时期都更多地带有政治内涵，典型服装有列宁服、毛式服装、军便装、花布棉袄。20 世纪 80 年代至 20 世纪末，中国实行改革开放、搞活经济的方针政策，在较短的时间内，彻底改变了人们的穿衣状况，中国的服装事业也在此期间得到了飞跃式的发展，典型服装有喇叭裤、蝙蝠衫、西装、牛仔服装、滑雪衫、夹克衫、风雨衣、皮革服装。

10.2　服装造型与色彩

10.2.1　服装款式、造型设计

1. 服装款式设计

服装的功能大致可以分为三类：相对于环境的身体保护功能、群体生活所形成的各种社会及心理功能和人体与服装的关系所形成的生活辅助功能。

1) 身体保护功能

身体保护功能是针对自然环境以及人们生活环境的保护功能，包括气候调节功能和防护功能。气候调节功能是对人体以及生活中不适应的自然环境或人工环境的温度、湿度条件进行调节，从而保持人体生理机能健康、生活活动自如的功能；防护功能是通过抵御外界的物理伤害、化学污染以及特殊的光或热，从而保护身体的功能。

2) 社会及心理功能

社会及心理功能是人们以适应人际关系及社会环境为目的的心理方面的着装需求，这种需求代表现代生活的多样化和时装时尚的主流。社会及心理功能包括礼仪功能、身份标示功能和装饰身体的功能。人能够通过适合于社会礼仪和习惯的着装来传达个人思想和情感；可以利用服装标示自己的性别、年龄、职业、地位、任务等功能。而服装可以满足人们内在的对美的需求，是每个人表达人格和思想的一种手段。

3) 日常活动辅助功能

在自然及人工环境下，服装能够起到保护身体的作用，但是同时又是离身体最近的环境。对于服装来说最重要的是不妨碍人体的正常生理机能和运动机能，同时提供给身体一定的辅助作用。在服装材料上应尽量避免有害物质对人体的侵害，在结构上应避免局部或者全体的压力，避免服装与体表形成过大的摩擦，最大限度地兼顾时尚性、装饰性及生活辅助功能。

2. 服装造型设计

服装造型的美感是集构思美、想象美、观念美于一体，以设计美、裁剪美、缝制美等为基础的。一件完美的时装作品，需要经过从设计、裁剪、制作到销售等环节，其中服装设计是重要的一环，直接关系到服装的成败。

服装外轮廓设计是表现服装外观效果的工作，是服装设计的表面部分。服装外轮廓是设计师追求的理想目标，而结构设计中的内结构线则决定外轮廓线的实现。结构设计是根据外形的特点，进行内部结构线与分割线的设计，它们的关系就像一个建筑的外观形状和内部框架结构的关系一样。服装的内部结构线，主要包括省道线、剪接线、褶裥以及衣片的各个拼接部位。这些分割裁片的连接线，既起着分割用途，又起着连接作用；既帮助平面的衣料在人体不规则形体上塑形，又给服装提供了变化无限且又符合人体体形的结构。

10.2.2 色彩、图案设计

1. **服装色彩设计**

服装色彩是服装感观的第一印象，它有极强的吸引力，若想让其在着装上得到淋漓尽致的发挥，必须充分了解色彩的特性。浅色调和艳丽的色彩有前进感和扩张感，深色调和灰暗的色彩有后退感和收缩感。恰到好处地运用色彩的两种观感，不但可以修正、掩饰身材的不足，而且能强调突出着装的优点。全身色调的一致性，能取得和谐的整体效果。“色不在多，和谐则美”，正确的配色方法，应该是选择一两个系列的颜色，以此为主色调，占据服饰的大面积，其他少量的颜色为辅，作为对比，衬托或用来点缀装饰重点部位，如衣领、腰带、丝巾等，以取得多样统一的和谐效果。

2. **服装图案设计**

服装图案是伴随着服装的产生而出现的一种特有的艺术表现形式。服装图案的起源与发展，与不同时代人的社会意识与审美心理活动等息息相关，是当时社会发展的一个缩影。

原始社会时期，服装图案造型的一个特点是由动物皮毛本身固有的斑点、条纹组成装饰图案，另一个特点是用一些植物的枝条编结而成具有天然肌理的装饰花纹。还有一种特殊的装饰图案表现形式——图腾崇拜，由于原始人处于科学技术极其落后的状态，因此对雷、雨、雪、电等自然现象及战争灾害不能作出科学的解释，从而产生了图腾崇拜。这说明当时图案的实用功能大于审美功能。

当今的服装图案构图也与传统有所不同。传统的服装图案构图局限在单独、适合、连续的骨架范围内，图案的形象大多为具象形。现代的服装图案除传统的形式外，已发展成独幅件料式的表现形式，品种多样，具象式和抽象式的几何图形广泛用于服饰图案中，特别是抽象的几何图形和一些传统图案，人们已不注重其实用意义，而是把它作为一种抽象的符号及美的因素，更加强调其艺术语言的表现，以便准确生动地烘托人体之美，体现现代人的个性及艺术风格。

10.3 服装材料

10.3.1 服装材料的概述

1. **服装材料的历史和发展**

麻：公元前 5000 年埃及开始使用麻织物；
棉：公元前 3000 年印度开始使用棉花；
丝：公元前 2600 多年，我国开始使用蚕丝织物；
毛：公元前 2000 多年，古代美索不达米亚地区开始利用动物的兽毛，主要是羊毛；
粘胶长丝：20 世纪初，英国开始生产；

尼龙：1938 年尼龙纤维在美国问世；

腈纶：1950 年开始生产腈纶；

涤纶：1953 年涤纶工业化生产；

弹力纤维：1956 年弹力纤维研制成功。

2. 服装材料的流行趋势

20 世纪 90 年代以来，材料成为服装流行的重要因素，其流行特点如下：

(1)服装材料由衣着用领域为主向衣着用、装饰用和产业用三大领域鼎立的局面转化。

(2)衣着服装材料向着天然纤维化纤化、化学纤维天然化的方向改进。

(3)服装材料具有高档轻薄化的发展特点，以提高服装及其织物的外观风格和服用性能。

(4)服装材料向高科技化发展，增加技术含量，以提高服装的附加值。

(5)服装材料向方便化发展，以适应快节奏的现代生活。

10.3.2　服装面料

1. 服装用纤维

纤维是指直径为几微米到几十微米，长度与细度之比为几百倍甚至千倍以上(如棉为 1400、羊毛为 3000)的物质。服装用纤维是指具有一定的耐久性、可加工性、舒适性和美观性的纤细物质。

自然界中纤维有很多种，但是并非每一种都可以纺纱织布，具备可纺性能够用于纺织生产的纤维才能称为纺织纤维。纺织纤维是所有纺织制品中最小的可见单元。

2. 服装用纱线

纱线按形态结构分类，可分为普通简单类纱线和特殊复杂类纱线。普通简单类纱线有单纱、股纱、单丝、复丝、复合捻丝；特殊复杂类纱线包括花式纱线、包芯纱和变形纱。按原料组成分类可分为纯纺纱线、混纺纱线、交捻纱线和混纤纱线。

纱线具备可纺性需要经过加捻，纱线的强力、弹性、伸长、光泽、柔软性、缩率都与捻度有密切关系。纱线的捻向分为 Z 捻和 S 捻。Z 捻是指纱线加捻后，自下而上，纤维或者单纱自左下向右上倾斜；S 捻是指纱线加捻后，自下而上，纤维或者单纱自右下向左上倾斜。

3. 服装用织物

1)机织物

机织物是由相互垂直配置的两个系统纱线(经纱、纬纱)，在织机上按照一定规律纵横交错织成的制品，又称梭织物，简称织物。布面有经向和纬向之分，布面平整，尺寸稳定性好，外观挺括。广泛用于各种服装，特别适合做大衣、西服等要求挺括的服装。机织物的种类主要分为原组织、变化组织、联合组织、复杂组织。

2）针织物

由一根或一组纱线在针织机上弯曲形成线圈，并且相互串套联结而成的制品。针织物蓬松柔软，富于延伸性和弹性，透气性能良好，不易折皱，舒适合体。常应用于内衣、外衣、运动服、袜子、手套等。特别是要求松软、轻薄质地的产品，如T恤、羊毛衫、围巾等。

针织物是由线圈串套连接而成的，线圈是构成针织物的基本单元，所以针织物的组织结构是指线圈排列、串套与组合的规律和方式。针织物组织分为原组织、变化组织和花色组织三大类。

3）非织造布

非织造布是指不经传统的纺、织工艺，由纤维铺网加工处理形成的布状物。织造工艺简单，成本低，原料适应面广，织物透气性好，有耐热、耐磨、隔音、抗震作用。非织造布在服装领域主要用作衬布和一次性服装用布，如婴儿尿布、内裤、手术服、餐巾等。

4. 服装材料的服用性能与风格特征

1）服装材料的服用性能

服装材料的服用性能包含服装材料的舒适性、耐劳性、耐久性和防护性。服装材料的舒适性有吸湿性、保暖性、透气性和透湿性；耐劳性有强力、耐磨性、耐晒性、耐热性、色牢度、起毛起球性和勾丝性；耐久性有弹性恢复性、抗皱性、免烫性、热定型性和收缩性；防护性有抗静电性、阻燃性、防水性和防辐射性。

2）服装材料的风格特征

视觉：光感、色感、表面特征、型感。

触觉：主要指手感的软硬、粗细、冷暖、滑涩等。

听觉：揉搓织物时声响的大与小、柔和与刺激、悦耳与刺耳、清亮与沉闷、轻柔与嘈杂。

嗅觉：以人的嗅觉器官对织物发出的气味作评价。清洁、干燥、无污染的织物大多无特殊气味。

5. 服装用纺织面料

1）天然纤维织物

棉织物的风格特征是吸湿性能强，染色性能良好，织物缩率为4%～10%。它具有优良的穿着舒适性，光泽柔和，富有自然美感，坚牢耐用，经济实惠，手感柔软。但弹性较差，易折皱，服装保形性欠佳，在存放、使用和保管中应注意防湿、防霉。

毛织物的风格特征是膨松保暖、吸湿性强、无潮湿感、穿着舒适；染色性优良、色谱齐全、色彩柔和、色牢度好；断裂伸长率高，较耐磨、弹性恢复性好，耐热性一般，熨烫温度不宜过高；耐日晒，但不宜曝晒；可塑性好、易于成型；具有缩绒性、使织物厚度增加，但是容易缩水、不耐碱、易虫蛀。

丝织物原材料主要是桑蚕丝和柞蚕丝。桑蚕丝织物的风格特征是耐日晒性能不佳，耐热性好，但温度过高会炭化；耐酸不耐碱，会发生虫蛀。色泽明亮，手感光滑细腻，悬垂飘逸。柞蚕丝织物的风格特征是吸湿透气，强度高，湿强大；无自然免烫性，弹性和抗皱性能一般；耐日光性能差，不宜曝晒；光洁度、柔软度、白净度不及桑蚕丝。

麻织物是天然纤维中强度最高的织物，湿强度高于干强度；吸、放湿速度快、散热快，染色性好，不易褪色；耐热性好，可高温熨烫，耐日光性优良；抗霉菌性和抗水性好，卫生性好，不易孳生细菌；刚性大、弹性差，易折皱且不易恢复；耐碱性好，不耐热酸；有良好的绝缘性，不易起静电；风格粗犷，手感挺括，接触皮肤有粗糙感、刺痒感。

2）化学纤维织物

化学纤维织物分为人造纤维织物和合成纤维织物。常见的人造纤维织物有粘胶纤维织物、富强纤维织物及醋酯纤维织物等。常用的合成纤维织物有涤纶织物、腈纶织物、锦纶织物、氨纶弹性纤维织物、维纶织物及丙纶织物等。

6. 皮革和毛皮

服装用皮革分为两类：动物皮革、毛皮和人造皮革、毛皮。

1）动物皮革、毛皮

裘皮：鞣制加工后的毛皮称为“裘皮”或“皮草”（带毛）。

皮革：去除动物毛并鞣制加工后的皮板称为“革”或“革皮”（不带毛）。

珍贵毛皮通常因价值较高只制裘不制革，如狐皮、貂皮、獭兔皮等，失去制裘价值而皮板又比较紧密的动物毛皮才用于制革，如牛皮、羊皮、猪皮、马皮、鹿皮、麂皮、黄羊皮、蛇皮、鳄鱼皮等。

天然皮革或毛皮具有优良的服用性能，质感自然，穿着舒适，坚韧耐磨，防水、防污、防脏，染色牢度好，耐外界条件干扰。

2）人造皮革、毛皮

人造皮革、毛皮是外观、质地与天然皮革、毛皮相似的纺织复合型材料。人造皮革、毛皮革质柔软，具有一定的舒适性，外观纹理多样，变化性、装饰性强；穿着、打理方便，不必防蛀；皮张大，尺寸规范，厚薄均匀，易于裁剪缝制，出货率高。

10.3.3　服装辅料

辅料的种类多、组成复杂、品种规格多样，有衬垫料、里料、填充材料、缝纫线、紧扣材料、装饰材料、包装材料、标志说明材料等。材质有纺织制品、皮革制品、塑料、金属、木质品等。辅料的选择必须与面料相匹配，以达到预期的设计要求。

1. 服装衬垫料

衬垫料的作用主要是衬托、撑型；定型保型、加固补强；提高牢耐性；修饰弥补体型不足；利于加工；增加保暖性。其品种有动物毛衬、棉布衬、麻衬、树脂衬及黏合衬。

2. 服装里料

里料是指服装最里层用于覆盖服装背里的材料，也称服装的夹里布、里子，如棉衣、羽绒服、西装、大衣、皮衣等服装的里子。里料一般用于中高档服装、带有填充料的服装和需要挺括支撑的服装。

3. **服装缝纫线**

缝纫线主要起到缝合连接、加固以及装饰的作用。其主要品种有棉线、丝线、涤纶线、涤棉线、锦纶线、绣花线、金银线(金银丝)等。

4. **服装填充料**

服装填充料主要起保暖作用，还可以改变服装的体积造型感。常见的填充料有棉花、丝绵、动物绒、羽绒等。

5. **服装扣紧材料**

服装扣紧材料是指在服装中起连接和开合作用的材料，包括纽扣、拉链、钩、环等。

6. **其他材料**

服装辅料还包括装饰材料(如花边、缎带、珠片等)、标志材料(如吊牌等)、包装材料(如包装盒、衣架等)。

10.4 服装结构与工艺

10.4.1 服装结构与工艺概述

服装结构设计是从服装设计到服装加工的中间环节，是依据服装结构的基本规律和分解原理，运用一定的计算方法和绘画法则，将立体的服装实物成品或造型设计效果图分解成平面的衣片结构图的一种设计方法。

服装工艺设计主要是指缝制工艺，缝制工艺是整个加工过程中技术较复杂、也较为重要的成衣加工工序，是通过科学的缝合，把成衣组合成服装的一个工艺处理过程。

服装结构、工艺与服装的外观设计作为服装设计系统工程的三大板块，三者相互制约、相互补充、相互促进。外观设计只是设计的初级阶段，是设计师的主观构想，是对作品的整体策划，包括服装的外部廓型、色彩、纹样、部位造型、装饰配件等设计；结构设计是外观设计的深入，是服装构思的具体化，是加工生产的物质、技术条件，是构成服装最终造型的结构基础，是完成服装立体造型的平面展开，是实现设计思想的根本，是从立体到平面，从平面到立体转变的关键所在；工艺设计是设计的具体实施方案，是使设计由构思转化为现实的根本途径，是使服装提高品质档次与艺术效果的手段，包括程序的设计、质量标准的制定、装饰手法与特殊工艺的选择与创新等。外观设计为结构设计提供研究内容和研究方向；结构设计又反作用于外观设计，对外观设计加以修正和补充，并为外观设计拓宽思路。好的结构还能促进工艺简化，给缝制工作带来方便。

10.4.2　服装结构

服装结构设计的主要目的是使服装造型的结构组织合理化，其内容表现为服装与人体之间的对应关系，即反映在平面状态下的衣片结构线与立体状态的人体之间的对应关系、服装自身各部件之间的配合关系及变化原理、人体运动变化对服装造型的影响。

服装结构设计的方法有平面制图法与立体裁剪法，其中平面制图又分为比例法、原型法、实寸法等。

1. 人体测量

服装结构设计的依据是人体各部位的数据，这些数据的采寸则依靠人体测量获得。

1）人体测量方法

首先，对被测量者进行认真、细致地观察和测量，以获得其体形与一般体型的共同点和特殊点，确定出理想尺寸。测量时，应注意以下几点：

（1）被测者姿态应自然放松，采用直立或端坐两种姿势。

（2）围度测量时软尺要松紧适度，既不勒紧，也不松脱，水平围绕体表一周，不能倾斜。

（3）长度测量和宽度测量应使软尺随人体起伏，而不是两端点之间的直线距离。

2）测量部位和名称

高度：身高、腿长等。

长度：衣长、袖长、裤长、裙长等。

宽度：胸宽、背宽、肩宽等。

围度：胸围、腰围、臀围、颈围等。

2. 服装号型

1）服装规格

服装规格即服装成品规格，它是指服装成品主要部位的系列尺寸。服装规格包括三个要素：一是以人体的净尺寸作为服装成品规格构成的第一要素；二是以人体运动因素另加放松量；三是服装的造型因素。

2）服装号型标准

（1）号型的定义。“号”指高度，以厘米表示人体的身高，它是设计服装长度的依据；“型”指围度，以厘米表示人体胸围或腰围，它是设计服装围度的依据。人体体型也属于“型”的范围，以胸腰围度差为依据把人体划分成 Y、A、B、C 四种体型，见表 10-1。Y 型是胸围大、腰围小的体型，称运动员体型；A 型是胖瘦适中的标准体型；B 型是胸围丰满、腰围微粗的体型，也称丰满型；C 型是腰围较粗的较胖体型。

表 10-1　人体胸腰差与人体体型分类　单位：cm

体型	Y	A	B	C
女子胸腰围度差数	24～19	18～14	13～9	8～4
男子胸腰围度差数	22～17	16～12	11～7	6～2

(2)号型标志。市场里的服装商标上常标有“170/88A”、“160/84A”等符号，这便是号型标志，号型标志是服装大小的标志。以“170/88A”为例，其中170表示身高为170 cm的人体，88表示净体胸围为88 cm，体型分类代号A则表示胸腰落围度在16～12 cm之间。一般上衣的型指胸围，下装的型指腰围。

(3)号型应用。在确定个体的号型时，可用上下照靠的方法，如“160/84A”的服装，适用于身高为158～162 cm，胸围在82～85 cm之间，胸腰围度差在18～14 cm之间的人穿着，以此类推。

3. **服装各结构部位名称**

1)主要衣片名称

裙：前裙片、后裙片、裙腰(腰头)。

裤：前裤片、后裤片、裤腰(腰头)、门襟、底襟。

衣：前衣片、后衣片、前侧片、后侧片、大袖片、小袖片、贴边(挂面)、领片。

2)服装结构制图部位、线条名称

上衣结构制图部位、线条名称如图10-1所示。

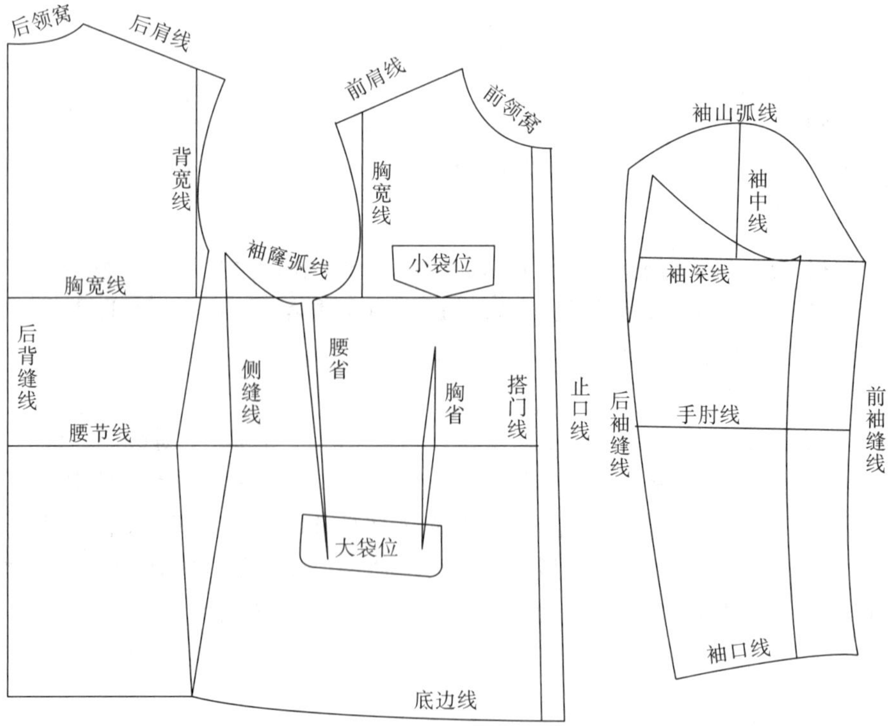

图10-1　上衣结构制图部位、线条名称

下装结构制图部位、线条名称如图 10-2 所示。

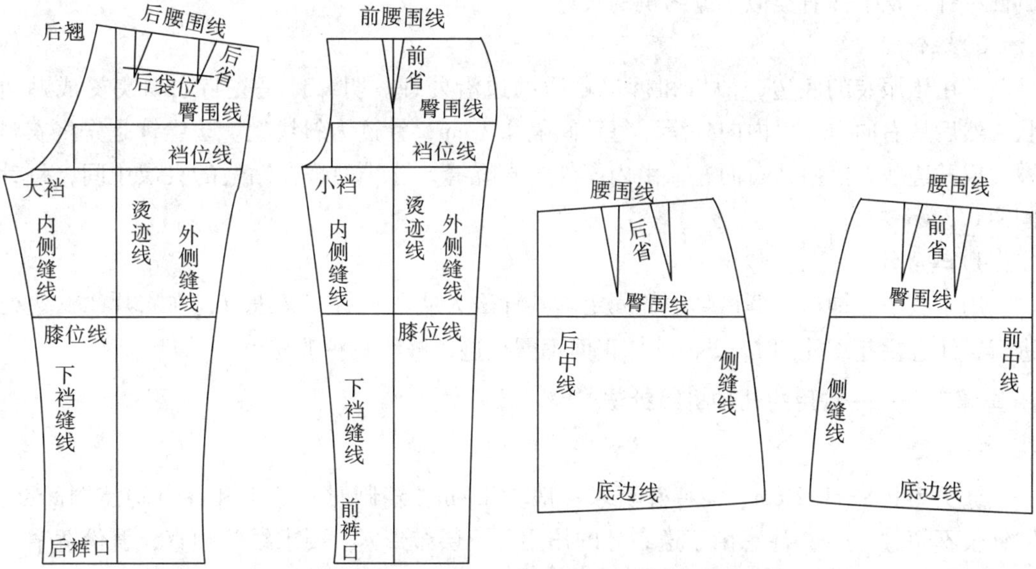

图 10-2　下装结构制图部位、线条名称

10.4.3　服装工艺

服装工艺设计是结构设计的具体实施和完成。一件衣服需要经过各种工序来完成。这些工序大体可分为三大类，即手缝、机缝和熨烫。在服装批量生成中，这些工序分得更加细致，并用各种记号来表示，称为工艺流程图，工艺流程图是工厂缝制生产的指南。

1. 常用缝纫工具与设备的介绍

裁剪工具：卷尺、直尺、弧形尺、划粉、点线器、剪刀、铅笔。

缝纫工具：针、顶针、镊子、锥子、螺丝刀、线、缝纫机、梭芯、梭壳、压脚、拆线刀。

熨烫工具：熨斗、布馒头、烫凳、长烫凳、水布、垫呢。

缝纫设备：工业平缝机、包缝机。

2. 手缝工艺——常用的几种手缝针法

1）绗针

长绗针常用于打线钉，假缝衣片，其方法是从右到左间隔一定距离运针。一般连续运针 2 ~ 3 针后拔出，上面间距 1. 3 ~ 3 cm，可根据需要选择，下面间距 0. 2 ~ 0. 3 cm 运针。短绗针常用于归拢袖山、后肩缝、抽碎褶等，将手针从右到左间隔 0. 3 cm 左右，上面与下面针距等长。

2）回针缝

常用于防止领圈、袖窿处伸长，也可用于弧线部位的加固与归拢。半回针针法为往下缝一针，上面往后倒回半针，这样连续缝下去。全回针针法为往下缝一针，上面往后倒回一针，从上面看类似于缝纫机的线迹。

3）缲针缝

常用于服装的底边、袖口和裤口贴边的边沿处理。明缲针是先将衣料熨烫成贴边状，然后从右向左，由内向外缲，每针间隔0.3 cm，针迹为斜线型。暗缲针是先将衣料熨烫成贴边状，然后从右向左，由内向外竖直缲缝，缝线隐藏在贴边的夹层中间，每针间距0.3 cm左右。

4）三角针

用于底边、袖口和裤口贴边的固定。其针法为从左到右交叉进行，在衣片的贴边处进行，注意挑起衣片的1~2根纱，正面不露线迹，缝线宜稍放松。

3. 车缝工艺——常用的几种机缝针法

1）平缝

缝头为0.8~1.2 cm，无特殊要求一般为1 cm。缝制时起始点和终点均需倒回针，回针长不超过1 cm。注意由于送布牙的作用，下层布带紧。要求线迹顺直，缝份宽窄一致，底面线松紧适宜，无跳针现象。

2）搭缝

将两块布料正面朝上，缝头互相搭合在一起，沿所留缝头缝合。

3）来去缝

常用于薄型面料，是一种正面不见车缝线迹的缝型，缝头一般为1.2~1.5 cm。先将布面反面相对，车0.5 cm，然后修缝头至0.3 cm左右，再将布片正面相对，车0.6~0.8 cm，注意不能露出之前的缝头，且宽窄一致。

4）内包缝

常用于夹克、裤子等的肩缝、袖缝、侧缝等部位。正面见一条明线，反面见两条明线。下层布放缝1.5 cm，上层布放缝0.6 cm，布片正面相对，将下层布的缝份包住上层布的缝份，车缝0.7 cm，然后将缝头向窄的一侧倒。将布片翻转到正面，车0.6 cm的明线。要求缝线顺直，缝份宽窄一致。

5）外包缝

正面见两条明线，反面见一条明线。将布片反面相对，其他方法同内包缝。下层布放缝1.5 cm，上层布放缝0.6 cm，将下层布的缝份包住上层布的缝份，车缝0.7 cm。翻转布片，车0.1 cm的明线。

6）折边缝

常用于服装底边的缝制，卷边的尺寸根据需要确定。先熨烫，然后压0.1 cm。

4. 熨烫工艺

熨烫工艺的原则如下：

（1）把握正确的温度。熨烫中要常试温，不能烫黄或烫焦衣物。

（2）如需喷水，应均匀，不能过干或过湿。

（3）注意力集中，推移熨斗时，根据熨烫要求，轻重得当，不能长时间将熨斗停留在一个位置上，或将熨斗在衣物表面来回摩擦。

(4)被熨烫的衣物要垫平。

(5)熨烫时要根据衣物部位和熨烫要求的不同，有时用熨斗底部全部，有时用熨斗尖部。

(6)熨烫时一只手拿熨斗，另一只手配合，压住衣物使其不随熨斗移动。

10.5 家庭与家庭教育

10.5.1 婚姻与家庭

1. 婚姻中的爱

黑格尔是这样描述爱的特征的：第一，意识到和另一个人的统一，对方的存在是自我完整的条件；第二，强烈需要对方的承认，而对方也是相同的感觉。爱情就是男女之间发自内心的互相爱慕并渴望对方成为自己终身伴侣的一种情绪。因此，爱较之于喜欢除量上的增加之外，更包含了对被爱者的依附感、亲密感以及对被爱者幸福的深度关心。

正因为如此，爱情有如下的一些特点：①具有排他性，即如果我爱你，你就必须回馈爱给我，而且你不能再去爱别人；②开放性，就是要把自己打开，放弃所有防御，会为对方改变，而对方也会这样做；③有躯体的需要，如亲吻、拥抱、抚爱等身体接触在恋爱关系中会经常发生。

但是婚姻中的“爱”又与恋爱中“爱”有不同之处。婚姻之爱除强调激情、亲密之外，更强调双方的承诺。这种承诺不仅包含对对方的忠诚不一，还强调对对方各个方面的承认与肯定，包括缺点与弱点。如果在恋爱中只是部分接受对方，往往会在日后的婚姻生活中矛盾频出。承诺还包括让对方幸福的决心。双方的共情能力，即体会对方感受的能力，往往决定着婚姻生活幸福与否。只有决心让对方幸福，才会在生活中去体会对方的感受，在出现矛盾时才会以一种积极的沟通手段去解决。

2. 婚姻中矛盾的处理

爱情生活，经过一定时期，由于环境的影响和自身心理，负面情绪的积累，会使双方产生不满或厌恶的情绪，发展到严重地步，甚至会造成婚姻破裂。婚姻中的矛盾，究其原因大致有如下几点：

第一，信仰和志趣与自己根本性的不同。在婚姻中经常出现因为这些原因产生的不能沟通协调，这种情况，一般发生在年轻夫妇之间。由于社会生活的时间短暂，对自我和对方不甚了解，仓促结婚。这种矛盾一般难以在婚姻生活中解决，最容易造成离婚。

第二，忘记婚姻的承诺。幸福的婚姻都离不开互相的肯定与支持。多数婚姻是因为互相挑剔、责备开始出现裂痕，情况每况愈下逐步破裂的。忘记了及时给予对方以肯定，忘记了让对方幸福的承诺，所以才会在婚姻生活中不断地相互伤害以致夫妻关系无法修复。

第三，沟通障碍。幸福的婚姻并不代表没有分歧与矛盾，对待矛盾的态度和解决矛盾的方式的不同在很大程度上决定了婚姻的质量。在遇到矛盾时，根据性格不同有的不肯低头，有的闷不做声，有的在吵架时过分情绪化以致伤害了对方的自尊等。而幸福的婚姻中的当事人大多会积极地去解决矛盾，在沟通时更多地诉说自己的感受，给对方澄清事实的机会，少于指责，所以掌握沟通技巧也有利于婚姻的维系。

第四，婚姻中的需求不能满足。这些需求包括日常生活中的需求，如相互照料，经济上的支持；情感方面的需求，如倾听、支持、肯定等；性生活方面的需求，如亲密的接触、对性生活的具体要求是否一致等方面。

3. 家庭的含义及必要性

家庭就是由亲属关系连接起来的一群人。这种关系首先由社会承认的个体之间的性关系(即婚姻)和其带来的血缘关系组成。

尽管最近几十年间，家庭的内涵发生了变化，但大多数的人还是会选择这样或那样形式的家庭。根据美国社会学家科特·帕森斯的观点，家庭的两个主要功能是初级社会化和人格稳定化。初级社会化是儿童学习所处社会的文化规范的过程。因为这发生在儿童时期的早期，所以家庭是人格发展最重要的舞台。人格稳定化是指家庭在情感上对成年家庭成员所发挥的作用。成年男女之间的婚姻是一种支持和保护成年人人格健康的安排。

4. 家庭发生着什么样的变化

在过去的几十年间，社会经历了以前的时代难以想象的家庭模式的变化。人们较以往更不愿意结婚或者推迟结婚、生育；离婚率大为上升，婚外情增多；单亲家庭、重组家庭给家庭样式带来变化；同居、试婚等变得不那么难以接受。简而言之，家庭领域看上去与50年前完全不同了。但是家庭和婚姻制度仍然是这个社会的根本，只是关系越来越强调参与者的合作与交流。情感交流不仅对性爱关系极其重要，对父母与孩子之间的互动也同等重要。

现在的男性和女性都很看重他们的职业和个人的需求，所以在爱情、性、子女、婚姻以及家庭责任上更需要协商与沟通。虽然我们看到这个时代婚姻与家庭似乎比任何时候都变得更加“脆弱”，但对人们来说，它们仍然是最为重要的关系。男性与女性之间的关系高度紧张，但同时人们对找到真爱和归属仍怀有深切的希望和信念。

10.5.2 家庭与个人

1. 家庭的功能

1)初级社会化的重要承担者

家庭使社会规范、语言、行为模式内化于社会人群当中。这个内化的过程，我们称之为社会化。社会化是儿童获得关于语言、价值、礼仪、规矩、行为、社会期望等复杂微妙的知识，以及这些知识如何影响儿童的社会交往，并在社会上获得成功的一个过程。成功的社会化有助于社会稳定，更使个体心理健康和完成必要的社会功能。

2)社会角色

进一步讲，社会对个体的期望，设立的规范通过家庭进行着一个潜移默化的过程。而社会对其成员的期望值不同，设立的规范也不同，所以在家庭中，我们不仅学习一般的社会规范，而且在孩童初期就开始了对各种社会角色的模仿学习。不同的社会角色，必须承担相应的社会责任，遵守一定的社会规范，履行一定的行为模式。在家庭生活中，孩子通过模仿内化了社会角色，学会了如何扮演他人。例如，女孩学习如何扮演女人、母亲；男孩学习如何扮演男人、父亲，所以成年后我们都能在自己身上找到或多或少的父母的影子。

3)个性的形成

如果说社会性强调个体作为社会成员是否容易与他人和谐相处，而个性则强调异质性，个体的独特性，如对现实的态度及观念等制约、指引着个人的言论和行为的因素。

2. 健康的家庭环境

孩子最初是局限于家庭中的，家庭在初级社会化和个性形成中对其有着重要影响。家庭教给孩子哪种处理事物的方法是合适的，他们学会如何建立关系、保持个体的界限、与人交流等，所以健康的家庭环境就显得非常重要。前面我们提到家庭样式的多样性广泛存在，所以很难界定什么是“健康”的家庭。但是，估计一个家庭健康时，至少有两个概念是重要的，即融洽的家庭拥有哪些功能及融洽的家庭成员之间如何交流。

1)存在大范围的关爱的家庭

健康的家庭首先要担当起养育孩子的责任，为其提供物质和感情上的支持。孩子必须接受哺育和教育，所有的家庭成员都有充足的资源茁壮成长。另外，必要时，家庭成员彼此可以寻求帮助。

2)存在良好沟通的家庭

良好的沟通一方面包括清楚的表达个人意见和情感，甚至是在意见和情感方面与其他成员不同的时候；另一方面还包括敏锐的领会其他家庭成员的需要和感情。良好的沟通促进和解，这样使许多重要的需求得到满足。

3)包容的家庭

不管是哪种形式的家庭都会遇到大大小小的争端。对争端的态度及处理方式的不同也会影响孩子成人后处理事物的态度和方法。健康的家庭具有包容力，允许不同意见的存在，在处理争端时往往是理性的，采取讨论和协商的手段，避免敌意和冲突的产生，以达到利益的共享。

3. 家庭教育的理论

家庭环境是孩子社会化的最初作用者。它为孩子的学习、模仿提供了关键的社会环境。孩子需要学习在社会上如何与他人相处、合作，成为一个情感成熟的、有良好调节能力的、有责任心的人。学习理论中的概念对这一部分的学习有很大的帮助。

行为修正是学习理论的重要应用。它的基本思想是行为通过学习而发展，那些不想有的行为可以不学习，所以它允许积极的行为修正，而不是认为个人是他们历史或个性缺陷的牺牲品，他们是有能力作出改变的积极生命体。

4. 家庭教育的方法

1) 应答性条件反射

应答性条件反射是对特殊刺激作出应答性行为，也被称做巴普洛夫条件反射。特定的刺激激发特定的反应。也就是说，许多反应不是学习而来的，而是在某种刺激后的自然反应。当一个人学会对新的刺激作出反应，而这种刺激并不是自然而然诱发这一反应时，就发生了条件反射。

2) 示范

示范又称做观察学习，是指通过观察另外一个人做的某种行为而学习的行为。示范行为效果会受到示范者的声望、地位和专业水平的影响。一般来说，当示范者与观察者相似、很有权威、社会地位高时，其被模仿的可能性和效果更好，所以在实际的家庭教育中，父母可以通过得体的行为为孩子做示范来强化正面的影响。当然父母的一些不适宜的行为也会在日常生活中被孩子模仿。因此，家庭教育既是影响孩子的一个过程，也是父母自省的一个过程。

3) 应用正面强化

强化是一种增加先行行为发生频率的程度或后果。强化效应可以是正面的也可以是负面的。正面强化是指紧跟某行为后并对该行为起强化作用的正面事件或后果。正面强化在家庭教育中经常会用到。但是如何有效地进行正面强化则要注意一下几个问题：质量、及时性、正面强化的频率和小步骤地培养行为。

4) 处罚

在控制孩子的行为时，处罚经常成为第一选择。处罚包括应用负面结果(即是惩罚)和取消正面强化刺激(即是取消奖励)。

(1) 负面效果。在应用处罚作为管理行为的手段时，一定要考虑潜在的负面效果。首先，处罚常会激起负面的感情效应；其次，处罚会引起被处罚者对处罚者和处罚环境的躲避；最后，处罚能使孩子产生攻击性。

(2) 应用处罚的建议。当决定施用处罚时，为了使其效果最大化，有四点建议：第一，和正面强化相同，注重及时性；第二，每次行为发生后都进行处罚；第三，对孩子讲明处罚是针对他的行为，并示范正确的行为；第四，实施处罚时，保持镇静，切忌对孩子的人格进行否定性的评价。

除以上介绍的影响和指导的方法以外，作为父母更不能忽视与孩子的交流和对他们发自内心的关怀。积极地倾听对成功养育儿女是必不可少的。父母花时间理解孩子的最终结果应该是使他们之间的温暖和关心得到加强，这会为前面提到的管理孩子方法的应用提供良好的实施条件。

10.6 家事管理

大多数人都会在脑海中描绘这样的生活景象：日出而作，日落而息，有着自然的作息规律；生活在自己心爱的物和心爱的人中间；有足够的时间玩味生活和陪伴家人……但是作为一个社会人，工作会毫不留情地占去我们大部分的时间，如何在繁忙的工作下平衡生活，而且让生活成为你的精神家园，让你有充沛的精力与平和的心态去工作呢？

10.6.1　物品管理

开始生活整理的第一步，就是重新考虑自己和物品的关系。砍掉你家中不必要的物品，让它们少而精。为此，不冲动购买；家中不用的物品不堆积；给持有的物品的件数和收纳的空间定一个上限并且定期检查。与其不断地重复购买，增加收纳场所，不如精简物品过简洁、朴素的生活，这样更能让自己的生活在时间上、空间上和心理上有更多富余。

随着时间的推移，我们拥有的物品也会随之增加。一不小心，我们的生活空间，就处于各种商品的包围之中，我们的时间就消磨在怎样收纳这些商品的烦扰之中。即使是一件小东西，都需要打磨、擦拭、装饰、收纳、寻找。这个过程被无限地重复着，最要命的是我们无法感知它，只感觉疲惫和无奈。

1. 精简物品

必要的物品的合理数量到底怎样决定呢？即使是小物品，你仔细观察也可以把它们分成如果没有就影响生活的必需品和如果有更方便的非必需品两种。

这种辨别能力是怎样养成呢？在日常生活当中，有意识的思考“没有它，我怎么办呢”这个问题，并且实际地过一过没有它的生活，这样反复尝试，如果发现该物品仍然重要，就保留。在不断的尝试这个有和无的试验的过程中，辨别能力也会随之产生。随着我们对自己生活方式的反复自省，我们会渐渐发现，高质量的生活不是物品堆积出来的，而是我们对日常生活的经营与思考。

2. 收纳物品

1）观察

收纳的方法不是凭空想出来的，好的收纳来自于好的观测。这话怎么理解呢？收纳是为下一次的使用而收纳，而使用就必须考虑使用者、使用时间、使用习惯、使用地点等，所以好的收纳首先要观察家人日常的生活状态和作息习惯，分清哪些是公用物品，哪些是私用物品，使用的频率的高低，在哪里使用等。只有经过反复细致的观察，才能决定什么东西放在哪里，如根据厨房的使用流程安排厨房物品的收纳。

2）分类

在生活中，家庭的空间配置除要考虑房间的功能与布局以外，还要考虑收纳的功能与布局。如果把一个家庭必不可少的物品进行分类整理，大概可以分为 11 类，为此配置的场所叫做收纳的功能区，见表 10-2。

表 10-2 家庭空间的布局和功能

名称	收纳物品
家庭事务功能区	文具、通讯录、通信用品、红白喜事物品、包装袋、书架、电子产品、CD、印刷品
家庭手工功能区	缝纫道具、熨斗
储存食品收纳功能区	干货、调味品、保存食品、面类
餐具/器具收纳功能区	餐具、锅、调料器具、抹布类、洗涤用品及消耗品
衣物洗涤功能区	衣架、毛巾、洗涤剂及用品、垫子
衣物收纳功能区	衣物、衣架、衣物袋、饰品、包、防潮防虫用品
寝具收纳功能区	当季用品、季节外用品、来客用品
玄关收纳功能区	鞋、鞋的护理用品、拖鞋、雨具、运动用品
清洁用品收纳功能区	清洁用具、抹布、消耗品
儿童用品收纳功能区	学习用品、书、包、作品、玩具
健康用品收纳功能区	温度计、常备药品

3）美观

（1）小物品隐蔽收纳。牙刷牙膏作为最常用的洗漱用品可以放在外面，其他小件物品尽量放置在柜体内收纳，化妆品等种类多、形状各异的物品若放在洗漱台的台面上容易产生杂乱的感觉，最好分类归纳后收纳在洗漱台的抽屉中，或者放在篮子等容器中再放在隔断中。

（2）颜色统一。例如，卫生间的收纳，空间虽小但需要收纳的物品却多，所以易显得杂乱无章。为此我们可以从颜色入手，统一卫生间的颜色能使卫生间显得清爽有序。首先从容易入手的软饰品开始，如毛巾、窗帘、垫子等统一颜色，卫生间的物品尽可能地选纯色或花色简单的物品；然后是小物件的选择，如漱口杯、肥皂盒、洗手液瓶等，这些物品也尽量选择和软饰品同色系的，设计简洁的；最后在洗漱台上装点一盆绿色植物，卫生间顿时会有了生气。

（3）一格放一类。物品在放置时，尽可能遵守一类物品归在一处的原则。

4）习惯

物品都有了自己的“家”，但是如果我们使用后没有放回去，物品仍然会溢满房间。如果遵守了第一个原则，在给各个物品安家时考虑到了使用人的方便性，物品回不了“家”的可能性就会大大降低了。但是如刚收到的包裹、看到一半的杂志、买回来还没来得及分类的物品等，对此最好在安排一处“公共场所”，并遵守在一定的时间内移出的规定。家人对客厅、饭厅等公共区域里的收纳内容与位置要知晓并协助整理，而私人房间的物品则尽量不带入公共区域。好的习惯是好的收纳可以持久的关键。

10.6.2 居家卫生管理

1. 清洁剂的选用

在对清洁剂的选择上，不仅要追求其洗涤效果，安全环保也是重要的因素。在日常保洁中，水是最安全而且高效的“清洁剂”。但是根据污迹的种类和程度，适当选择清洁剂也是必需的。

2. 房屋清洁项目

1）厨房清洁

厨房清洁包括对收纳柜表面（吊柜、台面、食品柜），水槽上的照明，灶具，水槽（水龙头、排水口、洗液槽、四周），碗柜，冰箱，微波炉，电饭锅等电器的表面，地板及墙角线等的清洁。

2）卫生间清洁

清洁项目包括照明，换气口的表面，窗户的内侧，天花板，墙面，浴缸及周围，坐便器，地板（接缝、排水口），门、浴室配件（五金件和镜面）。

3）客厅、饭厅清洁

与厨房卫生间相比，客厅、饭厅的清洁难度要小得多。客厅、饭厅的清洁对象主要是灰尘、纸屑、饭桌周围的食物残渣等，大多容易立即清除，而电视屏幕、窗户、家具等表面积聚的灰尘容易被忽略，因此在清洁时，应按照一定的顺序，把容易遗忘的变成日常清洁的一部分，并且形成习惯以固定下来，强调日常清洁顺序的科学性。

在临睡前的 10 分钟时间里，把散落在地上，堆放在桌上、沙发上的物品放回原位，这种程度的整理会使房间看上去整洁，并且利于第二天的清洁；早餐后收拾饭桌及书报，打开窗户换气，这样可在一定程度上减少室内的灰尘和异味；用半干布擦拭地板。

3. 清洁计划

房屋根据功能、使用频率、季节不同，需要清洁的次数就不同。不同的功能区需要制订相应的清洁计划，这样既能保持房屋的清洁度，也能节约时间、提高效率。清洁计划如表 10-3。

1）按时间制订计划

例如，冰箱的清洁，可分为平常的清洁和年终的清洁。平常的清洁：对冰箱外部和内部的清洁尽量保持每周 1 ~ 2 次。此时只是用水清洗即可。对冰箱封条的清洗尽量保持 2 ~ 3 个月 1 次。如果冰箱有制冰容器及相关的给水装置，也应同时一并进行清洗。年终的清洁：到了年终或者换季时，按照先外部后内部，先冷藏再冷冻的顺序精心清洗。此时，应把冰箱内的食品转移到其他保温设备中，再进行清洗。

2）按功能区制订计划

可以根据功能区和被污染的程度制订清洁计划。

表 10-3　厨房的清洁计划

按时间制订计划	按功能制订计划
调理后清洁	调理过程中的油污、溅出物
每天的清洁	水槽的水滴和清洗餐具
一周一次的清洁	厨房照明、电器、橱柜
一月一次的清洁	抽油烟机、灶具
一年一次的清洁	抽油烟机的分解清洗，电器橱柜内外及其放置场所

10.7 家庭饮食健康与保健

10.7.1 饮食与健康

吃饭是生存的需要，食物是人体获得维持生命活动所需营养物质的主要来源。随着人们的生活水平的提高，人们的健康状况有了很大的改善，但是也产生了着一些因为膳食结构不平衡所引起的疾病。因此，合理的膳食结构和作息习惯是保持健康的最有效的途径。

1. 膳食结构类型

膳食结构有以下三种类型。第一种是以动物性食品为主，植物性食品为辅的膳食结构，属于高能量、高脂肪、高蛋白的营养过剩型。其后果往往会造成肥胖病、高血压、冠心病、糖尿病等的高发。这种膳食结构主要以西方发达国家为代表。第二种是以植物性食物为主，动物性食物为辅的膳食结构。这种结构的膳食类型往往容易引起因蛋白质摄取不足造成的营养不良、体质低下等状况。这种类型多见于东方发展中国家。第三种是以日本为代表的日本模式，是最为合理的膳食结构。因为它兼顾了东西方饮食结构的长处，植物性食物和动物性食物并重，结构合理，所以既能保证营养的全面摄取，又注意了对摄取量的控制，不致造成营养过剩，有效地抑制了生活习惯病的发生。

2. 膳食的种类

世界上没有一种食物同时包含人体所需的所有营养成分，我们只有在实际生活中尽可能地食用多种食物才能达到均衡膳食的要求。构成我们日常膳食的食物主要有以下几类。

(1)谷物及薯类。例如，米、面、杂粮、土豆、红薯等含有给人体提供能量的大量的碳水化合物，也含有少量的蛋白质、矿物质等其他营养成分。

(2)动物性蛋白质食物。例如，牛肉、鱼肉、猪肉、海产品、奶制品等含有与大脑发育、提高身体抵抗力相关的蛋白质。

(3)植物性蛋白质食物。例如，大豆及其制品，含有大量的优质蛋白质和少量的其他(如脂肪等)营养成分。

(4)蔬菜水果类。各色新鲜蔬菜水果，主要提供人体必不可少的维生素等微量元素。

(5)纯热能食物。包括植物油、食糖等，主要提供热能。

3. 合理安排膳食

在安排膳食时，食物要合理搭配，做到多样化，才能保证全面的营养成分的摄取。

1)以谷物为主

谷物所含营养成分比较全面，含有丰富的B族维生素，也是膳食纤维的主要来源。膳食纤维对预防高血脂、便秘、糖尿病等有较好的作用。食物不宜过于精细，要配以红薯、玉米等粗粮，起到营养成分互补的作用。

2）蛋白质的每日摄取

经常吃适量的鱼、禽、蛋、奶制品、豆制品，并且要兼顾动物蛋白和植物蛋白。例如，早餐是以鸡蛋牛奶为主的动物蛋白，中午是以肉类为主的动物蛋白，则晚上适合安排以大豆、豆制品为主的植物蛋白。另外，豆类和奶摄入量的不足造成我国居民普遍缺钙，所以豆制品和奶制品的每天摄入，既能保证蛋白质的吸收，又补充了钙质。

3）多吃蔬菜、水果

蔬菜、水果含有丰富的维生素、矿物质和膳食纤维，以及多种抗氧化物质，而且绝大多数的蔬菜、水果在代谢中呈碱性，可以中和多种其他食物产生的酸性。但是水果不能替代蔬菜，在选择蔬菜、水果时只有兼顾多样性才能保证各种营养成分的均衡摄入。

4）食量与体力活动要平衡

在平时的一日三餐中，我们应掌握好进食量，使其和体力活动保持平衡，以维持合适的体重。体重过重会引起如高血压、高血脂、糖尿病等慢性病；体重过轻则往往反映在体质较弱、抵抗力低等方面。

5）清淡少盐的膳食

膳食不宜油腻、过咸，也不要食用过多的熏制、油炸食品，而且要注意荤素搭配。流行病学调查表明，盐的摄入量与高血压发病呈正相关关系，因而摄入食盐不宜过多。

4. 特定群体的合理膳食结构

1）婴幼儿

婴幼儿的生长发育是机体各组织器官的增长和功能成熟的过程。这一过程由遗传因素和环境因素的共同作用决定。对于从出生到一周岁的婴儿来说，这是生命生长发育的第一个高峰期，但是其消化吸收功能尚不完善，所以应强调以母乳为主的喂养方式。在哺乳期间的妇女的饮食应以清淡为主，多食用含优质蛋白质的奶、蛋、牛肉等食品，控制脂肪、盐的摄入。

2）儿童及青少年

儿童时期是养成良好的膳食习惯的关键时期。不挑食、不偏食、以清淡为主的膳食习惯的养成是全面摄取营养成分的保证。对于青少年来说，这个时期是发育的关键时期，对营养的要求更高。这个阶段一是要增加以碳水化合物为主的食物的食用，二是要保证生长发育所需要的含蛋白质、钙和铁的食物的食用。

3）老年

随着老年人年龄的增加，其各种器官的生理功能都会有不同程度的衰退，尤其是消化和代谢功能的衰退，这将直接影响人体的营养状况。老年人易患骨质疏松症，贫血的患病率也高于一般人群，所以老年人要注意食用钙、铁含量高的食品，如牛奶、鸡蛋、猪肝等。

10.7.2　生活习惯病的家庭护理

家庭护理主要是指对家中的病人给予的调养和护理。要实行家庭护理，要具备一定的条件。首先，要保持住房的清洁、安静，最好安排采光、隔音、通风好的房间给病人，并且保持适当的湿度和温度，注意经常通风换气，保持室内空气新鲜；其次，需要注意观察和记录病人病情的变化，根据病人病情，不同按时测试体温、血压等以便把握病情；记录病人的服药、饮食起居情况，随时观察病情的变化，根据不同的疾病采用相应的护理办法。下面介绍几种常见疾病的护理方法。

1. **高血压病**

高血压病是以体循环动脉血压高于正常范围为主要临床表现的一种独立疾病，有原发性和继发性两种。高血压病的早期症状为头晕、头痛、心悸、失眠、紧张、烦躁、疲乏等。以后可逐渐累及心、脑、肾器官，严重时可并发高血压性心脏病、肾功能衰竭、脑血管意外等病变。高血压患者要学会生活调养和早期治疗，以控制病情的发展。

护理要点：服药时间最好在早晨 8 点左右；控制盐的摄入量；保证足够的睡眠时间；避免便秘；一旦发现老人有头晕、嗜睡、心慌、气短、胸闷症状，甚至不能平躺时，要及时测量血压，及时就医，因为这很可能是高血压危象。

2. **糖尿病**

糖尿病的发病原因复杂，主要表现为多饮、多食、多尿、体重减少、血糖血尿指标升高。糖尿病并发症众多，可分为急性并发症和慢性并发症。急性并发症主要包括糖尿病酮症酸中毒和糖尿病高渗非酮症昏迷；慢性并发症累及全身各个组织器官，主要包括大血管、微血管和神经病变等。病程较长、控制较差的糖尿病人常伴有各种并发症或伴随症。日常饮食与糖尿病的发生与控制有密切的联系，所以健康的饮食习惯是糖尿病治疗和控制中不可缺的一部分。

护理要点：胰岛素治疗患病老年人时，应严格定时定量；非胰岛素依赖型(二型)，禁食甜食；禁酒，可减少并发症的发生；保持皮肤口腔卫生，如发生外伤、肿疼，应积极治疗。

3. **肿瘤**

现在发现的肿瘤有 100 多种，身体的任何部位均可能受到侵袭。造成男子死亡的 5 种最常见癌症(按发生频度排列)为肺癌、胃癌、肝癌、结肠直肠癌和食道癌。造成妇女死亡的 5 种最常见癌症(按发生频度排列)为乳腺癌、肺癌、胃癌、结肠直肠癌和宫颈癌。全世界有五分之一的癌症是由慢性感染引起的，如能及早发现和充分治疗，有三分之一的癌症可以治愈。如果应用目前关于疼痛控制和姑息治疗的知识，可帮助需要缓解疼痛的所有患者。主要通过不抽烟、健康饮食、身体活动和预防可造成癌症的感染，可预防 40% 的癌症。

家庭预防：必须每天开窗约 1 h，保持空气流通；不用含有放射性物质和其他致癌物质的建筑材料；因煮饭或其他需要燃烧柴草、煤炭、油类时，一定要设有烟囱把烟排放到室外；因油锅太热产生许多油烟对人体有害，所以炒菜油温不能太高，不能让油锅冒油烟，尽量减少煎、炒、油炸、熏烤的烹调方法，提倡多用蒸、煮、凉拌、溜、红烧、沙拉、汤菜等烹调方法。

10.7.3　青少年的健康习惯

1. 青少年与吸烟

我国的青少年吸烟情况严重，在世界上处于突出的地位。“少年难过吸烟关”，很少有人在25岁以后才开始学吸烟。通常，吸烟者开始吸烟是在青少时代，不少人是在15岁以下。据统计，目前我国9～12岁的青少年有10%～15%吸烟；12～15岁的青少年有35%以上吸烟；16岁以上的青少年吸烟者则占75%。

1)中学生吸烟的特点

吸烟学生的比例高；少数女学生也吸烟；开始吸烟的年龄变小。

2)影响青少年吸烟的主要因素

从我国的情况来看，影响青少年吸烟行为的主要因素有下列四个方面。

第一，社会的影响。目前，我国社会吸烟的风气还很严重。各种公共场合和日常生活(如开会、办事、交友、喜庆、丧事等)中，人们总是以烟相待。青少年自小就生长在处处有烟的环境中，即使在电影和电视片中，也充斥着吸烟的镜头。可以说，吸烟已成为一种无法摆脱的社会环境，它对青少年吸烟行为存在潜移默化的影响。

第二，家庭的影响。有关青少年吸烟的调查表明，大多数吸烟学生的家庭中均有人吸烟，而且主要是父亲。许多学生的第一支烟，是从父亲的烟盒中拿的，极少数甚至是在父亲的鼓励下吸第一支烟的。中学生对吸烟的害处往往还缺乏认识，有的家长在吸烟的过程中，还会不知不觉地讲一些吸烟好处，这就更加会引发青少年的好奇心。

第三，学校的影响。不少中学生，在会吸烟的学生的影响下，逐渐地学会了吸烟。另外，在学校里还存在着教师吸烟的现象，这对学生的影响也是不能忽视的。

第四，心理上的自我满足。中学生正处于青春期，心理上有较大的变化，容易对吸烟产生好奇心，特别是感到自己长大成熟了，这种独立意识和成人感的需要，使中学生容易产生吸烟行为。

3)青少年吸烟的心理生理特征

(1)年龄和生理方面。从年龄来说，初中阶段是吸烟的重要诱发期，最容易学会吸烟，所以初中阶段是青少年吸烟行为的高发期。从生理反应来说，吸烟会使中学生心跳加快，容易造成消化不良和感冒等。女中学生抽烟多了，会发生口臭，也可能使皮肤变得粗糙。

(2)认识方面。大多数中学生明白吸烟是不好的，是违反中学生行为规范的。但是，许多中学生对吸烟的危害，还缺乏足够的认识。

(3)情绪和意志方面。中学生容易在高兴或烦恼时吸烟，高兴时吸烟，情绪会更加焕发，明显获得愉快的体验；烦恼时吸烟，情绪会感到轻松，暂时志却烦恼。

(4)动机方面。中学生开始吸烟的动机是多种多样的。根据某项对中学生吸烟动机的调查，我们按动机的重要性和普遍性排列如下：①出于好奇心，想尝试一下，带有游戏性质的；②同学的影响，在其他同学劝其吸烟的推动下才吸烟的；③为了解除烦恼，排除不快的情绪；④出于模仿吸烟的姿势和气派；⑤受大人的鼓动，有的是受成年坏人的引诱。

(5)习惯方面。中学生吸烟大多数是习惯性吸烟，一般说还谈不上烟瘾。有吸烟习惯的中学生，常常还会有其他的不良行为习惯，如逃学、赌博、小偷小摸等。

2. 青少年与网络

网络是人类科学技术发展的产物，网络作为一个新兴的信息传递方式在弘扬文明、传播文化和进步理念、促进社会经济发展等方面发挥了有益作用，应积极支持网络产业发展。但同时网络使用也在少数人中出现一些问题，网络中的信息良莠不齐，一些错误的信息和不好的信息有可能会给人们带来一定的误导和伤害；互联网上信息接受和传播的隐蔽性，有可能引起人们道德意识的弱化、社会责任感的下降；网络交流的隐藏性、无约束性，极容易使一些人作出一些违反常规的事情，甚至走上犯罪的道路；网络在给人们的交流和沟通提供便利的同时，也使人们的其他沟通方式越来越少；长时间使用网络还会给身体带来一些问题，如眼睛、颈椎问题等，对青少年的影响明显。

专家指出，面对当前网络使用中出现的问题，应采用预防和疏导的措施：一是提前对青少年进行互联网相关内容的教育；二是积极引导儿童青少年健康使用互联网；三是对儿童青少年在互联网使用中存在的问题，要以预防为主；四是对部分沉迷于互联网的儿童青少年，要及时进行综合干预。

10.8 家庭理财

要让家庭经济安定并得到提高，不仅需要有稳定的收入来源，而且需要对支出进行计划，还要以健全的消费观念作指导，并通过合理的财务规划才能安排现在的日常生活并为自己将来的生活准备足额的资金。

理财，顾名思义，就是将财产进行分配的一项工作。这种分配既包括时间上和空间上的分配，即什么时候花，花在什么上，花多少。理财的意义是让生活更加稳健，如果不加理财，很容易出现各种问题。例如，可以预料到的大额花销却因为没有准备而不能满足，这些花销在生活中经常会出现，如医疗、养老、子女教育。理财在时间上的分配就需要考虑现在的价值或购买力能否维持的问题，让必须留至一段时间后的财产，在无风险的情况下以最大回报率的方式来保存。

10.8.1 家庭收入与支出

1. 家庭收入

家庭收入是家庭生活得以持续的根本条件。没有持续的现金收入，家庭生活所必需的衣食住行则难以维系。但收入有哪些种类呢？如何保证收入的安全性呢？

1)收入的种类

现在统计中常用的“人均可支配收入”由四部分构成，按照所占比例分别为工资性收入(工资等)、转移性收入(养老金等)、经营性收入(商业买卖收入等)和财产性收入(房租等)。在这四部分中以“工资性收入”为主，约占到70%。

根据收入的稳定性，可以分为经常性收入和临时性收入，如工资收入、固定房租收入属于经常性收入；保险收入、继承财产收入则属于临时性收入。经常性收入是家庭日常开支的主要来源。根据经常性收入安排家庭开支是家庭财政安全的关键。

根据收入的来源，还可以将其分为劳动收入、财产性收入和经营性收入。

2) 收入的安全性

对于一般家庭，考虑通过以下几个途径，来使家庭收入更稳定。

(1) 家庭成员工作技能的多样性。由于产业交替，知识、技能的更新速度加快，我们不仅要学习现有工作需要的知识和技能，更要不断的学习新知识、新技能。不同的家庭成员掌握不同的技能有助于分散产业更新换代所带来的家庭收入减少或者中断。

(2) 家庭财产在种类和场所上的分散性。构成家庭收入的种类越多，家庭财政抗风险能力越高，越安全。家庭财产既可以是现金，亦可以是银行存款，或者是保险、债券、不动产。

2. 家庭支出

1) 支出的种类

根据时间上的区别，支出可分为三种：①维持现在生活的支出，如用于当前的开销；②为将来生活而支付的支出，如保险；③为过去的生活需要而付出的支出，如借款。

根据对象上的区别，支出又可分为两种：①生活的必要开支，包括食物费、被服费、居住费、水电气费等日常生活必不可少的开支；②提高生活品质的必要开支，包括卫生费、教育费、交际费等。

2) 支出的计划性

可持续的、安定的生活需要我们处理好过去的开支、现在的开支和未来的开支的关系。而高质量的生活更需要我们善于安排生活的必要开支，增大文化交际类的开支。为此我们在日常生活中制订计划并严格执行就显得格外重要。

3) 制订合理的生活标准

在制订生活标准和计划时，第一，需要与家庭成员协商，以达成家庭成员的共识，这样才能得到成员的协助和支持；第二，家庭收入的种类及金额要透明化，才能得到成员的理解；第三，计划不仅要包括经常性的收支，临时性的和未来的收支也应该明确化；第四，经常性的开支最好对应经常性的收入，临时性的开支对应临时性的收入。

4) 制订支出计划表

根据家庭的收入制订开支计划，使家庭的支出数字化、具体化，并且严格执行。

3. 支出时的注意事项

在日常购买时，如果不具备一定的购买常识常常会出现买贵了，重复购买，买了质量很次的物品的情况，这样既造成金钱上和时间上的浪费，又会给精神上带来负担。为了避免这些情况的发生，学习如何做明智的消费者就显得尤其重要。第一，我们在购物前和购物时要保持冷静的状态；第二，在购买前把用途相近的物品进行反复比较研究，俗话说“货比三家”不为过；第三，即使是同样的物品也尽量选择在信誉好的商店购买；第四，根据物品的不同选择不同的购买方式；第五，日常生活中把需要购买但不是急用的物品列出，尽量一次购买，这样既节约时间又节约交通费；第六，在确认价格与数量合理后再购买。当然最为重要的是要判断物品是否需要购买，是否有现成的可以替代的物品，谨慎判断购买的必要性。

10.8.2 家庭投资

我们每天都面临着一些风险，如经济衰退时有失业的风险、生病的风险、年龄大而失去劳动力的风险等。不仅如此，在我们的人生中还有一些较大的开支，如结婚、买房、孩子出生、孩子的教育。对于以上失去收入的风险和过大的开支项目，我们一般通过储蓄建立家庭基金和购买保险来规避风险，并利用资本运作使资本自行升值，来达到现有资产保值增值的目的。

1. 储蓄

储蓄是人们最常用的积累财富的手段。储蓄具有手续方便、使用灵活、利息固定和无风险的特点。但是由于储蓄的利息低，所以遇到通货膨胀，会出现贬值，造成损失。国家的商业银行和人民邮政，为了使货币不贬值而推出“保值储蓄”的项目，即使出现通货膨胀，财富也不会受到损失。但是在中国为了规避通货膨胀，人们更多的是采取投资房地产和购买黄金等硬货币的手段。个人应根据自己的实际情况选取合适的储蓄方式。

2. 保险

保险是一种互助互济的经济补偿方式。保险又分为社会保险和商业保险。社会保险是国家对所有国民都会遇到的个人风险采取的强制规避措施，要求全民参加以共同分担的方式进行规避的政策，如医疗保险、生育保险、失业保险等。这样保险由于保险费的一部分由国家的税收构成，一部分由所在单位缴纳，所以个人缴纳的保费较低。但是由于社会保险是针对全体公民，它只保证平均风险，补偿的力度较低，所以为了弥补社会保险险种少、补偿少的不足，个人可以根据自己的实际情况选择适合自己和家庭的险种。

3. 投资

投资的意义是提高生活质量，但必须在已有一定理财规划的基础上，否则会因生活支出影响投资计划或因不合理的投资计划影响生活，导致两面不讨好。投资需追求相同风险下最大回报或相同回报下最小风险，对财产进行时间和空间上的合理分配，再对富裕或时间上后延消费的财产进行合理投资配置。至于投资方法，时间和精力充裕人的可以选择研究需要专业知识的方法，如股票、期货等；时间和精力不足的人可以选择债券、基金、房产等。配置前应完整考量投资收益和风险。

参考文献

[1] 东亚日报社编辑部. 超自然居家生活书［M］. 王志国，译. 长春：吉林科学技术出版社，2007.
[2] 妇人之友编辑部. 基本家事［M］. 东京：妇人之友出版社，2006.
[3] 妇人之友编辑部. 基本的扫除［M］. 东京：妇人之友出版社，2006.
[4] 妇人之友编辑部. 整理与收纳［M］. 东京：妇人之友出版社，2006.
[5] 安东尼·吉登斯. 社会学［M］. 赵旭东，齐心，王兵，等译. 第 4 版. 北京：北京大学出版社，2003.
[6] 杨善华. 家庭社会学［M］. 北京：高等教育出版社，2007.
[7] 查尔斯·H·扎斯特罗，卡伦·K·柯斯特－阿什曼. 人类行为与社会环境［M］. 师海玲，孙岳，等译. 第 3 版. 北京：中国人民大学大出版社，2006.
[8] 陈炳卿，孙长. 营养与健康［M］. 北京：化学工业出版社，2003.
[9] 吴坤. 营养与食品卫生学［M］. 第 5 版. 北京：人民卫生出版社，2004.
[10] 李淑媛. 疾病的营养防治［M］. 北京：北京大学医学出版社，2006.
[11] 徐雯. 服饰图案［M］. 北京：中国纺织出版社，2000.
[12] 陈彬. 服装色彩设计［M］. 上海：东华大学出版社，2007.
[13] 张玲. 图解服装概论［M］. 北京：中国纺织出版社，2005.
[14] 顾韵芬. 服装概论［M］. 北京：高等教育出版社，2003.
[15] 李当岐. 服装学概论［M］. 北京：高等教育出版社，2005.
[16] 叶立诚. 中西服装史［M］. 北京：中国纺织出版社，2002.
[17] 朱秀丽，鲍卫君. 服装制作工艺［M］. 北京：中国纺织出版社，2009.
[18] 杨静. 服装材料学［M］. 第 2 版. 北京：高等教育出版社，2007.

第 11 章　汽车驾驶与保养

11.1　汽车构造与工作原理

本节主要介绍汽车的基本构造及主要系统的作用，理解发动机的基本工作原理，为驾驶技术的学习打下基础。另外，学习汽车驾驶技术也需应用科学知识，要将科学原理与技术实践紧密结合，理论联系实际。

11.1.1　汽车的发展与分类

1. 汽车的产生和发展

1)汽车的产生

人徒步奔走止于百里，腾越不过数尺，负重不过百斤。随着人类需要的发展，人类发明了很多技术，其中一些发明克服了人本身的局限，增强了人的生活和生产能力。汽车便是其中之一，它的问世掀开了人类历史的崭新一页。汽车的产生是建立在畜力车的基础之上的，而畜力车的发明又是以轮子的发明为前提的。在人类技术历史上，轮子是最古老、最重要的发明之一。轮子发明以后，顺应人类的各种需要，人力车、牛车、马车在人类技术历史上相继产生。随着技术的发展，最后出现了汽车。而汽车的产生也是技术不断进步、不断革新的过程。

18 世纪中叶，蒸汽机在英国发起的第一次工业革命中诞生。1769 年，法国工程师古诺制造出第一辆用蒸汽推动的三轮蒸汽机车。蒸汽机的使用促进了手工生产向机械化大生产的转变，并使陆上和海上较大规模的长途运输成为可能，大大推动了社会发展。

18 世纪末到 19 世纪中叶，随着冶金技术和制造技术的发展，以及石油的陆续发现，使制造内燃机成为可能。1876 年，德国工程师尼考罗斯·奥古斯特·奥托研制成功了在动力史上具有划时代意义的活塞式四行程内燃机，为汽车的诞生奠定了坚实的基础。20 世纪中期，人类社会进入“石油时代”，石油取代煤炭成了能源的第二次转换，此期间内燃机汽车得到了长足的发展。

2)汽车的发展

汽车给人们所带来了便捷和高效，各类人群对其都有着广泛的需求，但这种需求在汽车发明之初，只是少数绅士贵族的专利品，那时，汽车售价昂贵，每辆高达2700 美元以上，且生产量低，1906 年全世界汽车产量仅有 10 万辆。后来随着汽车流水线的出现、汽车工业的兴起和发展，汽车走向大众才真正成为可能。

当时，美国的机械师亨利·福特决心要制造一种“大众化的汽车”。1903 年他开始创办自己的公司，他决心尽可能采用标准化的工艺大量生产价格低廉的汽车，于是他采用了流水线生产。在这之前，每组装一辆车要 12 h，而流水线投入使用后，每 93 min 就能够组装好一辆车，而到 1927 年时，则只需要 24 s。在 1908 年没有采用这种方式时，福特公司年生产 T 型车约 10 万辆，每辆售价为 850 美元。而 1914 年流水线投入使用后，年产量上升到 30 万辆，此后，售价不断下降。

由于地球上石油的储量有限，石油的大量消费，使能源供应日趋紧张，世界能源的开发利用正面临一个新的转折点，从以石油为主要能源逐步向多元能源结构转变，这一时期汽车发动机也向低能耗、代用燃料、混合动力等方向发展。图 11-1 所示为新型、外观新颖的太阳能汽车。

图 11-1　太阳能汽车

2. 汽车的分类

1）按用途分类

（1）运输汽车。运输汽车分为轿车、客车和货车。

①轿车是载送 2 ~ 5 名乘员，主要供私人使用的汽车。按照发动机的工作排量，轿车又可分为微型（≤1.0 L）、普通（1.0 ~ 1.6 L）、中级（1.6 ~ 2.5 L）、中高级（2.5 ~ 4.0 L）和高级（ >4.0 L）五种。

②客车是指载送 5 名以上的乘员，供公共服务的汽车。按照车辆总长度的不同，客车又可分为微型（≤3.5 m），轻型（3.5 ~ 7.0 m，如面包车），中型（7.0 ~ 10.0 m，如 20 座中型客车），大型（10.0 ~ 12.0 m）和特大型（如铰接式客车与双层客车）五种。

③货车是指载送货物的运输汽车。按照汽车载重量的，货车又可分为微型（≤1.8 t）、轻型（1.8 ~ 6.0 t）、中型（6.0 ~ 14.0 t）和重型（ >14.0 t）四种。

（2）特种用途汽车。特种用途汽车是根据特殊要求设计或改装而成的汽车，包括特殊种作业车（如洒水车、垃圾车、运渣车、消防车和混凝土搅拌车）、竞赛汽车、娱乐汽车等（图 11-2）。

图 11-2　F1 赛车和旅行房车

2)按行驶条件分

(1)公路用车。使用于公路上行驶的汽车。

(2)非公路用车。只准在矿山、机场、工地、专用道路等非公路地区使用，如大型矿用自卸车、机场摆渡车等。

11.1.2 汽车的主要结构

谈到汽车的结构，大家都觉得很复杂。的确，一辆汽车由一万多个不同的零部件所组成。但是，不管汽车有多么复杂，有多少种类型，它们都是由发动机、底盘、车身、电气设备四大部分组成的，如图 11-3 所示。

图 11-3 汽车的组成

1. 发动机

发动机是汽车的心脏，它给汽车提供行驶的动力，发动机可以位于汽车前部、中部或后部。

2. 底盘

底盘是汽车的基础和骨架，用于支撑车身和安装所有部件，并传递发动机动力，保证汽车的正常行驶。

3. 车身

车身既有结构性功能，又有装饰性功能。其结构性功能体现在覆盖、包装和保护汽车零部件，提供装载货物的空间，以及为驾乘人员提供舒适的乘车环境等方面；装饰性功能体现在车身造型的艺术性、内外装潢等方面。

4. 电气设备

电气设备一般由电源、用电设备控制装置等组成。此外，现代汽车上大多装有先进的电子设备，如微处理器、各种人工智能装置等，使汽车的性能大幅度提高和便于驾驶人的操作。

11.1.3　汽车的主要系统及作用

1. 主要系统

图 11-4 从系统控制的角度，表述了汽车的四大构成部分与各系统之间的关系。

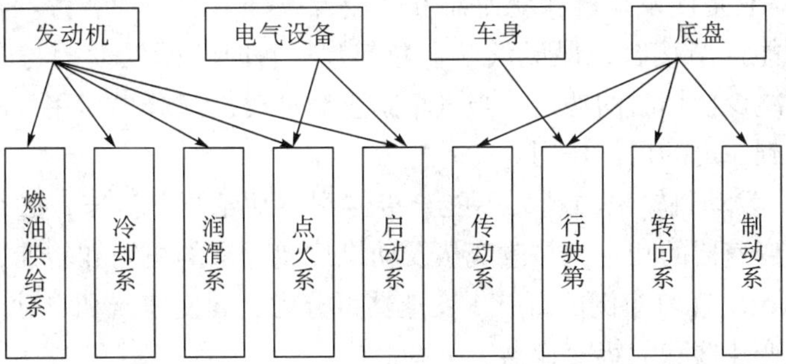

图 11-4　汽车各主要系统

2. 各系统的作用

1)燃油供给系

燃油供给系的作用是把燃油从燃油箱输送到发动机与空气混合，形成可燃混合气，并将可燃混合气送入汽缸燃烧作功。

2)冷却系

发动机在燃烧过程中，汽缸内温度极高。这时就要依靠冷却系来保证发动机始终处于最适宜的温度状态下工作。冷却方式有水冷式和风冷式，现代汽车常用的是水冷式。水冷式是利用冷却水将发动机的部分热量带到水箱，再由水箱将热量散发到空气中。

3)润滑系

发动机工作时高速运转，各运动部件需要润滑，减少摩擦。润滑系的作用就是将润滑油送往发动机各运动部件使之得到润滑，减少摩擦阻力，同时还起到冷却、清洁、密封、防腐等作用。

4)点火系

汽油与空气形成的混合气送到发动机内，它的燃烧是靠电火花点燃的。点火系的作用就是将很低的电压提高千倍，送到火花塞产生电火花，点燃可燃混合气使之燃烧作功。点火系一般分为普通点火系统和电子控制点火系统。

5)启动系

启动系的作用是将蓄电池的电能供给启动电机，使电能转变成机械能，带动发电机启动。

6)传动系

发动机发出的动力要传递给驱动车轮，使汽车能正常行驶，就是靠传动系来实现的。传动系包括离合器、变速器、传动轴和差速器等部件。

(1)发动机的布置形式

①发动机前置，前轮驱动(FF)：结构紧凑，车厢空间大，大部分中低级轿车采用。

②发动机前置，后轮驱动(FR)：动力通过传动轴传递到后轮，由后轮驱动汽车，这

种布置使汽车的前后轮负荷分布均匀。一般高级轿车和载重汽车采用。

③发动机后置，后轮驱动(RR)：车厢空间大，噪声小，汽车行驶平稳，但离合器、变速器操纵机构复杂，发动机因缺少迎面风而使散热条件变差，多用于大型客车。

④发动机前置，全轮驱动：所有的车轮均参与驱动，汽车能获得最大牵引力，多用于越野车。

(2)离合器。它是使发动机和变速器发生接合或分离的一种装置。其作用是使发动机与变速器之间能逐渐接合，保证汽车平稳起步；暂时切断发动机与变速器之间的联系，以便换挡和减少换挡时的冲击；当汽车紧急制动时能起分离作用，防止变速器等传动系统过载，起到一定的保护作用。

(3)变速器。发动机输出的动力不能直接传到驱动轮驱动汽车，必须经过减速增扭才能驱动汽车。变速器的功用就是改变从发动机传递过来的扭矩和转速，并可中断动力传递(空挡)，以及实现汽车倒后行驶。变速器可分为手动变速器和自动变速器，自动变速器又分为有级变速器和无级变速器。

(4)传动轴。位于变速器与差速器之间的旋转轴，其作用是传递动力。

(5)差速器。差速器的主要作用是实现左右驱动轮转速不等，以实现汽车顺利转弯。

7)行驶系

行驶系由汽车的车架、车桥、车轮和悬架等组成。

8)转向系

汽车上用来改变或恢复其行驶方向的专设机构称为汽车转向系。转向系的基本组分为转向操纵机构(主要由转向盘、转向轴、转向管柱等组成)、转向器和转向传动机构。

9)制动系

制动是指固定在与车轮或传动轴共同旋转的制动鼓或制动盘上的摩擦材料承受外压力而产生摩擦作用，使汽车减速停车或驻车，能产生这样的功能的一系列专门装置称为制动系。汽车制动系一般包括两套独立的制动装置，一套是行车制动装置，另一套是驻车制动装置(手刹)。

11.1.4 四行程发动机的主要结构及工作原理

目前在汽车上广泛使用的都是四行程发动机，下面介绍四行程发动机的主要结构和工作原理。

1. 四行程发动机的主要结构

1)四行程汽油发动机的主要结构

四行程汽油发动机包括机体、曲柄连杆机构、配气机构、燃油供给系、冷却系、润滑系、点火系、启动系等。有些系统在前面已作介绍，这里只介绍前面三种。

(1)机体：主要零部件有汽缸体、汽缸盖、油底壳，是发动机的主体骨架。

(2)曲柄连杆机构：包括活塞连杆组、曲轴飞轮组。

(3)配气机构：包括进气门、排气门、凸轮轴、正时齿轮。

2) 四行程柴油发动机的主要结构

四行程柴油发动机没有点火系，其他结构与汽油机一样。

2. 四行程汽油发动机的工作原理

四行程汽油发动机的工作过程包括进气冲程、压缩冲程、作功冲程和排气冲程，如图 11-5 所示。

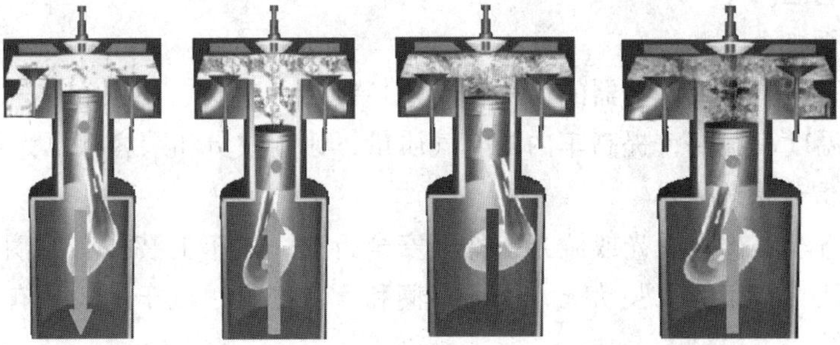

(a) 进气冲程　(b) 压缩冲程　(c) 作功冲程　(d) 排气冲程

图 11-5　四行程汽油发动机的工作原理

11.1.5　车身及电气设备的构成

1. 车身结构及内部装备

1) 组成

车身由壳体、车门、车窗、车身附件(刮水器、后视镜等)、座椅等组成。

2) 分类

从构成汽车的发动机到乘员室和行李箱三个部分的相互关系来看，可分为单厢车、两厢车和三厢车，如图 11- 6 所示。

(a) 单厢车　(b) 两厢车　(c) 三厢车

图 11- 6　汽车车身分类

2. 电气设备

汽车电气设备主要由电源设备(蓄电池和发电机)和用电设备(起动机、点火装置、照明及灯光信号、仪表及报警装置、辅助电器等)组成，分布于全车各个部位。

1) 直流供电

蓄电池和发电机协调供电，直流电压为 12 V 或 24 V。发动机停止运转时，由蓄电池向用电设备供电；发动机在怠速以上运转时，由发电机向用电设备供电，并向蓄电池充电。

2)并联单线

汽车电气设备采用并联连接，以车架及与其相通的金属机件为各种电器的公共端(负极搭铁)，另一端用导线连接成单线制。

3)交流发电机

由发动机带动，将机械能转化为电能。发电机发出交流电，经整流成直流电后供给用电设备和蓄电池。

4)汽车空调

汽车空调是汽车空气调节器的简称，它包括制冷、供暖、通风和空气净化功能，用作调节车内的温度、湿度，提高车内的空气质量，让驾驶员和乘客都更为舒适。

5)照明和信号系统

为了保证汽车在夜间无光或微光条件下安全行驶，汽车上装备有照明系统。为使其他车辆和行人注意本车的行驶状况，保证车辆和行人安全，汽车上装备有灯光信号系统和音响信号系统。

(1)照明系统。按照明灯的安装位置不同，既可分为前部照明灯和后部照明灯，也可分为外部照明灯和内部照明灯。外部照明灯主要有前照灯、防雾灯、牌照灯、倒车灯等；内部照明灯主要有仪表照明灯、阅读灯、顶灯、行李厢灯等。在所有照明装置中，前照灯是最重要的照明装置。

(2)信号系统。信号系统包括灯光信号装置和声响信号装置。

①灯光信号装置：车外信号灯包括转向信号灯、制动信号灯、危险警告信号灯及示廓灯(示宽灯和示高灯)、停车灯等；车内信号灯包括驻车制动指示灯、转向指示信号灯、空调开关工作指示灯等。

②声响信号装置：包括喇叭、倒车蜂鸣器等。

3)仪表和警告系统

为了检测汽车各相关系统的工作情况，并能警示可能出现的故障，汽车均装有各种检测仪表和警告灯。常用的有发动机转速表、车速里程表、润滑油压力表(或警告灯)、水温表、燃油表等。

汽车上的用电设备还有汽车音响、刮水器、前挡风玻璃洗涤器、后窗玻璃除霜装置、电动后视镜、电动车窗及遥控门锁、倒车雷达及自动防盗报警装置等。

11.1.6 汽车与环境保护

1. 汽车与能源

随着近几年我国汽车保有量的快速增加，汽车能源消耗增长率呈现加速上升趋势。汽车燃料消耗的增加加速了我国燃油消耗总量以及石油的对外依存度的上升。2005 年，我国汽车燃油消耗量约为 70 Mt，占石油消耗量的 25%，成品油和原油进口已超过 130 Mt，石油对外依存度达到 42%。

因此，进行我国交通能源结构与动力系统的过渡与转型，构建节能的燃料多元化的汽车产业，发展节能与新能源汽车，已成为我国汽车产业可持续发展的战略选择。2006

年 2 月，国务院颁布的《国家中长期科学技术和发展规划》，将低能耗与新能源汽车列入优先的发展主题。

与此同时，我国还特别关注和重点支持其他代用燃料汽车技术的发展，包括各种醇类燃料、天然气合成燃料以及生物燃料技术的开发，这些研究为我国进一步发展天然气、醇类等能源汽车、混合动力汽车、电动汽车、太阳能汽车打下了基础。

2. 汽车排气污染及治理

1）汽车排气污染

汽车发动机排放的尾气存在有毒物质，这些有毒物质一部分是由于燃料不完全燃烧形成的，在燃气温度较低时产生较多，尤其是在次序启动、喷油器喷雾不良、超负荷工作运行时，燃油不能很好地与氧化合燃烧，生成大量的 CO、HC 和煤烟；另一部分是由于燃烧室内的高温、高压而形成的氮氧化合物 NO_x（NO_x是 NO 和 NO_2的总称）。

综上所述，汽车尾气排出的污染物，给人类赖以生存的大气环境带来了严重的污染，因此，必须采取有效措施，减少或者消除汽车尾气的排污量。

2）汽车尾气的净化处理技术

（1）汽车燃油的改用：采用无铅汽油，以代替有铅汽油，可减少汽油尾气有毒物质的排放量。国家规定 2000 年 7 月 1 日起，禁止使用含铅汽油。

（2）汽车发动机内部的调试，可减小尾气污染物的排放量：①减小喷油提前角；②改善喷油器的质量，控制燃烧条件；③调整喷油泵的供油量，可降低发动机的功率，使雾化的燃料有足够的氧气进行完全燃烧，从而减少 CO、HC 和煤烟的生成。

（3）发动机外部尾气净化措施：三元催化转化器是利用转化器上的重金属作催化剂，使 CO、HC、NO_x、O_2各气体间相互之间发生氧化与还原反应，生成 N_2、CO_2、H_2O 等无害气体。但是净化了 CO、HC、NO_x，却生成 CO_2，又造成全球变暖，严重危害地球上的生态系统。

3. 汽车噪声污染

汽车的噪声来源主要有喇叭噪声、进气系统噪声、车身振动噪声、传动系噪声、发动机噪声、轮胎噪声、排气系统噪声、制动器噪声。

11.2　汽车驾驶有关法规

本节介绍了驾驶人的道德规范与行车安全，识别道路交通标志、标线的方法，以及《中华人民共和国道路交通安全法》等相关内容。

11.2.1　驾驶人道德规范

违反机动车驾驶员职业道德规范的主要表现如下。

1. 肇事逃逸

这是一种极不道德的行为，后果严重的是一种犯罪行为，将会受到法律的严惩。

2. 开故障车

开着故障车上路，对自己，也对其他车辆或行人的安全造成严重的威胁，甚至会酿成车毁人亡的惨祸。

3. 酒后驾车

酒后驾车对安全行车危害极大，酒后不准驾驶车辆，这是每个驾驶员都知道的，但是有些驾驶员还是明知故犯。

4. 疲劳驾车

有的驾驶员不分昼夜，连续驾车，长时间得不到休息，在这种情况下驾车，精神不振，头脑发昏，甚至边开车边打瞌睡，危及他人和自身的安全。

5. 严重超载

严重超载的车辆不但影响车辆的使用寿命，还会损坏道路路面，降低车辆制动效能，一旦发生事故就会造成群死群伤的特大事故，对社会的危害十分明显。

6. 长时间占用超车道

有些驾驶员只顾自己方便，长时间在超车道上行驶，使后面来的车无所适从，影响其他车辆的正常行驶。

7. 夜间行车交会不关闭远光灯

夜间行车，在没有路灯或照明不良的道路上，须在距对面来车 150 m 以外互闭远光灯，改用近光灯，使交会双方都能看清前方道路情况，安全交会。

8. 违章超车、交会

交会时该让的不让，该慢的不慢，该靠边的不靠边。这些行为不但影响自己的安全，也严重威胁着其他车辆的安全。

9. 不讲社会公德

有的驾驶员在居民区内肆意鸣喇叭，影响居民休息；有的雨天开车经过漫水路面不减速，溅湿行人和骑车人；有的朝车窗外吐痰、抛杂物，驾驶时打电话等。

11.2.2 我国交通管理的法规与条例

1. 法规

《中华人民共和国道路交通安全法》由第十届全国人大常委会第五次会议于 2003 年 10 月 28 日通过，是我国道路交通管理的法规。《中华人民共和国道路交通安全法实施条例》于 2004 年 4 月 28 日国务院第 49 次常务会议通过，自 2004 年 5 月 1 日起实行，是为实施交通安全法而制定的具体措施。法规是对人(机动车驾驶员、行人以及其他参与交通的单位或个人)的道路交通活动的管理。

2. 交通事故处理办法

1) 什么是交通事故

在道路上与车辆有关的造成损害后果的事件都是交通事故，但利用交通工具作案或者因当事人主观故意造成的事故不属于交通事故。例如，利用交通工具杀人或者“碰瓷”案件都不属于交通事故，应当属于刑事案件或者其他治安案件。

2) 交通事故应当由哪个部门负责处理

《交通事故处理程序规定》中规定，县级公安机关交通管理部门处理管辖区域内发生的交通事故。涉外交通事故由省级公安机关交通管理部门处理。

3) 交通参与者在发生交通事故后第一步应当做什么

《中华人民共和国道路交通安全法》中第七十条第一款规定，在道路上发生交通事故，车辆驾驶人应当立即停车，保护现场。也就是说，发生交通事故，不论损失大小，驾驶人首先必须要停车，保护现场，然后根据损失的大小确定下一步应当做什么。

4) 对于未造成人身伤亡的交通事故应怎么处理

《中华人民共和国道路交通安全法》中第七十条第二款规定，在道路上发生交通事故，未造成人身伤亡，当事人对事实及成因无争议的，可以即行撤离现场，恢复交通，自行协商处理损害赔偿事宜；不即行撤离现场的，应当迅速报告执勤的交通警察或者公安机关交通管理部门。

5) 对于造成人身伤亡的交通事故怎么办

《中华人民共和国道路交通安全法》中第七十条第一款规定，在道路上发生交通事故，造成人身伤亡的，车辆驾驶人应当立即抢救受伤人员，并迅速报告执勤的交通警察或者公安机关交通管理部门。因抢救受伤人员变动现场的，应当标明位置。乘车人、过往车辆驾驶人、过往行人应当予以协助。

6) 发生交通事故后，在现场应当采取什么措施保护自身安全

《中华人民共和国道路交通安全法》第五十二条规定，机动车在道路上发生故障，需要停车排除故障时，驾驶人应当立即开启危险报警闪光灯，将机动车移至不妨碍交通的地方停放；难以移动的，应当持续开启危险报警闪光灯，并在来车方向设置警告标志等措施扩大示警距离，必要时迅速报警。

7) 事故当事人撤离现场后，一方反悔怎么办

如果撤离现场后，事故当事人对事故事实无争议的，仅就在损害赔偿问题达不成协议的，责任方可以持《当事人自行协商处理交通事故协议书》到事故发生地人民法院提起民事诉讼，或者立即报警，等候交通警察处理。

11.2.3　常用交通信号、标志和标线

1. 交通信号灯和驾驶人发出的信号

车辆通过交叉路口，应按照交通信号灯、标志、标线或交通警察指挥通过或停驻，即绿灯亮时，表示允许车辆通行；黄灯亮时，警示已越过停止线的车辆通行，未越过停止线的车辆停止通行；红灯亮时，禁止车辆通行。另外，还要按车道信号灯、方向指示

信号灯、闪光警告信号灯指示通行。

行车中，驾驶人必须适时发出自己的行车信号，使周围车辆、交警及行人都了解自己的意图。同时，应对周围车辆的行车信号高度重视，确保行车安全。

2. 道路交通标志

道路交通标志分为主标志和辅助标志两大类，共234种。主标志又分为警告标志、禁止标志、指示标志、指路标志、旅游区标志和道路施工安全标志六类，共218种。其特征及作用如下：

1）警告标志（42种）

图形为三角形，顶角朝上。颜色为黄底、黑边、黑图案。

2）禁令标志（42种）

禁令标志是交通标志中主要标志的一种，是对车辆加以禁止或限制的标志，如禁止通行、禁止停车、禁止左转弯、禁止鸣喇叭、限制速度、限制质量等。图形为圆形、八角形、顶角向下的等边三角形。颜色除个别标志外，多为白底、红圈、红杠、黑图案。

3）指示标志（29种）

图形为圆形、长方形、正方形，颜色为蓝底、白图案。

4）指路标志（62种）

除地点识别标志、里程碑、分合流标志外，多为长方形和正方形。颜色一般道路为蓝底、白图案，高速公路为绿底、白图案。其作用是传递道路方向、地点和距离等信息。

5）旅游区标志（17种）

图形中的指引标志为长方形，旅游符号为正方形。颜色为棕色底、白字符。其作用是提供旅游景点方向、距离。

6）道路施工安全标志（26种）

图形为长方形（立体），颜色为蓝底、白字，图案部分为黄底、黑图案。其作用为通告道路施工区通行信息的标志。

7）辅助标志（16种）

图形为长方形，颜色为白底、黑字、黑边框。附设于主标志下，起辅助说明作用。

3. 道路交通标线

道路交通标线是同标划于路面上的各种线条、箭头、文字、立面标记、突起路标和轮廓标等所构成的交通安全设施。其作用是管制和引导交通。可以与交通标志配合使用，也可单独使用。道路交通标线分为指示标线、禁止标线和警告标线。指示标线包括路面中心线、车行道分界线、左转弯待转区线、人行横道线等；禁止标线包括禁止停放车辆线、禁止超车线、禁止变换车道线等；警告标线包括车行道宽度渐变段标线、接近障碍物标线、近铁路平交道口标线等。

4. 交通警察的指挥

交通警察手势信号分为直行信号、直行辅助信号、左转弯信号、左转弯辅助信号、停止信号、停止辅助信号、右转弯信号、减速慢行信号、前车避让后车信号、示意违章车辆靠边停车信号。车辆和行人遇有灯光信号、交通标志或交通标线与交通警察的指挥不一致时，服从交通警察的指挥。

11.3　汽车驾驶技术

本节主要介绍驾驶的相关内容，培养读者安全驾驶的意识。同时，对汽车的主要操纵机件、仪表、开关进行介绍，使读者进一步理解汽车各部分的结构，为正确操纵汽车做好准备，并学习驾驶汽车的基本步骤和实践操作技能。

11.3.1　驾驶人的生理条件和心理准备

1. 生理条件

申请小型汽车机动车驾驶证的年龄为 18 ~ 70 岁，申请人的身高、视力、辨色力、听力、身体运行能力、健康状况都要符合交通法律规定的标准。例如，身高低于 150 cm 不能申请汽车驾驶证，两眼视力(包括矫正视力)必须为 0.7 或者对数视力必须为 4.9 以上，无红绿色盲。又如，驾驶人应有健康的身体，没有心脏病、癫痫等妨碍安全驾驶的疾病和生理缺陷。

2. 心理准备

驾驶过程是一个复杂的心理过程。驾驶人必须具有良好的心理素质才能保证驾驶过程顺利、正确地完成，从而保证安全行车。而很多驾驶员看到交警时心在跳，手在颤，影响驾驶顺利进行。

11.3.2　驾驶人的驾前准备

1. 上下车的方法

1)上车的动作

仔细巡视周围的交通情况，把车门打开到能上车的程度；按右腿、臀部的顺序尽快入座，左手拉住车门，防止车门开得过大；轻轻地关闭车门，在离最后关闭前 10 cm 处稍停一停，再用力关好；确认车门是否关闭，安全关闭时，指示灯熄灭；将车门关好后，从里面锁好车门。不同的车型，锁车门的方法不尽相同。

2)正确使用安全带

(1)系法。把安全带大幅拉出，不要使其拧劲，把安全带插头插入带扣，扣到能听到“咔”的一声为止。若系得不正确，一旦发生交通事故就不能充分发挥其作用(图 11-7)。

(2)摘法。用左手拿安全带，用右手按下安全带扣将其摘下，左手慢慢将其送回。摘安全带时，不要将摘下的安全带马上撒手，以防安全带金属扣弹回，打碎玻璃或伤到人。

图 11-7 安全带的系法

3）下车的动作

安全确认：从室内后视镜和外后视镜观察左右和后面有无车辆和行人；开门：打开车门锁，将车门先打开一点，再次观察，确认安全后，再开车门；下车：用手拉着车门，使其不要开得过大，然后快速下车；关门：先关到离关闭位置 10 cm 左右，再用力将门关严。

2. 正确的驾驶姿势及后视镜的调整

1）正确的驾驶姿势

（1）身体位置。深深地坐在座椅后部，使腰部和肩部靠在椅背上，先感受一下座椅的前后距离和靠背角度是否合适。可以前后滑动一下座椅的位置或调整一下椅背倾斜的角度。

（2）手的摆放。把手臂伸向前方，自然握住转向盘的两侧，这时必须使手腕能自由地弯曲，活动自由。

（3）脚的摆放。保证腿部要有一定的活动空间，用脚踩离合器踏板、制动踏板或油门时不费力而且身体不必前倾，此时的位置就基本合适。

2）后视镜的调整

（1）内后视镜的调整。保持正确姿势，面向正前方，手握后视镜边缘进行调整，调整到只要转动眼睛就可看到汽车后面的全部情况即可。

（2）外后视镜的调整。外后视镜应调整到能看见车体部约占镜子横向 1/4，车外物体占 3/4；使地平线处于正中稍偏下的位置，以便能够观察路面上尽可能远的物体。

3. 主要操纵机件的认识与操作

1）方向盘操作使用方法

我国规定车辆靠右行驶，故方向盘设置在左边，以确保车辆在行驶中驾驶人在超车时有较好的视野。而日本、英国等部分国家和我国的香港、澳门特别行政区则规定车辆靠左行驶，故车辆方向盘设置在驾驶室右边。

（1）方向盘的正确握法。人们发现，如果将方向盘看做钟表的盘面，左手握在 9、10 点钟位置之间，右手握在 3、4 点钟位置之间，双手呈左高右低状操纵方向盘最为合理。这样把握方向盘，当右手在操纵其他机件时，对左手单独操纵方向盘的影响很小。

(2)方向盘的运用与操作。汽车在平直道路上行驶时，应注意握方向盘的两手动作要平稳，根据道路状况对方向盘作必要的修正。如果需要换挡，左手把稳方向盘，右手操纵变速杆。

若方向盘只需转 30°左右的平缓弯，则双手保持在基本位置打转方向盘；若需要转 45°以上的弯，则左手轻推方向盘，这时需要保持一段时间或继续转弯时，把手移动到 12 点钟的位置，保持此位置；从转动方向盘 45°以上的状态有必要再打转方向盘时，需要交叉双手，其具体操作如下：

①首先右手离开 6 点钟的位置，在左手转方向盘的同时右手抓住 11 点钟的位置，此时右手开始用力。

②左手离开，右手拉转方向盘。

③右手转到 6 点钟的位置时，左手再次放到 12 点钟的位置，保持住。还需再转时重复以上动作。

操作方向盘的注意事项：

①操作方向盘时双手不要握得太紧，这样长时间操作会导致手掌僵硬、麻木，操作起来不灵活。

②除换挡外尽量不要单手操作，以免在紧急情况下措手不及，容易发生事故；在换挡时左手握方向要稳，不要随着右手换挡的力道而摆动，这样会造成车辆行驶不平稳，容易发生事故。

③在转弯转动方向时双手不要在方向盘上走碎步，不要一点一点地接送打盘。不能将手伸进转向盘内侧转动转向盘，也就是俗称的“掏轮”。

④经常勉强转动方向盘会损伤停车与控制系统，一定要养成汽车稍稍行进后再转动方向盘的习惯。如果在停车的状态下剧烈地转动方向盘，会给车胎、停车系统、控制系统等各个部分带来很大的负担。

2)油门踏板踏法与回位法

(1)加速踏板的合适踏位及踏法。将右脚脚跟置于地面，近似于正对踏板，以脚跟为支点，脚稍向右倾，用脚掌轻轻踩踏。

(2)加速踏板回位要领。脚跟不动，将脚尖抬起。

在发动机冷启动时，应在低速运转一定时间后才可加速，禁止冷机启动后突然加大油门。因为这样会使发动机在润滑状态不良的情况下高速运转，加大磨损，甚至抱缸。

3)离合器的踏法与回位法

(1)离合器的作用。离合器用于启动、变速和停车过程中动力的分离和接合。换挡时必须将离合器踩到底。

(2)离合器踏板踏法与回位要领。将左脚置于离合器上，用左脚趾根部的脚掌踩踏。踩离合器踏板时应该一次到位。回位时自然地将膝盖部上抬。

(3)半离合操作。指动力不完全传递状态。经过半离合状态，才可以平稳起步。

4)变速器(换挡)

(1)变速器的挡位。通过改变不同比例的变速器齿轮的合分，使汽车加速、减速或停车。

空挡：不与任何齿轮接触，不传递动力。

1 挡：动力最大，速度最慢，一般用于启动、慢行和爬陡坡。

2 挡：比 1 挡动力小，但是速度快。

3 挡：比 2 挡的动力小，速度更快。

4 挡：高速挡，比 3 挡动力小，速度快，通常用于高速行驶。

5 挡：超速挡，比高速挡动力小，速度更快。

(2)自动变速器与手动变速器的区别。自动变速器(图 11-8)汽车没有离合器，两者的变速杆也各不相同。自动变速器的结构及作用如下：

图 11-8 自动变速器

P 位(停车挡)：Park 的缩写，一般停车、启动发动机、取下车钥匙时，会使用该挡位。

R 位(倒车挡)：Reverse 的缩写，当操纵手柄在此位置时，自动变速器中输入轴与输出轴的转动方向相反，实现车辆的倒车功能。

N 位(空挡)：Neutral 的缩写，与 P 挡相比，处于该挡时驱动轮并没有被锁止，当车辆处于一定的坡度而未采取制动时，很可能发生滑移，这是非常危险的，必须要谨慎。空挡一般用于车辆熄火后的即时启动。

D 位(前进挡)D：Drive 的缩写。挂入 D 挡位后，自动变速器的控制系统能根据车速、节气门开度等因素的变化，按照设定的换挡规律，自动变换挡位，无须手动操作，达到减轻驾驶员操作强度的目的。

2 位或 S(Second)位：当自动变速器挂入此挡后，能产生较强的发动机制动力，但是自动变速器只能在 1 ~2 挡间实现升降挡。此挡位一般适用于较陡的坡道行驶或特殊路况(如冰雪路面)时，以防止“循环跳挡”，保护自动变速器，保证行车安全。

1 位或 L(前进低挡 Low 位)：此时自动变速器只有 1 个挡位可用，主要用于行驶在泥泞、沼泽、雪地、沙漠或上、下陡坡时，汽车可以获得最强的发动机制动效果，可最大可能地防止车速过快，减少制动系统的工作负担。

5)制动器(刹车)

不同车型驻车制动器也不尽相同，有脚驻车制动器和手驻车制动器两种。

(1)脚驻车制动器踏位及要领。将右脚踏在制动踏板中央，以脚趾跟部的脚掌踩踏。踩踏制动踏板时不能看踏板，必须是条件反射，并且要迅速，这是非常重要的。

(2)手驻车制动器操作要领。制动时，不需要按按钮，用手向斜上方用力拉紧，即可制动；解除制动时，先稍向斜上方拉，然后按住按钮，将手制动杆推到底，即可解除制动。

4. 主要操纵仪表与开关的认识与操作

1)主要操纵仪表

汽车上的各种仪表都安装在驾驶室内的仪表板上，主要有车速里程表、润滑油压力表、燃油表、水温表、转速表。

(1)车速里程表(图 11-9)。车速里程表是由车速表和记录汽车行程的里程计组成的，二者装在共同的壳体中，并由同一根轴驱动。为了使用方便，有的车速里程表同时设有总里程计和单程里程计，总里程计用来记录汽车累计行驶里程，单程里程计用来记录汽车单程行驶里程。单程里程计可以随时复位至零。

(2)润滑油压力表(图 11-10)。润滑油压力表用来指示发动机的润滑油压力。润滑油压力表的正常指示是，发动机低速动转时，油压最低不得小于 0.13 MPa，正常油压一般应为 0.2 ~ 0.4 MPa，但最高不应超过 0.5 MPa。在润滑油压力表右侧有一个报警灯，该灯点亮时形状像油壶。汽车行驶中若该报警灯点亮，则必须立即停车熄火，待故障排除后，才能继续行车。

图 11-9　车速里程表

图 11-10　润滑油压力表

(3)燃油表(图 11-11)。燃油表用于显示燃油箱内燃油储量。将点火开关转到接通位置时，燃油表就会显示燃油的储量。燃油表上有 3 个刻度：0、1/2、1，分别表示油箱内燃油为空箱、半箱、满箱。有些燃油表指示用英文字母 E(empty)和 F(full)表示。

(4)水温表(图 11-12)。水温表用来指示发动机冷却水(液)的温度。刻度盘用英文字母 C(cool)和 H(hot)表示。汽车正常行驶时，指针应指在中间位置，表示温度正常。水温表通常有一个水温报警灯，其形状如一支温度计，放于水面上。行驶中如报警灯点亮，则必须立即停车检查，首先确认冷却液温度是否过高，其次检查冷却液是否足够。

图 11-11　燃油表

图 11-12　水温表

（5）转速表（图 11-13）。转速表用来指示发动机的每分钟转数，表上指示的数字乘以 1000 即为每分钟的转数。汽车在任何行驶速度下，转速表都能准确地显示出发动机的转速。转速表的红色区域表示发动机允许的最高转速。正常行驶时，应避免进入此区域，换入高挡或降低车速，都可使发动机转速下降，有助于节约燃油和降低噪声。

图 11-13　转速表

（6）警告指示灯。仪表板上还有一些警告灯，见表 11-1。

表 11-1　警告指示灯

	低燃油量警告灯	当油箱里的燃油量过少时，低燃油量警告灯就会亮起来
((ABS))	ABS（防抱死制动系统）警告灯	打开点火开关，警告灯即短暂亮起。表明防抱死制动系统正在自检，且指示灯工作正常。2 s 后灯应熄灭。如果打开点火开关时不亮或亮了不灭或行驶期间灯亮，表示刹车可能有故障
BRAKE ((!))((P))	制动系统警告灯	启动发动机时，制动系统警告灯亮起，随后熄灭，表示指示灯工作正常。使用驻车制动器时，制动系统警告灯也会亮。驾驶汽车前，确保完全释放驻车制动器。如果制动系统警告灯在驻车制动器完全释放的情况下仍亮着，可能表示制动液的液位低
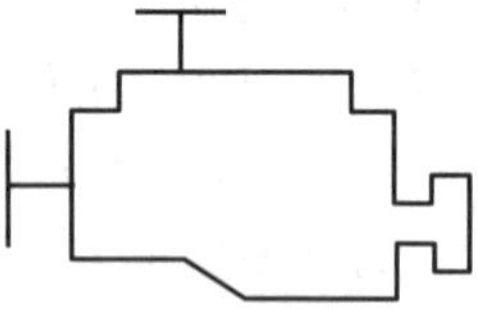	发动机故障指示灯	启动发动机时，故障指示灯短暂亮起，表示指示灯本身工作正常。发动机启动后指示灯应熄灭。故障指示灯亮着时驾驶汽车可能损坏排气污染控制系统，并影响燃油的经济性和汽车的驾驶性能
	开门警告灯	车门打开或没有锁紧时，开门警告灯会亮
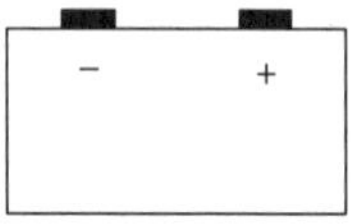	充电系统警告灯	打开点火开关时，灯应亮起。启动发动机后，灯应熄灭。充电系统警告灯亮起表示汽车充电系统可能有问题。充电系统警告灯亮时，不要开动汽车

2）主要控制开关

汽车上的主要控制开关有点火开关和灯光开关。

(1)点火开关。一般点火开关共有 5 挡(图 11-14)，各挡的作用如下。

图 11-14　点火开关

ACC(附件)位置：在此位置可打开电气附件的电源，音响、车灯等可以正常使用。

LOCK(锁止)位置：钥匙只有在此位置才能插入或拔出。现代轿车的点火开关很多还具有锁住方向盘的功能，当点火开关断开，拔出钥匙后，若转动方向盘，即可锁住，使之不能转动。

OFF(关闭)位置：可以关闭发动机而不锁死方向盘。

ON(打开)位置：发动机未运转时，在此位置可打开点火系统和电气附件的电源、为方向盘解锁及使用空调。正常行车时，钥匙处于 ON 状态，这时全车所有电路都处于工作状态。

START(启动)位置：发动机启动，启动后释放钥匙，钥匙会恢复到 ON 位置。

注意：不要长时间让点火开关处于“ACC”位置或发动机关闭状态下处于“ON”位置，这会耗尽蓄电池的电量。

(2)灯光开关。灯光开关俗称灯控开关，其型式因车型不同而设计得多种多样。其中常见的有手柄式组合开关，它可控制小灯、近光灯、远光灯、变光及转向灯等。灯光开关的外观如图 11-15 所示。

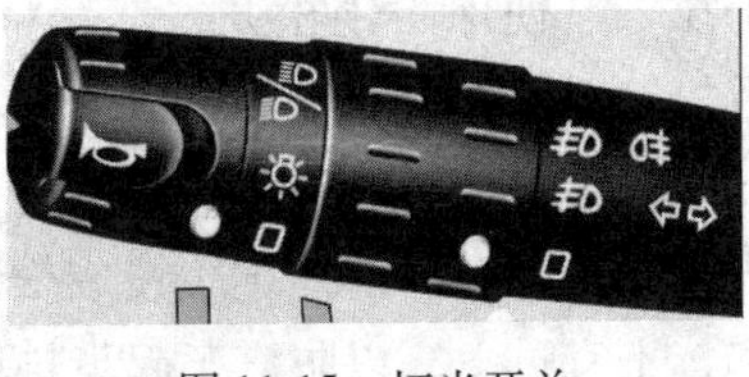

图 11-15　灯光开关

11.3.3　驾驶操作汽车

1. 发动机的启动与停熄

1）启动发动机的一般步骤

(1)启动前将变速杆置于空挡或驻车挡(自动变速器)，并拉紧手刹。

(2)将点火开关转到“ON”位置。

(3)将点火开关转到“START”(启动)位置。

(4)当发动机完成启动后，手应立即离开钥匙，钥匙将自动回到“ON”位置。如果不能启动发动机，应立即让钥匙回到“ON”位置，稍停片刻后才能重新启动，否则，易损坏蓄电池。如果是冷车启动，应待发动机温度升至正常(水温表指针在中间附近)才挂挡起步。

注意：为防止启动时汽车突然窜出，启动前最好将离合器踏板踏到底，启动后确认换挡杆在空挡，才缓慢松开离合器踏板。

2)发动机的停熄

发动机需要停熄时，只需将点火开关关闭(即转至“LOCK”或“ACC”位置)。发动机在高速运转后停熄，应先怠速运转几分钟后再熄火，以防发动机在熄火后因冷却水停止循环和冷却风扇停转，而导致局部过热。

2. 汽车的起步操作

汽车起步前，应检视车前、车后有无人、畜和障碍物以及乘客、货物均就位关好车门。启动发动机，听其运转情况，观察各仪表的指示状况，若均正常，待水温、制动气压(指气压制动系统的车辆)均达到标准后，方可起步。准备起步时，开启左转向灯。起步的操作顺序如下。

1)切断离合器

用左脚将离合器踏板踩踏到底，使离合器彻底分离。如果离合器踏板未踩到底，离合器不能彻底分离，发动机输出的动力与变速器之间半联动，此时换挡，不仅变速器会发出齿轮撞击的异响声，同时还会对机件造成损伤。

2)变速器置入1挡

车辆起步时，需要较大的扭矩来克服车辆的静止惯性，因此，应用低速挡(1挡)起步。换挡动作要求准确、迅速，一定要辨认清楚变速器各挡位置，防止挂错挡造成的不必要损失，换挡动作要干脆利落，不要犹豫不决、拖泥带水。

3)放松手动制动器拉杆

先将手动制动器拉杆向上拉一点使保险锁松开，然后将手动制动拉杆向前下方推，一直推到底，使制动器完全放松。

4)踏油门踏板

左、右两脚动作方向恰好相反，左脚向上继续缓慢放松离合器踏板，右脚配合缓慢向下踩油门踏板，动作宜缓和，不宜过急，以防汽车起步抖动。

5)起步后的处理

汽车平稳起步后，左脚应从离合器踏板上移下来，使离合器踏板完全放松，不要将脚闲置在离合器踏板上，因为左脚有时不由自主地稍微向下一用力，就容易造成离合器半联动，长此以往，会很快磨坏离合器摩擦片。

3. 汽车的行驶

1)直线驾驶

直线驾驶的正确姿势：驾驶时驾驶人应将头微微向上抬，目视前方，看远顾近，兼顾两旁，从而使视野开阔，容易发现行驶偏差。在目视前方的同时，还要留意近处及两旁车辆和人流的情况，并利用内外后视镜全面地观察路面各方的动态变化。

汽车在直线驾驶时，在方向盘转角相同的情况下，车速越高，汽车驶离原直线方向的距离越大。因此，在高速行驶时，方向盘切忌转动过大。

2) 变道驾驶

汽车在行驶中需变换车道时，首先应根据后续车的行车速度，判断是否变道，从内后视镜、外后视镜确认后续车的速度，当与后车有一定距离，后车追不上时，变更车道，而当后车接近时，应降低速度，让后车先通过再变道。变道前一定要先打转向灯。

3) 弯道和曲线驾驶(汽车的转向)

弯道和曲线驾驶最重要的是正确地判断曲线弯度，调整好速度。

(1) 转弯情况的判断。行驶在右转弯道时，越接近越看不清弯道的形状。应充分降低速度，选择路线，并根据速度和弯道大小打转向盘。

(2) 汽车转弯时的内外轮差。汽车转直角弯时，占道宽度增加(汽车转弯行驶时，后轮比前轮通过的位置靠向内侧)。车型越大前后轮轨迹差得就越多。所以转直角弯时一定要注意弯道内侧的后轮。

(3) 速度和挡位的选择。充分降低行驶速度是保证弯道驾驶安全的首要保障，转弯速度过快，有可能冲出弯道或者发生侧滑。

总之，当道路比较窄、弯道比较多时，关键是控制速度，及时变换挡位。应做到能够根据弯道情况调整速度，尽量采用低挡位行驶。

4) 汽车变速

(1) 变速原理。变速器内有多组传动比不同的齿轮副，汽车行驶时的换挡行为，就是通过操纵机构使变速器内不同的齿轮副工作，如在低速时，让传动比大的齿轮副工作，而在高速时，让传动比小的齿轮副工作。

(2) 换挡的要领和步骤。①松开加速踏板器踏板；②迅速踩下离器；③换挡；④在松开离合器踏板的同时缓慢踩下加速踏板(加油)。

(3) 加挡、减挡操作。加挡和减挡要掌握好时机，适时地变换挡位。加挡时间过早和减挡时间过晚，都会因动力不足造成传动系抖动，而加速机件的损坏。汽车行驶时，当汽车速度降低到一定程度时，如果发动机出现低沉的声音，汽车同时出现抖动，这表明用高挡行驶扭矩不足，需要换低挡行驶以提高输出扭矩。

4. 汽车制动与停车

1) 汽车制动

在行车过程中，一般都采用行车制动(脚刹)，便于在前进的过程中减速停车。当行车制动失灵时才采用驻车制动。当车停稳后，就要使用驻车制动(手刹)，防止车辆前滑和后溜。

(1) 预见性制动法。驾驶人在行驶中，根据已发现的车辆、行人、地形的变化，预见将会出现的复杂局面和情况，提前抬起加速踏板，利用发动机怠速时的牵引阻力作用来降低车速，而后根据情况连续或间歇轻踏制动踏板，使汽车平稳地减速或停车。

(2) 点刹制动法。用脚踩下制动踏板，使汽车制动，然后放开踏板解除制动，再踩下，再放松，就像蜻蜓点水一样轻轻地“一点一点”地刹车，使车速逐渐降低。

(3)紧急制动法。驾驶人迅速放松加速踏板，用力踩下制动，一脚踩到底，尽可能在短距离内将车停住，以达到避免事故的目的。

2)汽车停车

(1)停车的操作。一般停车，都先采用预见性制动，即先放松加速踏板，靠车辆的惯性减速滑行，当车速降至较低时，踏下离合器踏板(自动挡的汽车不需此项)，再踏下制动踏板，使车辆自然平稳地停住。操作步骤如下：

①开启右转向灯，按变道行驶方法操作，靠右边车道。

②将加速踏板抬起，踩下制动踏板减速，当车速较低时，踏下离合器踏板。

③到停车位后，摆正车身，然后踏下制动踏板，使车辆停住。

④挂入空挡，慢松离合器踏板。

⑤拉紧驻车制动操纵杆，慢松制动踏板。

如果停车时间较长，应关闭发动机，以节省燃油和减少废气排放。如停车的地面不平，应在发动机停熄后挂上1挡(上坡时)或倒挡(下坡时)。必要时用角垫木或石块顶住车轮，以防滑溜。

(2)停车的注意事项。①车辆在没有停稳以前，不准开启车门和上下乘员；②开车门前一定要看清门外有没有其他车辆和行人通行；③车辆停放时，须关闭电路，拉紧驻车制动器，关好车窗和锁好车门；④在允许临时停车的街道停车时，要靠右侧将车停正，车轮距人行道边缘不得超过30 cm；⑤夜间临时在道路旁停车，要打开小灯(示宽灯)和尾灯，防止发生碰撞；⑥汽车因故障停在道路中央时，应开危险信号灯，并要设法迅速将车推移至道路右侧不阻碍交通的地方，在车前车后设置明显的警示标志，夜间应开启小灯和尾灯。

5. 汽车的倒车操作

1)倒车的驾驶姿势

(1)注视后窗的倒车姿势。左手握方向盘上缘，后背靠向左侧车门，上身向右侧转，右臂依托在座椅靠背上端，头转向后窗，两眼注视后方目标进行倒车。

(2)注视侧方的倒车姿势。头左转向后方，将头尽量伸出车外，右手握方向盘上部，两眼注视后方目标进行倒车。

(3)注视后视镜的倒车姿势。通过后视镜进行观察、倒车时，不需要回过头去，比较容易兼顾车头的动态，不容易发生车头刮擦障碍物的情况。

3)倒车的操作方法

(1)直线倒车。保持前轮沿正直方向倒退。方向盘的运用与前进一样，如发现车尾向左(右)偏斜，即将方向盘向右(左)转，车尾接近摆直时，再回正方向盘。

(2)倒车转弯。应注意车后和车前的情况，尤其是绕过障碍物时，注意避免前外侧车轮和翼子板刮碰障碍物。车辆倒车时须控制车速，不要忽快忽慢，并防止发动机乏力而熄火或因倒车过猛造成危险。

倒车时，保持比较慢的速度非常重要。因此，可以几乎不踩踏加速踏板，保持半离合，汽车就慢慢倒退(俗称“闷离合”)。加速时，轻踏加速踏板。降低速度行驶时，踩下离合器踏板，如有必要，再轻踩制动踏板。这样可以微量调整速度。

11.4　汽车的选购与保养

本节介绍汽选购及其维护与保养的相关知识。

11.4.1　汽车选购考虑的主要因素

拥有一辆汽车的确是一件令人兴奋的事。在选购新车时，应当综合考虑个人或家庭的需要、经济承受能力、汽车的主要技术因素等方面的因素，避免认识上的误区。

1. 个人或家庭的需要

在考虑需要时，应该明确个人和家庭购买汽车的目的，是作为经营用，还是作为上下班的代步工具，或是外出旅游用；还应明确主要在什么情况下使用车，主要是在高速公路上行驶，还是主要在市区道路行驶，是经常在恶劣的路况下行驶，还是在良好的路面行驶。

2. 经济承受能力

购车者应考虑自己或家庭的经济实力，既应考虑汽车本身的价格，也应考虑购车时的入户、保险等相关费用和日后的使用、维护等费用；既应考虑不同类型汽车之间的价格差异，也应考虑同一类型汽车不同档次的价格差异。养车的费用包括固定费用及变动开支。

1) 固定费用

固定费用包括保险费、养路费、牌照税等。养路费按照现行的收费标准，一年为1200～1500 元，车船使用税一年为 120 元，年审费一年为 200 元，三项加起来一年是1520 元。买了车，不能不买一份保险。如果你只买第三者责任险，一年需 1000～2000元，若要全保，则需 3000～10000 元。

2) 变动开支

变动开支重要有汽油费、停车费、轮胎的更换以及保养费、修理费用等。其中，最大的开销是汽油费。还有路桥费和洗车费，这两项费用具有较大的弹性。如果经常外出或喜欢旅游，路桥费就会多一点，全年在 500～1200 元之间。至于洗车费，完全因人而异，这里以全年 400～1200 元来计算，全年这两项费用为 900～2400 元。

3. 汽车的主要技术因素

汽车的使用性能是指汽车能适应各种使用条件而发挥最大工作效率的能力，主要包括以下几项。

1) 汽车的动力性

汽车的动力性是汽车首要的使用性能，可从以下三个方面进行评价。

(1) 汽车的最高车速。指汽车满载在良好水平路面上能达到的最高行驶速度。

(2) 汽车的加速能力。指汽车在各种使用条件下迅速增加汽车行驶速度的能力。加速过程中加速用的时间越短、加速度越大和加速距离越短的汽车，加速性能就越好。

(3)汽车的上坡能力。上坡能力用汽车满载时以最低挡位在坚硬路面上等速行驶所能克服的最大坡度来表示，称为最大爬坡度。它表示汽车最大牵引力的大小。

2)汽车的燃料经济性

为降低汽车运输成本，要求汽车以最少的燃料消耗，完成尽量多的运输量。汽车以最少的燃料消耗量完成单位运输量的能力，称为燃料经济性，评价指标为每行驶100 km消耗掉的燃料量(L)。

4. 认识上的误区

1)盲目追求高配置

有些购车者认为，汽车配置越高表明汽车的性能越好，所以盲目追求高配置。例如，有人购车时配置了卫星导航系统，但该系统在我国一些地区没有相应的配套设施，因此用处不大。

2)贪图便宜忽视维修费用

有些购车者认为便宜就好，但在他们以比其他同级车便宜的价格买车后，发现汽车公司将购车费用转嫁到维修的费用上，零配件的售价也高得惊人，只因贪一时的便宜，却买回个填不满的“无底洞”。

3)对汽车技术性能缺乏了解

例如，有些购车者认为发动机排量小的汽车，其燃油消耗要比排量大的少，而实际上发动机的油耗不仅与排量有关，还与发动机的技术水平有关，有些小排量发动机甚至比大排量发动机油耗还高。

11.4.2 汽车维护与保养

1. 保养的必要性

开车犹如骑马，好的骑手应懂得如何喂养马，若只是一味加鞭，到头来良驹也会精疲力尽，倒地而亡。因此，进行定期保养，可发现和清除事故隐患，防止早期磨损，保持和恢复汽车良好的技术性能，延长汽车使用寿命。

2. 保养的分类

汽车维护保养，按维修方式分为事后保养和预防保养；按维修保养作业组合的深度和广度分为例行保养、一级保养、二级保养、三级保养等。

3. 新车磨合期的保养

新车出厂时，由于零件的加工精度和装配过程中存在误差，因此需要一定里程的磨合。汽车磨合的优劣，会对汽车寿命、安全性和经济性产生重要影响。汽车的磨合里程一般为1000~2500 km，进口车则更长一些，多数为1500~3000 km。磨合期分为三个阶段，即初期(100 km)、初磨合(200 km)、磨合形成氧化膜(3000 km)。为了让自己的爱车顺利通过磨合期，在平时应做好检查维护，并要注意以下几个方面的问题，以提高磨合质量。

1)冷车发动先低速运转

应使发动机在中速较低的速度下稳定运行数分钟，待水温升至 60 ℃时方可起步行驶。在发动机未热前，不得高速运转。冬季磨合时，冷车发动后必须先预热发动机，起步后要低速行驶，待各部传动件获得充分润滑后方可用正常速度行驶。

2)不要高速行驶

新车在初驶阶段都有速度规定，国产车一般规定在 40 ~ 70 km/h 以内；进口车一般规定在最初的 1000 km 转内，当油门全开时车速不超过最高车速的 80%，且要求在使用中注意观察发动机转速表和车速表，使发动机转速和车速都在中速下工作。一般来说，磨合期的发动机转速应严格规定在 2000 ~ 4000 v/min 之间。

3)避免负荷过重

新车满载运行将会对机件造成损坏。因此，在最初的 1000 km 内，国产车不能超过额定载荷的 75% ~80%；进口车不能超过额定载荷的 90%。另外，尽量选择质量比较好的行车路面，避免过大振动、冲撞或紧急制动，减少车身和动力系统的负荷。

4)忌提前拆除限速片

限速片是一个装在化油器与进气管之间的节流装置。不应提前将它拿掉，而应在初期 1000 km 结束后结合初驶保养情况再将其拿掉。进口车一般没有加限速片，完全靠驾驶员自己控制车速。

5)其他注意事项

(1)注意发动机的声响、温度和机油压力。尽量避免急促地、长期地使用脚制动器。

(2)当行驶到 100 ~ 200 km 时，将发动机的汽缸和进、排气歧管螺栓按规定扭力依次校紧一次。

(3)经常注意变速器、后桥壳、轮毂及制动鼓的温度，如有严重发热时，应找出原因，予以排除，这些检查工作在开始磨合的第一天更应注意。

(4)当行驶到 500km 时，发动机应在热车状态下更换一次润滑油。

(5)达到一定公里数后(在磨合期内或结束后)要及时到服务站进行车辆的检查、保养，更换机油、机滤等，并全面检查底盘系统。

4. 例行保养

例行保养(日常保养)是驾驶员每天出车前、行车中和收车后针对汽车使用情况所作的保养。其主要内容为打扫、清洗汽车外部，检查安全机构及各部机件的连接紧固情况，检查轮胎气压，补给油、水，以及进行不到一级保养里程的润滑作业。

参考文献

[1] 通用技术教材编写组. 汽车驾驶与保养 [M]. 广州：广东科技出版社，2008.

[2] 顾建军. 汽车驾驶与保养 [M]. 南京：江苏教育出版社，2008.

[3] 孙世强，等. 汽车驾驶与保养 [M]. 北京：地质出版社，2006.

[4] 众悦学车网. 安全带的系法 [EB/OL]. [2012-07-06]. http：//www.zyue.com/.

第 12 章　建筑与设计

12.1　建 筑 历 史

建筑学作为一门内容广泛的综合性学科，涉及建筑功能、工程技术、建筑经济、建筑艺术及环境规划等方面的问题。总的说来，建筑物既是物质产品，又具有一定的艺术形象，因此，建筑物除具有使用功能外，其空间组合和建筑形象又使人们得到精神上的享受。它必然随着社会生产生活方式的发展变化而发展变化，同时受到科学技术、政治经济和文化传统等因素的影响。

12.1.1　建筑历史简述

自从有了人类，便开始了对人造环境的不懈追求，在人类文明化历史中建筑本身对于文明的发展和社会形态的形成有着直接的反映或影响。我们对建筑历史的研究，即是对建筑物的既往或建筑活动的既往进行的调查研究。

1. 关于人居环境

在上古时期，人类野处穴居，如旧石器时代的北京猿人和距今约 18000 年的北京周口店龙骨山山顶洞人均住在天然石洞里。我国古代还有巢居者，他们为了避免野兽侵袭，构木为巢，居于树上。新石器时代后期出现了用木骨泥墙构成的居室；到公元前 20 世纪（相当于夏代），出现了夯土城墙；商代时逐渐采用黏土做成的板筑墙。在战国墓葬中发现了烧制的大尺寸空心砖。在欧洲，大约 8000 年前已开始采用晒干的砖（土坯）；在 5000 ~ 6000 年前，开始采用凿琢自然石；采用烧制的砖，也有 3000 年的历史。这都充分说明了人类史上很早就有了建筑。

2. 关于水利工程

在上海近郊青浦河段发现了 6000 多年前的直筒水井，井底距地面 3.46 m，井口略呈椭圆形，直径为 0.6 m，井壁光滑，未见加固材料及遗迹，这是我国原始的汲水工程；现山西河津县西北龙门（今称禹门口）据说为远古时期夏禹治水时所凿；我国著名的古陂塘灌溉工程（即安徽丰塘灌溉水库）大概是春秋时期（公元前 600 年左右）修建的；秦昭王时，蜀郡守李冰在岷江流域兴建了许多水利工程，其中以都江堰最为著名。

3. 关于建筑构架

中国传统建筑体系是木架构制，即在同一台基上先用木材立柱，柱上设梁制成构架，于梁上加桁木，在其上置椽木，再于椽木上加瓦构成屋面，这种构架制实为现代钢和钢筋混泥土构架的雏形。山西五台山李家庄南禅寺的佛教建筑，建于 780 ~ 783 年，为现存的中国最古老的建筑。

4. 关于桥梁结构

桥梁结构最早为行人的石板桥和木梁桥，后来逐步发展为石拱桥。据记载最早的拱桥为晋太康三年(公元 282 年)建造的洛阳七里涧旅人桥。现我国保存完好的最早石拱桥为河北赵县的安济桥，又名赵州桥。该桥无论在材料使用、受力结构、艺术造型和经济上都达到了极高的水准，是世界上最早的敞肩式拱桥，它早于欧洲同类桥约 1000 年。

5. 关于道路

我国战国时期已有邮驿，是为驿马通行而开辟的驿道。秦始皇统一全国后修建驿道、直道和云南、贵州界的“五尺道”，加强全国陆路交通，由此可见我国大规模人工修建道路也是很早的。

12.1.2　中国古建筑

中国古建筑经过几千年的发展，早已形成了其完整而成熟的体系。中国古建筑，无论从形式、规模上，还是技术、工艺上来说，都已发展到了一个十分成熟和丰富的程度，形成了中华民族特有的建筑特色，凝聚了我国历朝历代能工巧匠的辛勤汗水和智慧。了解中国古典特色文化，是开启中国建筑新篇章的重要前提。

中国建筑有自成体系的独特风格，逐渐出现了一系列极富中国特色的建筑类型，如影壁、牌坊等，都是我国古代特色建筑中的典型代表。

1. 楼

在古代，楼与阁原有本质区别。楼是指在屋上直接建屋，其中两层之间没有腰檐的又称为竖楼；阁是指上下两层之间除腰檐外还有平座的楼，一般正面是门和窗，其余三面都为实墙，四周通常设隔扇或栏杆回廊。到后来，楼和阁就没有严格的界限了。现有名的楼阁有黄鹤楼、承德普宁寺大乘阁、岳阳楼、蓬莱阁、滕王阁等。

2. 塔

“大起浮图，上累金盘，下为重楼”，是中国造塔的最早记载，这时所造的塔为楼阁式塔。后来又按照楼阁式塔的形式，演化出了密檐式塔。塔在建筑群的总体轮廓上起着很大的作用，它们形体高耸，形象突出，丰富了城市的立体构图，装点了风景名胜。有特色的塔有西安荐福塔(小雁塔)、西安慈恩寺塔(大雁塔)、最古老的密檐砖塔——嵩岳寺塔、檐数最多的密檐古塔——千寻塔、最古老的重楼式结构塔——释迦塔、我国现存最完整的琉璃古塔——飞虹塔。

3. 亭

亭是我国自古以来用于游览休息的小型观赏型建筑。根据用途的不同，亭的名称也各异。设在路旁或大道上的称为凉亭；建在桥上的称为桥亭；在亭内建井称为井亭等。千百年来，亭一直作为我国园林不可缺少的重要组成部分，也是我国建筑艺术中极富特色的一种建筑形式。有代表性的亭有北京的陶然亭、安徽的醉翁亭、杭州的湖心亭、湖南的爱晚亭等。

4. **牌坊**

牌坊是我国特有的古代建筑之一，它具有古老深厚的文化底蕴和极为丰富的人文内涵。牌坊在古时候其实就是一个门的称谓，早在周朝时期就已经有了原始的“牌坊”。《诗经》中有关于“衡门”的记载，这就是我们现在所说的牌坊的老祖宗。我国牌坊从建筑样式和风格上分，大体可分为南、北两大派系。南派牌坊秀丽精巧，高挑的檐角显得淑女气十足，包括徽式、苏式、桂式等，其中又以徽式牌坊为杰出代表。北派牌坊则受京城皇族影响，大多为宫廷建筑，显得凝重粗犷，多有王府气象，其中以种类繁多的北京牌坊为代表。牌坊按名称分则有功德牌坊、忠正牌坊、功名牌坊、官宦名门牌坊、孝子牌坊、贞洁牌坊、仁义慈善牌坊、百岁寿庆牌坊、历史纪念牌坊等。有影响的牌坊有北京的十三陵石牌、东岳庙牌坊、安徽的许国石坊、棠樾牌坊群。

5. **影壁**

四合院是我国古代建筑中十分普遍的一种民居形式，影壁是古代院落建于大门之内或门前的一种屏障，影壁也称照壁。最早在西周礼制中规定：只有宫殿、诸侯、寺庙建筑等方可建筑影壁，后来经过时代变迁和技术发展，一般民居也可使用。龙壁是古代的皇宫和王府之中建造在院内的一种影壁，享有盛名的有双面九龙壁——北海九龙壁、最早最大的琉璃照壁——山西大同九龙壁、精美的龙壁——故宫九龙壁、青绿石料影壁——襄樊绿影壁。

6. **廊**

我国古代建筑中把屋檐下的过道，或独立有顶的通道称为廊。廊具有遮雨、防雨、小憩等功能，是建筑的组成部分，常常作为室内外空间的过渡，起到分隔景致、划分空间、组成景区的作用。廊的形式包括曲廊、直廊、波形廊和复廊。按所处的位置区分，则包括沿墙走廊、爬山走廊、水廊、回廊、桥廊等。

7. **桥**

我国古代桥梁形式多样，建造方式极富特色。从桥梁的结构和造型上分，大致有拱式桥、梁式桥、索桥、悬臂桥等。其中，拱式桥是最具中国特色的桥梁形式，有单拱式和联拱式，单拱式又分敞肩式和实肩式。赵州桥、洛阳桥、卢沟桥、广济桥是中国古代四大名桥。

12.1.3 现代建筑简介

材料科学、结构科学的形成和发展使人们越来越深入地掌握房屋结构的内在规律，从而改进原有的结构形式，有目的地创造优良的新型结构。过去，建筑工匠只能按照传统做法或凭感性判断去建造房屋，盲目性和局限性很大。后来，随着数学和力学的发展，在19世纪后期人们掌握了一般建筑结构的内在规律，建立了为实际工程所需要的计算理论和方法，形成了系统的结构科学。这样，人们就可以在建筑工程开始之前预先计算出结构的受力状态，作出合理、经济而坚固的房屋结构设计。

现代建筑科学的杰出成就，在于建造了大量的高层和大跨度建筑。19 世纪末，高层建筑开始在较发达的美、英等国出现。世界上第一幢采用铸铁框架承重的近代高层建筑(美国芝加哥家庭保险公司大楼)，高 10 层 55 m，由詹尼设计，1885 年建成，1931 年被拆除，被认为是世界第一栋高层建筑。20 世纪初，随着钢结构设计技术的发展和电梯的发明，高层建筑得到迅速发展，而且层数逐步增加，如著名的帝国大厦(102 层，高 381 m)。第二次世界大战结束后，世界经济逐渐恢复，建筑业得以复苏，并得到前所未有的发展，出现了更多的高层建筑，如马来西亚吉隆坡佩特纳丝双塔(石油大厦)，高 450 m；中国上海金茂大厦，高 451 m；上海环球金融中心，地上 101 层，地下 3 层，高 492 m。

高层建筑在向人们展示它的美丽和优势的同时，也逐渐暴露出了一些亟须解决的问题，如防火、防灾、热岛效应、交通、污染等。相信随着科学技术的进步，人们会找到解决的办法，使高层建筑，尤其是超高层建筑更好地为人类服务。

12.1.4　未来建筑及其发展方向

地球上可以居住、生活和耕种的土地和资源是有限的，但人口增长的速度却是不断加快的。联合国有关机构的报告预测，到 2025 年，世界人口将超过 80 亿。人类为了争取生存的空间，未来建筑至少得向五个方向发展。

1. 大力发展高层建筑

现代城市解决用地紧张的首选方法是兴建高层建筑。据分析，9 ~ 10 层的建筑比 5 层的节约用地 23% ~ 28%，16 ~ 17 层的建筑比 5 层的节约用地 32% ~ 49%。1953 年，美国的奥蒂斯发明了安全载客升降机，使得楼层的建筑高度超过人体能攀登的高度，使高层建筑的实现有了可能性，因此奥蒂斯也被称为“高层建筑之父”。

全世界对高层建筑至今没有统一的划分，在不同国家、不同年代其规定也不一样。例如，美国规定高度在 22 ~ 25 m 以上或 7 层以上的建筑为高层建筑；英国规定高度在 24. 3 m 以上的建筑为高层建筑。我国在《高层建筑混凝土结构技术规程》中规定，10 层及 10 层以上或房屋高度超过 28m 的混凝土结构的高层民用建筑称为高层建筑。

2. 合理开发地下空间

20 世纪 80 年代后，国际隧道协会提出：“大力发展地下空间，开启人类穴居的新时代”。1991 年，在东京召开的城市地下空间国际学术会议通过了《东京宣言》，提出了“21 世纪是人类开发利用地下空间的世纪”。

我国城市地下空间开发尚处于初级阶段。一般高层建筑设有地下室，有达 3 ~ 5 层的，多做停车或商场用。大城市中过街地道也兼做商场用，如成都利用旧护城河挖掘建设成地下商场，宽度和长度都较大。我国在各大城市都建有地铁，这也是开发利用地下空间的具体实例。

3. 向海洋“征地”

随着现代工程技术的发展，填海工程已有在多个国家和地区取得成功的例子。2000年8月4日，日本一座长1000m的漂浮机场已试飞成功，预计日本乃至全世界今后还将会出现越来越多的人造陆地。

4. 向沙漠进军

全世界约有1/3的陆地为沙漠，每年约有500万公顷耕地被侵蚀，这将影响上亿人口的生活。世界未来学会对21世纪世界十大工程设想之一是将西亚和非洲的沙漠改造成绿洲。如果沙漠大面积绿化，将同时改造沙漠气候。

5. 向太空迈进

美籍华裔工程师林铜柱博士于1984年获得美国太空署提供的40 g由阿波罗11号携回的月球上的尘土，次年研制成标准水泥。他建议利用在地球上携带的氢氧混合成水，在月球上制造混凝土及钢筋混凝土配件装配空间站，代替在地球上制作配件用航天飞机运载装配。太空技术、太空工业、太空旅游、太空商业活动是我们的愿望，也是我们朝之努力的方向。

12.2 建筑材料及其加工

12.2.1 建筑材料概述

土建工程包括房屋、水利、交通、港口、能源等建筑工程，是国家发展经济的基础设施。土建工程需要大量的建筑材料，建筑材料的性能、质量、品种、数量以及价格，直接影响着建筑结构的形式、功能、使用与造价，并在一定程度上影响着施工方法。新型建筑材料的出现能创造新的结构形式和新的施工方法，并能大大减轻结构自重。因此，建筑材料的创新和发展是促进建筑业创新和发展的重要推动力。

随着社会科学技术的进步和土建工程的不断发展，人们对建筑材料提出了更高的要求。例如，高层建筑和大跨度结构需要高强轻质材料；地铁、隧道及地下建筑需要高抗渗的气密性及水密性材料；海洋、港口工程与化学工业厂房需要耐腐蚀性材料；核工业需要防辐射材料；节能需要高效保温隔热材料等。这势必又会促进建筑材料的创新和发展，因此建筑材料与建筑业是相辅相成、互相促进的关系。

建筑材料品种繁多，性能各异。在建筑工程总造价中，材料费用占50% ~70%，对装饰性要求高的纪念性建筑，甚至可高达80%。因此，如何合理选用建筑材料，对保证建筑物的使用功能、经久耐用和降低造价具有重要意义。

建筑材料种类很多，可按不同方式进行分类。按化学成分分，可分为无机材料、有机材料和复合材料，见表12-1；按在建筑中的功能分，可分为承重材料、防水材料、隔热保温材料、吸声隔音材料、装饰材料和防护材料等；按用途分，可分为结构材料、墙体材料、屋面材料、地面材料、装饰材料和吊顶材料等。

表 12-1　建筑材料按化学成分分类

建筑材料	无机材料	金属材料	黑色金属——钢、铁
			有色金属——铝及铝合金、铜及铜合金
		非金属材料	天然石材——石灰岩、大理石、花岗石
			陶瓷和玻璃——砖、瓦、玻璃、陶瓷
			无机胶凝材料——石膏、石灰、菱苦土、水玻璃、水泥
			混凝土与砂浆——混凝土、砂浆、硅酸盐制品
	有机材料	植物材料	木材、竹材及其制品
		高分子材料	塑料——聚乙烯、聚氯乙烯、酚醛
			涂料——聚乙烯醇、丙烯酸酯、聚氨酯
			胶黏剂——环氧类、聚氨酯类
			密封膏——聚硫橡胶
		沥青材料	石油沥青、煤沥青
	复合材料	金属与非金属	钢筋混凝土、钢丝网水泥、钢纤维混凝土
		有机与无机	聚合物混凝土、沥青混凝土、玻璃钢

从材料本身的发展历史来看，它经历了以下五个发展阶段：①天然材料，土、石、木、竹等；②加工材料，陶瓷、玻璃、水泥、金属等；③合成材料，高分子材料等；④复合材料，玻璃钢等；⑤智能材料，一种随环境条件的变化而具有应变能力的材料，如变色玻璃，形状记忆材料，调温、调湿材料等。随着建筑材料的发展，今后必将会出现新型、高效、多功能的复合材料。

12.2.2　建筑材料的基本性质

1. 材料的物理性质

1) 与质量有关的性质

(1) 密度。密度是指材料在密实状态下的单位体积的质量，见表 12-2。密实状态下的体积是不包括空隙在内的体积，可以把材料磨细，再用排液法测定材料的体积。

(2) 表观密度。表观密度是指材料在自然状态下的单位体积的质量，见表 12-2。自然状态下的体积包括材料的密实体积和空隙体积。规则块体可以直接测定其表观体积，其他材料可用排液法测定其表观体积。

(3) 堆积密度。堆积密度是指散粒材料在堆积状态下的单位体积的质量，见表 12-2。散粒材料的堆积体积，除包括材料的密实体积外，还包括材料内部的空隙体积和外部颗粒间的空隙体积。一般是将自然状态下的散粒材料装满一定的容器，容器体积即为散粒材料的堆积体积。

表 12-2　几种常用材料的密度、表观密度及堆积密度：

材料	密度/($g \cdot cm^{-3}$)	表观密度/($kg \cdot cm^{-3}$)	堆积密度/($kg \cdot cm^{-3}$)
石灰岩	2.60	1800~2600	—
砂	2.60	—	1400~1700
钢、铸钢	7.85	7850	—

续　表

材料	密度/(g·cm⁻³)	表观密度/(kg·cm⁻³)	堆积密度/(kg·cm⁻³)
铝	2.80	2800	—
水泥	3.10	—	1200～1300
普通混凝土	—	1950～2500	—
沥青混凝土	—	2300	—
水泥砂浆	—	2100～2200	—
木材	1.55	400～800	—
塑料泡沫	—	20～50	—

(4)孔隙率与密实度。材料中的孔隙体积与总体积的百分比称为孔隙率。材料体积中被固体物质填充的程度，称为密实度。

(5)空隙率与填充率。散粒材料间的空隙体积占堆积总体积的比例称为空隙率。散粒材料堆积体积中被颗粒体积填充的程度称为填充率。

2)与水有关的性质

(1)亲水性与憎水性。如图 12-1 所示的 A 点表示材料、水和空气的三相交点。这个交点上有三个力作用：材料与水的表面张力 $\sigma_{1,2}$、材料与空气的表面张力 $\sigma_{1,3}$、水与空气的表面张力 $\sigma_{2,3}$。图中 θ 为润湿角，当 $0° < \theta \leq 90°$时，材料被称做亲水性材料；当 $90° < \theta \leq 180°$时，材料被称做憎水性材料。

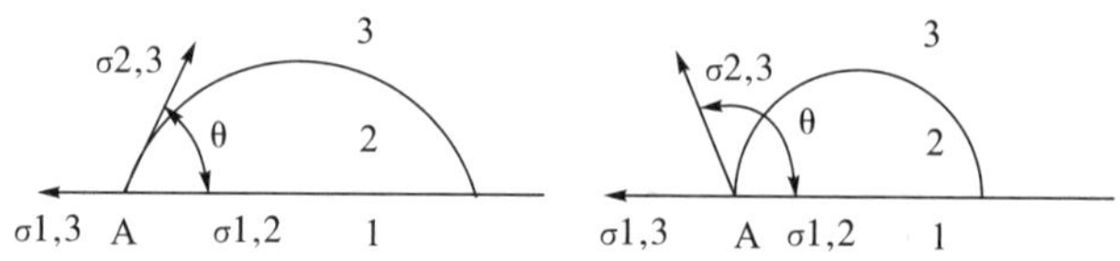

(a)亲水材料　　(b)憎水材料

图 12-1　亲水材料与憎水材料

(2)吸水性和吸湿性。材料与水接触时其毛细管会吸收水分，这种性质称为吸水性。材料在潮湿空气中吸收水分的性质称为吸湿性。

(3)耐水性。材料抵抗水的破坏作用的能力称为耐水性。耐水性是材料经水浸泡后，不发生破坏，同时强度也不显著降低的性质。

(4)抗渗性。材料抵抗压力水渗透的性质称为抗渗性。

(5)抗冻性。材料在吸水饱和状态下，能经受多次冻融循环而不破坏，强度也不显著降低的性质。

3)与热有关的性质

材料与热有关的性质有热传导性和导热系数、比热容和热容、线膨胀系数。

2. 材料的力学性质

外力对材料的作用方式主要有拉、压、弯、剪四种，材料相应的极限抵抗能力称为抗拉强度、抗压强度、抗弯强度和抗剪强度。在静力试验中测定的强度称为静力强度，见表 12-3。

表 12-3　静力强度

强度类型	试验装置举例	计算式	备注
抗压强度 f_y	混凝土 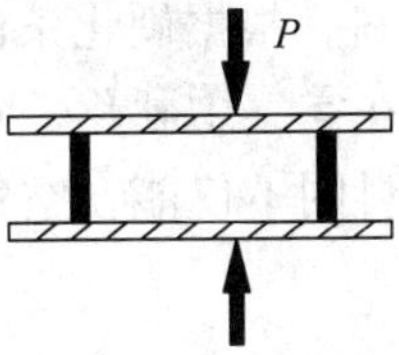	$f_y=\frac{P}{A}$	
抗拉强度 f_l	钢 	$f_l=\frac{P}{A}$	P——破坏荷载，N A——受荷面积，m^2 L——跨度，mm b——断面宽度，mm d——断面高度，mm
抗剪强度 f_z	木材 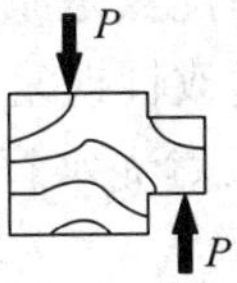	$f_z=\frac{P}{A}$	
抗弯强度 f_w	木材 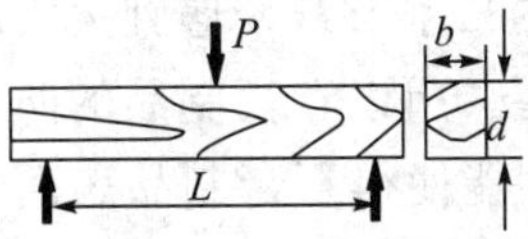	$f_w=\frac{3}{2}\cdot\frac{PL}{bd^2}$	

12.2.3　几种常见的建筑材料

1. 自然石、砖、瓦

1) 自然石

自然石分重岩自然石(重力密度大于 18 kN/m³)及轻岩自然石(重力密度小于 18 kN/m³)。在工程中常用的重岩自然石一般有花岗岩、砂岩、石灰石等，常用的轻岩自然石有贝壳石灰岩、凝灰岩等。采用的石料分为料石及毛石两类。料石分为细料石、粗料石及毛料石三种；毛石分为毛板石、平毛石、乱毛石三种。

2) 砖

砖是用黏土烧制成的，有红砖和青砖。青砖是在土窑中烧制，并在窑中经浇水浸闷制成的，只能小批量生产，现在已很少生产和应用这种砖。红砖是以黏土、页岩、煤矸石等为原料，经粉碎、混合捏练后以人工或机械压制成型，经干燥后在 900 ℃温度下以氧化焰烧制而成的烧结型建筑砖块。

除实心砖外，还有空心砖。承重空心砖的孔洞一般是竖向的，由于空心砖内含有按一定方位排列的孔洞，容易烧透，因此，空心砖质量较实心砖轻，厚度较实心砖大，有利于加快砌筑速度，减少砂浆用量，用其砌成的墙、柱抗压强度较高，符合建筑物“轻质高强”的发展方向。

3) 瓦

目前我国生产的瓦多为平瓦。旧式的蝴蝶瓦除农村小厂偶尔烧制外，已不生产。至于古建筑中应用的筒瓦(包括琉璃瓦)，也只有在特殊情况下少量烧制应用。

2. 气硬性胶凝材料(石膏、石灰)

建筑材料中，凡是本身经过一系列物理、化学作用，能由浆体变成坚硬的固体，并能将散粒材料或块、片状材料胶结成整体的物质均称为胶凝材料。

胶凝材料按其化学组成，可分为有机胶凝材料(如沥青、树脂等)与无机胶凝材料(如石灰、水泥等)。无机胶凝材料又称矿物胶凝材料，根据硬化条件可将其分为气硬性胶凝材料与水硬性胶凝材料。气硬性胶凝材料只能在空气中硬化，并且只能在空气中保持或发展其强度，如石膏、石灰等；水硬性胶凝材料则不仅能在空气中，而且能更好地在水中硬化，保持并发展其强度，如水泥。

1)*石膏*

石膏作为建筑胶凝材料有着悠久的历史，如古代埃及的金字塔就是用石膏作为胶凝材料砌筑的。石膏作为建筑材料有着广泛的应用，其主要的优点是原料丰富，生产能耗低，不污染环境等；缺点是强度不高、不耐水，但可以通过改性或复合来加以改进。生产石膏胶凝材料的原料有天然二水石膏($CaSO_4 \cdot 2H_2O$)、天然无水石膏($CaSO_4$)或含有硫酸钙成分的工业废料等。

建筑石膏硬化后的主要成分是带有结晶水的二水石膏，遇到火灾时，二水石膏分解出结晶水，吸收热量，并在表面形成隔热蒸汽层，所以石膏制品的防火性较好。建筑石膏硬化时体积膨胀，线膨胀率约为1%，这一性能使得石膏制品表面光滑细腻、线条清晰、具有很好的装饰艺术效果。硬化之后的建筑石膏吸湿性较强，但水分降低了晶体之间的黏结力，导致强度下降，建筑石膏的软化系数仅为0.3~0.4，所以石膏制品的耐水性和抗冻性较差。

石膏胶凝材料的主要生产工序是破碎、加热与磨细。建筑石膏硬化后的主要成分是带有结晶水的二水石膏，遇到火灾时，二水石膏分解出结晶水，吸收热量，并在表面形成隔热蒸汽层，所以石膏制品的防火性较好。建筑石膏硬化时体积膨胀，线膨胀率约为1%，这一性能使得石膏制品表面光滑细腻、线条清晰、具有很好的装饰艺术效果。硬化之后的建筑石膏吸湿性较强，所以石膏制品的耐水性和抗冻性较差。

2)*石灰*

石灰是用石灰、白云石、白垩、贝壳等碳酸钙含量高的原料，经900~1100 ℃温度煅烧而成的。如果煅烧时间不够容易产生欠火石灰，时间过长容易产生过火石灰，这两种石灰用在工程上都会影响工程质量。石灰是人类最早应用的气硬性无机胶凝材料，我国的万里长城，就是以石灰作为主要胶凝材料砌筑的。

石灰有生石灰和熟石灰(即消石灰)。生石灰的主要成分是CaO，一般呈块状，纯的为白色，含有杂质时为淡灰色或淡黄色。生石灰吸潮或加水就成为熟石灰，它的主要成分是$Ca(OH)_2$。生石灰中氧化镁含量不大于5%的为钙质石灰，大于5%的为镁质石灰。

石灰的应用有：①配置石灰乳和石灰砂浆，将消石灰粉或石灰膏加入多量的水稀释，制成石灰乳，可用于室内粉刷；②配置无熟料水泥；③生产硅酸盐制品，如轻质墙板、砌块、保温隔热制品等；④参配灰土和三合土；石灰与黏土按1：(2~4)(质量比)拌制成灰土，或与黏土、炉渣或砂等按1：2：3配合比拌制成三合土，可用于一般建筑物的基础、普通路面等；⑤生产碳化石灰板；⑥石灰还可以用来加固软土地基。

3. 水硬性胶凝材料——水泥

水泥呈粉末状，与适量的水混合后，能由可塑性的浆状体，逐渐结硬变成坚硬的固体，并能将散粒材料或块状材料胶结成整体，因此水泥是一种良好的矿物胶凝材料。就硬化条件而言，水泥浆体不仅能在空气中结硬，而且能在水中更好地结硬，故属于水硬性胶凝材料。水泥的品种繁多，硅酸盐水泥是最常用的品种。

1）硅酸盐水泥

凡以适当成分生料烧至部分熔融，得到以硅酸钙为主要成分的水泥熟料，在熟料中加适量石膏、少量混合材料（0 ~5% 石灰石或粒化高炉矿渣），共同磨细制成的水硬性胶凝材料均称为硅酸盐水泥。不掺混合料的称为Ⅰ型硅酸盐水泥，代号 P. Ⅰ；掺混合料的称为Ⅱ型硅酸盐水泥，代号 P. Ⅱ。

硅酸盐水泥是以石灰质原料（如石灰石）与黏土质原料（如黏土、页岩等）为主，有时辅以少量铁粉，按一定比例混合，磨细制成生料粉（或浆）后，送入回转窑或立窑，在1450 ℃左右的高温下煅烧，使之达到部分熔融，冷却后得到以硅酸钙为主要成分的水泥熟料，再与适量石膏共同磨细，而制得的水泥成品。因此，硅酸盐水泥的主要生产过程包括制备生料、烧成熟料以及熟料与石膏共同磨细，简称“两磨一烧”。

2）掺混合料的硅酸盐水泥

（1）普通硅酸盐水泥　凡由硅酸盐水泥熟料、6% ~15% 的混合材料、适量石膏磨细制成的水硬性胶凝材料均称为普通硅酸盐水泥（普通水泥），代号为 P. O。

（2）矿渣硅酸盐水泥　凡由硅酸盐水泥熟料、20% ~70% 的粒化高炉矿渣、适量石膏磨细制成的水硬性胶凝材料均称为矿渣硅酸盐水泥（矿渣水泥），代号为 P. S。

（3）火山灰质硅酸盐水泥　凡由硅酸盐水泥熟料、20% ~50% 的火山灰质混合料、适量石膏磨细制成的水硬性胶凝材料均称为火山灰质硅酸盐水泥（火山灰水泥），代号为 P. P。

（4）粉煤灰硅酸盐水泥　凡由硅酸盐水泥熟料、20% ~40% 的粉煤灰、适量石膏磨细制成的水硬性胶凝材料均称为粉煤灰硅酸盐水泥（粉煤灰水泥），代号为 P. F。

（5）复合硅酸盐水泥。凡由硅酸盐水泥熟料、两种或两种以上规定的混合材料、适量石膏共同磨细制成的水硬性胶凝材料均称为复合硅酸盐水泥（复合水泥），代号为 P. C。

4. 混凝土

混凝土是由胶结料和骨料混合，通过一定的工艺硬化而成的人造石材。胶结料有水泥、石膏等无机胶凝材料和沥青、聚合物等有机胶凝材料。骨料是在混凝土中起骨架或填充作用的粒状松散材料，分粗骨料和细骨料。粗骨料包括卵石、碎石、废渣等，细骨料包括中细砂、粉煤灰等。

混凝土按表观密度可分为重混凝土、普通混凝土和轻混凝土；按用途可分为普通混凝土、道路混凝土、防水混凝土、耐热混凝土、耐酸混凝土、防辐射混凝土、膨胀混凝土、装饰混凝土和大体积混凝土等。普通混凝土是由水泥、水和砂、石按适当比例配合，拌制成拌合物，经一定时间硬化而成的人造石材。

5. 建筑砂浆

建筑砂浆由胶凝材料、水和细骨料按适当比例配制而成，所以它可看作是一种细骨料混凝土。砂浆按用途可分为砌筑砂浆、抹面砂浆、防水砂浆、耐酸砂浆和保温吸声砂浆等。按所用的胶结材料不同，建筑砂浆又可分为水泥砂浆、石灰砂浆、石膏砂浆、混合砂浆和聚合物砂浆等。

6. 钢筋、钢材、钢筋混凝土和预应力混凝土

1）钢筋

钢筋为加强混凝土的钢条，按化学成分分为热轧碳素钢和热轧普通低合金钢。国产钢筋的截面形式主要是圆形，有光面钢筋和变形钢筋两大类。

碳素钢除含有铁元素外，还含有少量的碳、硅、锰、硫、磷等元素。根据含碳量的多少，碳素钢又可分为低碳钢（含碳量低于0.22%）、中碳钢（含碳量为0.22% ~0.6%）和高碳钢（含碳量为0.6% ~1.4%），含碳量越高强度越高，但是塑性和可焊性越低。热轧钢筋是低碳钢、普通低合金钢在高温状态下轧制而成的。热轧钢筋为软钢，其应力—应变曲线有明显的屈服点和流幅，断裂时有“颈缩”现象，伸长率比较大。图12-2所示为钢筋的应力—应变曲线。

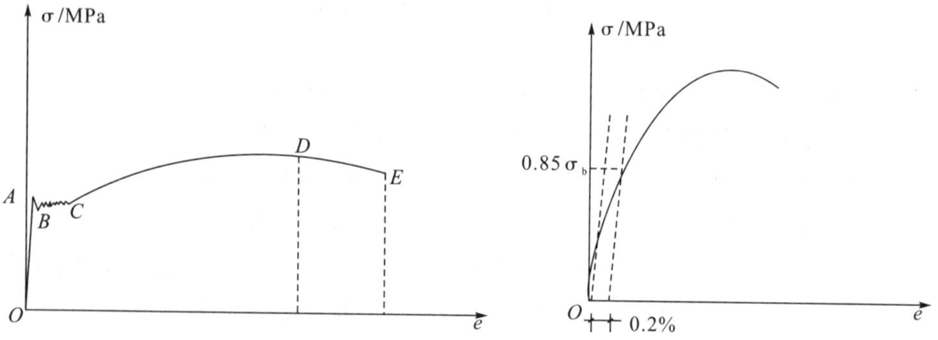

（a）有明显流幅的钢筋的应力—应变曲线　　（b）无明显流幅的钢筋的应力—应变曲线

图12-2　钢筋的应力—应变曲线

热轧钢筋根据力学指标的高低，分为HPB235级（Ⅰ级，符号为A），HRB335级（Ⅱ级，符号为B），HRB400（Ⅲ级，符号为C）和RRB400级（余热处理Ⅲ级，符号为C^R）四个种类。Ⅰ级钢筋的强度最低，Ⅱ级钢筋次之，Ⅲ级钢筋最高。钢筋混凝土结构中的纵向受力钢筋宜优先选用HRB400级钢筋。

2）钢材

对于工程结构用钢材，除钢板外，还有各种型钢（角钢、槽钢、工字钢等）。钢结构的连接方法有焊接、铆接和螺栓连接，如图12-3所示。

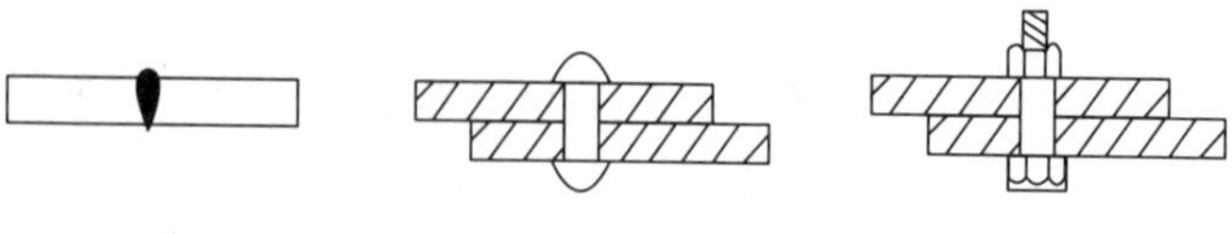

（a）焊接　　（b）铆接　　（c）螺栓连接

图12-3　钢结构的连接方法

3）钢筋混凝土

生活中我们注意到，当站到一块在两端有支承的木板上时，木板向下弯曲，这表明下方的木纤维被拉长而上方的木纤维被压短，即下方受拉、上方受压，而由受拉转变为受压的中间截面应力必须为 0，此截面称为中和面。在农村中可以看到很多的石板桥，跨度一般较小，有时也可能较大，但只能行人，不能通汽车，这是因为汽车很重，压在桥上产生的拉应力很大，而石料的抗拉强度远比其抗压强度低，一般只有抗压强度的 1/10 ~ 1/20，不能承受所产生的拉应力。

混凝土实际是人造石，它和石头相同，抗压强度很高而抗拉强度很低。为了更好地利用其较高的抗压强度，在混凝土板的受拉边加设抗拉强度高的钢筋制成钢筋混凝土。新拌混凝土是塑性的，可以做成任意形状和在其中加置钢筋，待混凝土结硬后即和钢筋牢固结合在一起成为一个整体而共同受力。

由于混凝土抗拉强度低，在梁内剪应力较大，沿垂直主拉应力方向将出现斜裂缝。混凝土板因为宽度较大，剪应力较小，一般不会出现这种斜裂缝，因此对梁则需加设箍筋及弯起钢筋以防止其沿斜裂缝发生破坏。在梁的上面另加直径较小的钢筋作为架立钢筋，架立钢筋与受力钢筋、箍筋和弯起钢筋一起扎结成钢筋架，在浇筑混凝土时保持各自的位置不变。

4) 预应力混凝土

普通钢筋混凝土在使用阶段是带裂缝工作的，这对某些结构（如贮液池等）是不允许的。1928 年，预应力混凝土的制作获得成功，它是运用预先建立压应力以抵消在荷载下产生的拉应力而制成的。

7. 木材

木材是人类使用最早的建筑材料之一。由于其性能优异，在土木工程中被广泛使用，与水泥、钢材并称建筑三大材料。

木材作为建筑材料的主要优点：①轻质高强，而且对热、声和电的传导性都比较低；②具有较好的弹性和韧性，能承受振动和冲击作用；③容易加工而且木纹美观；④随温度变化而发生的胀缩比较小。但木材作为建筑材料也存在一些缺点：①构造不均匀，各向异性；②容易吸水或失水，导致构件发生变形、翘曲或开裂，强度也会发生变化；③容易燃烧，耐火性差，保护不善容易腐朽或受虫蛀；④天然暇疵多，如木节、弯曲、开裂等，会影响木材的均匀性和完整性。

12.3　建筑构造及设计

12.3.1　建筑构造

1. 建筑构造概论

1) 建筑构造研究的对象及其任务

一座建筑物是由许多部分构成的，这些构成部分在建筑工程上被称为构件或配件。建筑构造是研究建筑物各组成部分的构造原理和构造方法的学科，是建筑设计不可分割的一部分，它具有实践性强和综合性强的特点。建筑构造研究的主要任务是根据建筑物的功能要求提供符合适用、安全、经济、美观的构造方案，为建筑设计中综合解决技术问题及进行施工图设计、绘制大样图等提供依据。

2）建筑物的组成及各组成部分的作用

一幢民用建筑一般是由基础、墙、楼板层、地坪、楼梯、屋顶和门窗等部分构成的。它们在不同的部位，发挥着各自的作用。

（1）基础。基础是位于建筑物最下部的承重构件，它承受着建筑物的全部荷载，并将这些荷载传给地基。因此，作为基础，必须具有足够的强度，并能抵御地下各种因素的影响。

（2）墙。墙是建筑物的承重构件和围护构件。作为承重构件，墙承受着建筑物由屋顶或楼板层传来的荷载，并将这些荷载再传给基础。作为围护构件，外墙起着抵御自然界各种因素对室内的侵袭的作用；内墙起着分隔房间、创造室内舒适环境的作用。

（3）楼板层。楼板层是楼房建筑中水平方向的承重构件，按房间层高将整幢建筑物沿水平方向分为若干部分。楼板层承受着家具、设备和人体的荷载以及自重，并将这些荷载传给墙。同时，它还对墙身起着水平支撑的作用。

（4）地坪。地坪是底层房间与土层相接触的部分，它承受底层房间内的荷载。地坪要求具有耐磨、防潮、防水和保温等性能。

（5）楼梯。楼梯是楼房建筑的垂直交通设施，供人们上下楼层和紧急疏散之用。

（6）屋顶。屋顶是建筑物顶部的外围护构件和承重构件，抵御着雨、雪和太阳热辐射等对顶层房间的影响，承受着建筑物的顶部荷载，并将这些荷载传给垂直方向的承重构件。

（7）门窗。门主要作为内外交通和隔离房间之用；窗则主要是用于采光和通风，同时起分隔和围护作用。门和窗均属非承重构件。

一座建筑物除上述基本组成构件外，对不同使用功能的建筑，还有各种不同的构件和配件，如阳台、雨篷、烟囱、散水、垃圾井等。

3）建筑物的结构体系

结构是指建筑物的承重骨架，是建筑物赖以支承的主要构件。

根据建筑物使用性质和规模的不同，可将其分为单层、多层、大跨和高层建筑等。这些建筑中，单层及多层建筑的主要结构形式又可分为墙承重结构、框架承重结构。墙承重结构是指由墙体作为建筑物承重构件的结构形式；而框架结构则主要是由梁和柱作为承重构件的结构形式。

根据结构构件使用材料的不同，有木结构、混合结构、钢筋混凝土结构和钢结构等。钢筋混凝土结构是运用较广的一种结构形式，也是我国目前多层、高层建筑所采用的主要结构形式。钢结构则是指建筑物的主要承重构件用钢材制作的结构。它具有强度高、构件质量轻、平面布局灵活、抗震性能好、施工速度快等特点。

2. 墙和基础构造

1）墙体

墙体依其在房屋所处的位置不同，有内墙和外墙之分。凡沿建筑物短轴方向布置的墙称为横墙，横向外墙称为山墙，横向内墙称为内横墙，不承重的内墙称为隔墙。沿建筑物长轴方向布置的墙称为纵墙，纵墙有外纵墙和内纵墙之分，如图 12-4 所示。墙体根据结构受力情况不同，有承重墙和非承重墙之分。按所用材料不同，可分为砖墙、石墙、土墙及混凝土墙等。

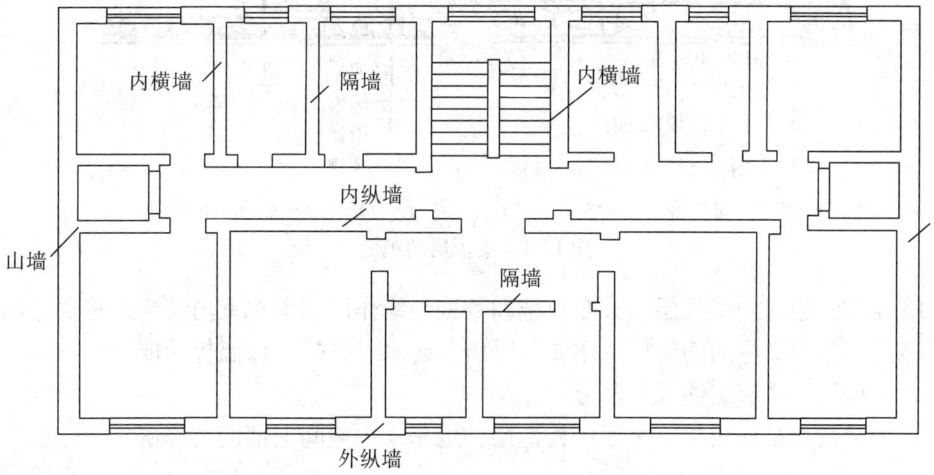

图 12-4 墙体的分类

墙体在设计上要求具有足够的强度和稳定性，必要的保温、隔热方面的性质，满足防火、隔声要求等。

2) 基础

在建筑上，把建筑物与土壤直接接触的部分称为基础；把支承建筑物重量的土层叫地基；从室外设计地面到基础地面的垂直距离称为基础的埋置深度，简称基础的埋深。基础的分类如下：

(1) 按所用材料及受力特点可分为刚性基础（如砖、石、素混凝土等材料）和非刚性基础（如钢筋混凝土基础）。

(2) 按基础构造形式可分为条形基础、独立基础、井格式基础、阀形基础和箱形基础。条形基础是砖石墙的基础形式。框架结构或单层排架及门架结构一般采用独立基础。当框架结构在地基条件较差时，为了提高建筑物的整体性，常用井格式基础。当建筑物上部荷载较大，而所在地基承载力较弱时常采用阀形基础。箱型基础一般适用于高层建筑或在软弱地基上建造的重型建筑物。当基础的中空部分尺度较大时，可用作地下室。

3. 楼地层构造

楼地层是楼板层和地层的总称，它是分隔建筑空间的水平承重构件，与墙体一起构成可利用的空间。楼板既承受着自重和楼板层的荷载，并将这些荷载传递给墙和柱，又对墙体起着水平支撑作用。地层是与土层相接触的水平构件，承受着作用在其上面的各种荷载，并直接将这些荷载传递给地基。

1) 楼板层的基本组成

为了满足楼板层的使用功能要求，现代化多层建筑的楼板层通常由面层、附加层、结构层和顶棚四部分组成，如图 12-5 所示。

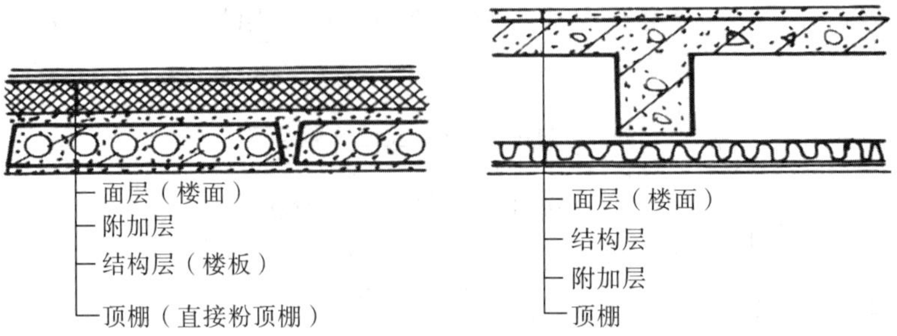

（a）预制钢筋混凝土楼板层　　（b）现浇钢筋混凝土楼板层

图 12-5　楼板层的组成

（1）面层。起保护楼板层、分布荷载和各种绝缘作用，也对室内装修起重要作用。

（2）附加层。又称为功能层，主要有隔声、防水、隔热、保温等功能。

（3）结构层。楼板层的承重部分。

（4）顶棚层。是楼板层下表面的构造层，也是室内空间上部的装修层。

2）钢筋混凝土楼板层构造

钢筋混凝土楼板有三种，即现浇整体式钢筋混凝土楼板、预制装配式钢筋混凝土楼板和装配整体式钢筋混凝土楼板。

3）地坪的构造

地坪是指建筑物底层与土壤相接触的结构构件，它承受着地坪上的荷载，并将其均匀地传递给地基。地坪的构造如图 12-6 所示

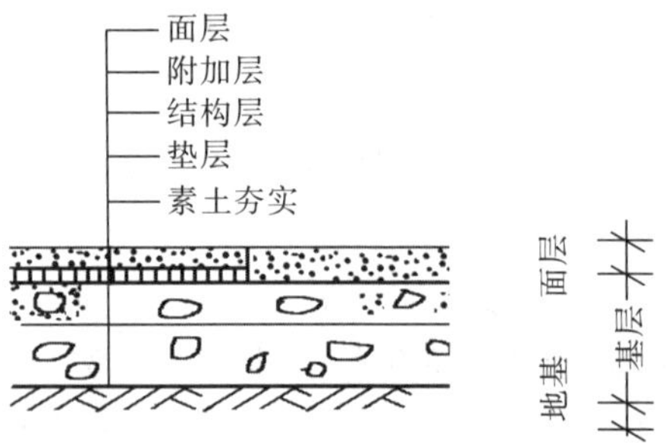

图 12-6　地坪的构造

4）地面的名称

地面的名称是根据面层所用材料命名的，常见类型有以下几种：

（1）整体类地面，如水泥砂浆、细石混凝土、水磨石等。

（2）镶铺类地面，如地砖、人造石板、天然石板、木地板等。

（3）粘贴类地面，如油地毡、橡胶地毡、塑料地毡和无纺织地毯等。

（4）涂料类地面，包括各种高分子合成涂料所形成的地面。

4. 楼梯构造

楼梯主要是用于房屋各个不同层高之间的联系，它主要由楼梯梯段和楼梯平台两部分组成。根据交通疏散的需要而设计出来的楼梯样式繁多，常见的有直跑楼梯、折角楼梯、双分折楼梯、剪刀楼梯、双跑楼梯、三跑楼梯等。

5. 门窗构造

门和窗是房屋建筑中的两个围护部件，门主要是起着室内及室内外交通联系或交通疏散作用，有时也兼起通风和采光作用。门按开启方式分为平开门、推拉门、弹簧门、折叠门、转门、上翻门、升降门、卷帘门等。窗的主要功能是采光、通风、观察和递物等。窗所用的材料主要有木、钢、铝合金、塑料、玻璃等。窗按开启方式分类，可分为图 12-7 所示的种类。

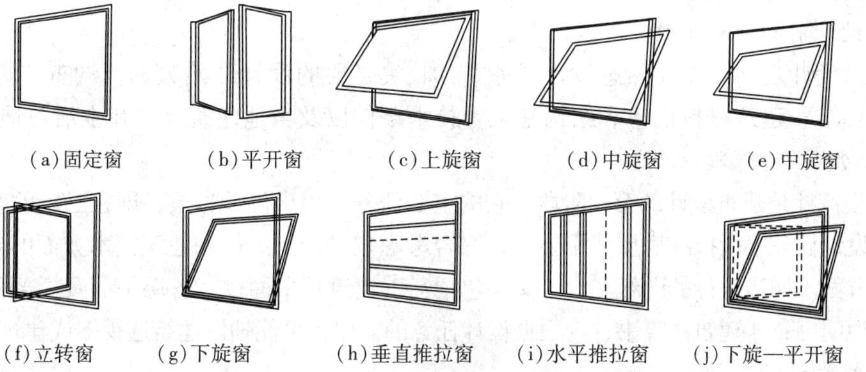

图 12-7　窗的分类

6. 变形缝

大体型建筑或不规则形状建筑，由于温度变化、地基不均匀沉降和地震等因素的影响，易使建筑发生变形或破坏，故在设计时应事先将房屋划分成若干个独立部分，使各部分能自由独立的变化。这种将建筑物垂直分开的预留缝隙称为变形缝。变形缝主要有三种：伸缩缝、沉降缝和防震缝。

1)伸缩缝

当建筑物长度超过一定限度时、建筑平面变化较多或结构类型变化较大时，为防止建筑构件因热胀冷缩使房屋出现裂缝或破坏，在沿建筑物长度方向相隔一定距离预留的垂直缝隙叫做伸缩缝。其做法是从基础顶面开始，将墙体、楼板、屋顶全部断开使其分成若干段。

2)沉降缝

为防止建筑物各部分由于地基不均匀沉降引起房屋破坏所设置的垂直缝隙称为沉降缝。其做法是从基础底部断开，并贯穿建筑物全高，使两侧各为独立的单元，可以垂直自由的沉降。

3)防震缝

在地震区建造房屋，必须充分考虑地震对建筑造成的影响，在设防烈度为 8 度和 9 度的地区，有下列情况时宜设防震缝：①建筑立面高差在 6 m 以上；②建筑有错层且错层楼板高差较大；③建筑物相邻各部分结构刚度、质量截然不同。一般情况下防震缝可以和基础不分开，但在平面复杂的建筑中，或建筑相邻部分刚度差别很大时，也需将其与基础分开。

12.3.2 建筑设计

1. 建筑设计概论

建筑物按其使用性质，通常可以分为生产性建筑(即工业建筑和农业建筑)和非生产性建筑(即民用建筑)。民用建筑根据建筑物的使用功能，又可以分为居住建筑和公共建筑两大类。建筑设计过程和各个设计阶段具体如下。

1)设计前的准备工作

建筑设计之前，需要熟悉设计任务书，收集必要的设计原始数据，调查研究建筑物的使用要求、建筑材料供应和结构施工等技术条件以及当地建筑风貌和生活习惯等。

2)初步设计阶段

初步设计是建筑设计的第一阶段，它的主要任务是提出设计方案，即在已定的基地范围内按照设计任务书所拟的房屋使用要求，综合考虑技术经济条件和建筑艺术方面的要求，提出设计方案。初步设计的图纸和设计文件包括：①建筑总平面；②各层平面及主要剖面、立面；③说明书；④建筑概算书；⑤根据设计任务的需要，可能辅以建筑透视图或建筑模型。

3)技术设计阶段

技术设计是三阶段建筑设计的中间阶段，其主要任务是在初步设计的基础上，进一步确定房屋的技术问题。技术设计的文件和图纸与初步设计大致相同，但更具体。内容包括整个建筑物和各个局部的具体做法、各部分的尺寸、结构方案的计算和具体内容、各种设备系统的设计和计算、设计预算的编制等。

4)施工图设计阶段

施工图设计是建筑设计的最后阶段，该阶段提交施工单位进行施工的设计文件。它的主要任务是满足施工要求，即在初步设计和技术设计的基础上，综合建筑、结构、设备等各工种，深入了解材料、供应、施工技术、设备等条件，把满足施工的各项具体要求反映在图纸中，做到整套图纸齐全统一，明确无误。

2. 建筑平面设计

一幢建筑物的平、立、剖面图，是这幢建筑物在不同方向的外形及剖切面的投影，这几个面之间是有机联系的，平、立、剖面综合在一起，表达一幢三度空间的建筑整体。

建筑平面表示建筑物在水平方向房屋各部分的组合关系。建筑平面从组成各部分面积的使用性质来分析，主要可以归纳为使用部分和交通联系部分两类。使用部分是指主要活动和辅助活动的面积，即各类建筑物中的使用房间和辅助房间。例如，住宅中的起居室、卧室，学校的教室、实验室，商店中的营业厅等属于使用房间；厨房、浴室、厕所、贮藏室以及各种电气、水暖设备用房等属于辅助房间。交通联系部分是建筑物中各个房间之间、楼层之间和房间内外之间联系通行的面积，即各类建筑物中的走廊、门厅、过厅、楼梯、坡道，以及电梯和自动楼梯等所占的面积。

建筑物的平面面积除以上两部分外，还有房屋构件所占的面积，即构成房屋承重系统、分隔平面各组成部分的墙、柱、墙墩以及隔断等构件所占的面积。

1）使用部分的平面设计

建筑平面中各个使用房间和辅助房间，是建筑平面组合的基本单元。

(1)使用房间的分类。从使用房间的功能要求来分类，主要包括：①生活用房间，住宅的起居室、卧室等，各类建筑中的办公室、值班室等；②公共活动房间，商场的营业厅，剧院、电影院的观众厅、休息厅等。

(2)使用房间的平面设计要求。①房间的面积、形状和尺寸要满足室内使用和家具、设备合理布置的要求；②门窗的大小和位置，应考虑房间的出入方便，疏散安全，采光通风良好；③房间的构成应使布局合理，施工方便，并有利于房间之间的组合，所用材料要符合相应的建筑标准；④室内空间以及顶部、地面、墙面、构件细部等方面，要考虑人们的使用和审美要求。

(3)使用房间面积。使用房间的面积主要是由房间内部活动特点、使用人数的多少、家具设备的多少等因素决定的。我们把一个房间内部的面积，根据其使用特点分为以下几个部分：家具和设备所占面积；人们在室内的使用活动面积；房间内部的交通面积。为了确定房间使用面积，除需要掌握室内家具、设备的数量和尺寸外，还需要了解室内活动和交通面积的大小，这些面积的确定和人体活动的基本尺度有关。例如，教室中学生就座、起立时桌椅近旁必要的使用活动面积，入座、离座时通行的最小宽度，以及教师讲课时黑板前的活动面积等。

(4)房间平面形状和尺寸。房间平面的形状和尺寸主要是由室内使用活动的特点、家具布置方式，以及采光、通风、音响等要求决定的。在满足使用要求的同时，构成房间的技术条件以及人们对室内空间的观感也是确定房间平面形状和尺寸的重要因素。

以中小学普通教室为例，面积相同的教室，可能有很多种平面形状和尺寸。根据普通教室以听课为主的使用特点来分析，首先要保证学生上课时视、听的质量，即座位的排列不能太远太偏。借鉴已有的设计数据资料，确定了离黑板最远座位不应大于 8.5 m，边座和黑板面远端夹角控制在不应小于 30°，第一排座位离黑板的最小距离为 2 m 左右。在上述范围内，结合桌椅的尺寸和排列方式，根据人体活动尺度，确定排距和桌子间通道的宽度，满足学生在普通教室中的视、听、活动和通行等方面的要求。图 12-8 所示为仅从视、听要求考虑，教室平面形状的几种可能性。

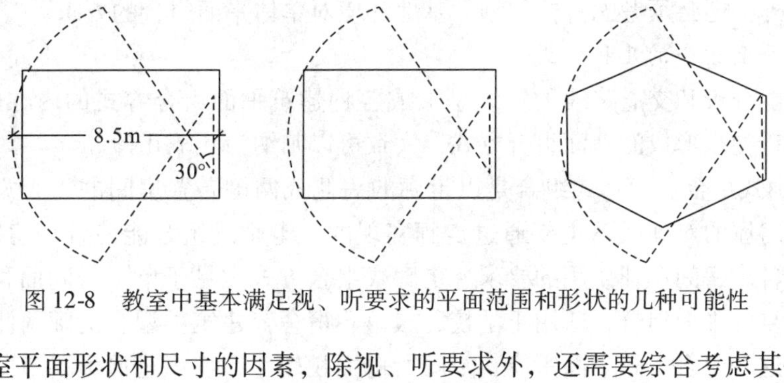

图 12-8　教室中基本满足视、听要求的平面范围和形状的几种可能性

确定教室平面形状和尺寸的因素，除视、听要求外，还需要综合考虑其他方面的要求。如教室需要考虑足够和均匀的自然采光，以及构成房间的结构布置。因此，普通教室的平面形状，通常采用沿外墙长向布置的矩形平面。

在大量民用建筑中，如果使用房间的面积不大，同时需要多个房间上下、左右相互组合时，大多采用矩形平面的房间，如住宅、宿舍、学校、办公楼等建筑类型。这是由于矩形平面通常便于家具和设备的安排，房间的开间或进深易于调整统一，结构布置和预制构件的选用较易解决。

如果建筑物中单个使用房间的面积很大，使用要求比较独特，又不需要同类的多个房间进行组合，这时房间平面就有可能采用多种形状。例如，室内人数多，有视、听和疏散要求的剧院观众厅、体育馆比赛大厅等。

(5)门窗在房间平面中的布置。房间平面设计中，门的最小宽度是由通过人流多少和搬进房间家具、设备大小决定，门的数量根据正常情况下的使用要求以及紧急疏散的要求来确定。窗的大小和位置，主要根据室内采光、通风要求来考虑。

2)辅助房间的平面设计

各类民用建筑中的辅助房间的平面设计和使用房间的设计分析方法基本相同。厕所、盥洗室等辅助房间，通常根据各种建筑物的使用特点和使用人数的多少，确定所需设备的个数，适当调整并确定这些辅助房间的面积、平面形式和尺寸。

3)交通联系部分的平面设计

一幢建筑物除有满足使用要求的各种房间外，还有交通联系部分把各个房间和室内外联系起来，建筑交通联系部分可以分为水平交通联系的走廊、过道等，垂直交通联系的楼梯、坡道、电梯、自动梯等，交通联系枢纽的门厅、过厅等。

交通联系部分设计的主要要求如下：交通路线简捷明确，联系通行方便；人流通畅，紧急疏散时迅速安全；满足一定的采光通风要求；节省交通面积。

进行交通联系部分的平面设计，首先需要具体确定走廊、楼梯等通行疏散要求的宽度，确定门厅、过厅等人们停留和通行所必需的面积，然后结合平面布局考虑交通联系部分在建筑平面中的位置以及空间组合等设计问题。为了人们进出室内外有一个过渡和防止风雨或寒气侵袭的地方，在建筑物的出入口处，通常设置雨蓬、门廊或门斗等。

3. 建筑平面的组合设计

建筑平面的组合就是建筑空间在水平方向的组合。建筑平面设计，除在熟悉平面各组成部分的基础上，从建筑整体的使用功能、技术经济和建筑艺术等方面来分析对平面组合的要求外，还必须考虑总体规划、基地环境对单体平面组合的要求。

1)建筑平面组合的几种方式

建筑功能分析和交通路线的组织是形成各种建筑平面组合方式的内在的主要依据。通过功能分析初步形成的平面组合方式，大致可以归纳为几下几种。

(1)走廊式组合。走廊式组合是以走廊的一侧或两侧布置房间的组合方式，房间的相互联系和房屋的对外联系主要通过走廊实现的。走廊式组合能使各个房间不被穿越，较好地满足各个房间单独使用的要求。走廊式组合方式常见于单个房间面积不大，同类房间多次重复的平面组合，适用于学校、旅馆、宿舍等建筑类型。走廊两侧布置房间的为内廊式，这种组合方式平面紧凑，走廊所占面积较小，房屋进深大，节省用地，但是有一侧的房间朝向差，走廊较长时，采光、通风条件较差，需要开设高窗或设置过厅以改善采光、通风条件。走廊一侧布置房间的为外廊式，其房间的朝向、采光、通风都较内廊式好，但是房屋的进深较浅，辅助交通面积增大，占地较多，造价较高。

(2)套间式组合。套间式组合是房间与房间之间直接穿通，不再通过走道联系的组合方式。这种组合方式的特点是房间之间的联系简捷，平面布置紧凑，面积利用率高，但各房间使用不灵活，相互干扰大，适用于住宅、展览馆、车站、浴室等。

(3)大厅式组合。大厅式组合是在人流集中、厅内具有一定活动特点并需要较大空间的组合方式，常以一个面积较大，活动人数较多，有一定的视、听等使用特点的大厅为主，辅以其他的辅助房间。大厅式组合方式设计时应使人流的通行通畅、安全，导向明确，合理选择覆盖和围护大厅的结构布置方式。

在各类建筑物中，结合房屋各部分功能分区的特点，常常采用以一种结合方式为主，局部结合其他组合方式的布置，即综合式的组合布局。

2)建筑平面组合和结构布置的关系

由于房间面积、开间进深以及平面组合方式的不同，相应采用的结构布置方式也不尽相同。

(1)砖混结构。走廊式和套间式的平面组合，当房间面积较小，建筑物为多层(五、六层以下)或低层时，通常采用石、砖等墙体承重和钢筋混凝土梁板等水平构件构成的混合结构系统，主要有以下三种布置方式：

①房间的开间大部分相同，开间的尺寸符合钢筋混凝土板经济跨度时，常采用横墙承重的结构布置，如图 12-9(a)所示。(经济跨度是指在综合考虑力学、结构、材料等因素的前提下，梁板类构件可以选用的最优跨度范围。)

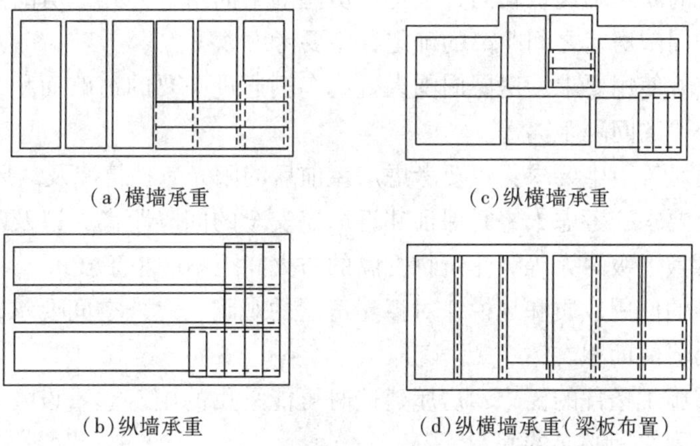

(a)横墙承重　(c)纵横墙承重

(b)纵墙承重　(d)纵横墙承重(梁板布置)

图 12-9　墙体承重的结构布置

②房间的进深基本相同，进深的尺寸符合钢筋混凝土板的经济跨度时，常采用纵墙承重的结构布置，如图 12-9(b)所示。

③当一部分房间的开间尺寸和另一部分房间的进深尺寸符合钢筋混凝土板的经济跨度时，房屋平面可以采用纵横墙承重的结构布置，如图 12-9(c)和图 12-9(d)所示。

(2)框架结构。走廊式和套间式的平面组合，当房间的面积较大、层高较高、荷载较重，或建筑物的层数较多时，通常采用钢筋混凝土或钢的框架结构。它是以钢筋混凝土或钢质的梁、柱连结的结构布置，框架结构常用于实验楼、大型商店、多层或高层旅馆等建筑物的结构布置。框架结构布置的特点是梁柱承重，墙体只起分隔、围护的作用，房间布置比较灵活，门窗开置的大小、形状都较自由，但钢和水泥用量大，造价比砖混结构高。

(3)空间结构。大厅式平面组合适合面积和体量都很大的厅室，它的覆盖和围护是大厅式平面组合结构布置的关键，如剧院的观众厅、体育馆的比赛大厅等。当其跨度较大时可采用各种形式的空间结构，由于空间结构能更好地发挥材料的力学性能，因此常能取得较好的经济效果，并使建筑物的形象具有一定的表现力。空间结构有褶板结构、壳体结构、网架壳体结构以及悬索结构等。

3)基地环境对建筑平面组合的影响

房屋的设计需要考虑总体规划、基地环境以及当地气候、地理条件、建筑物将呈现的艺术形象等因素，才能具体确定房屋的基地位置、平面形状、室外用地以及室内外联系等，使建筑物的平面组合能够切实当时、当地的具体条件，成为建筑群体有机的组成部分。

(1)基地大小、形状和道路走向。基地的大小和形状，对房屋的层数、平面组合的布局关系极为密切。在能够满足使用要求的情况下，房屋功能分区各个部分采用较为集中紧凑的布置方式，还是采用分散的布置方式，除和气候条件、节约用地以及管道设施等因素有关外，还和基地大小和形状有关。基地内人流、车流的主要走向，是确定建筑平面中出入口和门厅位置的重要因素。

(2)建筑物的间距和朝向。在一定的基地条件下(如基地的大小、基地的朝向等)，建筑物之间必要的间距和建筑朝向，也将对房屋的平面组合方式、房间的进深等带来影响。拟建房屋和周围房屋之间距离的确定，主要考虑以下因素。

①房屋的室外使用要求：房屋周围人行或车辆通过必要的道路面积，房屋之间对声响、视线干扰必要的间隔距离等。

②日照、通风等卫生要求：主要考虑房屋前后的阳光遮挡情况及通风条件。

③防火安全要求：考虑火警时保证邻近房屋安全的间隔距离，以及消防车辆的必要通过宽度，如两幢一级耐火等级建筑物之间的防火间距不应小于6 m。

④根据房屋的使用性质和规模，对拟建房屋的观瞻、室外空间要求，以及房屋周围环境绿化等所需要的面积。

⑤拟建房屋施工条件的要求：房屋建造时可能采用的施工起重设备、外脚手架的位置，以及新旧房屋之间必要的间距等。

对于走廊或套间式长向布置的房屋，如住宅、宿舍、学校、办公楼等，房屋前后的日照间距，通常是确定房屋间距的主要因素。这是因为这些房屋前后之间的日照间距，通常大于它们在室外使用、防火或其他方面要求的间距。一些人流比较集中的公共建筑，主要朝向通常和人流走向、街道位置和周围建筑的布置有着密切的关系。风景区的建筑一般又以山河景色、绿化条件作为考虑房屋朝向的主要因素。

(3)基地的地形条件对房屋平面组合也有影响，如坡地建筑的平面组合应依山就势。坡地上房屋位置的选择，由于地形、地质条件比较复杂，需要进行详细的勘测调查，如滑坡、溶洞、地下水的分布情况等，地震区应尽量避免在陡坡及断层上建造房屋。

4. 建筑剖面设计

建筑剖面图是表示建筑物在垂直方向房屋各部分的组合关系。剖面设计主要分析建筑物各部分应有的高度、建筑层数、建筑空间的组合和利用，以及建筑剖面中的结构、构造关系等。它和房屋的使用、造价和节约用地等有密切关系，反映建筑标准的一个方面。其中一些问题需要平、剖面结合在一起研究，才能具体确定下来。例如，平面中房间的分层安排、各层面积大小和剖面中房屋层数等问题，大厅式平面中不同高度房间竖向组合的平剖面关系，以及垂直交通联系的楼梯间隔，层高和进深尺寸的确定等。

1) 房屋层数的确定

影响确定房屋层数的因素很多，主要有房屋本身的使用要求、城市规划(包括节约用地)的要求、选用的结构类型以及建筑防火等。

建筑物的使用性质对房屋的层数有一定要求，如幼儿园为了使用安全和便于儿童与室外活动场地的联系，应建低层。城市总体规划从改善城市面貌和节约用地考虑，常对城市内各个地段、沿街部分或城市广场的新建房屋，明确规定建造的层数。城市航空港附近的一定地区，从飞行安全考虑也对新建房屋的层数和总高有所限定。建筑物的耐火等级不同，相应地对建筑层数也有一定限制。此外，房屋建造时所用材料、结构体系、施工条件以及房屋造价等因素，对建筑物层数的确定也有一定影响。

2) 建筑剖面的组合方式

建筑剖面的组合方式主要是由建筑物中各类房间的高度和剖面形状、房屋的使用要求和结构布置特点等因素决定的，剖面的组合方式大体上可以归纳为单层、多层和高层、错层和跃层。

5. 建筑体型和立面设计

建筑物在满足使用要求的同时，它的体型、立面以及内外空间组合等，会给人们带来某种精神上的感受。建筑物除要满足物质方面(即使用)的要求外，还要考虑精神方面(即人们对建筑物的审美)的要求。建筑物的体型和立面，即房屋的外部形象，受内部使用功能和技术经济条件制约，受基地环境群体规划等外界因素影响。建筑物的外部形象，并不等于房屋内部空间组合的直接表现，建筑体型和立面设计，必须符合建筑造型和立面构图方面的规律性，把适用、经济、美观三者有机地结合起来。

1) 建筑体型

建筑体型反映建筑物总的体量大小、组合方式和比例尺度等，它对房屋外形的总体效果具有重要影响。根据建筑物规模大小、功能要求特点以及基地条件的不同，建筑物体型有的比较简单，有的比较复杂，这些体型从组合方式来区分，大体上可以归纳为对称和不对称两类。对称的体型有明确的中轴线，建筑物各部分组合体的主从关系分明，形体比较完整，容易获得端正、庄严的感觉。我国古典建筑较多地采用对称的体型，一些纪念性建筑和大型会堂等，为了使建筑物显得庄严、完整，也常采用对称的体型。不对称的体型的特点是布局比较灵活自由，适应功能关系复杂的建筑，容易使建筑物获得舒展、活泼的造型效果。建筑体型组合的造型要求是完整均衡、比例恰当；主次分明、交接明确；体型简洁、环境协调。建筑物的体型还需要与周围建筑、道路相互配合，与地形、绿化等基地环境协调一致，使建筑物在基地环境中显得完整统一、配置得当。

2)建筑立面设计

建筑立面表示房屋四周的外部形象，其设计是在满足房屋使用要求和技术经济条件的前提下进行的。建筑立面可以看成是由许多构件所组成的，包括：墙体、梁柱、墙墩等构成房屋的结构构件；门窗、阳台、外廊等和内部使用空间直接连通的部件；台基、勒脚、檐口等主要起到保护外墙作用的组成部分。恰当地确定立面中的这些组成部分和构件的比例和尺度，运用节奏韵律、虚实对比等规律，设计出体型完整、形式与内容统一的建筑立面，是立面设计的主要任务。

完整的立面设计，并不只是美观问题，它还有结构构造功能和技术方面的要求，但立面设计涉及的造型和构图要求更为突出，立面设计建筑美学需要考虑尺度和比例、节奏感和虚实对比、材料质感和色彩配置、重点及细部处理等方面的因素。

12.4 建筑结构

12.4.1 概述

1. 结构综述

工程中的桥梁、隧道、房屋、塔架、挡土墙、水坝等用以担负预定任务、支承荷载的建筑物都可称为结构。

为了使结构既能安全、正常地工作，又能符合经济的要求，就需要对其进行强度、刚度和稳定性的计算。这一任务由材料力学、结构力学、弹性力学等基础知识共同承担。材料力学主要是研究单个杆件的强度和承载能力；结构力学则在此基础上着重研究由杆件组成的结构的受力和传力；弹性力学将对杆件作更精确的分析，并将研究板、壳、块体等非杆件结构。

2. 结构设计的方法——按近似概率理论的极限状态设计法

使结构产生内力或变形的原因称为作用，作用分直接作用和间接作用两种。荷载是直接作用，混凝土的收缩、温度变化、基础的差异沉降、地震等引起结构变形的原因称为间接作用。结构上的作用使结构产生的内力(如弯矩、剪力、轴向力、扭矩等)、变形、裂缝等统称为作用效应或荷载效应。

结构的极限状态包含承载能力极限状态和正常使用极限状态。承载能力极限状态是指结构或构件达到最大承载能力或者达到不适于继续承载的变形状态。正常使用极限状态是指结构或构件达到正常使用或耐久性能中某项规定限度的状态。

建筑结构设计就是通过结构简化，计算出结构各个截面的内力，通过选材布置和一系列构造措施，让结构抗力保证结构在一定概率范围内满足结构在到达极限状态之前内力的需要。

12.4.2　荷载、支座和结点类型、结构计算简图

1. 荷载

荷载按作用时间长短，可分为恒载和活载。恒载是长期作用在结构上的不变荷载，如结构的自重和土压力等。活载是作用于结构上的可变荷载，如列车、人、风和雪等。按作用位置是否变化，可分为固定荷载和移动荷载。按作用性质，可分为静力荷载和动力荷载。静力荷载是指荷载在加载过程中结构始终保持静力平衡，忽略惯性力的影响。动力荷载的大小、方向、作用线随时间迅速变化，使结构发生不容忽视的惯性力。

2. 支座和结点类型

支座是把结构物或构件支承在墙、柱等固定支承物上面的装置，它的作用是把结构物或构件固定于支承物上，同时把所受的载荷通过支座传给支承物。

1) 支座类型

常见的支座有四种，即活动铰支座、固定铰支座、固定支座和滑动支座。

(1) 活动铰支座。垂直方向不能移动，可以转动，可以沿水平方向移动，如图 12-10 所示。

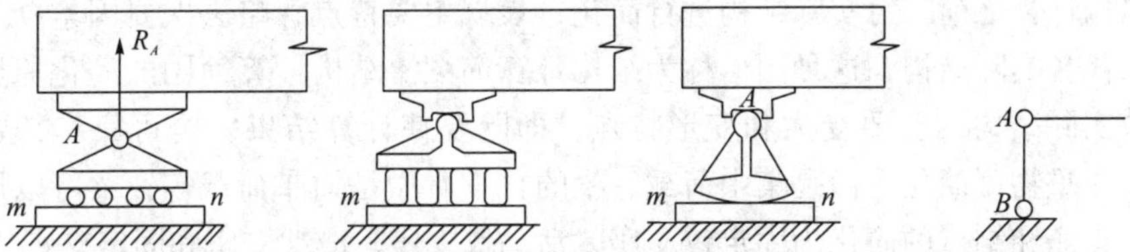

图 12-10　活动铰支座

(2) 固定铰支座。可以转动，水平、垂直方向不能移动，如图 12-11 所示。

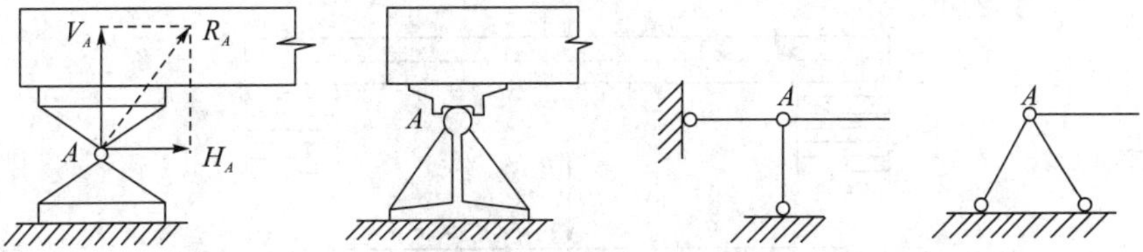

图 12-11　固定铰支座

(3) 固定支座。水平、垂直方向不能移动，也不能转动，如图 12-12 所示。

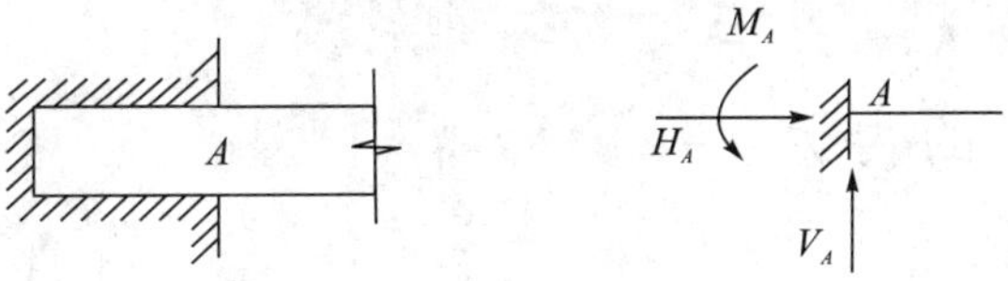

图 12-12　固定支座

(4) 滑动支座。可以水平方向平行滑动，垂直方向不能移动，也不能转动，如图

12-13 所示。

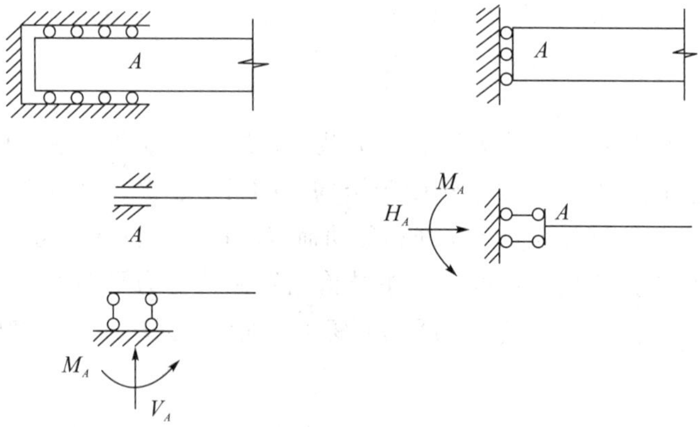

图 12-13 滑动支座

2)结点类型

构件之间相互联结的地方叫结点，如梁与柱连接。结点分为铰结点和刚结点两种，铰结点不能移动，但可以转动，刚结点既不能移动也不能转动。

3. 结构计算简图

在结构计算之前，对实际结构进行简化，表现主要特点，略去次要因素，用一个简化图形来代替实际结构，这种图形称为结构计算简图。结构计算简图的简化原则：首先要能反映实际结构的主要受力和变形特点，即既要使计算结果安全可靠，又要便于计算。例如，重物可简化看做是集中荷载、梁的自重看做是均布荷载等；梁可以用一轴线来代表；支座和结点的简化为固定铰支座、活动铰支座、滑动支座和固定支座。

图 12-14 所示为梁搁置在墙上的计算简图，图中 P 表示重物在梁中部的集中荷载，q 表示梁自身沿梁长方向均匀分布的自重荷载。

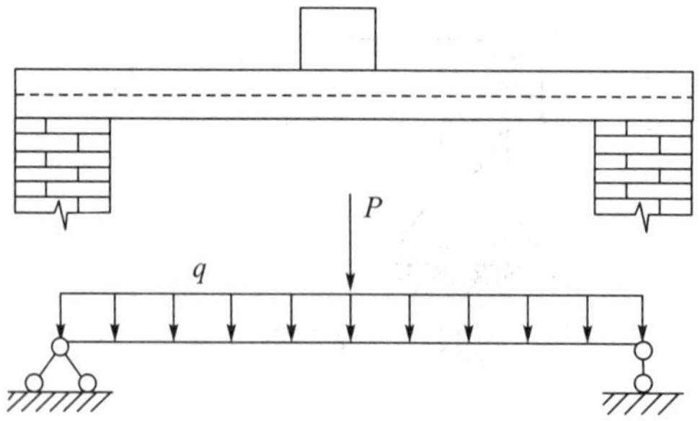

图 12-14 梁搁置在墙上的计算简图

12.4.3 结构中的内力

1. 轴向力

当直杆受到一对大小相等、方向相反、作用线与轴线重合的外力作用时，杆件的变形主要是轴向伸长或缩短。这样的外力称为轴向力。

2. **弯矩和剪力**

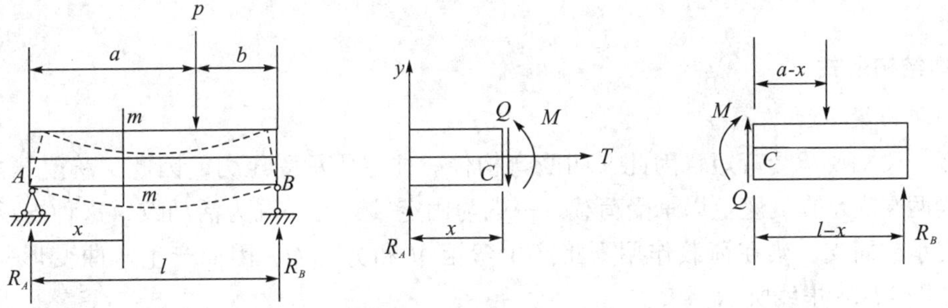

图 12-15　弯矩和剪力

如图 12-15 所示，梁在外力作用下，其任一横截面上的内力可用截面法来确定。分析距 A 端为 X 处横截面 m—m 上的内力。取左段为研究对象，则右段梁对左段梁的作用以截面上的内力来代替。存在两个内力分量：内力 Q(与截面相切，称为剪力)和内力偶矩 M(称为弯矩)。梁在荷载和支座反力的共同作用下是处于平衡状态的，因而由整个梁的平衡状态，求得支座反力为 $R_A=\dfrac{Pb}{l}$和 $R_B=\dfrac{Pa}{l}$，根据左段平衡条件，投影到 y 轴方向的合力和 C 点的合力偶矩为零，即

$$\sum y = 0,\quad R_A - Q = 0 \tag{12-1}$$

$$\sum M_C = 0,\quad M - R_A x = 0 \tag{12-2}$$

得到剪力与弯矩分别为

$$Q = R_A,\ M = R_A x \tag{12-3}$$

3. **扭矩**

杆件在两端受到一对大小相等、转向相反、作用面垂直于轴线的力偶作用，杆的各横截面绕轴线作相对转动，这种变形形式称为扭转，杆件横截面上切向分布内力的合力偶矩称为扭矩。

4. **结构功能的极限状态**

(1)承载能力极限状态。结构或构件达到最大承载能力或者达到不适于继续承载的变形状态。

(2)正常使用极限状态。结构或构件达到正常使用或耐久性能中某项规定限度的状态。

(3)极限状态方程。用 S 表示荷载效应，它代表由各种荷载分别产生的荷载效应的总和，可以用一个随机变量来表示；R 表示结构构件抗力，也当做一个随机变量。$R-S>0$ 结构处于可靠状态；$R-S=0$ 结构处于极限状态；$R-S<0$ 结构处于失效(破坏)状态。

12.4.4 结构形式

1. 基本结构形式

1）板、梁、柱

板、梁主要承受弯矩，因此又叫受弯构件。柱主要承受压力，因此又称受压构件。板和梁两端支承在支座上以承受荷载，一端为固定铰，另一端为活动铰，这种支承称为简单支承或简支。梁在荷载作用下将产生弯矩 M 和剪力 Q，因而产生弯曲变形——挠度，如图 12-16 虚线所示。

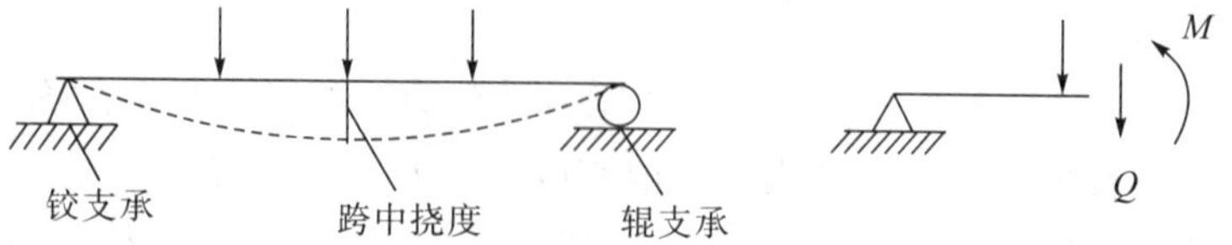

图 12-16 受弯构件

如图 12-17 所示，柱承受荷载主要是轴心受压，即荷载沿构件轴线作用，但也有偏心受压构件。当构件上的拉力与轴线重合时的构件为轴心受拉构件，如屋架下弦；拉力作用点偏心时，则为偏心受拉构件。偏心受压构件和偏心受拉构件统称为偏心受力构件。

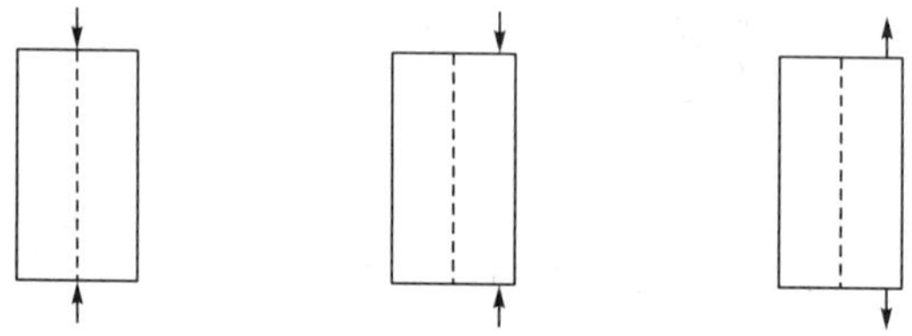

图 12-17 受压构件

2）拱

如图 12-18 所示，拱的轴线为曲线且在竖向荷载 P 作用下会产生水平反力，这使得拱内弯矩比跨度、荷载相同的梁的弯矩小。

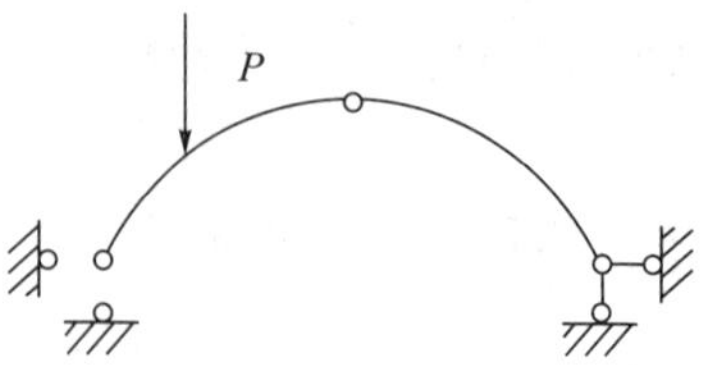

图 12-18 拱

3）桁架

桁架是由直杆按适当方式分别在两端连接而成的几何形状不变的结构，如图 12-19 所示。桁架按材料不同可分为木桁架、钢桁架和钢筋混凝土桁架；按空间形式可分为平面桁架和空间桁架；按外形可分为三角形桁架、梯形桁架、多边形桁架、平行弦桁架及空腹桁架。桁架杆件主要承受轴向拉力或压力，适用于跨度较大的承重结构和较高的结构，如桥梁、屋架和卫星发射塔等。

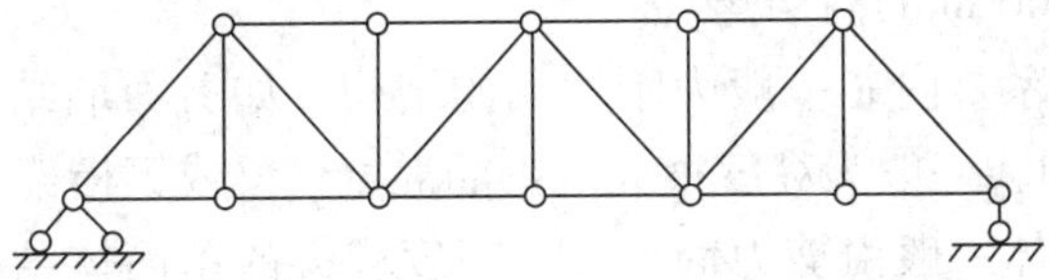

图 12-19　桁架

4) 框架

在房屋建筑中，由梁或屋架和柱连接而成的结构称为框架。框架结点有铰接点和刚接点，前者称为排架(图 12-20 和图 12-21)，后者称为刚架(图 12-22)。

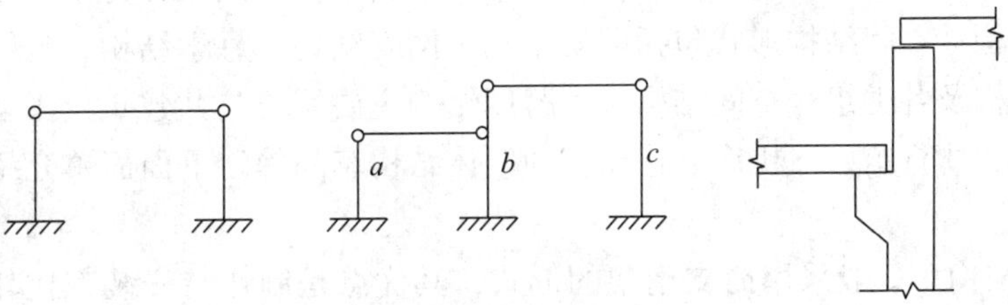

图 12-20　排架简图

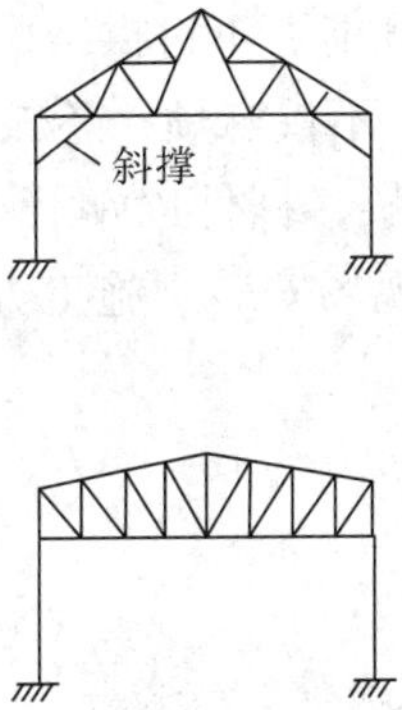

图 12-21　钢结构排架

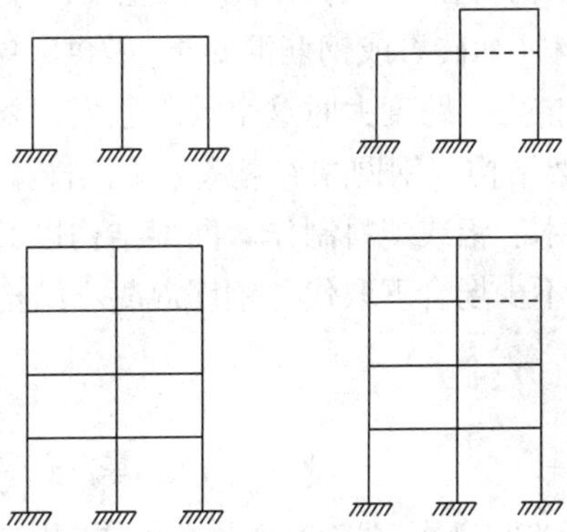

图 12-22　钢架简图

2. 高层及大跨结构形式

1) 高层结构形式

高层建筑是社会生产和人类生活需要的产物，是现代工业化、商业化和城市化的结果。高层建筑结构分水平承重结构和竖向承重结构。水平承重结构主要承担风荷载和水平地震作用；竖向承重结构主要承担重力荷载。高层结构体系分为框架体系、剪力墙体系、内芯和外伸体系、筒式体系和混合体系。

(1) 框架体系(抗弯刚架、支撑框架)。抗弯刚架仅由梁柱组成，在水平荷载作用下，由梁承受弯矩、压力和剪力并传递荷载至基础。为了增加框架的侧向刚度，往往在柱间加设支撑。加支撑的框架则变成竖向框架，实际抗弯框架就是竖向桁架。当房屋高度不大时，可采用抗弯框架或纯框架。

(2)剪力墙体系。剪力墙一般为一段钢筋混凝土墙体，它在平面上的刚度和承载力很大，因此除承受垂直荷载外，还能很好地承受水平剪力。我国最早建造的广州白云宾馆是我国第一座超过 100 m 的高层建筑。

(3)内芯和外伸体系。内芯一般为刚性大的结构，如剪力墙结构。外伸结构为与内芯刚性连接的水平结构，一般为高度很大的钢筋混凝土梁或钢桁架。

(4)筒式体系。筒体一般由剪力墙形成。高度较大的单筒体结构很难承受力的水平作用，一般筒式体系为组合体，如框筒体系、筒中筒体系、桁架筒体系和成束筒体系。

(5)混合体系。混合体系不是单一的抵抗侧向荷载的结构体系。

2)大跨度结构形式

大跨度结构是目前发展最快的结构类型，也是衡量国家或地区建筑水平的重要标志，分为平面结构形式和空间结构形式。其中，平面结构形式又分为梁式结构、框架式结构和拱式结构；空间结构形式包括网架结构、网壳结构、悬索结构、膜结构和薄壳结构五大空间结构及各类组合空间结构。大跨度结构主要用于公共建筑及工业建筑，如影剧院、音乐厅、体育馆、飞机库、造船厂的船体结构车间等。下面简单介绍几种常见结构形式。

(1)梁式结构。一般采用简支桁架的形式，其优点是制作与安装都比较简单。适用跨度为 40 ~60 m，更大的跨度则耗钢量过大、不经济。

(2)拱结构。在外荷作用下，拱主要产生压力，使构件摆脱了弯曲变形。用抗压性能较好的材料(如砖石或钢筋混凝土)做拱，能发挥材料的性能。不过拱结构支座(拱脚)会产生水平推力，跨度大时这个推力也大，要平衡这个力，不仅麻烦，还耗费材料。

(3)网架结构。钢网架结构是空间结构，故称空间网架，杆件以钢管或型钢为主，有时也采用木、铝或塑料制作。网架结构以其工厂预制、现场安装、施工方便、节约劳力等优点在不少场合下取代了钢筋混凝土结构。

参考文献

[1] 丁大钧，蒋永生. 土木工程概论 [M]. 北京：中国建筑工业出版社，2008.
[2] 同济大学，西安建筑科技大学，东南大学，重庆建筑大学. 房屋建筑学 [M]. 第 3 版. 北京：中国建筑工业出版社，1997.
[3] 周士琼. 建筑材料 [M]. 第 2 版. 北京：中国铁道出版社，1999.
[4] 彭伟. 高层建筑结构设计原理 [M]. 成都：西南交通大学出版社，2004.
[5] 赵志缙，应惠清. 建筑施工 [M]. 上海：同济大学出版社，1998.
[6] 李廉锟. 结构力学 [M]. 第 3 版. 北京：高等教育出版社，1996.

附录：通用技术实验室安全防护

随着新课程改革的不断深入，通用技术课程作为一门新兴课程已走进各个普通高中。按国家教育行业标准《高中理科教学仪器配备标准》（JY/T 0406—2010）的要求，通用技术课配备的设备主要包括激光雕刻机、砂轮机、电热丝切割器、木工组合机床、以及其它电动工具等。但这些设备都不同程度地隐藏着一些危险因素，因此有必要对运行过程中可能出现的问题进行防护。

1. 实验室用水、用电安全防护

1）安装实验室电源注意事项

（1）电线及插座应由有资质的电工安装，操作过程应符合国家相关规范。

（2）每个实验室应有总开关，必要时可切断全室电源，插座或开关不要装在水管附近。

（3）勿在有电线的地方打孔施工，以免损坏电线。

2）使用电器注意事项

（1）对实验室使用的电器，应定期检查绝缘情况，并确保电线接头不外露，外壳接地。

（2）电器插座应接地，贵重仪器应配有保险丝。

（3）电器上各插头应有标志。

（4）移动电器需在断电下操作。

（5）电器应尽量避免在潮湿环境中使用。

3）电击事故的防护

（1）触电防护。

①防止触电。

（a）不能用潮湿的手接触电器。

（b）所有电源的裸露部分都应有绝缘装置，做好绝缘防护。

（c）已损坏的接头、插座、插头或绝缘不良的电线应及时更换。

（d）如遇人触电，应切断电源后再行处理。

②防止着火。

（a）保险丝型号与实验室允许的电流量必须匹配。

（b）负荷大的电器应接较粗的电线。

（c）生锈的仪器或接触不良处，应及时处理，以免造成安全隐患。

（d）电线起火应立即切断电源，用沙或二氧化碳灭火器灭火。

③防止短路。

（a）电气设备完好，绝缘好，建立定期检查维护制度，发现设备漏电要立即修理。

（b）良好的保护接地。

(c)大功率设备和精密仪器要正确使用漏电保护器。

(d)电路中各接点要牢固，避免产生触电、着火等事故。

(e)实验开始以前，应先由教师检查线路，经同意后，方可插上电源。

(2)静电防护。

静电是在一定的物体中或其表面上存在的电荷，当静电电压达到 3 ~4 kV 时人体就会感受到静电电击。静电危害有两个方面：一是危害仪器，二是危害操作人员，因此必须加以防护。静电防护措施如下：

①铺设导电性地板。

②穿导电纤维及材料制成的防静电工作服、防静电鞋，戴防静电手套等。

③高压带电体应有屏蔽措施，以防人体感应产生静电。

④进入实验室应徒手接触金属接地棒，以消除人体从外界带来的静电。

⑤适当提高环境空气中的相对湿度，便于静电逸散。

(3)用电安全守则。

①按照相关实验标准搭建电气线路。

②使用正规厂家的电气设备，室内不安装裸露的电线，保持电器及电线的干燥。

③正确操作刀开关。

④新购的电器使用前必须全面检查，确认没有问题并接地线良好后方可使用。

⑤电器保险丝烧断时，应先查明故障原因并排除故障后换上适宜的保险丝方可继续使用。

2. 机械加工设备的安全防护

机床等电气设备存在割伤、扎伤危险，机器的转动部件可能导致缠绕危险(长发、宽松衣服、佩戴的挂件、手链等都易成为被缠绕物)，机器切割、打磨物件时会产生粉尘及噪声危害，使用电网电源的设备还存在触电危险等。因此，在仪器设备使用前，必须了解相应设备的大致构造、各手柄和开关的用途和操作方法、使用程序等。

1)车床安全操作规程

(1)工作时确保操作人员与车床有一定的安全距离，防止意外受伤。

(2)开机前，认真阅读图纸及工艺文件，做好准备工作并穿戴好防护用品，操作中不能戴手套，需将长发盘到工作帽内。

(3)开车应先检查机床各手柄位置、防护装置，在相应的润滑孔或润滑部位涂抹或加注润滑油。

(4)工件和刀具必须装夹牢固，防止飞出伤人。装刀时，刀头伸出部分不要超出刀体高度的 1.5 倍，刀具下垫片的形状尺寸应与刀体形状、尺寸相一致，垫片应尽可能少而平。

(5)装卸大工件及卡盘时，必须用木板垫在导轨面上，以防止伤人或碰伤机床导轨。

(6)车床床身和主轴变速箱上禁止摆放工具、量具、刀具、工件及其他物品，成品、半成品堆放要整齐。

(7)装卸工件后，卡盘扳手禁止放在卡盘上，应随时取下，切削中禁止用手触摸工件或测量工件尺寸。

(8)用顶尖装夹工件时，要注意顶尖中心与主轴中心孔一致，不能使用破损或歪斜的顶尖，使用前应将顶尖、中心孔擦干净，尾座顶尖要顶牢。

(9)运动中严禁变速，变速时必须停车且待惯性消失后再扳动换档手柄。

(10)切削时产生的带状切屑、螺旋切屑，应使用钩子及时清除，严禁用手拉。

(11)机床使用完毕，应关闭电源，清除切屑，擦净机床，加注润滑油，整理加工材料、量具及刀具，并将大拖板移至床尾处，并做好设备清洁和日常设备维护工作。

2)砂轮机安全操作规程

(1)使用砂轮机之前要仔细阅读使用说明书，确保各部件安装正确后方可使用。

(2)砂轮机启动后，应在砂轮机旋转平稳后再进行磨削。若砂轮机跳动明显，应及时停机修整，试车时不准站在砂轮正面。

(3)砂轮装好后，要装防护罩、挡板和托架。挡板和托架与砂轮之间的间隙，应保持在 1 ~ 3 mm 之间，并要略低于砂轮的中心。磨刀人员应戴好防护眼镜。

(4)初磨时不能用力过猛，以免砂轮受力不均而发生事故。

(5)禁止磨削紫铜、铅、木头等物品，以防砂轮嵌塞。

(6)新装砂轮安装后，不能急于磨削工件，应先点动检查，经试转正常后，再使用。

(7)磨削时，人应站在砂轮机的侧面，不准两人同时在一块砂轮上磨削。

(8)磨削时间较长的刀具，应及时进行冷却，防止烫手。

(9)工作完毕，清理工作场所，将零件、材料和工具放置整齐。

3)刨床安全操作规程

(1)严禁穿过于宽松的衣服或围着围巾、披着长发进行操作。工作时，身体与切削处要保持一定距离，以防切屑飞入眼睛，如果是飞溅铁屑应戴护目镜。

(2)开车前要润滑各部件，并仔细检查各机构位置是否正确。

(3)工件、刀具和夹具都应正确安装和夹紧，装卸和测量工件以及调整机床时，必须停车，所用压板、垫铁应平整。

(4)牛头刨床和插床偏转刀架后，先用手盘车，防止运动时刀架与床身相碰。

(5)机床工作时，禁止正面观看，避免刨刀、铁屑伤人。

(6)机床及其周围要保持清洁，工件堆放要整齐、合理。

(7)工作完毕，清理工作场所，将零件、材料和工具放置整齐。

4)铣床安全操作规程

(1)工件、刀具和夹具都应正确安装和夹紧，装卸和测量工件以及调整机床时，必须停车。装卸工件时，必须移开刀具，切削过程中头、手不得接近铣削面。

(2)铣削不规则的工件及使用夹具夹持工件时，不规则工件的重心及夹具等应尽可能放在工作台的中间部位。

(3)在快速或自动进给铣削时，禁止把工作台走到两端，以免挤坏丝杆。

(4)铣床对刀时，应采用手动慢速进给，走刀时，不停车。

(5)工作台换向时，需先将换向手柄停在中间位置，然后换向，不能直接换向。

(6)铣削键槽轴类或切割薄的工件时，注意保护分度头或工作台面。拆装立铣刀时，工作台面应垫木板，拆装平铣刀时，扳螺母用力不得过猛。

(7)铣削平面时，必须使用有四个以上刀头的刀盘，选择合适的切削用量。

(8)铣削加工时，选择合适的切削用量，进刀不许过快，不准突然变速，铣床限位挡块应调好，防止机床在铣削中产生震动。

(9)一般情况下，一个夹头只夹一个工件，防止工件飞出、刀碎引起的伤人事故。

(10)不用手触摸或用棉纱擦旋转着的铣刀以及铣床上其他旋转部位，更不可直接用手清除切屑。

(11)用扳手紧固刀杆上的锁紧螺母后，应立即取下，以防开车时甩出伤人。

5)钻床安全操作规程

(1)工作前必须全面检查各部操作机构是否正常并排除钻床周围的障碍物。每次钻削工作前，应先把钻床的外表滑动部位擦拭干净，注入润滑油，然后开慢车，经过几分钟的试运转，待确定机械传动和润滑系统正常后，再开始工作。

(2)工件、刀具和夹具都应正确安装和夹紧，装卸和测量工件以及调整机床时，必须停车。钻削之前检查钻夹头钥匙是否取下。

(3)正确使用防护用品，严禁穿过于宽松的衣服或围着围巾、披着头发、戴着手套进行操作，以免导致缠绕危险。

(4)钻孔时，工件必须用压板、挡板或卡具定位稳固。工件应装夹牢靠，禁止直接用手拿零件钻孔，小零件钻小孔时，也要用手虎钳等工具夹牢零件。

(5)钻床转动未停止前不能换钻头、钻杆，以及进行修理工作。

(6)根据钻削材料正确选用主轴转速、进刀量，不得超载使用。

(7)用毛刷或其他工具清除铁屑，严禁直接用手、棉纱勾切屑，或用嘴吹切屑。

(8)正确使用防护装置，不得随意触动或修理电气设备。

(9)工作完毕，清理工作场所，将零件、材料和工具放置整齐。

6)激光雕刻机操作规程

(1)机器的外壳应良好接地，避免机壳带电而引发触电事故。

(2)激光管工作时需用循环水冷却。设备启动前，先打开水循环系统，冷却水温度不超过35℃，冬天气温较低时，应注意作业完成后，关闭电源把激光管里的水排尽以防结冰，同时建议定期换水和清洗冷却装置。

(3)工作时不要让身体的任何部分曝露在光路中，以免灼伤。

(4)保持镜片和透镜的清洁，定期对镜片清洗擦拭镜头，定期清理里面的灰尘。

(5)机器运转时，滑面和接触轴应保持清洁，使油可以随时输入孔中。

(6)保护设备周围清洁，保证出气系统、鼓风机、碎片清理系统畅通。

(7)不随意打开机器配电箱，非专业的人员不得拆修机器。

(8)如果发生故障或突发大火，请立即切断电源，不能在雷雨天气使用机器。

7)电热丝切割器操作规程

(1)使用过程中，请勿用手触摸电热丝，避免造成烫伤手与触电事故。

(2)电热丝切割器主要用于切割泡沫、海绵、滤网、化纤布、编织袋等，不能切割金属、塑料等材料。

(3)电热丝切割器一般使用的是0.2 mm的电热丝，严禁使用直径超标的电热丝或铁丝、铜丝、铝丝及其他金属丝代替电热丝，以免损坏机器。

(4)使用时，根据材料的特性调节相应的电流。割锯泡沫等材料时，要根据不同材料的密度确定电热丝的温度和材料的推进速度，从而使切口满足要求。

(5)设备不适宜长时间工作，应在工作一段时间后，停机一段时间，间歇工作还可降低切割材料所产生的气味对人的影响。

(6)切割器刀口处温度较高，应远离易燃易爆物品，防止引发火灾。

8)木工机床操作规程

木工机床可分为木工锯机、木工刨床、木工车床、木工铣床、木工钻床、木工砂光机以及修整刃磨、木工刀具的辅机等。木料相对于金属材料具有易加工等优势，但在操作具体机床时，仍需按照相关规程进行。

(1)操作机床的人员应坚守岗位，认真操作，不做与工作无关的事。离开机床时要停车，切断电源，打扫机床和实验室。

(2)检查机床及工作现场的环境，及时清理无关杂物。

(3)润滑储油部位的油量应充足、密封良好。油标、油杯、油嘴等应齐全，安装正确，油眼无堵塞，按润滑图表规定进行加油。

(4)防止切割的木料中有铁钉等坚硬物，以免损坏机件。

(5)刀具、木料应装夹正确，紧固牢靠。

(6)密切注意机床的运转，如润滑、温升、声音等，发现异常现象应立即停车检查，排除故障后再工作。

9)钳工安全操作规程

(1)各种手工工具在工作前需检查手柄等的可靠性。

(2)使用錾子(扁铲)工作时，必须注意铁屑飞出方向，防止伤人。

(3)手锤、錾子(扁铲)、冲子等打击面有卷口飞边时要磨平，不得粘油。

(4)使用手电钻或手提式电动工具必须经电工检查合格，接地必须良好，工作时戴上绝缘手套或穿上绝缘鞋。

(5)使用砂轮机时要戴上护目镜，并站在砂轮机侧面，以免砂轮飞出伤人。

(6)使用汽油清洗零件时，在3 m以内不允许有明火。

10)电烙铁的使用注意事项

在使用电烙铁的过程中，需要注意以下事项：

(1)不得敲击电烙铁，以免损坏内部发热元件。不使用时应放在专用架上，以防烫坏导线、元器件及烫伤他人。

(2)根据焊接材料的不同，选择功率合适的电烙铁，在具体焊接过程中要注意控制焊接时间、焊接温度、焊锡量，使焊点牢固、圆润、美观。

(3)在焊锡未凝固前不能移动被焊件，为加速焊点的凝固，可向焊点用嘴吹送冷风。

(4)为了便于散热，小功率电阻可贴近印制板焊接，大功率电阻则距印制板一定高度焊接。

(5)焊接完毕，要用斜口钳将焊点处多余脚引线剪断，不宜用力过大，以防焊点剥离焊盘或焊盘断离印制板的铜箔。

(6)焊点检查完毕，可用酒精清洗干净，然后涂一层薄松香液，防止焊点氧化。

(7)切断电源后，最好利用余热在烙铁头上上一层锡，以保护烙铁头。

(8)当烙铁头上有黑色氧化层时，可用砂布擦去，通电加热后立即上锡。

(9)用电烙铁焊集成电路时，应接地或拔下电源插头焊接，以防静电将集成电路损坏。

3. 通用技术实验室安全管理

电气设备相对于其他设备的危险性要大得多，除熟悉相应设备的操作规程外，还应该从仪器设备的购买、实验室的建设和管理等方面加强防范，及时有效消除可能存在的隐患。建议采取的安全防护措施如下。

1)购置正规厂家的仪器设备

购置具有国际公认标准的设备，如我国3C认证、欧盟EEC认证等。

2)规范实验场地

实验室要保持良好通风，特殊设备及区域应独立安装抽排风装置，电源系统按照国家标准要求接地，并装有漏电保护装置。每间实验室安装紧急开关，但紧急开关仅控制实验仪器设备，不应控制照明、排风、报警供电系统。仪器设备的摆放要便于学生实验操作和紧急情况的疏散，要防止因操作设备密集对学生造成的不必要伤害，按照类别分区域摆放，地面要耐磨、防滑。

3)配备个人安全防护设施

使用激光雕刻机时必须佩戴激光防护眼镜，并根据所用激光雕刻机的输出激光波长及功率选择适用的防护眼镜；操作砂轮机、小型车床、钻床、组合机床等设备时应戴防机械冲击护目镜、防护面罩或口罩、防护服，长发要束起，摘掉首饰等配戴物，操作机器时不应戴手套。

4)配置消防设备

根据实验室可能存在的火灾隐患，配置相应的消防器材，如灭火器、报警系统等。有关消防设施的配置可咨询当地消防部门。

5)合理配置急救箱

急救箱要根据可能造成的伤害配置适当的急救药品和辅助材料，所提供的急救药品及材料应符合相应卫生标准，并由专人负责定期检查更新。

6)张贴安全标志

危险区域必须粘贴安全标志，如安装激光雕刻机的场地附近要粘贴“当心激光”的标志及必要的安全说明。电热丝切割器、木工组合机床、小型钻床、砂轮机等机器设备附近应粘贴“当心伤手”的标志等。

7)制定规章制度

根据实验室建设情况制定相关规章制度，该制度内容包括(但不限于)仪器设备的领用、归还制度，教师、学生在实验室的着装、头发、配饰及其行为的要求。

8）制定安全操作规程

安全操作规程的内容应包括详细的操作步骤、注意事项、事故应急措施等。每种设备都必须配有安全操作规程，并放置在设备的旁边，方便取用、阅读。

9）定期进行安全培训

定期举行安全培训教育，内容包括安全防范要求、应急措施、应急设备的使用等。

10）设备的维护保养

由专业人员定期对机器设备进行正确的维护保养及用前检查，保证设备运行正常。

安全防范就如同打一场战斗，知己知彼，方能百战不殆。安全与否取决于持久执行安全措施，事故往往产生于麻痹与疏忽中，因此要防患于未然。

参考文献

[1] 党健伟. 通用技术实验室的安全管理［J］. 教学仪器与实验，2010，26(11)：3-5.